Stefan König · Florian Trenker

BERA LUIS

Das Phänomen Luis Trenker
Eine Biographie

Unter Mitarbeit von
Ferdinand Trenker und Hans-Jürgen Panitz

Verlag J. Berg

Bildnachweis:
Archiv Arnold Fanck jun.: 19, 20;
Anderl Heckmair: 21;
Stefan König: 5, 7;
Archiv OMEGA Film: 23, 35, 48, 60, 82, 90.
Alle anderen Fotos entstammen dem Archiv der Familie Trenker, Bozen.

Abbildung gegenüber Innentitel:
Luis Trenker als Jean-Antoine Carrel in dem Stummfilm von 1928
»Der Kampf ums Matterhorn«.
Foto: Archiv OMEGA Film.

Umschlaggestaltung:
Wolfgang Lauter, München, unter Verwendung eines Fotos aus dem
Archiv der Familie Trenker, Bozen.

Satz: Fotosatz E. Mocker, Eichenau b. München
Druck und Bindung: Kösel, Kempten
Printed in Germany
ISBN 3-7634-1090-2

INHALT

Seit dem Tod Luis Trenkers findet in St. Ulrich
alljährlich eine Retrospektive statt.
Im Theatersaal der Cësa di Ladins, dem
»Haus der Ladiner«, werden Klassiker aus dem
Trenkerschen Filmschaffen gezeigt.
Das Publikum besteht zum großen Teil aus
Feriengästen, die ihren Urlaub
im Südtiroler Grödnertal verbringen.
Heimisch hingegen ist der Filmvorführer.
Der schmächtige Albert Insam,
ein Mann in mittleren Jahren, im Hauptberuf Schul-
diener an der örtlichen Mittelschule,
bedient den Filmprojektor.
Legt Rollen ein, pegelt die Lautstärke aus, klebt,
so es passiert, eine Rißstelle im Film
und sieht aus hinterster Reihe wieder und wieder »Berge
in Flammen« oder »Die Condottieri«
oder »Der Kaiser von Kalifornien«.
Das Vorführgerät sei von der Mittelschule
zur Verfügung gestellt, sagt der Filmvorführer.
Da fehlt sich nichts, wenn er es bedient, das
wissen die schon. Hat's ja schon so oft gemacht.
Welcher denn der schönste Film sei,
fragt man. Kein Zweifel: »Der verlorene Sohn«.
Nachdem er ihn zum ersten Mal vorgeführt habe,
bei der ersten Retrospektive,
aufgeregt an seiner leise surrenden Maschine,
nicht vor, sondern hinter großem Publikum,
da habe er, der Filmvorführer
Albert Insam,
die ganze Nacht lang geträumt von diesem Film
in Schwarzweiß.
Von den dramatischen Szenen im Hochgebirge.
Den schaurig-schönen Rauhnachtsmasken.
Dem Existenzkampf in New York.
Die ganze Nacht lang geträumt vom
»Verlorenen Sohn«.
Die ganze Nacht lang geträumt vom Luis Trenker.

VORWORT

So kannte man ihn: Das Gesicht von Sonne und Wind gebräunt, die Augen funkelnd vor Temperament; bei leicht geöffneten Lippen die Zähne blitzen lassend, eine tiefe Falte zu beiden Seiten des Mundes, was das Gesicht noch markanter machte; das Haar grau meliert; den von ihm berühmt gemachten Hut burschikos weit nach hinten geschoben, weit genug, daß ein paar Falten auf der Stirn von Lebenserfahrung zeugen konnten; Augen, Mund und Hände stets in Aktion, Worte gleichsam unterstreichend, Schilderungen lebendig machend, Bilder zum Laufen bringend.

So kannte man Luis Trenker. Was heißt kannte? So kennt ihn alle Welt bis heute, Jahre über seinen Tod hinaus, und so wird er auch weiterhin in den Erinnerungen haften bleiben. Als ein strahlendes Lächeln für alle Ewigkeit. Ein Sinnbild grenzenloser, altersloser Vitalität. Überschwenglicher Ausdruck unbeugsamer Lebensfreude. Etikett für einen selbst in der Umkehrung unsäglichen Werbeslogan: Freude durch Kraft.

Trenkers Gesicht, seine Mimik, seine Gestik, das sind die Faktoren, die alles andere überdauern, die in viel breiterem Maße Fortbestand haben werden als all die Arbeiten, die er in einem knappen Jahrhundert getan hat. Und das waren nicht wenige. Die Berufe, die Trenker ausgeübt hat, manchmal freilich nur über einen kurzen Zeitraum, lassen sich nicht an den Fingern von ein oder zwei Händen abzählen. Als da wären:

Kaufmann, Bergführer, Architekt. Offizier und Kintoppgeiger. Kunsthändler, Fotograf und Vortragsredner. Schauspieler und Regisseur. Schriftsteller, Drehbuchautor, Produzent. Modeschöpfer und männliches Modell für alpenländischen Chic. Handlungsreisender in Sachen heiler Welt. Südtiroler Fremdenverkehrsbeauftragter ehrenhalber und Naturschützer. Vorwortverfasser und Werbungtreibender für alles mögliche an mehr oder weniger nützlichem, gutem, gesundem Zeug. Es gäbe noch das eine oder andere mehr aufzuzählen. Doch tut dies zur Aufzeigung Trenkerscher Vielseitigkeit nicht not. Nur das eine noch, nur noch diesen einen Beruf oder, wenn man anders will, diese eine Berufung, wovon gesagt werden muß, daß es sich um das Wesentliche bei Trenker handelt, um das Grundlegende, auf dem jede seiner Tätigkeiten basiert: den Geschichtenerzähler.

Denn dies war er mehr als alles andere. Ein Geschichtenerzähler. Ein Mitglied jenes orientalischen Berufsstandes, jener Fabuliererzunft, in der ein jeder nur den Mund ein wenig zu öffnen braucht, um Publikum, gleich welcher Gesellschaftsschicht und gleich welchen Alters, in Bann zu schlagen, zu verzaubern, für sich einzunehmen mit Haut und Haar.

Diese Gabe, Geschichten zu erzählen, ist denn auch die Grundlage allen künstlerischen Schaffens, das Luis Trenker in seinem knapp hundertjährigen Leben hervorgebracht hat. Seine Filme, seine Bücher – sie sind Erzählwerke im besten Sinn, sie ziehen Zuschauer wie Leser in Handlungsabläufe hinein, lassen sie Reisen in andere Welten und andere Leben tun, kurz: sie erzählen Geschichten.

Geschichten, die zumeist autobiographisch getönt sind, aus denen sich Trenkers Sein und Wollen herauslesen läßt, und die gerade deshalb in größter Intensität erscheinen, weil sie eng mit seinem Werdegang und seiner Weltsicht verknüpft sind.

Ein Umstand, der das Verfassen einer Biographie begünstigt. Das Verwobensein von Leben und Werk nämlich kann ein hilfreicher Faden sein bei der Erarbeitung einer Lebensgeschichte. Ein kräftiger Strang in einem weitverzweigten, schwierig zu enträtselnden, trügerischen Spinnennetz. Denn darüber darf es keinen Zweifel geben: daß eine Biographie nie vollständig, nie hinreichend, nie gerecht sein kann. Zu viele Fragezeichen stehen zwischen Ausrufezeichen und Punkten. Bei allzu vielem muß man sich mit Informationen aus soundsovielter Hand begnügen. Manches gar bleibt unergründlich, ist beschränkt auf sich widersprechende Gerüchte und kann somit nicht dazu herangezogen werden, das Bild eines Menschen abzurunden. Schreibt man die Biographie einer lebenden Person, so wird man sich ständig beschnitten fühlen durch deren Präsenz, deren Vorgaben, deren Korrekturen, die nicht selten Korrekturen an einer Wahrheit sind. Schreibt man über eine verstorbene Person, so ist man stets unzufrieden mit den eigenen Mängeln, mit den Unmöglichkeiten, sich heranzurecherchieren an verschüttete Begebenheiten, die als kleinstes Teil dem Ganzen arg fehlen können. Und unentwegt sieht man sich in der Gefahr, dem Menschen, dessen Leben man studiert hat und das in geraffter Form wiederzugeben man sich anschickt, nicht gerecht werden zu können. Zu verlockend ist die Einseitigkeit, ist der berühmte rote Faden, dem zu folgen ein leichtes wäre.

Allzu einfach wäre es da, sich auf Hunderten von Seiten in Würdigungen zu ergehen, als wenn es auch nur ein Leben auf dieser Welt jemals hätte geben können, das ohne Ecken und Kanten gewesen wäre. Als ob auch nur ein Charakter in der Polarität von Gut oder Böse denkbar sei.

Beliebt ist auch, insbesondere bei Personen wie Luis Trenker, die schon zu Lebzeiten größte Popularität genossen, sich an deren Eskapaden, Skandälchen und Skandalen, ihren zwischenmenschlichen Beziehungen entlangzuhangeln, gleichsam durchs Schlüsselloch hineinzuschauen in die Intimsphäre und sich zu ergötzen an den scheinbaren Unzulänglichkeiten solcher »Stars«, dabei vergessend, daß weder der Verfasser noch einer der Leser moralisch berechtigt ist, den Zeigefinger zu heben, den Stein zu werfen.

Eine Biographie zu schreiben über Luis Trenker, das bedeutet, dieser berühmten, beliebten, zugleich aber auch umstrittenen Figur mit Fairneß und weitgehender Unvoreingenommenheit zu begegnen; heißt, seine Kunst zu würdigen, ohne Schattenseiten zu beschönigen; heißt, den Menschen, den Künstler, die zeitgeschichtliche und politische Person Luis Trenker darzustellen und ein Bild von ihr zu geben nach besten Möglichkeiten. Und es bedeutet, bei der Arbeit Goethes Wort im Ohr zu haben, jenen Satz, den er im Vorwort seiner autobiographischen Schrift »Dichtung und Wahrheit« vorangestellt hat:

»Denn dieses scheint die Hauptaufgabe der Biographie zu sein, den Menschen in seinen Zeitverhältnissen darzustellen und zu zeigen, inwiefern ihm das Ganze widerstrebt, inwiefern es ihn begünstigt, wie er sich eine Welt- und Menschenansicht daraus gebildet und wie er sie, wenn er Künstler, Dichter, Schriftsteller ist, wieder nach außen abspiegelt.«

Dieses Zitat als Leitsatz benutzend, haben wir die schwierige, bisweilen heikle, immer aber faszinierende Arbeit aufgenommen, das Leben des Luis Trenker, des Bera Luis, wie er im Ladinischen respektvoll geheißen wird, nachzuzeichnen. Florian Trenker, der älteste Sohn und gemeinsam mit seinem Bruder Ferdinand der Nachlaßverwalter des berühmten Vaters, hat ohne Vorbehalte aus dessen Leben erzählt; beide, Florian und Ferdinand, haben das umfassende Familienarchiv geöffnet und zugänglich gemacht und dankenswerterweise nicht das geringste zurückgehalten.

Der Münchner Filmproduzent Hans-Jürgen Panitz, der seit fünfundzwanzig Jahren in engem freundschaftlichen Kontakt zur Familie Trenker steht, hat sich vor allem mit Trenkers Filmschaffen auseinandergesetzt, hat Hintergründe beleuchtet, Zusammenhänge aufgezeigt, hat kritisch gewürdigt und den Stellenwert der Trenkerschen Klassiker im weiten Feld der nunmehr auch schon fast hundertjährigen Filmgeschichte vorzunehmen versucht.

Unzählige Menschen, die einst mit Trenker gearbeitet haben oder die ihm privat nahestanden, halfen mit, dieses Buch entstehen zu lassen. Ihre Erinnerungen, ihre Freude, ihr Lob, aber auch ihr Neid und ihre Anschuldigungen, lassen sich im folgenden wiederfinden.

So ist ein umfassender Bericht über Luis Trenkers Leben entstanden. Ein anderer Bericht als das herkömmlich Autobiographische, von Trenker selbst in zigfach variierter Form schriftlich wie mündlich immer wieder zum besten Gegebene, ein anderer Bericht, der nicht nur leben soll vom Anekdotischen und Humorigen, und der vor allem so manche einstmals bewußt oder unbewußt aufgetürmte Legende über den Haufen wirft und ganz einfach danach fragt, wie es denn nun wirklich gewesen ist.

Was nun freilich nicht heißen soll, daß der Humor, daß amüsante Geschichten nicht mehr aufscheinen in diesem Buch. Das wäre ja auch bei Luis Trenker undenkbar. Und bei seinen Söhnen nicht minder. Wenn Florian beispielsweise erzählt, wie er in jungen Jahren, »halbstark«, wie man zu sagen pflegte, dem Vater sein Heiligtum, eine scheinbar wertvolle Geige, entwendete, um sie meistbietend zu verkaufen, oder wenn er schildert, wie ein vermeintlich gotisches Kruzifix aus der Trenker-Villa in Bozen an den Tegernsee gelangte, wie es schließlich doch zurückkam nach Südtirol und warum der Sohn schließlich mit Hausverbot belegt worden ist, dann erzählt das zwar nichts von des Bera Luis vielgepriesener heiler Welt, aber es ist voller Humor, voller Witz und Ironie und, vor allem: voller Menschlichkeit.

Aber ich merke schon mein Mißgeschick. Ich tue etwas, was der große Erzähler Trenker nie getan hätte: Ich greife vor. Und habe doch eigentlich nichts zu tun, als die Fülle des Materials ein wenig zu ordnen und nach und nach zu Papier zu bringen. Die Lebensgeschichte des Phänomens Luis Trenker, des Bera Luis.

Benediktbeuern, 1992 — Stefan König

VOM PITZTAL INS GRÖDNERTAL

Wie Jakob Trenker heimisch wird im Süden Tirols

Zwei Frauen machen sich auf den Weg. In früher Morgenstunde verlassen sie den Ort. Eine vierspännige Kutsche bringt sie fort aus St. Ulrich, hinaus aus dem Grödnertal im Süden Tirols. Zwei Frauen, eine junge, eine ältere. Mutter und Tochter: Marianna Demetz und die einundzwanzigjährige Carolina Demetz. Auf einen weiten Weg machen sie sich. Wichtiges gibt es zu klären. So beginnt die Geschichte, im Jahre 1891.

Das Grödnertal, das tief hineinreicht in die Dolomiten, das im Osten abgeschlossen wird vom felsigen Sellastock und das der Langkofel mit seinen tausend Meter hohen Wänden und Pfeilern blickheischend dominiert, gibt sich im Bereich des Dorfes noch licht und weit. Zu beiden Seiten des holprigen Fahrweges breiten sich Wiesen hin und sind dem Talboden ein grüner Teppich, erstrecken sich aber auch ein gutes Stück die Berghänge hinauf, hüben in Richtung Seiser Alm, drüben gegen die waldreiche Raschötz. Doch dauert es nicht lange, bis dieser heitere, ja gerade im Licht der frühen Sonne heitere Abschnitt des Tales verlassen wird, bis der sich immer mehr verengende, schattige, kalte und etwas beängstigende Teil des Weges zwischen St. Ulrich und dem Eisacktal erreicht ist.

Pontives heißt die Stelle, wo die Wege sich teilen. Der neue Weg, die im Oktober 1856 eröffnete Grödnertalstraße, dem die Kutsche folgt, führt geradeaus durch schluchtartige Gründe, ein anderer zweigt ab nach rechts, durchzieht den Wald von Pontives und weiter nach St. Peter. Vor 1856 war letzterer der gebräuchlichste Verbindungsweg vom Grödnertal nach draußen. Ein- oder zweimal in der Woche ging ein Bote von St. Ulrich nach St. Peter und von da aus auf dem »Poststeig« nach Klausen. In einem Korb auf dem Rücken trug er die Post und dies und jenes mehr hinaus aus Gröden, Briefe und allerlei Nützliches wie Notwendiges brachte er bei seiner Rückkehr aus dem Eisacktal mit: Brot und Zucker, Seife und Tabak, Werkzeug, Medizin und gelegentlich ein Buch. Es war dies nicht nur ein beschwerlicher Weg, er war auch gefürchtet. Denn im Wald von Pontives, so wußte es die Überlieferung, sollten Hexen wohnen. Noch hielt sich, wenngleich in den letzten Zügen, der Glaube an die Gestalten der Dolomitensagen, noch erklärte man sich manche Naturerscheinung mit dem Wirken guter und böser Geister. So kann es nicht verwundern, daß die Menschen hier bis um die Mitte des Jahrhunderts Furcht davor hatten, nach dem abendlichen Betläuten die Wälder der Umgebung zu betreten. Wer keine zwingenden Gründe hatte, das Haus zu verlassen, der blieb nach dem Untergehen der Sonne beim spärlichen Schein der Kerzen in der eigenen Stube hocken. Draußen lauerte überall unergründliche Gefahr.

Doch mit der neuen Straße war der Fortschritt gekommen. Sie nahm den Menschen alte Ängste und, wie 1906 ein Chronist des Grödnertals vermerken sollte, »leider wohl auch ein Stück Poesie«. Wie das freilich mit dem Fortschritt so ist, nahm er den Menschen nicht nur die Ängste früher Zeit, er brachte neue mit sich, und keine war besser als die alten. Allein in den achtziger Jahren des 19. Jahrhunderts gab es im Grödnertal vier Hochwasserkatastrophen, der Grödnerbach, auch Dirschinger Bach genannt, trat nach Unwettern über die Ufer, oder Muren verschütteten den Bach und die Straße, und die Folgen davon waren in St. Ulrich drastisch zu spüren:

»... im Jahre 1882 wurden in den Tagen 16. bis 19. September und am 25. October in Gröden drei Häuser, ... eine Sägemühle und zwei Stadel gänzlich zerstört und andere stark beschädigt, zehn Personen verunglückten und vieles Feld wurde weggeschwemmt oder vermuhrt.«[1]

Bezeichnend die Tatsache, daß schon zu damaliger Zeit für all dies Unglück vor allem der mangelhafte Zustand der Wälder und Forste verantwortlich gemacht werden mußte. Wo der Bergwald nämlich dünn und schwach war oder gar gänzlich fehlte, da hatten Wind und Wetter leichtes Spiel.

Doch zurück zu den beiden Frauen, die entlang des tosenden Grödnerbaches und entlang der Felsen, die bis an die staubige Straße reichen, nach Waidbruck fahren und dabei ungeduldig den Moment erwarten, da der Anblick der Waidbrucker Trostburg verkündet, daß dieses unheimliche Stück Weg sogleich überstanden, sogleich zurückgelegt sein wird. Draußen nämlich, im Eisacktal, herrschen längst moderne Zeiten, da fährt die Eisenbahn, reger Verkehr bahnt sich neue Wege, und es tummeln sich Reisende aus aller Herren Länder.

1859 war die Bahnlinie von Verona nach Bozen eröffnet worden, acht Jahre später, am 24. August 1867, konnte die Verbindung Innsbruck–Brenner–Bozen dem Personenverkehr übergeben werden. Die Überwindung des knapp 1400 Meter hohen Brenners, jenes Passes, der die Stubaier von den Zillertaler Alpen trennt und der seit Frühzeiten den Menschen als günstigster Übergang vom Norden der Zentralalpen nach dem Süden (und umgekehrt) galt, muß als Meisterleistung verkehrstechnischer Erschließung verstanden werden. Noch 1843 wurde ein Schienenweg über diesen Paß selbst vom großen Pionier der Tiroler Eisenbahnen, von Alois Negrelli, für unmöglich erachtet. Erst Karl von Etzel, Architekt und in seiner Zeit ein bedeutender Bahnlinienbauer, vermochte die kühne Idee zu verwirklichen.

In Waidbruck warten Marianna und Carolina Demetz auf den Zug. Es ist halb sieben. Aus dem Welschland kommt der Eilzug. Aufregend sind die Eindrücke: die Einfahrt der Dampflokomotive in den kleinen Durchgangsbahnhof von Waidbruck, das Fauchen, Pfeifen, Zischen der Ventile, das durchdringende Tuten des Signals, das zum Stillstandkommen der Räder. Nicht minder beeindruckend das Zugfahren selbst: das Einsteigen in einen Waggon dritter Klasse, das Platzsuchen auf den Holzlattenbänken, das Ans-Fenster-Drängen, um hinausschauen zu können bei der Fahrt von Süd nach Nord; ja, das Fenster vielleicht aufklappen und sich hinauslehnen, wenn der Zug bockig anrollt, die Lok Dampfwolken in den Himmel bläst, und sich den nach Kohlebrand riechenden Fahrtwind um die Wangen streichen lassen und durch die Haare, die bei Mutter Demetz als Dutt den Kopf zieren, bei der unverheirateten Carolina hingegen, zu feinen Zöpfen geflochten und geschickt gelegt, den Kopf umkränzen.

So mag die Zugfahrt der beiden Frauen begonnen haben. Mit großäugigem Schauen und Staunen mit offenen Mündern. Schließlich begab sich dies in einer Zeit, als das Reisen noch etwas Außergewöhnliches, geradezu Abenteuerliches war und eine überwältigende Fülle von nie zuvor Gesehenem all jene Menschen erwartete, die mit wachen Sinnen unterwegs waren.

Auf das Sehen und Erleben mag bei den Frauen das Rasten gefolgt sein, was ausruhen und ein wenig essen und ein wenig trinken bedeutete, danach kam eine kleine Weile des Plauderns, und schließlich, weil die Strecke lang und der Zug bis Innsbruck viereinhalb Stunden brauchte, eine Stunde des Nachdenkens, des Sinnens und Dösens, des Träumens in halb wachem, halb schlafendem Zustand. Die Bischofsstadt Brixen lag längst hinter ihnen. Das monotone Rattern der Räder auf den Schienen, dieser fast unablässige Gleichklang, der auch das Reden und das Geraune der Fahrgäste im Waggon allmählich aufsog, machte müde. Gedankenverloren saßen die beiden Frauen, sahen aus dem Fenster, ohne die Landschaft oder Details bewußt wahrzunehmen, schauten gleichsam ins Leere, dachten nach über den eigentlichen Anlaß dieser Reise und spannen unsichtbare Fäden in die Zukunft wie in die Vergangenheit. Der eigentliche Anlaß dieser Fahrt nämlich war ernst und heiter zugleich. Es ging, wer hätte es nicht längst erraten, ums Heiraten. Immerhin war Carolina, war Linchen im richtigen Alter. Und weil ein junger Mann angehalten hatte um ihre Hand, darum saß man jetzt in der Bahn. Die Sache nämlich war die, daß dieser junge Mann mit Namen Jakob Trenker ein vor wenigen Jahren zugewanderter Nordtiroler war, ein Kunsthandwerker, über den man zu wenig wußte, als daß man ihm die Tochter so ohne weiteres zur Seite hätte geben mögen. Deshalb fuhr man nach Innsbruck. Und von dort sollte es weitergehen durch das Inntal nach Westen, genauer nach Imst, von wo es nicht mehr weit sein konnte bis zum Geburtsort und dem Elternhaus des zukünftigen Bräutigams.

Mutter Demetz läßt sich vom Rhythmus des fahrenden Zuges in die Erinnerung wiegen. An Kindheit und Jugend denkt sie, an die eigene Heirat, den Mann, ihr bisheriges Leben. Denn jetzt, da eines der Kinder sich anschickt, auf eigenen Beinen zu stehen, einen eigenen Hausstand zu gründen, den eigenen Weg zu gehen, da scheint sich der Kreis zu schließen. Das Dasein der Mutter würde an Bedeutung verlieren, das der Tochter hingegen in die intensivste Phase treten.

So war mein Leben, denkt Marianna Demetz.

Geboren 1846 in St. Ulrich als Tochter von Johann und Barbara Engelhardt. Aufgewachsen in aller zeitgemäßer Bescheidenheit. Wieviel sich verändert hat seither!

Damals, zu ihrer Zeit, gingen die Schüler mit Ausnahme von zweien oder dreien alle mit Holzschuhen in die Schule, und einmal in der Woche mußte jeder dem Lehrer ein Holzscheit bringen, damit das Schullokal geheizt werde.

Damals war in St. Ulrich die Kost im Durchschnitt folgendermaßen zusammengesetzt: Frühstück: gerstene Friegel; mittags gerstene Knödel in der Suppe oder mit Schmalz ohne alle Zuspeise; abends wieder gerstene Friegel; zur Jause hie und da Erdäpfel und in besseren Häusern Zwieback mit Milch. Weizenmehl war nur in den allerbesten Häusern zu finden, wie auch geselchtes Fleisch und Speck. Frisches Fleisch und etwas Gebackenes wurde in den besseren Häusern einige Male im Jahre aufgetragen. Wein hatte damals niemand im Hause als der Wirt.

Damals waren die Dolomiten meist unbestiegen, und man glaubte, daß Langkofel, Fünffingerspitze, Fermedaturm und viele andere überhaupt unersteiglich seien. Von den anderen Dolomiten unserer Umgebung erzählte hie und da ein Jäger, daß er einmal oben war, doch glaubte man das nicht recht.

Damals gab es in der Gemeinde St. Ulrich kein Spital und keine Armenversorgung. Die Armen und Kranken mußten von den Verwandten gepflegt und erhalten werden. Wenn sich der Fall ergab, daß einer längere Zeit krank liegen mußte, so war man genötigt, ihn von einem Verwandten zum anderen zu tragen.

Damals waren hier diejenigen, die am meisten Grund und Boden besaßen und viel Vieh hatten, am meisten angesehen. Die Schnitzer und Maler wurden damals von den Bauern ausgelacht und geringgeschätzt.

Damals war unsere Pfarrkirche um zwei Drittel zu groß; so wenig Leute gab es in St. Ulrich.

Damals gab es noch keinen ständigen Fleischhauer, und es war nicht möglich, besonders zur Sommerzeit, das nötige Fleisch für Kranke zu bekommen, wenn nicht zufällig irgendein Vieh wegen Krankheit (!) geschlachtet werden mußte.

Damals waren hier alle Leute sehr einfach gekleidet. Man kannte nur Anzüge aus grobem Hausloden.[2]

So könnte sich Marianna Demetz während der Fahrt mit der Eisenbahn an ihre Kindheit im Grödnertal erinnert haben. Nichts nimmt sie wahr von den Mühen der Lokomotive, die vielen Wagen hinaufzuziehen zum Brenner, 425 Höhenmeter von Sterzing bis zur Paßhöhe. Nur ihren Träumen hängt sie nach. Den Erinnerungen an ihre Zeit. An die Heirat mit dem Bildhauer Ferdinand Demetz, der es zu etwas gebracht hat im Leben, der schon als Junger nach München und Wien ging, um seine Kenntnisse zu vertiefen, sich künstlerisch zu entwickeln, und der mit seinem großen Können wieder heimkehrte nach St. Ulrich, um fortan hier zu wirken und das Ansehen der Gemeinde nicht unerheblich zu steigern. War doch soeben ein Büchlein erschienen, verfaßt von Franz Moroder, schlicht betitelt »Das Grödner Thal«, und darin, in ebendiesem Büchlein, war Ferdinand unter den Honoratioren des Tales aufgeführt, war er gewürdigt worden:

»Ferdinand Demetz, geboren 4. October 1842 zu Furdenang in Ueberwasser und derzeit noch im rüstigsten Wirken, errichtete ... im Jahre 1872 eine Privat-Fachschule für Holzschnitzerei, die vom Handelsministerium subventionirt wurde bis zum Jahre 1883 ... An dieser Privatschule sind ... viele Bildschnitzer herangebildet worden, darunter einige sehr tüchtige, die dann in der Folge selbständige Meister wurden, und in eigenen Werkstätten mit neuen Schülern, respective Arbeitern und Lehrjungen, weiter wirkten und wir können mit Recht behaupten, dass Ferdinand Demetz durch seine Schule die religiöse Schnitzerei des Thales nicht nur bedeutend gehoben und verbessert hat, sondern sogar dass durch diese Schule sich eine förmliche Reformation in der religiösen Schnitzerei Grödens vollzog und sie nicht der einzige, aber sicherlich ein Hauptanlass und Grund der jetzigen ungeahnten Blüthe war.«[3]

Dreißig Kilometer und achthundert Höhenmeter geht es hinab und hinaus nach Innsbruck. Auch Carolina ist jetzt hellwach. Freilich, auch sie hat geträumt bei der Fahrt zum Brenner. Nicht vom Gestern, wie die Mama. Vom Hier und Jetzt und natürlich vom Morgen, von der Zukunft, daß in Arzl, dem Dorf, aus dem Jakob Trenker stammt, alles guten Verlauf nehmen und damit der Heirat nichts mehr im Wege stehen möge. Vom Hochzeitsfest hat sie geträumt, ein hoffnungsvolles kleines bißchen, und vom eigenen Hausstand, von ihrem Mann, und davon, eines Tages wohl Kinder zu haben.

Aber jetzt ist alles erst einmal wie weggewischt, jetzt gibt es wieder reichlich Neues zu sehen, schließlich kommt man nicht alle Tage nach Norden, schließlich ist es interessant, die Berge in dieser Gegend zu sehen, andere Berge als daheim, weniger markante, aber, das muß man zugeben, hohe, aber so schön wie der Langkofel, denkt sie, so schön sind diese Berge nicht, aber da ist ja auch noch das Inntal und da ist Innsbruck, die Stadt, die zu sehen etwas überaus Reizvolles hat.

Viel Zeit jedoch bleibt nicht in der Stadt. Ein paar Schritte hinaus auf den Bahnhofsvorplatz, den Baumreihen schmücken und wo Droschken mit schwarzen und weißen Gäulen auf Fahrgäste warten. Ein Blick auch auf die hohen Häuser, die sich mit vier, mit fünf und sechs Stockwerken eng aneinanderdrängen. Ein wenig Stadtluft atmen, den noblen Herren, den aufgeputzten Damen, den flanierenden Paaren nachschauen, einen Hauch von Großstadt verspüren und einen Hauch von großer, weiter Welt.

Und schon geht es weiter in einem Abteil 3. Klasse, nun mit der Arlbergbahn innaufwärts nach Imst.

Zweiter Klasse, denkt sich die Tochter, wäre schon schön gewesen bei einer solchen Fahrt. Nicht bei den Bauern hocken, sondern bei den

Stadtleuten, die geschäftig durch die Welt eilen, die ihnen längst klein geworden ist. Zweiter Klasse oder gar Erster, bei den Herrschaften, nur so, zum Schauen, zum Parfümriechen, zum Vis-à-vis-Sitzen, zur Feier des Tages sozusagen.

Nicht, daß Carolina leichtfertig mit dem Geld umgehen würde, daß sie es etwa mit offenen Händen gleichsam beim Zugfenster hinauswürfe, nein, von Unbescheidenheit keine Spur. Nur fehlt ihr auch eine Untugend zur Gänze, der Geiz nämlich, der für die Bewohner des Grödnertales – bösen Zungen zufolge – sprichwörtlich ist, spätestens seit den Zeiten, da das Tal durch den Aufschwung des Kunsthandwerks zur Blüte kam.

Der Geiz fehlt Carolina, fehlt Linchen vollständig, und später wird man noch von ihrer Großzügigkeit erfahren können. Doch zunächst soll der Bahnhof Imst erreicht sein; die beiden Frauen verlassen den Zug, rufen eine Droschke herbei, verstauen ihr leichtes Reisegepäck und geben dem Kutscher das Ziel der Fahrt an: Hinauf nach Arzl muß es gehen, nicht allzuweit oberhalb des Inntales gelegen, in den ersten Ort des Pitztales. Die Lage von Arzl ist durchaus als günstig zu bezeichnen.

»Das vordere Tal ist breit und weitläufig, durch relativ mildes Klima selbst gegenüber den Gemeinden des 200 m tiefer liegenden Inntales begünstigt und auf beiden Seiten von charakteristischen Terrassen gekennzeichnet. Sie bieten Siedlungsraum für die zahlreichen Weiler der drei Gemeinden und fruchtbaren Boden für den Ackerbau zwischen 900 und 1100 m Höhe.«[4]

Diese Beschreibung darf jedoch nicht darüber hinwegtäuschen, daß es sich beim gesamten Pitztal seit langem um ein Notstandsgebiet handelt. Vor allem auf den Weilern im hinteren, gletschernahen Talbereich hat es bis ins 19. Jahrhundert hinein immer wieder Hungersnöte gegeben.

»Es sey bekannt, daß wegen der Lage ihrer Ortschaften an den Pitzthaler Gletscher bey ihnen nichts anderes als Gerste, Erdäpfel und Flachs erzeugt werde, daß hierin ihre Hauptnahrung und in dem Verkaufe des Flachs ihre größte Erwerbsquelle bestehe. So schön sich das heurige Fruchtjahr anfänglich gezeigt habe, ebenso fürchterlich hätte es geendet. Die Gerste wäre nur halb reif, und wegen den immerwährenden Regen ganz ausgewachsen, ebenso die Erdäpfel wegen der eingefallenen Kälte ganz erfrohren eingebracht worden, und der Flachs liege noch auf den Feldern, und könne nicht mehr geerndtet werden, weil die ganze Gegend mit einem Schuhe tiefen Schnee überdeckt sey, und dieser für heuer nicht mehr verschwinden werde. Entblöst von allem Vermögen hätten sie wie gewöhnlich ihre Gersten mahlen lassen, und die aus derselben bereiteten Speisen versucht, allein ganz ungenießbar und so gefunden, daß diejenigen, welche aus Hunger demohngeachtet solche Speisen zu sich nahmen, plötzlich erkrankten ...

Auf gleiche Weise geben auch die Erdäpfel kaum Nahrung, denn wenn sie gesotten werden, lösen sie sich ganz auf, und zerrinnen wie Wasser. Sie hätten vermög diesen nichts geerndtet, was sie für sich zum Leben brauchen könnten, und ebenso wenig, was verkaufbar wäre, und ihnen ein Mittel in die Hand gebe, sich die nothwendigsten Lebensmittel beyzuschaffen. Was ihre Lage noch fürchterlicher mache, sey der Umstand, daß sie auch die zweyte Heuerndte vermissen ...

Sie befinden sich daher in einem Zustand, dessen Elend nicht zu beschreiben sey ...«

So vermeldet den traurigen Umstand eine Petition des Gemeindeausschusses der Gemeinde Pitztal an das K.K. Landgericht Imst im Oktober 1833.

Noch viele Jahrzehnte später läßt sich die wirtschaftliche Schwäche der Region nachweisen.

»Noch die Betriebszählung von 1902 wies für den Bezirk Imst, zu dem auch das Pitztal gehört, 9 von 10 Bauern aus, deren Besitz an Wiesen und Äckern unter 5 ha maß, und noch bei der Viehzählung von 1928 gab es im ganzen Bezirk nur zwei Bauern mit mehr als 10 Kühen, 1280 Bauern (86%) aber hatten weniger als 6 Kühe im Stall. Die entsprechenden Zahlen für das 19. Jahrhundert dürfen ähnlich gewesen sein.«[5]

In einer landschaftlich schönen, insgesamt aber armen Gegend treffen die beiden Frauen am Nachmittag des Reisetags ein. In Arzl, unweit der Pfarrkirche St. Ingenuin und Albuin, deren Turm und Fassade wegen Außenrenovierungen gerade von Gerüsten verstellt sind, hält die Kutsche, sind die beiden Frauen aus dem Grödnertal am Ziel ihrer Reise. Das Haus Nummer vier ist das Trenkersche Anwesen, hier ist Jakob geboren, hier leben seine Eltern Roman und Theres, geborene Thumer, hier wird man Erkundigungen einholen und sich Gewißheit verschaffen über den untadeligen Werdegang des Bräutigams.

Die Trenkers sind alte Leute. Er, ein Tischlermeister im Ruhestand, ist neunundsiebzig, die Frau hat ebenfalls schon die siebzig überschritten. Sie empfangen den angekündigten Besuch herzlich, bitten zur Jause, einer Stärkung nach langer Fahrt, und erzählen bereitwillig aus ihrem

Leben in diesem Gebiet, von der Kindheit und der Jugend Jakobs, von diesem und jenem mehr, und sie halten mit nichts hinter dem Berg.

Daß es ihnen hier, im vorderen Tal, ja immer ziemlich gutgegangen sei, wird den Frauen aus dem Süden berichtet, nie war hier die Not mit der weiter drinnen im Tal vergleichbar. Man hatte zu leben, wenn man bescheiden war und keine großen Ansprüche stellte. Und ein schlechtes Leben, nein, ein schlechtes Leben sei es bei allem nie gewesen.

Freilich, für die junge Generation, für die Kinder, habe es nicht mehr genug zum Beißen gegeben, sprich: Arbeit gab es keine. Bei manchen armen Familien mußten schon Zehnjährige zur Arbeit ins Schwabenland geschickt werden. Schwabenkinder, denen daheim das zum Leben Nötigste gefehlt habe.

»... jährlich 4500 Kinder zwischen 6 und 16 Jahren [...] die aus Tirol und Vorarlberg vorwiegend nach Schwaben zogen, um sich dort als Hütekinder zu verdingen; für geringen Lohn und um über den Sommer zumindest als Esser von zu Hause weg zu sein. Das Land bot zu wenig, sie alle zu ernähren.«[6]

Frauen würden viele im Ausland arbeiten, mehrere Monate im Jahr in der Schweiz, erzählten die Trenkers weiter. Und die Männer, die ein nützliches Handwerk gelernt hatten, Zimmerleute und Maurer, Schuster und Weber, gingen auf die Walz oder verdingten sich irgendwo saisonweise als Holzarbeiter.

Bei Jakob sei eines zum anderen gekommen. Der Arbeitsmangel im Pitztal und auch im weiteren Umkreis von Imst sowie seine künstlerische Neigung. In München habe er sich ausbilden lassen zum Vergolder und Faßmaler, und was wäre dann näher gelegen, als sich Arbeit zu suchen in einer Gegend, die kunsthandwerkliche Tradition und, was noch wichtiger ist, auch Zukunft hat. Im Berchtesgadener Land vielleicht oder besser noch im bayerischen Oberammergau, am besten freilich im Grödnertal, im mehr und mehr emporstrebenden St. Ulrich, wo ein begabter und fleißiger Vergolder und Fasser auch mit bedeutenden Schnitzkünstlern zu tun bekäme. Darum sei der Jakob in Gröden.

Nach der Jause, nach Brot und Käse, Speck und Wein, gehen die Trenkers mit den beiden Demetz-Frauen die paar Schritte zur Kirche St. Ingenuin und Albuin. Der Pfarrer nämlich weiß zu erzählen von einer Besonderheit der Trenkerschen Familiengeschichte. Gemeint ist ein gewisser Julian Trenker, geboren 1775, gestorben 1843, zu Ruhm gekommen als Landesverteidiger im Tiroler Schicksalsjahr 1809.

Dieser Julian, das sei der Großvater vom Jakob gewesen, wird den beiden Frauen erläutert. 1809, dem durch Andreas Hofer berühmt gewordenen Jahr des Tiroler Freiheitskampfes gegen die Truppen Napoleons und die mit ihnen verbündeten Bayern, sei er durch eine Heldentat in die Geschichte des Ortes eingegangen. Den Bayern, die gerade einen mit Pulver beladenen Wagen der Tiroler Standschützen sprengen wollten, hat er todesmutig die Zündschnur weggerissen und damit den eigenen Leuten die dringend nötige Munition gerettet. Ein kühner Mann, ein Heißsporn mit bisweilen durchgehendem Temperament.

Was eigentlich über des Jakob Trenker, über des Bräutigams Charaktereigenschaften im allgemeinen noch zu sagen wäre, das möchte vor allem die Brautmutter doch zu gerne wissen. Und weil die Trenkers ehrliche Leute sind, sagen sie unverhohlen die Wahrheit. Daß der Jakob ein durch und durch rechtschaffener Mensch sei, fleißig, gottesfürchtig, daß er das Geld beisammenhielte, im Essen wie im Trinken mäßig sei, daß er von all seinen Lehrherren und Arbeitgebern nur die allerbesten Zeugnisse ausgestellt bekommen hätte, daß er der Carolina, die ihnen selbst ja sogleich ans Herz gewachsen sei, als Ehemann eigentlich nur empfohlen und der geschätzten Frau Demetz wie ihrem Gemahle als Schwiegersohn eigentlich nur angeraten sein könnte, wäre nicht . . .

Wäre nicht was?

Nun ja, der Jakob ist ein guter Mensch, wie schon gesagt, aber er hat wie sein Großvater, der Freiheitskämpfer, ein aufbrausendes Temperament und ist bisweilen starrköpfig und furchtbar eigensinnig.

Das, denkt sich die Brautmutter, ist als Übel nicht so groß.

Und Carolina, der im Augenblick der Gedanke an eine bevorstehende Hochzeit wichtiger ist als das Sinnieren darüber, was in zehn, in zwanzig Jahren einmal sein könnte, Carolina überhört ganz einfach, was für ihr Leben freilich so unbedeutend nicht sein sollte. Sie überläßt sich ihrer Freude, ihrem Glück.

Und so geht alles seinen Gang. Der Heirat von Carolina und Jakob steht nichts mehr im Wege. Jakob wird heimisch werden in St. Ulrich, wird eine gute Frau haben, wird vergolden und fassen, wird Kinder zeugen und alt werden, und eines Tages wird er schauen, ob aus seinen Nachkommen etwas geworden ist, ob sie es zu etwas bringen, ob vielleicht sogar einer darunter ist, der so berühmt wird wie Großvater Julian, dem man 1908 ein Kirchenfenster in Arzl gewidmet hat.

Doch so weit ist die Geschichte noch nicht.

FRÜHE JAHRE

Die Jugendzeit des Alois Franz Trenker, genannt Luis

Das Jahr 1892. Dem seit knapp vierzehn Monaten verheirateten Paar Jakob und Carolina Trenker kommt ein erstes Kind zur Welt. Ein Bub. In einem Haus am Westrand von St. Ulrich wird er am 4. Oktober geboren und noch am selben Tag auf den Namen Alois Franz getauft. Großvater Ferdinand Demetz läßt als Taufgeschenk einen großen Sack Kartoffeln ins Haus bringen.

Alois Franz, schon bald nicht mehr anders vorstellbar als unter dem Namen Luis, hat in späterer Zeit das Haus, in dem er wirklich geboren ist, nie erwähnt. Sein Geburtshaus sei Furdenang gewesen, ein malerischer Paarhof, bestehend aus »Feuerhaus« und »Futterhaus«, was soviel bedeutet wie Wohnhaus samt Herd und daneben Stall und Stadel. Ob es Unkenntnis der eigenen Geschichte war, was ihn den Geburtsort dort vermuten ließ, am südlich von St. Ulrich sich zur Seiser Alm hin aufbauenden Berghang? Oder ob nicht vielmehr jener Schuß Münchhausen-Blut, der unbezweifelbar in seinen Adern floß, dafür verantwortlich zu machen ist, daß er Furdenang zum Ort der damals üblichen Hausgeburt erkor, weil dieses auf den ersten Blick bergbäuerliche Idyll besser in das Bild paßte, das sich eine breite Öffentlichkeit Jahrzehnte später von Luis Trenker machte: der Bauernbub als Film- und Fernsehstar; die Heimatliebe; die gute Mutter, der rechtschaffene Vater, die heile Welt in glücklicher Familie; der Herrgott, die Berge; die Liebe zum Leben, einem Leben ohne Kanten und Ecken, einem Leben in Zufriedenheit.

Vieles davon ist im Falle von Luis Trenker Legende. Entstanden aus dem Wechselspiel zwischen dem Wunschdenken der Öffentlichkeit und der Bereitschaft, ja der Neigung Trenkers, seine Biographie nach Gutdünken zu korrigieren, einzufärben, zurechtzurücken. Dabei zu spielen mit dem Publikum. Geschichten zu erzählen in vielen Variationen, mit ihrem Wahrheitsgehalt geradezu nach Belieben zu verfahren. Und wenngleich Trenkers gesamtes künstlerisches Schaffen autobiographisch durchsetzt ist, läßt sich sein Leben doch nicht einfach anhand dieses Schaffens nacherzählen. Trenker hat stets die Zeitgeschichte ausgespart, hat in aneinandergereihten Anekdoten seine Herkunft und seinen Weg lebendig werden lassen, hat dabei jedoch immer Geschichten erzählt, sprich: fabuliert, mit den möglichen Anfängen und Enden einer Erzählung jongliert, und so ist es heute nicht ganz leicht, sich auf seine Spur zu setzen und nachzuvollziehen, wie alles wirklich war.

Eine Sache freilich ist sicher, ist wahr, und das nicht etwa, weil Trenker so oft davon erzählt, sondern obwohl er so oft davon erzählt hat. Es ist die berühmt gewordene Begebenheit um seinen Geburtstag.

Da »krachten im ganzen Tal schon früh am Morgen die Böller, daß es in vielfachem Echo von den Felswänden widerhallte ... Auf dem Platz war bereits die Musikkapelle aufgezogen und schmetterte ihre flotten Märsche, die Kranzeljungfern und der Schützenverein waren ausgerückt, die Bauern aus der Umgebung kamen in ihren schönen alten Trachten von ihren Höfen herunter, und der alte General, der sich um diese Zeit des Jahres immer in St. Ulrich aufhielt, erschien an meinem Geburtstag jedesmal in seiner kaiserlichen Uniform mit breiten roten Streifen an den blauen Hosen, weißem Waffenrock und einem grün schillernden Federbusch auf dem Zweispitz.

In der Kirche war der Hauptaltar im goldenen Licht vieler Kerzen strahlend erhellt. Der Gesang des Chores, der Klang der Orgel, der Geigen und der Menschenstimmen – ein gewaltiger Zusammenklang, der mich schier berauschte. Der alte Pfarrer Anderlan, der mich getauft hatte, sang mit schöner, ergreifender Stimme das Credo, zur Wandlung fielen dann in die feierliche Stille die dröhnenden Kirchenglocken ein, draußen vor dem Gotteshaus ertönten die Kommandorufe des feschen Schützenhauptmanns Josef Noflaner, und dann krachten die Gewehrsalven in den blauen Herbsthimmel. Ja, das war jedesmal ein Festtag, mein Geburtstag. Später kam ich dann langsam dahinter, daß alles ... einem ganz anderen Anlaß galt.«[7]

Es handelte sich bei diesem anderen Anlaß um den Namenstag Franz Josephs I., des Kaisers von Österreich und Königs von Ungarn, des letzten großen Monarchen des alten Europa, der von 1848 bis 1916 regierte, und dessen Feiertag, wie der Zufall es so will, zusammenfiel mit Luis Trenkers Geburtsdatum.

1892 wird Luis gleichsam in drei Welten hineingeboren. Die erste und kleinste ist die vermeintlich heile Welt des dörflich besiedelten Grödnertals und eines bäuerlich geprägten Lebens. Die nächstgrößere Welt ist die Monarchie des backenbärtigen, nur vermeintlich gemütlichen Regenten Franz Joseph und der Verlauf ihres allmählichen Niedergangs. Die dritte und weitläufigste Welt, die mit der größten politischen Dimension, ist die Welt des modernen Imperialismus und der gar nicht vermeintlichen Vorboten einer Zukunft, die den Buben aus St. Ulrich eines Tages in die Pranken bekommen und ihn ganz ordentlich beuteln wird.

Das Zeitalter des Imperialismus, das einsetzte in den achtziger Jahren des 19. Jahrhunderts und bis zum Ersten Weltkrieg währte, war geprägt vom Wettlauf der Industriestaaten um die letzten sogenannten »herrenlosen Gebiete« der Erde. Im Vordergrund stand die koloniale Erschließung; kaum verborgen lag dahinter das Weltmachtstreben zahlreicher Nationen. In der dem Imperialismus zugrunde liegenden Ideologie konnte später der Nationalsozialismus reichlich Futter finden. Der englische Imperialist Cecil Rhodes, nach dem Rhodesien benannt worden ist, formulierte seine Vorstellungen 1877 so: »Ich behaupte, daß wir die erste Rasse der Welt sind und daß es um so besser für die menschliche Rasse ist, je mehr von der Welt wir bewohnen.« Und der russische Dichter Fjodor M. Dostojewskij schrieb nicht weniger deutlich, »jedes große Volk, das lange leben will, glaubt und muß glauben, daß in ihm und nur in ihm allein das Heil der Welt ruhe, daß es nur dazu lebe, um an der Spitze der anderen Völker zu stehen, um sie alle in sich aufzunehmen und sie in einem harmonischen Chore zum endgültigen, ihnen allein vorbestimmten Ziel zu führen«.

Ausflüge in die Politik. Scheinbar belanglose Nebensätze, auf Anhieb nur schwer in Verbindung zu bringen mit der sich zumeist frohgemut leichtlebig darstellenden Person Luis Trenker. Aber wird man später von seinem filmischen und literarischen Werk sprechen können, ohne dabei die politischen Aspekte zu beleuchten? Wird man seine Arbeit zu werten verstehen, ohne die politischen Prägungen seines gesamten Lebens zu kennen? Darf man dem einen oder anderen Film »nazistische Tendenz« bescheinigen, wenn man sich zuvor nicht Klarheit darüber verschafft hat, aus welcher Welt, besser, welchen drei Welten Luis Trenker stammt? Sich zu begnügen mit nur der einen, der heilen, vermeintlich heilen Welt des Grödnertales im letzten Jahrzehnt vor dem zwanzigsten Jahrhundert, das wäre fahrlässig. Alle drei müssen zumindest schlaglichtartig beleuchtet sein: Gröden, die Donaumonarchie und Europa.

1892 war das südliche Tirol – und das heutige Trentino gehörte dazu – Bestandteil Österreich-Ungarns, eines Vielvölkerstaates unter der Regentschaft Franz Josephs I. In die Gegenwart überliefert ist das Bild einer Operettenmonarchie, das Bühnenbild erstrahlt in Glanz und Gloria, und aller Pomp ist getragen von den Walzermelodien des Johann Strauß. Doch es handelt sich um ein kitschiges Trugbild. Die Realitäten, mit denen Franz Joseph umzugehen hatte, wiesen nichts Walzerträumerisches auf. Tragödien in der Familie des Kaisers und Königs, unlösbare Probleme in seinem großen Reich. Von 1867 an wurde der Nationalitätenstreit im Vielvölkerstaat immer deutlicher. Der Staat verlor an innerer Macht, der Kaiser an Größe und mit den Jahren immer mehr an Kraft, den Herausforderungen zu begegnen.

Doch all das ist die große, weite Welt. Da ist von Nationen die Rede, von Fürsten und Städten, und fast könnte man übersehen, daß Luis Trenker am 4. Oktober 1892 vor allem und zuallererst in die Enge eines Tales hineingeboren wird, eines Tales, auf das die Berge viel Schatten werfen, wo waldreiche Hänge den Blick beschränken, wo die weltpolitischen Umwälzungen nur abgeschwächt zum Tragen kommen. Eine Niederschrift von 1891 mag aufzeigen, wie man sich Gröden zu dieser Zeit vorzustellen hat:

»Man rühmt dem Grödner Sittenreinheit und Redlichkeit nach, und gewiss mit gutem Grunde; denn die Fälle unehelicher Geburten sind äusserst selten ... Die hervorragendste seiner guten Eigenschaften ist aber seine unermüdliche Thätigkeit und beispiellose Arbeitsamkeit, und diese wetzt manche Uebel aus, welche die Folgen seiner Charakterschwächen und Untugenden sind, zu welchen hauptsächlich der starke Wirthshausbesuch und die Prunksucht gehören. Während die Männer, jung und alt, viel zu gerne trinken und sich dem Kartenspiele leidenschaftlich ergeben, besuchen Mädchen und Frauen viel zu fleissig die Läden und Krämereien, um reichlich für schöne Kleider und Putz zu sorgen ... Die körperliche Constitution der Grödner ist eine mittlere; große, starke Männer sind selten, wie auch wirkliche Schönheit bei denselben kaum anzutreffen ist; das weibliche Geschlecht hat einen geraden, schlanken Wuchs und meist auch ein angenehmes, blühendes Aussehen, und mitunter trifft man auch wohl (hauptsächlich im innern Thal, St. Christina und Wolkenstein) wirklich hübsche Mädchen mit feingeschnittenen Gesichtszügen ... Der Grödner ist im Allgemeinen, trotz eines gewissen Grades von Stolz, sehr gesprächig und lebhaft, er liebt Musik und Gesang und hat gutes Verständnis und Anlage hiezu ... Die früher bei Kirchweihfesten und sonstigen Gelegenheiten leider so oft vorkommenden Raufereien, die mitunter zu allgemeinen Raufschlachten zwischen zwei grossen Parteien ausarteten, sind Gottlob ganz verschwunden ... Es ist derzeit dem Grödner sozusagen zu schlecht, grob zu sein, dafür hat er aber in Streitfällen ein sehr gutes Mundstück.«[8]

Hineingeboren ist Luis Trenker in dieses Gröden, in ein von beeindruckenden Bergen dominiertes Tal, das insbesondere durch sein Kunsthandwerk ständig an Bedeutung gewinnt, hineingeboren auch in eine Zeit des zunehmenden Fremdenverkehrs und der schon bald einsetzenden zweiten alpinistischen Erschließungswelle der Dolomiten, nachdem von 1865 an vor allem der Wiener Paul Grohmann und eine Schar ausgezeichneter britischer Bergsteiger die bedeutendsten Gipfel erstmals erstiegen hatten. Das ist die ureigene Welt des Luis Trenker, die ihn am stärksten prägt; hier beginnt er seine Umgebung bewußt wahrzunehmen; von dieser Umgebung läßt er sich fortan beeinflussen und übt bald Einfluß auf sie aus.

Wenige Monate nach Luis' Geburt zieht die Familie um. Sie verläßt das Haus Fill und wechselt hinüber an das jenseitige Ufer des Grödnerbaches, um dort für einige Zeit den Paarhof von Furdenang zu bewohnen, ebenjenen, von dem bereits die Rede war. Furdenang gehört zum Besitz des Großvaters Ferdinand Demetz, in dessen Betrieb Jakob Trenker einige Jahre beschäftigt war. Auf Furdenang waren die Urgroßeltern geboren worden, in der nächsten Generation Großvater Ferdinand, schließlich die Mutter Carolina; jetzt schließt sich der Kreis, der kleine Luis lebt hier, macht hier seine ersten Schritte, und wenn es auf Furdenang, das trotz seiner Nähe zu St. Ulrich der entfernt liegenden Gemeinde Kastelruth angehört, doch nur ein Aufenthalt von kurzer Dauer sein sollte, so bleibt dem Luis dieses Anwesen sein Leben lang als Elternhaus in Erinnerung.

Auf Furdenang arbeitet Jakob Trenker in seiner kleinen Werkstatt als Faßmaler. Das Anwesen, für das die Familie Mietzins entrichtet, liegt, mit seinem freien Ausblick, etwa fünfzig Höhenmeter über dem Dorf St. Ulrich. Ein ebener Weg führt in wenigen Gehminuten vom Haus zu einem etwas abseits gelegenen Gasthaus. Hierher geht Jakob Trenker in kurzen Arbeitspausen, einen Schoppen Roten zu trinken. Vielleicht sitzt er manchmal vor dem Hause beim Wein und schaut hinab zur Schnitzschule des Schwiegervaters, vielleicht beginnt er hier heroben in einer stillen halben Stunde mit jenem Haus in der Nachbarschaft des Schulgebäudes zu liebäugeln, noch nicht ahnend, daß dort einmal seine Kinder groß werden würden. Denn es bleibt ja nicht bei dem einen, bei Luis. Im Lauf der Jahre bringen es die Trenkers auf sechs Kinder. Auf Luis, den Ältesten, folgen vier Mädchen, Ida, Irma, Martha und

Nanni, und zu guter Letzt ein zweiter Bub, dem man den Namen Vinzenz gibt.

Im März 1893 wird das Haus bei der Schnitzschule zur Versteigerung freigegeben. Was den Besitzer Johann Musner dazu veranlaßt hat, dieses Anwesen zu veräußern, ist nicht überliefert. Aber die Einräumungsurkunde besagt, daß bei der Versteigerung das Haus Stufan »mit darauf erbauter Behausung und Zugehör dem Jakob Trenker, Maler in St. Ulrich, ... zu 4.005 fl (Gulden) ins Eigenthum übergeben« wird.

Anzunehmen ist, daß Jakob und Carolina Trenker vor dem Umzug ins Haus Stufan einige notwendige Modernisierungsarbeiten vornehmen lassen. So belegen Rechnungen vom November 1895, daß ihr Haus an die Wasserversorgung angeschlossen wird; so manches andere gibt es zu renovieren; schließlich ist im Souterrain des an den Hang gebauten Hauses Jakobs Werkstatt einzurichten.

Es mag das Jahr 1896 sein, da die Trenkers sich niederlassen in Stufan, die Schränke einräumen, die Bettstatt des dreieinhalbjährigen Luis in der Kinderstube aufstellen, auch die Wiege und handgeschnitztes Spielzeug, nicht viel, man ist sparsam, in das Zimmer tragen; die Bilder der Ahnen werden an die holzgetäfelten Wände der Wohnstube genagelt und das Kruzifix über den Tisch in den Herrgottswinkel gehängt; im Schlafzimmer wird das Ehebett aufgestellt, das frische Bettzeug zurückgeschlagen, eine erste Nacht schlafen sie hier, hier in dem Bett, wo noch Kinder gezeugt würden, hier in dem Haus, wo man alt werden würde.

Hier wachsen Luis und seine Geschwister auf. Die Mutter ist eine liebevolle, milde, großzügige, nachsichtige und, was wichtig ist, immer vermittelnde Frau. Luis entwickelt eine sehr innige Beziehung zu ihr, die ein Leben lang anhalten wird und sein Verhältnis zum Vater an Vertrautheit und Vertrauen weit übertrifft. Wenn Luis später als Erzähler und Autor von seiner Kindheit berichtet, haftet den Beschreibungen der Mutter stets etwas Verklärendes an. Doch seine Zuneigung ist echt und herzlich, und im Ablauf dieser Lebensbeschreibung wird sich noch öfter Trenkers enge Bindung zur Mutter aufzeigen lassen.

»Die Mutter war immer da, frühmorgens beim Anziehen, mittags beim Essen, abends beim Schlafengehen, immer war sie da, immer sorgte sie sich um uns. Was wäre eine Welt ohne Mutter; das wäre wohl wie ein Himmel ohne Sonne, eine Welt ohne Licht und Wärme – gar nicht auszudenken! [...] Ihre Stimme erkannte ich unter allen anderen, und es gab keine Stimme in der Welt, die ich lieber gehört hätte. Streitbare

Gemüter beruhigte sie, für jeden Hilfsbedürftigen fand sie ein gutes Wort oder hatte sie eine kleine Gabe [...] Gleich den meisten Familien des Grödnertales war auch meine Mutter ladinischer Herkunft. Zeitlebens hat sie die klangvolle ladinische Sprache, die dem Altfranzösischen mehr als dem Italienischen verwandt ist, als ihre eigentliche Umgangssprache gebraucht [...] Diese eigentümliche Sprache birgt für mich den ganzen Zauber meiner Heimat in sich.«[9]

Das Verhältnis zum Vater hingegen ist weniger geprägt von inniger Zuneigung als von Respekt und einer gewissen Furcht. Nicht etwa, daß Jakob Trenker seinen Kindern mit geringer Liebe begegnen würde. Er liebt sie alle, die vier Mädchen, den kleinen Vinzenz, und er liebt den Ältesten und ist zugleich stolz auf diesen Stammhalter. Doch seine Liebe ist nicht von Milde bestimmt, sondern von Strenge. Jakob Trenker hat ein aufbrausendes Temperament, gerät schnell in Rage, und dann ist Gerechtigkeit nicht seine Sache. Vor allem Luis bekommt das zu spüren. Stellt eines der Kinder etwas an, dann wird er als das größte von allen meist mitbestraft: Von ihm erwartet der Vater Vernunft und daß er aufpaßt auf die anderen. Was Jakob Trenker zudem von seiner warmherzigen Frau Carolina unterscheidet, ist sein Geiz. Er hält die Familie so kurz wie nur möglich. An allem wird gespart. Auch zur Anschaffung des Notwendigsten bedarf es meist mehrerer Bittgänge von Carolina zu ihrem Mann in die Werkstatt. Geld ausgeben, das macht ihn zornig. Nicht nur, daß die Kinder barfuß groß werden müssen – das ist durchaus üblich in jener Zeit und zwar nicht nur in Gegenden, wo die Sparsamkeit in den Dachkammern wohnt –, vielmehr knausert das Familienoberhaupt auch dann, wenn es um Unvermeidliches geht: Besorgungen in Brixen sollen zu Fuß erledigt werden, ein unaufschiebbarer Arztbesuch macht ihn äußerst mürrisch, Anschaffungen jeglicher Art sind ihm ein Greuel; der Geiz macht ihn bitter und verdrängt schon früh die Verliebtheit der Brautleute. Und seine Sturheit und sein Eigensinn sorgen für zusätzliche Spannungen.

Nun denkt Carolina bisweilen an die Worte ihrer Schwiegereltern, die sie damals in Arzl nicht hatte hören wollen: »... rechtschaffen, fleißig, gottesfürchtig, hält das Geld beisammen ...« Warum hat sie die Sorge seiner Eltern gar so leicht genommen? »Der Jakob ist ein guter Mensch, aber er hat ein aufbrausendes Temperament und ist bisweilen starrköpfig und furchtbar eigensinnig«.

Jahrzehnte später sollte sie Kindern und Enkelkindern erzählen, wie schwierig es war, mit ihrem Mann auszukommen. Des öfteren habe er ihr nach langem Lamentieren zornig das Geldtaschl vor die Füße geworfen, wütend auf sich selbst, daß er überhaupt nachzugeben bereit war, ungehalten darüber, daß es für seine Frau Gründe gab, Geld auszugeben: Gewand für die Kinder, Sachen für die Schule, und dies und jenes mehr, was eigentlich der Rede nicht hätte wert sein sollen. Ja, sein Despotismus und sein Geiz hätten sie auseinandergebracht, Jahr um Jahr ein Stück mehr, bis eines Tages von der Ehe nichts mehr blieb als der Trauschein, jene Erinnerung an das Hochzeitsfest am 17. August 1891, an die Trauung durch Pfarrer Comploy in St. Ulrich.

Doch sollte man diese Ausführungen nicht unkommentiert stehenlassen. Erklärt man sich Jakobs tyrannisches Auftreten allein mit der Abstammung vom hitzigen Freiheitskämpfer Julian Trenker und sagt man ihm ganz einfach des weiteren nach, daß es ihm an Charakterstärke gefehlt hat, um dieser Untugend entgegenzuwirken, so ist das nur der eine Punkt, über den sich nicht leicht Klarheit verschaffen läßt.
Das Wort Geiz aber kann man bedenken, kann die Ursachen solcher Geisteshaltung ein wenig ergründen, kann zu verstehen trachten, wo die Auslöser solch manischer Sparsamkeit zu suchen sind. Was nämlich ist Geiz anderes als Unsicherheit, als Angst? Angst vor einem möglichen Scheitern, und sei dies noch so weit hergeholt. Die Angst, eines Tages die Rücklagen angreifen, ans »Eingemachte« gehen zu müssen. Angst vor dem Verlust eines erreichten Wohlstandes, Angst vor Armut, Hunger und vor allem auch der damit nicht selten verbundenen üblen Nachrede, sei sie nun real oder eingebildet. Solche Ängste liegen bei dem Mann aus dem Pitztal doch sehr nahe. In bescheidensten Verhältnissen aufgewachsen, während Kindheit und Jugend unablässig in Sorge um das tägliche Wohlergehen; und wenn er auch Hunger und Not nicht am eigenen Leib erfahren mußte, so wußte er doch vom Leid vieler, die im heimischen Pitztal am Existenzminimum lebten. Dies sollte man bedenken, will man Vater Jakob, der schon bald von vielen Bekannten den bezeichnenden Spitznamen »General« verliehen bekam, auch nur annähernd gerecht werden.

In der aufstrebenden Gemeinde St. Ulrich vermögen Jakob Trenker und seine Familie gut Fuß zu fassen. Sein künstlerisches und handwerkliches Geschick bringt ihm Ansehen und hilft dem Tiroler aus dem Norden hier in Gröden Akzeptanz zu finden. Was ihm zusätzlich die Wertschätzung der Mitbürger in seiner Wahlheimat verschafft, ist der Umstand, daß Jakob vorzüglich das Flügelhorn bläst, und schon bald aus der St. Ulricher Musikkapelle nicht mehr wegzudenken ist. Der Aufstieg St. Ulrichs zu einem der Zentren des Kunsthandwerks in den Alpen ist in diesen Tagen kaum zu übersehen. Was im 17. Jahrhundert als naive Bauernschnitzerei begann, hat sich gewandelt zur Fertigung wundervollen Holzspielzeugs und vor allem religiös ausgerichteter Figurenschnitzerei: Kreuze und Madonnen, Krippen und Heilige. In ganz Europa nimmt die Nachfrage nach Grödner Schnitzerei mehr und mehr zu. Die Produkte aus St. Ulrich, St. Christina, Wolkenstein und den kleineren Gemeinden wie St. Jakob, wissen durch die traditionsreiche Machart und die im wahrsten Sinn des Wortes handwerkliche Qualität zu beeindrucken. Doch mit dem kommerziellen Aufschwung geht für die Grödner eine Stilunsicherheit in künstlerischen Fragen einher. Die Naivität, die so oft das I-Tüpfelchen der Kunst ausmacht, geht verloren. Zudem steigt die Zahl der Feriengäste, der Sommerfrischler im Grödnertal, enorm an, was den Orten und ihren Bewohnern ein finanzieller Segen ist, ihrer kunsthandwerklichen Tradition aber Schaden zufügt: Immer mehr Schnitzer lassen künstlerische Ideen links liegen und begnügen sich damit, schlichte Arbeiten für den schnellebigen Fremdenverkehrsmarkt zu produzieren, denen jegliche Echtheit, jede Überlieferung fehlt. Wem diese Wertung zu hart erscheint, zu hart zumindest in bezug auf die damalige Zeit, der möge die Pfarrkirche von St. Ulrich besuchen. Wer glaubt, sie wäre ausgestattet im Stil der ortstypischen Schnitzerei, der täuscht sich. Es fehlt großes künstlerisches Niveau ebenso wie regionales Kolorit.

Wie dem auch sei: Für Jakob Trenker ist die Zeit um die Jahrhundertwende keine schlechte. Seine Arbeit ist gefragt, und er hat Anteil am allgemeinen Aufschwung.

Von 1893 an ist Jakobs Schwiegervater, der Schulgründer Ferdinand Demetz, Gemeinde-Obmann. Er lenkt die Geschicke des Hauptortes im Grödnertal bis zu seinem Tode im Jahr 1902. Während seiner Amtszeit errichtet er auf eigene Kosten ein kleines Elektrizitätswerk für St. Ulrich und verschafft den Einwohnern des Ortes somit die Wohltaten, die der elektrische Strom in das Leben zu bringen vermag. Bera Ferdinand nennen ihn die Ladiner. Bera heißt soviel wie »Großer Vater«, »Stammvater«, und bedeutet immer, daß man einen alten Herrn vor sich hat, dessen Leben und dessen Werk großen Respekt verdienen.

»Als Bera Ferdinand verstarb, war die Trauer in St. Ulrich so groß, daß alle elektrischen Beleuchtungskörper mit schwarzen Schleiern verhängt worden sind.«[10]

Für Luis nimmt das Leben in diesen Jahren den Verlauf, den später die Erwachsenen meist als so unbeschwert in Erinnerung haben und der für ein Kind doch so gewichtig ist und vieles, was eines Tages zum Tragen kommen wird, bereits prägt und im Wesen des noch ganz jungen Menschen festschreibt. Ein paar Sommerwochen mit der Mutter auf der Seiser Alm, außerhalb der Reichweite des strengen Vaters, außerhalb der Eifersucht der Geschwister, das schafft eine noch engere Bindung an die Mama.

Dann kommt die Schulzeit mit all ihren Freuden, aber auch ihren Wirren, die sie bereithält für ein waches Kind, wie Luis es ist. Mit sechs Jahren, 1898, wird er eingeschult in die Volksschule von St. Ulrich. Wenig ist überliefert von den Leistungen, die er dort erbringt, von den Zeugnissen, die er nach Hause trägt. Was auch nicht weiter wichtig sein soll, betrachtet man die Grundschuljahre als nichts anderes als eine Hinführung und Wegbereitung für späteres, gezieltes Lernen. Was aus Trenkers zumeist amüsanten Lebenserinnerungen aber hervorgeht, ist dies, daß die ersten Jahre an der Schule im Heimatort halbwegs erträglich gewesen sind. Da wimmelt es von geradezu Ludwig Thomaschen Lausbubengeschichten, da gibt es Schülerraufereien und Ohrfeigen von den Lehrern, und vor allem: eine gehörige Tracht Prügel vom Vater, wenn dem eine schulische Übeltat zu Ohren kommt. Letzteres freilich sind nicht die härtesten Prüfungen, die Luis in seiner frühen Schulzeit erwarten. Nach drei Grundschuljahren in St. Ulrich beginnt für ihn der wirkliche Ernst des Lebens. Er muß, um sich ein höheres Maß an Bildung angedeihen zu lassen, das Heimattal verlassen. Die Mutter bringt ihn nach Bozen. Von Waidbruck aus fahren sie mit der Eisenbahn in die Stadt, wo Luis allein zurückbleiben wird. Das Knabeninstitut Josefinum soll dem Heranwachsenden den Schliff geben.

»Das Josefinum lag zwischen der Pfarrkirche und der städtischen Leichenhalle. Durch die Fenster der Kapelle konnten wir Knaben die aufgebahrten Toten sehen, wie sie still und unheimlich zwischen den brennenden Kerzen und Blumen teilnahmslos dalagen und auf das Begrabenwerden warteten.«[11]

Die Zeit im Josefinum, dieses eine Schuljahr 1902/1903, scheint für Luis die schwerste Zeit seiner Jugend gewesen zu sein.

»Gleich am ersten Tage überfiel mich unbeschreibliches Heimweh, eine Qual sondergleichen, ich konnte nicht essen, nicht trinken, nicht beten und nicht lernen. Tag und Nacht rannen mir die Tränen über die Wangen.«[12]

Was ihm die Eingewöhnung in der Stadt besonders schwermacht, ist nicht allein die Fremde, sind nicht die Schwestern im Josefinum, ist nicht straffer Unterricht und täglicher Kirchgang, schwer wiegen vielmehr zwei Begebenheiten, die sich in der Zeit vor seinem Wechsel nach Bozen zugetragen haben und die angetan waren, die Verbundenheit des Buben zu seinem Tal zu vertiefen, ihn gleichsam Wurzeln schlagen zu lassen, zarte zunächst, doch zähe, die auf immer mit dieser Region in den Dolomiten verknüpft sein werden.

Da war ein Sommer auf der Alm, hoch über Colfuschg jenseits des Grödnerjochs. In den Ferien hatten ihn seine Eltern der in St. Jakob lebenden Magd Burgl mitgegeben. Im Sommer hatte sie ihrem Vater im heimischen Hof zur Hand zu gehen. Es bot sich an, den achtjährigen Buben mit auf die Alm zu nehmen. Da würde er mithelfen können, würde spartanischer leben noch als daheim unter des Vaters Obhut, er wäre den lieben langen Tag an der frischen Luft, erführe etwas vom Wesen der Arbeit und lernte ein wenig Selbständigkeit. Und so war es. Fiel ihm auch die mehrere Wochen dauernde Trennung von daheim, von der schützenden Hand der Mutter, nicht leicht, so war es ihm doch eine Freude, auf der Alm zu leben, die vielen Verrichtungen zu erlernen, die täglich getan werden müssen, sich nützlich zu machen, wo immer er gebraucht wurde und dabei doch weitgehend sein eigener Herr sein zu können. Es wurden ihm frohe Tage im Anblick des eindrucksvollen Sass Songher, trotz des Mangels an jeglichem Komfort.

Als Hüterbub schlief er im Heu. Am Morgen, nachdem das Vieh versorgt war, gab es für die Menschen ein einfaches Mahl. »Andreas-Hofer-Feigenkaffee« mit viel Milch; Brocken harten Gewürzbrotes, das mit der Grammel zerkleinert worden war, wurden im Milchkaffee eingeweicht und dann gelöffelt. Tagsüber hütete Luis die Schafherde oder trieb die Kühe auf die Weide und abends zum Melken wieder zurück in den Stall. Er hockte auf dem Melkschemel neben den Eutern und er kurbelte am Butterfaß, bis die Arme ihn schmerzten. Er mistete den Stall aus, wusch den Rindern die verschmutzten Schwänze, half Lämmern, auf die Welt zu kommen und lernte mehr, als ihm drei Schuljahre in St. Ulrich bis dahin hatten vermitteln können. Und nachts, wenn er wieder im Heu lag, dem Donner eines in der Ferne über die Dolomiten ziehenden Gewitters lauschte, dann war er zufrieden. Zufrieden mit sich, seinem Tagewerk, mit Gott und der Welt. Hier fühlte er sich wohl. Hier in diesen Bergen, bei diesen Menschen. Hier war er daheim.

Noch ein Bubenerlebnis aus dieser Zeit will an dieser Stelle angeführt sein. Der Vater hatte versprochen, während des Sommers einmal hinüberzugehen übers Joch und ihn zu besuchen auf der Alm. Im Angesicht des Sass Songher, eines 2665 Meter hohen Dolomitenberges, dessen felsiger Gipfelbereich gewisse Ähnlichkeit aufweist mit einem überdimensionalen prähistorischen Steinwerkzeug, im Angesicht also dieses mächtigen und eindrucksvoll gestalteten Berges sagte der Vater: »Da sollten wir einmal hinauf.«

»Fast erschrocken schaute ich zu ihm auf, bog dann den Kopf ein wenig zurück und blickte zum Gipfel. Nicht einmal im Schlaf hätte ich den verwegenen Gedanken zu träumen gewagt, einmal selbst dort oben stehen zu dürfen, und nun schien er mir, als der Vater ihn aussprach, gar nicht mehr so vermessen.«[13]

Am nächsten Morgen brach Vater Jakob mit Luis zur Besteigung des Berges auf. Es wurde zu einem der intensivsten gemeinsamen Erlebnisse, es vermochte ein Band zu knüpfen zwischen Vater und Sohn, und zugleich eröffnete dem Buben dieser eine Tag am Sass Songher die Welt des Hochgebirges, die in nicht allzu weiter Ferne sein Leben bestimmen sollte.

»Von Stufe zu Stufe, von Wandabsatz zu Wandabsatz ging es nun höher und höher. Zwischen Steigen, Warten, Sichern und Nachsteigen verflog die Zeit im Flug. Der Vater stieg sehr ruhig, vorsichtig und so selbstverständlich, als ob er schon zehnmal die wuchtig sich über uns auftürmenden Felsbastionen durchklettert hätte. An seinem Seil fühlte ich mich sicher. Durch seine von Zeit zu Zeit erfolgenden Weisungen wurde ich rasch mit dem bisher gefürchteten Berg vertraut. Der immer großartiger sich weitende Blick in die Tiefen der grünen Täler und der Glanz der sonnigen, lichtüberfluteten Türme, Schluchten und Wände gegenüber erfüllten mich mit einem merkwürdigen, bisher nie gekannten Gefühl von Freiheit.«[14]

Sie erreichten den Gipfel, genossen die reine Luft und die großartige Fernsicht über die unzähligen Berge der Dolomiten hinweg. Nach einer

Weile sagte der Vater: »So muß es wohl sein, wenn wir einmal droben stehen vor dem Allmächtigen, nur noch gewaltiger und herrlicher.«[15]

An dies und an die Wochen auf der Alm mag der Bub wohl denken, als nach gar nicht langer Zeit in Bozen in ihm der Entschluß wächst, auszureißen. Begleitet von einem aus dem Passeiertal stammenden Mitschüler, stiehlt er sich fort.

Doch es fehlt ihnen die Orientierung. Statt in nördlicher Richtung zu gehen, nach Meran der eine, nach Waidbruck der andere, folgen sie der Etsch nach Süden; wohlgemut über die zurückgewonnene Freiheit marschieren sie in Richtung Trient. Natürlich – weit kommen sie nicht. Die netteste Josefinum-Schwester von allen holt sie zurück und hilft den Ausreißern mit dem Versprechen baldiger Ferien die nächsten Wochen zu überbrücken.

Was im folgenden über den schulischen Werdegang des Luis Trenker zu berichten ist, mag auch als eine Charakterstudie seiner Mutter Carolina verstanden sein. Denn daß sich in ihr ein großer Schritt zur Emanzipation innerhalb ihrer Ehe vollzogen haben muß, wird aus den folgenden Zeilen offensichtlich:

»Da griff, wie so oft in meinem Leben, die Mutter bestimmend ein. Sie hatte wohl von dem mißlungenen Fluchtversuch erfahren; denn ganz unerwartet erschien sie im Josefinum, nahm mich mit, um mich in Bozen privat unterzubringen. So kam ich als Quartier- und Kostgänger zu Frau Rainer, einer äußerst frommen Lokomotivführerswitwe, die mir zwar das Leben auch nicht allzuleicht machte, bei der ich es aber doch viel besser hatte als im Institut.«[16]

Was mag Carolina Trenker dieser Schritt an verbalen Kämpfen gekostet haben? Denn es ist nicht anzunehmen, daß ihr Mann das Geld für die private Unterkunft so ohne weiteres herausgerückt hat.

In Bozen besucht Luis fortan die Bau- und Kunsthandwerkerschule. Er lernt mit Freude das Schlossern und das Schnitzen, und er gewöhnt sich, eigenen Angaben zufolge, an das Leben in der kleinen Stadt.

»Bozen hatte damals etwa fünfzehntausend Einwohner, die Stadt war klein, aus allen Winkeln und Gassen roch es nach Äpfeln, Birnen und Traubenmaische.«[17]

Nach der Absolvierung der Bau- und Kunsthandwerkerschule ist es an der Zeit, eine Lehre zu besuchen. Eigentlich ist es Luis' Herzenswunsch, Ingenieur zu werden.

»Mein Vater jedoch, der ein ruhiges Leben im hergebrachten Geleise für das einzig richtige hielt, hatte für meine Pläne keinerlei Verständnis.«[18]

Und so ist diese Zeit eine Wirrnis von möglichen und unmöglichen Wegen, an deren Beginn Luis Trenker steht. Viel Begehrenswertes verschließt sich ihm, manches, was sich auftut, entspricht nicht seinen Wünschen, seinen Vorstellungen eines beruflichen Lebensweges. Noch sind die Weichen nicht gestellt. Noch läßt sich nicht im geringsten erahnen, wohin alles führen soll, wohin alles führen wird. Mit Heinrich Böll wäre zu fragen: »Was soll aus dem Jungen bloß werden?«.[19] Doch während der junge Böll Jahrzehnte später auf diese Frage seiner Verwandten auch schon die zutreffende Antwort parat hat – »Irgendwas mit Büchern« –, tappt Trenker noch im dunkeln. Wie weit ist doch der Ingenieurberuf von all dem entfernt, was Trenkers Weg bestimmen sollte: das Schauspielen und Regieführen, das Bücherschreiben und das Stegreiferzählen.

Nein, ein Studium kommt nicht in Frage. Denn mittlerweile lebt die Familie mit sehr beschränkten Mitteln. Großvater Ferdinand Demetz' Tod hat Unruhe in ein festes Gefüge gebracht.

»... der durch seine geschäftlichen Beziehungen und seine große Autorität immer dafür gesorgt hatte, daß die Vergolderwerkstatt des Vaters Aufträge erhielt. Jetzt aber war alles anders geworden. Mein Vater, auch darin ein richtiger Nordtiroler, war zu stolz und verschlossen, um sich um die Gunst seiner Kunden zu bewerben ...[20]

So gehen die Aufträge zurück, die Einnahmen werden zusehends weniger. Da ist es unmöglich, einem Sohn das Studium zu finanzieren. Eine Lehre soll er absolvieren. Ein erlernter Beruf – da weiß man, was man hat, zudem liegt Luis während der Zeit den Eltern nicht auf der Tasche, und er muß auch nicht fort aus dem Tal.

Die Sache ist rasch entschieden. Bei Onkel Leo, der nach des Bera Ferdinands Tod das Elektrizitätswerk betreibt, soll er in die Lehre gehen. Gehört nicht dem Strom die Zukunft? Siebenklassige Mittelschule mit Reifeprüfung, anschließend vier bis fünf Jahre Technische Hochschule, wer sollte das bezahlen? Kein Ingenieur, nur Monteur soll Luis werden. Als kleines Trostpflaster kauft Jakob seinem Sohn eine billige Geige und gestattet ihm, in der Freizeit beim Schullehrer Violinunterricht zu nehmen.

So beginnt Luis zur gleichen Zeit mit der Monteurausbildung und mit dem Geigenspiel. Für letzteres ist er ohne Zweifel begabt, er entwickelt große Zuneigung zu seinem Instrument und macht rasch Fortschritte. Daß er jedoch im Elektrizitätswerk keine Zukunft haben würde, das ist ebenso rasch besiegelt. Nicht etwa, daß ihn die Aufgaben im Betrieb nicht reizen würden, liebäugelt er doch nach wie vor mit dem Gedanken, auf irgendeine Art Ingenieur zu werden: Auch würde er gerne bei Onkel Leo arbeiten, doch der, das große Vorbild in Jugendjahren, weilt in Berlin, besucht die Technische Hochschule in Charlottenburg.

»... so war ich ganz dem unfreundlichen, meist betrunkenen Betriebsleiter ausgeliefert, der zwar Hirn hieß, aber wenig davon im Kopf hatte, denn er erklärte mir nichts von dem, was ich eigentlich bei ihm lernen sollte.«[21]

Wenn Herr Hirn am Nachmittag ein Schläfchen hält, übt Luis vor der Werkshalle mit dem Fußball. Danteln, Kopfball, Volleyschuß. Wer die Geschichte nicht schon aus dem Munde Luis Trenkers kennt, kann erahnen, wie das ausgehen wird! Kann Fußball überhaupt etwas Sinnvolles sein? Muß dies nicht von vornherein schlecht enden?

Es endet schlecht. Der Ball landet unter dem Transmissionsgetriebe des großen Turbinenrades.

»... eine Flamme schoß hoch, im selben Augenblick brannte die Hauptsicherung der Werkanlage durch, und das Grödnertal war ohne Strom und Licht.«[22]

Luis ist geistesgegenwärtig genug, die Dynamos abzuschalten – dies zumindest war ihm beigebracht worden, dann naht auch schon zornrot der Betriebsleiter, und der Lehrbub macht sich davon, rennt in den Wald und versteckt sich, bis rechtzeitig zur einsetzenden Abenddämmerung der Strom wieder die Lampen in den Straßen und Häusern speist.

So lustig dies zu lesen ist, so ernst ist die Situation. Mutter Carolina hat wieder einmal ein Einsehen mit ihrem Ältesten: »Sie erkannte, daß in St. Ulrich nie etwas Rechtes aus mir werden würde, und weil mit meinem Vater über diesen Punkt nicht zu reden war, beschloß sie, heimlich und auf eigene Faust zu handeln.«[23]

Der Direktor der k.u.k. Realschule in Innsbruck sträubt sich zunächst sehr, den vermeintlich hinterwäldlerischen Jungen aus dem Holzschnitzerort aufzunehmen. Er solle beim Vater in die Lehre gehen oder irgendeinen anderen Handwerksberuf erlernen. Was es zuviel gäbe, seien Studenten. Was man aber brauche, seien Arbeiter.

Es bedarf vielen Zuredens der Mutter, bis Luis eine kleine Chance eingeräumt bekommt: Aufnahmeprüfung in drei Wochen. Die Mutter reist nach Hause, Luis bleibt zurück in Innsbruck, wird von einem Jurastudenten bestens auf die Prüfung vorbereitet, und er wohnt privat bei einem Eisenbahnlackierer und dessen Frau. Luis Trenker besteht den umfangreichen Test, wird in die zweite Klasse der Realschule aufgenommen und beendet das Schuljahr als zweitbester Schüler. Und Luis läßt nicht mehr locker. Er ist jetzt vierzehn Jahre alt, ist sich bewußt, daß ihm der Einsatz seiner Mutter, die heimliche Reise nach Innsbruck im vergangenen Jahr, die größte Chance für sein weiteres Leben eröffnet hat. Er bleibt fortan fleißig, erhält gute Zensuren, arbeitet auf ein Ingenieurstudium hin und läßt sich durch nichts vom eingeschlagenen Weg abbringen.

Er ist also vierzehn, und allein in der Stadt. Er muß sich um alles selber kümmern. Das Grödnertal ist weit. Die Reise von dort nach hier ist teuer. Einmal muß er sich ein neues Quartier suchen. Er findet nichts als eine schäbige Absteige. Verdreckte Fenster zum Hinterhof, die Petroleumlampe brennt den ganzen Nachmittag, auf dem Boden liegt dick der Staub.

»Ich verdreckte total, sah schlecht aus, war blaß, ängstlich und fast menschenscheu geworden.«[24]

Ein gütiger Himmel schickt ihm den Onkel Leo, den genauer vorzustellen an dieser Stelle dringend geboten ist. Leo, einer der jüngeren Brüder von Mutter Carolina, ist nur acht Jahre älter als Luis. Er ist aufgewachsen unter der strengen und wenig feinfühligen Hand seines Vaters Ferdinand Demetz. Später wird Trenker über diesen Onkel berichten, daß er ihm von Kindertagen an zu seinem besten Spielkameraden, Berater, Erzieher und Helfer in allen Nöten geworden war.

Leo verhilft Luis zu einer besseren Bleibe. Beim Musiklehrer Hummel, der Klavier unterrichtet und zudem den Kirchenchor dirigiert, findet er Aufnahme. Die richtige Umgebung, um über den Büchern zu sitzen und zu lernen, den richtigen Menschen, um seine musischen Talente zu fördern und ihm zu helfen, das Geigenspiel weiter zu verbessern.

So paßt nun alles zusammen: Der lerneifrige Schüler Trenker kann in menschlich wie geistig angenehmem Klima vorankommen, dem schulischen Erfolg in Innsbruck steht nichts mehr im Wege. Aus dem Grödner Buben wird ein vielseitig begabter Jugendlicher, und ehe man sich's versieht, wird auch die Jugendzeit vorüber sein, verdrängt werden von ernsten, ja, sehr ernsten Angelegenheiten, und die werden den Luis zu ebendem Luis Trenker formen, als der er in ganz Europa und ein wenig auch in Amerika Berühmtheit erlangen soll.

Doch bevor die Geschichte, übrigens eine bald schon düstere Geschichte, in derart rasante Fahrt kommen soll, müssen noch einige kleine Einschübe erlaubt sein. Ein paar Worte noch zu Trenkers erster Begegnung mit dem Film, zu seiner Tätigkeit als Kraxenträger in den Dolomiten, und zu seinen ersten Versuchen auf Ski.

Während seines Schulaufenthaltes in Innsbruck wird in der Stadt ein kinematographisches Theater eröffnet. Für einen Eintrittspreis von zwanzig Hellern darf man im Filmtheater bleiben, solange man will.

»Wenn der Max Linder spielte, lachten wir, daß uns der Bauch weh tat, oder wir schrien vor Vergnügen.«[25]

Der Journalist Curt Riess schreibt zu dieser Frühzeit des europäischen Kinos:

»Eigentlich hat der Film in Frankreich begonnen, es sind dort die ersten wirklich guten Filme gemacht worden, die Brüder Pathé haben lange Zeit den Markt beherrscht, nicht nur den französischen, sondern auch den europäischen. Es gibt einen großen Komiker in Frankreich, einen Max Linder, mit todernstem Gesicht, dem alle möglichen Dinge passieren, und zuletzt läuft er davon, und alle laufen ihm nach: Polizisten, Marktfrauen, Verkäuferinnen eines Warenhauses. Das ganze ist ungemein komisch.«[26]

Und über den frühen, großen Leinwandstar, über die Dänin Asta Nielsen, die besonderen Eindruck macht auf den jungen Luis, weiß Riess zu berichten:

»Ihr Name ist in Berlin ebenso bekannt wie in Peking. Sie ist in Kapstadt beliebt wie in Wladiwostok, sie wird in Paris so vergöttert wie in Hongkong. Es gibt Asta-Nielsen-Zigaretten und Asta-Nielsen-Hüte, Asta-Nielsen-Federboas und Asta-Nielsen-Korsette – und natürlich Asta-Nielsen-Theater ... Was kann sie denn, was die anderen nicht können? Das ist schwer zu sagen ... Bei den anderen Schauspielern hat man immer das Gefühl, daß sie spielen ... bei der Nielsen spürt man, daß sie ganz einfach da ist. Die anderen reden während der Aufnahme, als ob sie ganz einfach auf der Bühne stünden – und natürlich versteht kein Mensch, was sie sagen, der Film ist ja stumm, Gott sei Dank! Die Nielsen redet nicht, sie sieht einen nur an mit ihren großen, dunklen Augen, und es geht einem durch und durch. Man vermeint sogar, ihre Stimme zu hören.«[27]

Wie könnte der Realschüler Luis an so einem Nachmittag im Filmtheater auch ahnen, daß es eines Tages Trenkerhüte und Trenkerloden, Trenkerspeck und Trenkerwein geben würde, daß aus ihm eine Kultfigur werden sollte, wie Asta Nielsen es schon ist!

Alles Stadtleben und auch alle Begeisterung für das Anschauen von Filmen vermögen aber nicht, ihm das Bäuerlich-Grödnerische auszutreiben. So sehr er die Geschäftigkeit in Innsbruck, die Stadt mit ihren vielen Faszinationen zu schätzen weiß, so sehr bleibt er doch auch ein Bub aus den Bergen. Mit Wurzeln, die ihn festhalten in seiner Heimat.

In den Schulferien kehrt er nach St. Ulrich zurück. Der Vater hat sich abgefunden damit, daß Luis kein Monteur werden wird. Kopfschüttelnd hat er sich abgefunden, und gelegentlich wird er wohl nachgerechnet haben, wie teuer sechs Schuljahre kommen und wozu man das Geld sinnvoller verwenden könnte. In der schulfreien Zeit fällt Luis den Eltern nicht zur Last. Er arbeitet, was immer gerade anfällt. Zum Beispiel trägt er Kraxen voll Brot von einer benachbarten Bäckerei auf Berghütten, Almen, hochgelegene Gasthöfe. In schwerer und anstrengender Arbeit verdient er sich in diesen Wochen seinen Unterhalt – und ein bißchen mehr. Bergschuhe sollen angeschafft werden und ein Kasten für die Geige, die ihm der Vater zu Beginn der sehr, sehr kurzen »Lehrzeit« im Elektrizitätswerk geschenkt hat.

Über Weihnachten daheim, im schneereichen Winter des Grödnertals, hat Luis eine Begegnung besonderer Art: Drei Männer im Schnee, die sich ohne einzusinken bergauf und geradezu kühn, dabei elegant, bergab bewegen. Drei Männer auf Ski. Im Telemarkschwung fahren sie die unberührten weißen Hänge ab. Welch ein Vergnügen das doch sein muß! Welch ein Gefühl von Freiheit und Schwerelosigkeit! Bald steht er selbst auf diesen Bretteln. Er hat sie geschenkt bekommen – von wem sonst als dem guten Onkel Leo. An Technik mangelt es ihm – woher sollte er auch nur die Grundbegriffe wissen? An Willen und an Kühnheit mangelt es nicht. Bald bekommt er die Sache in den Griff. Bald beherrscht er Telemark- und Christiania-Schwung. Bald ist ihm das Skifahren im Winter so lieb wie das Bergsteigen im Sommer.

Und bald schon wird er auch diese drei Erfahrungen, die er neben der Schule in freier Zeit gemacht hat, gut gebrauchen können: das sichere Skifahren, das zähe Arbeiten und – die Freude am Film.

Im Frühsommer 1912 legt Luis Trenker in Innsbruck erfolgreich die Abschlußprüfung der k.u.k. Realschule ab. Dem Ingenieurstudium steht nichts mehr im Wege.

Im frühen Herbst begibt er sich nach Wien. Ein stolzer junger Mann. Ein gutes Abschlußzeugnis in der Tasche, ein Bergführerdiplom, auf dem der Stempel fast noch feucht ist, bei den Papieren an der Brust.

Wien, welch eine Stadt! Dagegen ist Innsbruck eine Kleinstadt und Bozen ein Dorf und St. Ulrich, St. Ulrich ist nichts, gar nichts. Und doch, es ist der Heimatort. Aber Wien, das hat etwas Großes. Wien ist eines der Zentren der europäischen Welt. In Wien, da ist auch der Kaiser. Hier lebt er, hier regiert er die vielen Länder seines Reiches. Ganz nah ist Luis Trenker seinem Kaiser, dessen Namenstag mit seinem Geburtstag zusammenfällt.

Zwanzig Jahre nach der Ankunft Trenkers in Wien steht über jene vergangene Zeit in Joseph Roths großem Roman »Radetzkymarsch«:

»Der Kaiser war ein alter Mann. Er war der älteste Kaiser der Welt. Rings um ihn wandelte der Tod, im Kreis, im Kreis und mähte und mähte. Schon war das ganze Feld leer, und nur der Kaiser, wie ein vergessener silberner Halm, stand noch da und wartete. Seine hellen und harten Augen sahen seit vielen Jahren verloren in eine verlorene Ferne. Sein Schädel war kahl, wie eine gewölbte Wüste. Sein Backenbart war weiß, wie ein Flügelpaar aus Schnee. Die Runzeln in seinem Angesicht waren ein verworrenes Gestrüpp, darin hausten die Jahrzehnte. Sein Körper war mager, sein Rücken leicht gebeugt. Er ging zu Hause mit trippelnden kleinen Schritten umher. Sobald er aber die Straße betrat, versuchte er, seine Schenkel hart zu machen, seine Knie elastisch, seine Füße leicht, seinen Rücken gerade. Seine Augen füllte er mit künstlicher Güte, mit der wahren Eigenschaft kaiserlicher Augen: sie schienen jeden anzusehen, der den Kaiser ansah, und sie grüßten jeden, der ihn grüßte. In Wirklichkeit aber schwebten und flogen die Gesichter nur an ihnen vorbei, und sie blickten geradeaus auf jenen zarten, feinen Strich, der die Grenze ist zwischen Leben und Tod, auf den Rand des Horizontes, den die Augen der Greise immer sehen, auch wenn ihn Häuser, Wälder oder Berge verdecken. Die Leute glaubten, Franz Joseph wisse weniger als sie, weil er so viel älter war als sie. Aber er wußte vielleicht mehr als manche. Er sah die Sonne in seinem Reiche untergehen, aber er sagte nichts.«[28]

Europa schickt sich an, in den Untergang zu marschieren. Der Kaiser weiß es.

Der junge Bergführer Trenker, der eben in die Stadt kommt, um hier Architektur zu studieren, ahnt nichts davon.

DIE EROBERUNG DES NÜTZLICHEN

Luis Trenker als Bergsteiger und Bergführer

»Luis Trenker finde ich sehr interessant als Kletterer. Ich stufe ihn viel höher ein, als es die Alpingeschichte tut. Er ist wirklich sehr gut geklettert. Und seine Erstbegehungen, zum Beispiel die Trenkerverschneidung am Ersten Sellaturm, waren für die damalige Zeit sehr schwierig. Dennoch ist er als Kletterer ein wenig unterschätzt; sein späterer Filmruhm hat ihm von seinem Nimbus als Bergsteiger etwas weggenommen.«

Das sind Worte von Gewicht. Es sagt sie einer, dessen Meinung zu alpinistischen Belangen mehr zählt als jede andere. Denn Reinhold Messner gilt als der herausragende Alpinist in der zweiten Hälfte des 20. Jahrhunderts. Er ist, wie Trenker, Südtiroler, er war, auch das ist eine Parallele, als Bergführer tätig und setzte schließlich Zeichen auf allen Gebieten des Bergsports. Ob er zusammen mit Peter Habeler die schnellste Seilschaftsdurchsteigung der berüchtigten Eiger-Nordwand durchführte, ob er frühzeitig den siebten Schwierigkeitsgrad im Klettern propagierte, ob er allen Anfeindungen zum Trotz den Mount Everest ohne Zuhilfenahme künstlichen Sauerstoffes anging (und erfolgreich war!), oder ob ihm als erstem Menschen die Besteigung aller 14 Achttausender gelang – immer war Messner seiner Zeit mindestens einen Schritt voraus. So mag seine sachlich-knappe Würdigung von Trenkers Bergsteigerei als Anlaß dienen, einen Ausflug in die Felsregionen der Dolomiten zu unternehmen, sich irgendwo auf weiten Almböden ins Gras zu legen und hinaufzuschauen zu den Wänden und Gipfeln, an denen Luis Trenker alpinistische Spuren hinterlassen hat. Eine kleine gedankliche Exkursion in hochalpine Gefilde, in rauhe, gefahrvolle und doch so faszinierende Welten, mitten hinein ins Reich der markanten Felszacken und lotrechten Türme, wo Trenker seinen volkstümlichen Ruf als »König der Berge« begründet hat.

Am 16. Juli 1912 wird Luis Trenker von der Bezirkshauptmannschaft in Bozen ein sogenanntes Trägerbuch ausgestellt. Als Bergführeranwärter will er sich in den Semesterferien der kommenden Jahre sein Studiengeld verdienen, dabei das Angenehme mit dem Nützlichen und Notwendigen verbinden. Das Trägerbuch wird dazu dienen, seine Gäste in den Bergen Zeugnis ablegen zu lassen über seine Qualitäten als Bergführer. Seine vorrangigen Tourengebiete sind die heimischen Dolomiten, die Langkofelgruppe, der Sellastock und die Geislergruppe, die Gröden vom nördlich gelegenen Villnößtal trennt. Freilich gibt es für Trenker neben der Faszination Berg und der Notwendigkeit, Geld zu verdienen, noch einen weiteren Anreiz, als Bergführer tätig zu werden.

»Es war ja tatsächlich so, daß die Bergführer zumeist einfache Menschen waren, Hirten, Bauern, Jäger. Doch nur die Verwegensten, die Kühnsten unter ihnen konnten sich durchsetzen. Damit vollzog sich innerhalb der Bewohner unserer Bergtäler eine scharfe, eindeutige Auslese. Welch prächtige Typen von Bergführern gab es da in Gröden, in Fassa, in Enneberg, in Cortina und Sexten. Eine stolze Mannsgesellschaft, der zuzugehören mein ganzer Ehrgeiz war. Ich kannte sie alle von Kindheit auf, sie waren die großen Vorbilder unserer Jugend.«[29]

Da ist die Herausforderung, das Wagnis, die Selbstbestätigung. Und da ist ein geradezu martialisches Männlichkeitsideal, das wiederzufinden sein wird in Trenkers späterem Werk, vor allem in den Filmen, vor allem in seiner schauspielerischen Arbeit. Der Mann, der wirkliche Mann: hart und stolz, furchtlos und ohne Tadel, zudem versehen mit einem Gesicht, in dem sich alle diese Eigenschaften ablesen lassen, das gleichsam geprägt ist von solchen männlichen Tugenden.

Doch der junge Trenker erfährt rasch, daß sich Zähigkeit und Willenskraft nicht nur hinter sprichwörtlichen Nordwandgesichtern verbergen. 1912, am Beginn seiner Zeit als ambitionierter Kletterer und Bergführeranwärter, lernt er Hans Pescosta kennen.

»Mit seinen dicken Brillen, er war stark kurzsichtig, mit seiner stillen, versonnenen Art sah Hans eher wie ein angehender Philosophieprofessor aus als wie ein einfacher Bauernbub und Bergführersohn. Er war ja auch wirklich Student, ein wenig älter als ich. Aber hinter seinen scharfen Brillengläsern leuchtete gelegentlich blitzartig ein Feuer auf und verriet das starke Temperament, das in ihm steckte.«[30]

Mit diesem Hans Pescosta gelingt Trenker 1912 eine Erstbegehung durch die Nordostwand des Großen Murfreidturmes im dritten und vierten Schwierigkeitsgrad. Erstbegehungen sind mehr als alles andere dazu geeignet, die Fähigkeiten eines Kletterers auf die Probe zu stellen. Es erfordert viel Geschick und viel Durchsetzungskraft, in einer noch unberührten Wand, an einem noch jungfräulichen Pfeiler eine Route zu realisieren, einen steilen Weg zu suchen und anzulegen, auf daß später folgende Alpinisten begeistert sein können über die Schönheit der Tour oder zutiefst erstaunt über ihre Schwierigkeiten.

Immer wieder taucht Pescosta als Seilgefährte Trenkers auf. Zwischen den Eintragungen im Trägerbuch, die überwiegend von relativ leichten Führertouren künden, markiert Pescosta in knappem Stil Höhepunkte in Trenkers Führerjahren.

»2./VIII.13. Luis Trenker bestieg mit mir den Sellaturm I. über die Westwand (Erstersteigung). Führer Hans Pescosta.«[31]

Diese Route von 1913 ist heute ein berühmter, vielbegangener Klassiker in der Sella. Der Alpenvereinsführer »Sellagruppe« führt die Route als Südwestverschneidung und Trenkerriß und notiert »V– (eine Stelle), sonst IV und III. Schöne Kletterei in bestem Fels (allerdings stark abgespeckt und im Winter manchmal vereist); häufig begangenes Kurzziel«.[32]

Der Trenkerriß ist zweifellos Trenkers berühmteste Erstbegehung, doch eine andere alpinistische Begebenheit aus diesen Jahren spielt für diese Betrachtungen eine noch weitaus größere Rolle. Es ist Trenkers Begegnung mit einem der bedeutendsten Kletterer jener Zeit, dem aus Barmen stammenden Hans Dülfer, dem es in wenigen aktiven Jahren als Bergsteiger bereits gelungen war, Alpingeschichte zu schreiben. Die Fleischbank-Ostwand sowie die Totenkirchl-Westwand, beides Routen im Wilden Kaiser, beides überaus anspruchsvolle Kletterunternehmungen, hat er neben vielen anderen Erstbegehungen schon im Tourenbuch stehen. Dülfer ist ein typischer Ostalpenkletterer; ihn interessiert weit weniger das kombinierte Gelände, der Wechsel von Fels und Eis in den Westalpen, als der kompakte Fels in den Nördlichen Kalkalpen und den Dolomiten. So soll auch ein großer Dolomitenkletterer über Dülfers Bedeutung sprechen: Emilio Comici.

»Ein Großer war Dülfer, den wir Felsgeher verehren, wenn wir die wunderbaren Wege wiederholen, die er in den Dolomiten eröffnete. Es sind alles außerordentlich schwierige, schöne, elegante und luftige Wege. Dülfer verdanken wir es, daß wir in der alpinen Technik so weit fortgeschritten sind; er war der Bahnbrecher und Verfechter der modernen Technik.«[33]

Dieser Dülfer verbindet sich auf dem Höhepunkt seiner Leistungsfähigkeit und seiner bergsteigerischen Erfolge mit dem jungen Bergführer Luis Trenker, um eine neue Route durch die Nordwand der Furchetta zu legen.

Zusammen mit dem Sass Rigais (3025 m) bildet die Furchetta die höchste Erhebung der Geislergruppe, die sich eindrucksvoll und postkartenidyllisch am Ende des Villnößtales erhebt.

Nun ist die Geislergruppe dank ihrer markanten Türme, Zacken, Pfeiler und Kanten von Norden her zwar prächtig anzusehen, doch ist die Schönheit trügerisch: Der Fels ist alles in allem schlecht und das Klettern an der Fermeda, der Odla oder der Furchetta dadurch gefährlicher als an vielen anderen berühmten Dolomitenwänden.

Aber welcher ehrgeizige Bergsteiger würde den Versuch einer Erstbegehung der 850 Meter hohen Furchetta-Nordwand abschlagen wollen, noch dazu, wenn die Seilschaft mit einem der Großmeister des Kletterns, eben mit jenem Hans Dülfer, den Erfolg fast garantiert?

Trenker tut sich also mit Dülfer zusammen.

Sein Freund Pescosta, mit dem er die Furchetta auch schon erwogen hat, ist als Führer irgendwo im Rosengartengebiet unterwegs. Dann halt mit Dülfer.

»Nachts ein Uhr Aufbruch. Proviant: ein bißchen Speck, Schokolade, zwei Äpfel; weiter: zwei Paar Kletterschuhe, zwei 36-Meter-Seile, einen guten Brocken Schneid und einen Haufen Zuversicht, sowie für alle Fälle einige Mauerhaken und eine kleine Laterne.«[34]

Im ersten Viertel der Wand kommen Trenker und Dülfer zügig voran. Das Gelände ist gegliedert, noch relativ geneigt, und es weist keine großen Schwierigkeiten auf. Doch die Probleme lassen nicht allzulange auf sich warten. Zunächst eine schwierig zu bewältigende Wandstelle, dann eine Nische, wo die Seilschaft Dibona–Rizzi–Mayer ihre Namenskärtchen hinterlassen und damit kundgetan hat: »Bis hierher und nicht weiter sind wir gekommen.«

So etwas bremst den Auftrieb, läßt, für wenige Momente zumindest, Zweifel aufkommen an den eigenen Fähigkeiten und an der Überlegenheit der eigenen Seilschaft gegenüber der Dibonas. Rizzi, Mayer, Dibona – immerhin alles gute Namen in Bergsteigerkreisen. Aber Dülfer und Trenker lassen sich nicht aufhalten.

»Von hier beginnt die Tour ganz schwer zu werden. Immer schwerer. Immer weniger Halt und seltenste Sicherungsmöglichkeiten. Wir rangen im leichten Zick-Zack der Wand Meter um Meter ab und gewannen ziemlich rasch an Höhe. Wenn wir nach oben blickten, schien uns die platte senkrechte Felsmasse zu erdrücken. Wenn der Blick in die Tiefe ging, verloren wir den Weg, den wir gekommen. Trostlos schien die Sache – und doch kamen wir immer wieder weiter. Ein weißer Fleck, der auffallend etwa hundertzwanzig Meter unter der Gipfelkante niederleuchtete, war unser Ziel.«[35]

Ein weißer Fleck, gar nicht mehr allzu weit unter dem Gipfel. Ein Stückchen Fels in einem aufgestellten Meer aus Stein. Unbedeutend eigentlich. Aber das Stück Fels wird bedeutsam und bekommt einen Namen, der noch viele Generationen später mit dieser Nordwand in der Geislergruppe verknüpft sein wird: »Dülfer-Kanzel«.

»Eine kleine Kanzel (Dülfer-Kanzel), auf der ein Mann sitzen kann, bietet gute Sicherungsmöglichkeit. Aber ein Weiterkommen scheint ausgeschlossen. Dülfer hat einen Quergang begonnen. Einen Quergang, den man nur angeht, wenn man sich vor dem Umkehren graust. Ich hielt das Seil in Schraubstockfingern. Jeden Augenblick flogen Steine in die lautlose graue Tiefe. Schwarz war der Abgrund. Totenstille herrschte. Griffe brachen aus. Tritte hielten nicht.

Morscher Dreck, anstatt guten Gesteins. Wir wollten die etwa dreißig Meter weiter östlich aufragende senkrechte Kante gewinnen und hofften, dort drüben schon irgendwie durchzukommen. Es fehlten ja nur hundert Meter, und die Nordwand und der Gipfel wären unser gewesen!«[36]

Dülfer und Trenker finden keinen gangbaren Weg hinauf zum Gipfel. Alle Versuche scheitern. Es ist sechs Uhr abends. Um ein Uhr in der Früh waren sie aufgebrochen. Nach siebzehn Stunden an der Furchetta bleibt nur eine Möglichkeit, der Rückzug. Rund siebenhundert Meter abseilend und abkletternd zurück zum Wandfuß.

Was ist wohl das Gefahrvollere an diesem langen Tag? Der schwierige Anstieg hinauf zur »Dülfer-Kanzel« oder der gewagte Rückzug in den Stunden der Dämmerung und getrieben von einem herannahenden Unwetter? Wie überhaupt hat man sich das Klettern im Jahr 1914 vorzustellen? Wie war man ausgerüstet?

Hüte schützten den Kopf allenfalls vor Regen; die Seile waren aus Hanf, also nicht übermäßig beanspruchbar, auch wurden sie bei Nässe schwer handhabbar, bei Frost gar froren sie steif. Die Bekleidung, vorzugsweise gefertigt aus Leinen und Loden, Wolle und Filz, schützte bei extremem Wetter nur dürftig. Aus massivem Eisen waren die Karabiner, und nicht minder schwer wogen die geschmiedeten Haken, die Dülfer freilich einzusetzen verstand wie keiner sonst in der Bergsteigerzunft.

Mittels Bulinknoten waren die Hanfseilenden um Brust oder Bauch befestigt. Man tat gut daran, weite Stürze zu vermeiden, denn sonst brach schnell ein Rückgrat oder das Seil schnürte unter den Achseln die Lymphbahnen ab und ließ einen Verunglückten den sogenannten Kreuzigungstod sterben. Bei Rückzügen bediente man sich der Dülfer'schen

Abseilmethode, des soganнten Dülfersitzes, wand das durch den Abseilhaken gezogene Seil um Schenkel und Oberkörper und machte sich die Reibung zwischen Seil und Körper zunutze, um auch senkrechte Wände am Seil hinabgleiten zu können. Klingt einfach. Klingt aber nur so. Mehr als 700 Meter die Wand hinab, das ist kein Pappenstiel. Würden die Haken reichen, um alle schwierigen Stellen abseilen zu können? Würden die Haken halten? Würde sich nach jedem Abseilen das Seil auch abziehen lassen oder würde es sich, wie's der Teufel so will, irgendwo verhängen, verheddern, verdrehen, verknoten – dann stünde man da zwischen Erde und Himmel, und guter Rat wäre teuer. Dülfer und Trenker plagen noch mehr Ungewißheiten, als sie mit dem Abstieg beginnen. Werden sie vor Einbruch der Dunkelheit die Schuttkare am Fuße der Felsen erreichen? Wird das Wetter, das sich im Westen drohend aufbaut, ein Einsehen haben, ihnen, den kleinen Menschlein in dieser gewaltigen Wand, noch ein paar Stunden Zeit lassen, damit sie hinabfinden könnten in das schützende Tal? Oder ist ihr Einsatz zu hoch gewesen? Haben sie zuviel gewollt, sich zuviel zugemutet, und müssen sie nun den höchsten Preis dafür zahlen, daß sie ihr eigenes Können überschätzt und diese Wand unterschätzt haben? Nur mehr hundert Höhenmeter wären es gewesen von der Dülfer-Kanzel zum Gipfel der Furchetta.

In größter Eile lassen sich Trenker und Dülfer Seillänge um Seillänge hinab. Es ist ein Rennen gegen die Zeit und gegen das Wetter. Das Wetter aber kommt in unbarmherziger Geschwindigkeit heran.

»Das Unwetter war durch einen gewaltigen Sturm eingeleitet worden. Wie tausend Teufel brüllte der Orkan durch die Wände. Es pfiff und schrie und tobte in den Felsen, daß wir uns festhalten mußten, um nicht in das Kar geschleudert zu werden. Mauerhaken her! Seilschlinge drum! Seil ein! Und schon Heh-Ruck! und hinunter ging's. So rasch habe ich mich nur einmal im Hagel vom Delagoturm (Anm. d. Verf.: einer der drei berühmten Vajolettürme in der Rosengartengruppe/Dolomiten) heruntergeseilt.«[37]

Doch allen Unbilden zum Trotz gelingt den beiden Kletterern das schier Unmögliche: Sie gelangen zurück ins Tal, zurück ins Leben.

»Ich weiß kaum mehr, wie wir damals schließlich doch noch mit heiler Haut, total durchnäßt, verfroren und übermüdet die Regensburgerhütte erreichten. Vierundzwanzig Stunden waren wir unterwegs gewesen. Ein Unwetter von seltener Heftigkeit tobte die ganze Nacht hindurch. Am nächsten Morgen lag vor der Hütte tiefer Neuschnee. Wir hätten die

Sturmnacht nicht überlebt, wenn wir genötigt gewesen wären, in der Wand zu biwakieren.«[38]

In der Tat: Alles hätte anders ausgehen können. Statt geglückter Rückkehr ein verhängnisvolles Biwak. Oder, in andere Richtung gedacht, statt Scheiterns oberhalb der Dülfer-Kanzel erfolgreiche Erstbegehung der Furchetta-Nordwand. Man darf ruhigen Gewissens zu behaupten wagen, daß sich an der Dülfer-Kanzel für Trenkers Zukunft Wesentliches entschieden hat.

Wäre der vollständige Durchstieg zum Gipfel geglückt, so wäre Trenker 1914 dasselbe geworden, was Dülfer damals schon war: eine zweiundzwanzigjährige Kletterlegende. Wiederholer ihrer Route hätten bescheinigen müssen, daß es sich um den bislang nie erreichten sechsten Schwierigkeitsgrad handelt. Die Hauptschwierigkeiten liegen zwischen Dülfer-Kanzel und Gipfel. Schlagartig wäre Trenker in Bergsteigerkreisen in aller Munde gewesen. Trenker als eine alpinistische Ausnahmeerscheinung. An der Umkehrstelle in der Nordwand der Furchetta stellten sich für Luis Trenker Weichen. Nach oben hinaus wäre er den Weg des Spitzenkletterers gegangen, zurück nach unten bedeutete einen zunächst unscheinbaren Schritt in noch relativ ungewisse berufliche Zukunft: Ingenieur oder Bergführer oder, weil ja nun schon der Krieg kurz bevorstand, Offizier.

Hätten Trenker und Dülfer im Juli 1914 den Furchetta-Gipfel erreicht, so hätte sich Trenker vielleicht auf ganz andere und viel intensivere Art und Weise den Bergen verschrieben, als er das fortan getan hat. Alpinistische Erfolge und der Ruhm, den sie nach sich ziehen konnten, vermögen Bergsteiger süchtig zu machen. Höher, schwieriger, gewagter. Wer im Rampenlicht steht, tritt ungern zur Seite. Wer ehrgeizig ist, wie Luis Trenker, schon gar nicht.

Natürlich, all das ist Gedankenspielerei, Jonglieren mit Möglichkeiten. Aber denkbar ist es. Denkbar ist ein Trenker, der in der Folgezeit alpinistisches Neuland in großen Wänden gesucht hätte, an der Marmolada, den Drei Zinnen, im Bergell und im Montblancgebiet.

Aber Trenker mußte von der Dülfer-Kanzel abseilen. Er fand Anerkennung als guter Bergführer und überaus talentierter Dolomitenkletterer. Doch fortan setzte er seine bergsteigerischen Talente nicht mehr so gezielt ein, gab sich mit weniger als dem Schwierigsten zufrieden.

So kann man zwischen 1912 und dem Ende des Ersten Weltkriegs sechs Erstbegehungen von Luis Trenker auflisten; drei davon weisen

Schwierigkeiten im vierten und fünften Grad auf, die anderen sind leichter. Sein gewagtestes und bedeutendstes Unternehmen war der Versuch an der Furchetta. Zwischen dem Ende des Ersten Weltkriegs und dem Ende des Zweiten gelangen ihm vier weitere Erstbegehungen, drei im zweiten und dritten Grad, also vergleichsweise leichte Felsanstiege, die letzte erfolgte 1944 in der Cristallogruppe: Noch einmal der vierte Schwierigkeitsgrad, diesmal in der Nordwestwand der knapp 3000 Meter hohen Michaelsspitze, begleitet von mehreren Bergsteigern, unter anderem dem ob seiner sechzig bedeutenden Neutouren bekannten Dolomitenführer Angelo Dibona.

Somit blieb Trenker auch nach der Furchetta-Nordwand, was er schon war: Ein sehr guter Bergsteiger, ein fähiger Bergführer. Superalpinist wurde er nicht.

Wahrscheinlich ist es gerade dieser Umstand, der ihn für die alpenländische Welt, der ihn in Südtirol und Österreich, in Deutschland und auch in der Schweiz, zum ungekrönten König der Berge machte, zur Verkörperung des Alpinistischen schlechthin. Ein Dülfer oder später ein Comici, der ja die Nordwand der Großen Zinne in den Sextener Dolomiten erstmals durchkletterte, hätten als Topalpinisten niemals so große Volksbegeisterung, eine ähnliche Identifikation der Massen mit der eigenen Person auslösen können. Bei Trenker aber konnte sich die Waage der Gefühle auspendeln: Hier die Bewunderung für den Alpinisten mit Leib und Seele, dort die gewisse alpinistische Durchschnittlichkeit, die ihn nicht so übermäßig weit heraushob aus der großen Menge der Verehrer, die Jahrzehnte nach Trenkers Furchetta-Versuch im typischen »Trenker-Look« in die Berge ziehen würden.

Und noch eine Frage im Zusammenhang mit Trenkers Bergsteigerei sei ganz kurz angesprochen: Sinn oder Unsinn des Bergsteigens. Geht man davon aus, und gar nicht so wenige tun es, daß das mühsame Ersteigen von Bergen oder das schwierige und meist nicht ungefährliche Klettern in Felswänden jeglichen tieferen Sinnes entbehrt, dann ist der Titel eines klassischen Bergbuches leicht zu verstehen oder leicht zu erklären: »Les Conquérants de l'Inutile«, »Die Eroberung des Unnützen«. Verfasser ist Lionel Terray, einer der bedeutendsten Alpinisten in den vierziger und fünfziger Jahren, und das Wort von der Eroberung des Unnützen ist längst ein geflügeltes geworden. Auf die Mehrzahl der Bergsteiger trifft es zu. Auf Luis Trenker nicht ganz: Denn in seinem Fall war es die alpinistische Betätigung, war es die Bergführerei, die ihm, sieht man einmal ab von seiner schon früh vorhandenen persönlichen Ausstrahlung, ungeahnte Wege eröffnen sollte. Wäre er nicht Bergsteiger gewesen, so wäre er gewiß nicht Schauspieler geworden und schon gar nicht Regisseur. Denn mit dem Film hatte er keinerlei Erfahrungen, läßt man diesen ersten Kinobesuch in Innsbruck und ein paar weitere während seiner Studienzeit außer acht.

Eines Tages würde von seiner Fähigkeit, sich an kleinsten Felsleisten halten, auf kleinsten Tritten stehen zu können, und das Seil so sicher handhaben zu können, wie er auf Ski steile Tiefschneehänge zu befahren verstand, alles weitere abhängen.

Doch bis dahin war es noch ein weites, ein fürchterlich beschwerliches Stück Weges.

KAMMERMUSIK UND MISSTÖNE

Studienzeit in Wien und Graz

1912 bis 1914. Bergsteigen ist Luis Trenkers Hobby, die Bergführerei, die ihm viel Freude macht, bietet die Möglichkeit, das Studium zu finanzieren. Denn das steht nun im Mittelpunkt seines Lebens, das Architekturstudium in Wien und zeitweise in Graz. Wie sehr hat er sich danach gesehnt, Ingenieur zu werden, so, wie sein Onkel Leo, einen wunderbaren technischen Beruf ergreifen zu können.

Bei der Anmeldung an der K.K. Technischen Hochschule in Wien wird er als »ordentlicher Hörer der Bau-Schule (Architekt)« aufgenommen und erhält die Matrikelnummer 351/1912 ins Meldebuch geschrieben.

Am 22. Oktober 1912 besucht Trenker die erste Vorlesung: »Grundlehren der Mathematik«. Zahllose Vorlesungen, verschiedenste Themenbereiche folgen: Darstellende Geometrie, Konstruktionszeichnen, Enzyklopädie der technischen Chemie, Mechanik, Elemente des Hochbaus, Architektonische Formenlehre, die Lehre vom Bau und den Proportionen der menschlichen Gestalt sowie Kurse für architektonisches Zeichnen, Freihandzeichnen und Aquarellieren.

Vor allem diese Kurse sind es, die bei Trenker eine ungeahnte Begabung freilegen – das zeichnerische, das malerische Talent. Ist zwar für jeden Architekten die Ausdrucksmöglichkeit mit Linie und Schraffur unabdingbar, so muß doch unterschieden werden zwischen der rein analytischen Darstellungs- und Betrachtungsweise beim technischen Zeichnen und der musischen Komponente, die bei Trenker bald aufscheint. Er hat also auch auf diesem Gebiet beste Veranlagungen, freilich ohne sie vorerst allzuviel nutzen zu können. Es wird viele Jahre dauern, bis diese Begabung zur Entfaltung kommen wird. Eines Tages, nach vielen Wirrnissen des Lebens, nach großen Erfolgen, aber auch manchem Kummer, wird Trenker an der Staffelei, beim Umgang mit Ölfarben und Pinseln, Firnis und Palette, Erholung, Entspannung, bisweilen auch wieder innere Ruhe finden.

Wien aber ist eine große, faszinierende, hektische Stadt, die den Neuankömmling mit Eindrücken überschwemmt, zum Zeichnen, zum Malen ihn die Ruhe gar nicht finden ließe. Wien, das ist die Fülle der Sehenswürdigkeiten, das ist das Leben und zugleich die Ablenkung vom Ernst des Lebens. Wien, das sind die architektonischen Schaustücke, Prachtbauten vergangener, vergehender Epochen, aber auch Bauten, die in ihrer Modernität auf die Zukunft verweisen. Wien, das ist Schloß Schönbrunn, ist die Sezession, ist das Loos-Haus am Michaelerplatz mitten im Zentrum der Stadt. Wien, das ist die Bühne der großen Politik und der kleinen Unterhaltung. Wien, das ist die breite Allee, die zum Prater führt, zum Riesenrad, zur Liliputbahn und den Gauklerbuden. Wien, das ist auch der Zentralfriedhof, wo im »Kasperlhimmi« die Komödianten begraben liegen. Wien, das ist Burgtheater und Café Central. Ist moderne Kunst, die »Fackel« von Karl Kraus, ist ein Schmelztiegel der Kulturen und eine Geburtsstätte künstlerischer Ideen. Wien, das ist der Kaiser und das sind die Lipizzaner, das sind die Fiaker am Stephansdom und die schönen Frauen, die mit gelangweilten Gesichtern durch die Straßen flanieren. Und Wien, das sind die Wochenendausflüge in die Vorstädte oder hinaus ins Grüne, gar bis in die Bucklige Welt, das sind die Stunden unter Kastanien, die Stunden in den Buschenschenken beim süffigen heurigen Wein.

Es sind der Verlockungen genug, die diese Stadt, die der Mittelpunkt Österreich-Ungarns zu bieten hat. Doch glaubt man Luis Trenkers Notizen aus dieser Zeit, so darf man sich ihn nur als sehr »gemäßigten« Studenten vorstellen. Nicht wenige seiner Kollegen nutzen die Freiheit, die ihnen die Ferne vom Elternhaus bietet, und lassen sich fallen in das weiche Bett dieser Stadt. Durchzechte Nächte, schlagende Verbindungen, Amouren; unstillbarer Hunger nach dem, was das Leben so scheinbar als Wesentliches zu bieten hat. Da fließt der Heurige in Strömen, da wird gesoffen, bis die Schrammelmusiker sich vor den Augen zu drehen beginnen; da wird mit den jungen Huren das letzte Geld, das die Eltern fürs Studium geschickt haben, durchgebracht; da wird nicht studiert, nicht gearbeitet, nur gelebt, gelebt, gelebt – gerade so, als ahnten sie, daß das Leben in Kürze vorbei sein würde.

Luis Trenker aber ist, wie bereits gesagt, in diesen Dingen eher gemäßigt. Zwar ist nicht anzunehmen, daß er der einen oder anderen Vergnügung entsagt – das entspräche nicht seinem lebensfrohen, lebensbejahenden Naturell. Gewiß weiß er gelegentlich einen guten Schluck Wein zu schätzen – welcher Südtiroler täte das nicht –, doch in Trenker ist eine Grundlage für fast immerwährende Gesundheit von Jugend an festgeschrieben: Die Mäßigung. Keine Völlerei, kein übertriebener Alkoholkonsum, alles gern, aber alles in Maßen. Und was die Amouren anbelangt – auch da scheint er in Wien und Graz zurückhaltend zu sein, scheint noch kein rechtes Selbstvertrauen in Liebesdingen zu haben und, trotz seines guten Aussehens, wegen seiner provinziellen Herkunft verunsichert zu sein. Liebesangelegenheiten jedenfalls sind es nicht, die Trenkers Studienzeit prägen.

Er widmet sich fleißig dem Ziel seiner Träume, der Architektur. Er bewohnt ein möbliertes Zimmer in der Stadt – »No, Herr Luis, wia wors denn heut in da Hochschul? Ham S'Ihnen recht plagen müssen?« –, besucht eifrig die Vorlesungen und Kurse, schreitet also in der Studienlaufbahn gut voran und frönt in freier Zeit vor allem der Musik. Denn seine Geige hat er mitgebracht nach Wien. Und so musiziert er mit Gleichgesinnten, einem Pianisten und einem Cellisten. Das Repertoire ist klassisch: Haydn und Schubert, Mozart und Beethoven. Perfekt ist das nicht, was das Trio zusammenbringt, aber die Spielfreude ist groß, und bei der Musik wie bei aller Kunst sollte ohnehin nicht die artistische Perfektion im Vordergrund stehen, sondern vielmehr das individuelle Vergnügen am eigenen Tun.

Es ist keine besonders gute Geige, auf der Trenker spielt. Zwar steht auf einem gedruckten Zettel im Körper des Instruments »Antonius Stradivarius Filius, Cremonensis ...« und auch die Jahreszahl 1713 ist vermerkt, doch ist dies nur Humbug, die Geige stammt aus Böhmen, ist nichts wert, hat lediglich zehn Kronen gekostet.

»Ich hätte um alles in der Welt gern eine bessere, eine italienische Geige besessen. Die Preise für derartige Instrumente waren aber so sündhaft hoch, daß es mir schon schwindelig wurde, wenn ich sie nur hörte. Auch ein mittelmäßiges Instrument wäre mir schon zu teuer gewesen. So blieb mir nichts anderes übrig, als auf eine günstige Gelegenheit zu warten.«[39]

Und diese Gelegenheit kommt. Kommt in Gestalt eines Zigeuners. Trenker trifft ihn auf der Straße. Der Zigeuner trägt einen Geigenkasten unterm Arm, und er merkt schnell, daß der Student diesem Geigenkasten Aufmerksamkeit schenkt. Schon kommen sie ins Gespräch. Der Zigeuner zeigt Trenker die Geige. Er würde sie verkaufen, aus einer Notsituation heraus. Die Mutter sei in Triest gestorben, rasch müsse er dorthin und dazu brauche er dringend Geld.

»Ich unterbrach ihn, gab ihm meine Adresse und sagte, er solle mich in zwei Stunden aufsuchen. Mitten auf der Straße wollte ich nicht mit ihm verhandeln ...«[40]

Trenker geht spazieren. Er jubelt innerlich, denn daran, daß es ein gutes Instrument ist, was ihm der Zigeuner da angeboten hat, daran hat er nicht den geringsten Zweifel. Als dann der Zigeuner in Trenkers Untermiede-Quartier kommt, ist der von der Geige begeistert.

»Ich sah auf den ersten Blick, daß das Instrument sehr gut gebaut war, die Form, die Schnecke, die F-Löcher, alles war schön geschnitten und harmonisch. Der Lack war alt und verstaubt und zeigte die typischen Sprünge alter Instrumente [...] Nur zwei Saiten waren aufgezogen.«[39]

Trenker zieht die übrigen Saiten auf, spielt ein wenig auf dem Instrument, ist begeistert, ohne sich das anmerken lassen zu wollen. Herrlich, eine echte, richtige, wundervoll klingende Zigeunergeige.

Der Handel beginnt. Der Zigeuner jammert. Der Tod der Mutter; die eigene Armut; das Unglück, dieses Familienstück, diese von Generationen gespielte, was heißt gespielte, zärtlich geliebte Geige hergeben zu müssen. Zweihundert Kronen!

Hundertfünfzig kann ihm Trenker geben dafür. Mehr nicht. Eigentlich sollte das Geld reichen bis Weihnachten, dann würde er heimfahren und als Skilehrer etwas verdienen können. Hundertfünfzig!

Der Zigeuner lehnt ab. Zu wenig!

Trenker überlegt hin, überlegt her.

»Ich legte meinen neuen Lodenmantel dazu, weil es Winter war und er keinen hatte, einen Hut, zwei Selbstbinder und zwei Kragen, damit er in Triest nicht gar so abgerissen ankäme. Schließlich gab der arme Teufel nach. Am liebsten hätte ich ihm noch irgend etwas mitgegeben, weil er mir leid tat.«[42]

Nun hat der Luis seine Zigeunergeige. Wie wundervoll sie klingt! Was werden die Musikanten, mit denen er sich mehrmals die Woche trifft, Augen machen. Und auch der Herr Palffner, seines Zeichens Geigenbauer mit einem kleinen Laden, wo Trenker immer Saiten kauft und schon manchen Plausch hat führen können über Geigen, Musik, alte Meister.

Ja, dem Palffner muß er die Geige zeigen. Palffner hat in Paris sein Handwerk gelernt, und zwar bei Grones, einem aus dem Grödnertal stammenden berühmten Geigenbaumeister. Der Palffner, der versteht sein Fach.

Trenker geht in den Laden. Er zeigt dem erfahrenen Geigenbauer das gerade erworbene Instrument. Palffner verzieht keine Miene. »Was haben S' denn zahlt dafür?«

Trenker will mit dem Preis nicht herausrücken. Was er, was Palffner denn nun hält von der Geige, das will er wissen.

»Da kann ich gar nichts sagen, bevor Sie mir net sagen, was Sie dafür zahlt haben.«

»Aber warum müssen S' denn das so unbedingt wissen?«

Und da klärt sich alles auf. Trenkers neue Geige stammt aus Palffners Werkstatt. Er hat sie ein bißchen auf alt hergerichtet. Eines Tages kam der Zigeuner zu ihm in den Laden. Und Palffner hat mit ihm getauscht. Er, Palffner, hat die wirkliche, echte Zigeunergeige bekommen, der Zigeuner bekam von ihm die dafür, die Trenker nun teuer bezahlt hat.

»Also wert ist die ihre dreißig Kronen«, ist des Geigenbaumeisters vernichtendes Schlußwort.

Betreten macht sich Trenker auf den Heimweg in seine Studentenbude. Natürlich ist er niedergeschlagen und unglücklich. Verärgert, daß er sich derart hat hinters Licht führen lassen. Aber Geld ist nicht alles. Klingt die Geige nicht trotz des arg überhöhten Preises ganz und gar wundervoll? War er nicht auf Anhieb verliebt in das Instrument? Warum soll er diese Geige nun verteufeln? Es ist nun die seine, besser ist sie als ihre Vorgängerin, auch hat sie ihm eine gründliche Lehre verschafft. Dieser Geige, dieser vermeintlichen Zigeunergeige, für die er hundertfünfzig Kronen und Mantel, Hut, Binder und Kragen berappt hat und die nur dreißig Kronen wert ist, dieser Geige wird er treu bleiben ein Leben lang.

Und deshalb ist diese Geschichte von der Zigeunergeige mehr als nur eine bitter-süße Anekdote aus dem Leben Luis Trenkers, mehr als eine von unzählig vielen, die er in seinen Büchern und Vorträgen zum besten gegeben hat. Die Geige wird ihn fortan begleiten, durch alle Lebensabschnitte hindurch, und eines Tages wird sie den Bogen spannen zur nächsten Generation, zu Trenkers Kindern, und zumindest eines von ihnen, der älteste Sohn, Florian, wird mit ihr wieder Eigenwilliges erleben und seine Geschichte mit der ihrigen verknüpfen.

Noch freilich ist sie nicht mehr als Trenkers neue Geige, mit der er spielt, wenn das Studium ihm Zeit läßt, gemeinsam spielt mit Cello und Klavier oder auch allein, am einen oder anderen Nachmittag in seinem Studentenzimmer. Da ist das geradezu titanische Ringen mit den technisch schwierigen Capriccios eines Niccolò Paganini, da ist die Freude an Brahms, bisweilen auch an der Schwermut eines ungarischen Tanzes in dessen Bearbeitung. Die Geige verfällt leicht in Schwermut, in Melancholie. Man sagt, kein Instrument vermöge so traurig zu klingen, ja zu weinen, wie die Geige. Und es gibt auch bei einem Luis Trenker, egal, wie die Welt ihn sich später zurechtgelegt, wie er die eigene Legende strickt, immer wieder einmal Gründe zur Schwermut.

So passiert es während seiner Studienzeit, daß daheim in Gröden die Ehe seiner Eltern zerbricht. Vater Jakob, der »General«, ist mit den Jahren immer eigensinniger, immer despotischer, immer schwieriger geworden. Irgendwann ist für Mutter Carolina der Punkt erreicht, wo sie das Zusammenleben mit dem Mann nicht mehr erträgt. Das Faß ist mit den Jahren vollgelaufen, nun hat es nur noch eines Tropfens bedurft, um es zum Überlaufen zu bringen. Sie ist gut vierzig Jahre alt, Tochter des ehemaligen Gemeindevorstehers, Sproß einer der angesehensten Familien St. Ulrichs, sie ist etwa zwanzig Jahre mit diesem Jakob Trenker verheiratet, hat sieben Kinder geboren, hat alles getan für die Familie, und sieht jetzt doch nur noch eine Möglichkeit: den Mann zu verlassen, die jüngeren Kinder mitzunehmen, fortzugehen aus dem Tal, um eigene Wege einzuschlagen. (Freilich gab es auch andere Munkeleien in St. Ulrich: daß etwa ein anderer Mann schuld war an der Trennung. Wer könnte heute noch Gewißheit verschaffen?!)

So packt sie die Sachen der jüngsten Kinder zusammen – nach Luis waren noch ein weiterer Bub, Vinzenz, und fünf Mädchen, Ida, Irma, Martha, Nanni und Linchen zur Welt gekommen (letzteres verstarb als Kleinkind) – und fährt nach Bozen. Sie sucht für sich und die Kinder eine Bleibe und natürlich auch die Möglichkeit, den Unterhalt zu verdienen.

Letzteres ergibt sich glücklicherweise geradezu von selbst. Dank eines geräumigen Quartiers, das in Bozen gefunden werden kann, ist es Carolina möglich, einen sogenannten Mittagstisch einzurichten. Sie ist eine ausgezeichnete Köchin, und bald spricht sich das bei Leuten herum, die Gutbürgerliches zu schätzen wissen. So kommt es, daß sie ständig zwölf bis fünfzehn Personen zu verköstigen hat, Offiziere, Studenten, alleinstehende Ruheständler, wie es sich halt ergibt. Und Carolina Trenker gelingt, was so leicht nicht ist: Sie schafft es, sich wirtschaftlich auf eigene Beine zu stellen. Fast drei Jahre wird sie in Bozen verbringen, ohne auch nur einmal heimzukehren nach St. Ulrich; Jahre, in denen Bera Jakob auch nicht einmal den Weg auf sich nimmt, um in der Stadt nach ihr und den Kindern zu sehen.

So ist die Situation wenig erfreulich, wenn Luis in den Ferien aus Wien oder Graz nach Hause kommt. In Gröden geht der Vater seiner Arbeit nach, fleißig und gekonnt wie eh und je, aber er ist eher noch verschlossener als früher und spricht nach getanem Tagwerk gerne dem herben Südtiroler Roten zu. Luis verlebt die Ferienzeiten zwar überwiegend in St. Ulrich, weil er da den Bergen nahe ist und seinem Führerberuf am besten nachgehen kann, aber er besucht auch so oft es geht die Mutter in Bozen.

Er leidet besonders unter der Trennung der Eltern. Und wenn er auch den mutigen Schritt der Mutter bewundert, so bedauert er doch das Auseinanderfallen der Familie zutiefst.

Aber es bleibt ihm nicht viel Zeit, um über die familiäre Situation nachzudenken. Die Monate des Studierens, des Musizierens, des Bergsteigens scheinen dahinzufliegen. Schon ist das Jahr 1914, schon zeigt der Kalender den Monat Juli an, und abgerissenes Blatt um abgerissenes Blatt nähert man sich dem 28. Tag dieses für Europa, ja für die Welt so verhängnisvollen Sommermonats. Ehe er sich versieht, ist Luis Trenker Soldat, und von dem Tag an, da man ihn in eine Uniform steckt, braucht er alles Geschick, das ihm eigen ist, und alles Glück dieser Welt, um aus einem Inferno namens Krieg heil wieder herauszukommen.

ERNST DES LEBENS – ERNST DES TODES

Als Soldat in Galizien und an der Dolomitenfront

Zu weit würde es führen, an dieser Stelle all die Ursachen, die diplomatischen oder, sollte man sagen, undiplomatischen Verwicklungen aufzuzeigen, die zum Ausbruch des Ersten Weltkrieges geführt haben.

Am 28. Juni 1914 werden in Sarajewo der österreichisch-ungarische Thronfolger Erzherzog Franz Ferdinand und seine Gemahlin ermordet. Der serbischen Regierung wird die Urheberschaft des Attentats angelastet. Wie sich später herausstellen sollte, völlig zu Unrecht. Serbien soll zur Verantwortung gezogen werden. So mancher Regierung scheint das Attentat von Sarajewo geradezu willkommen zu sein, um mit einer regional begrenzten militärischen Auseinandersetzung eigene politische Ziele verfolgen zu können.

Österreich-Ungarn ist Mitglied des sogenannten Dreibundes, dem neben dem Deutschen Reich noch Italien angehört. Serbien ist mit Rußland verbündet.

Beim weiteren politischen Vorgehen Österreich-Ungarns Seite an Seite mit dem wilhelminischen Deutschen Reich ist nichts so sehr zu vermissen wie das Streben nach dem Wertvollsten, der Erhaltung des Friedens. Serbien wird ein unannehmbares Ultimatum unterbreitet. Binnen 48 Stunden müßten alle am Attentat Beteiligten ausgeliefert werden. Serbien bittet um Fristverlängerung und lehnt eine Hinzuziehung österreichischer Beamter in die innerstaatlichen Untersuchungen ab.

»Mit den Serben muß aufgeräumt werden, und zwar bald«, notiert Kaiser Wilhelm II. Und Karl Kraus läßt in seinem Drama »Die letzten Tage der Menschheit« einen Passanten in den Straßen Wiens zur Ermordung des Thronfolgers sagen:

»Weißt, no wer' mr halt – a bisserl a Aufmischung – gar nicht schlecht – kann gar nicht schaden – höxte Zeit.«

Am 28. Juli 1914 erklärt Österreich-Ungarn Serbien den Krieg.

»Vor dem Gemeindeamt stehen Männer in Festtagskleidung und lesen immer wieder den Mobilisierungsbefehl. Von allen Seiten wird gerufen, daß wir morgen ausziehen werden. Kinder sind da, sie stehen zwischen den Erwachsenen herum, ohne etwas von der allgemeinen Aufregung zu begreifen; aber die Frauen sind wie verschwunden. Sie sind es, die es am ärgsten trifft, sie haben sich noch nicht gefaßt; sie packen daheim in den Stuben und Kammern die Rucksäcke und Koffer ihrer Männer und weinen die ersten heimlichen Tränen.

Ich sehe meiner Mutter zu, wie sie die Wäsche zusammenrichtet, und ich gäbe etwas darum, wenn mir jetzt ein befreiendes Wort einfiele ...

Als es zu dämmern beginnt, halte ich es nicht mehr aus. Eine Unrast packt mich, ich muß zu denen, die das kommende Schicksal mit mir teilen werden. Ich gehe nochmals ins Dorf, ohne recht zu wissen, was ich dort suche und mit dem bangen Gefühl, die letzten Stunden daheim ganz ungerechtfertigt zu verkürzen. Aber ich bin nicht allein. Viele von denen, die morgen fort müssen, treibt es genauso wie mich herum, und sie sind alle ernst und still. Es ist ein großes Abschiednehmen untereinander, denn morgen sind wir Soldaten, da wird alles anders sein.«[43]

Am nächsten Morgen, nachdem der Pfarrer von St. Ulrich die jungen Männer gesegnet hat, die ein ungewisses, doch immer bedrohliches Kriegsschicksal erwartet, rücken die Grödnertaler zu den »Kaiserjägern« ein. Trenker wird den Kanonieren des k.u.k. schweren Artillerieregiments Nr. 6 zugeteilt. Daß er nicht, wie die meisten seiner Freunde und Bekannten, in die Reihen der Infanterie aufgenommen wird, ist zurückzuführen auf einen Traum, den er vor der Musterung geträumt hat. Ihm träumte von Russisch-Polen. Ein Hügel war zu stürmen. Infanteriefeuer schlug ihm und seinen Kameraden entgegen. Eine Maschinengewehrgarbe traf ihn voll. Die Lunge war zerfetzt. Er bekam keine Luft mehr, lag im Todeskampf. Das Erwachen holte ihn zurück in die Wirklichkeit. Als man ihn nach der Musterung dann fragte, welcher Waffengattung er angehören möchte, wählt er, den bösen Traum als Drohung und Mahnung im Kopf, die schwere Artillerie.

Doch weder Russisch-Polen, weder Galizien noch die Infanterie bleiben ihm erspart. Denn in Galizien toben heftige Kämpfe gegen den serbischen Verbündeten, das Russische Reich. Nach kurzer Gefechtsausbildung kommt er in Galizien als Fußsoldat zum Einsatz. Und er erlebt das ganze Elend, den ganzen Wahnsinn des Krieges. Das Anrennen gegen massives Sperrfeuer, das Anstürmen gegen die verheerende Gewalt der tausendfachen Schüsse; das Deckungsuchen in einem Gelände, das kaum Deckung gewährt; das Straucheln, das Umgerissenwerden der Getroffenen; das Schreien, Wimmern, Röcheln der Verwundeten; die fürchterlichen Verletzungen, die schlimmer sind als der Tod, die Bauchwunden und die zerstörten Gesichter; die immer und immer wieder zu überwindende Angst; die Hoffnung und die Hoffnungslosigkeit; irgendwann die Apathie. Viel später wird Luis Trenker über diese einschneidendste, ihn prägendste Zeit seiner jungen Jahre in dem sehr autobiographisch gehaltenen Roman, »Berge in Flammen«, die Kriegsjahre aufarbeiten.

»Vorwärts in den neuen Tag! Er enthüllt erst ganz das Grauen der Schlacht. Tod, Trümmer und Ruinen, Gefangenentrupps und schleppende Sanitäter, zerwühlte Erde, zerfetzte Bäume, zerstampfte Frucht. Blut, das hell in Lachen steht oder schwarz in den Sand gesickert ist.

Seit Sonnenaufgang brüllen wieder die Geschütze.

Die russische Grenze ist überschritten. Man kämpft und marschiert, stürmt, schießt und wundert sich, daß man selbst noch lebt.«[44]

Vormärsche, Rückzüge, ein Hin und Her im grausamen Ringen der Mächte. Trenker erlebt es in Russisch-Polen, bleibt dabei ohne Verwundung, braucht aber dennoch sehr viel Glück, um dem Tod ein Schnippchen zu schlagen. Eine schwere Gelbsucht befällt ihn.

»Geschoren, grün und gelb im Gesicht, kroch ich ... vom zugigen Marodenzimmer in den Hof hinaus zu einer allen hygienischen Begriffen spottenden stinkenden Latrine, dann wieder zurück auf mein Strohlager im Erdgeschoß einer verfallenen Mühle, die uns als Unterkunft diente. Nur meiner durch und durch gesunden Grundkonstitution verdankte ich die langsam eintretende Erholung und schließliche Heilung.«[45]

Doch Galizien war für Trenker erst der Auftakt eines langen Krieges. Sowohl im zeitlichen Maß wie auch von der Bedeutung. Was nach der Zeit in Galizien folgen sollte, würde in seinem Wesen, im Weltbild eines gut Zwanzigjährigen die tiefsten Spuren hinterlassen.

Bislang hatte der dritte im Dreibund, Italien, nicht in die vielfrontigen Kampfhandlungen eingegriffen. Weil Österreich-Ungarn nicht etwa angegriffen worden war, sondern die kriegerische Auseinandersetzung selbst begonnen hatte, verhielt sich Italien zunächst neutral.

So kommt für Trenker und manch einen seiner Südtiroler Kameraden der Marschbefehl Richtung Heimat mehr als überraschend. Unter der Führung des Kanoniers Luis Trenker hat sich die Einjährig-Freiwilligen-Abteilung des sechsten Bataillons aufzumachen nach Trient, wo nähere Weisungen gegeben werden. Welch paradiesische Zustände. Daheim ist Frieden. Daheim sind die Angehörigen, die seit Kriegsausbruch keine ruhige Stunde mehr hatten, die beteten und bangten, daß die Ihren wohlbehalten zurückkehren würden. Es ist Dezember 1914. Der

Kriegsbeginn ist erst ein paar Monate her. Doch welch lange Zeit können ein paar Monate sein! Alles hat sich verändert von August bis Dezember: die Welt, die Werte, die Menschen. Daheim – was für ein Zauberwort!

»In den Bergen war ja Friede. Italien, unser Nachbar, hatte sich bisher neutral verhalten. Es gingen zwar vage Gerüchte um, Italien würde, entgegen seiner im Dreibundvertrag beschworenen Bündnispflicht gegen Österreich in den Krieg ziehen. Doch selbst wenn es auf den Bergen Tirols zum Kampfe kommen würde, dachten wir, ärger als das, was wir in Galizien erlebt hatten, konnte es in Tirol auch nicht werden. Ja, bei einem Krieg in den Bergen, auf den Gipfeln, kam es vor allem auf alpine Erfahrung, auf Bergtüchtigkeit an. Dieser Gedanke hatte für mich geradezu etwas Verlockendes.«[46]

Doch wenn sich die Kaiserjäger auch Besseres als den blutgetränkten galizischen Boden erhoffen, so werden sie doch schnell von den Realitäten eingeholt.

Im Mai 1915 gibt Italien seine neutrale Haltung auf und schließt sich den Gegnern des Dreibundes an. Die Entente-Mächte Frankreich und England wußten die Italiener mit Gebietszuweisungen zu locken. So wurde Italien signalisiert, daß es seine Staatsgrenzen bis zum Brenner ausdehnen könnte, daß es Istrien und einen großen Teil Dalmatiens zugesprochen bekäme und zusätzlich den Kolonialbesitz in Afrika erweitern könnte. So entstehen im Südwesten des österreichisch-ungarisch/deutschen Bündnisses neue Frontlinien. Sowohl am Isonzo, wo die Italiener vergeblich versuchen, nach Triest vorzustoßen, wie auch entlang des Alpenhauptkammes und, wovon vor allem die Rede sein soll, in den Dolomiten, Trenkers heimischer Bergwelt.

Doch noch befindet sich Trenker auf der Reise von Galizien über Wien nach dem Süden Tirols. In der Nähe von Trient absolviert er in den kommenden Monaten die Offiziersschule; er wird in Artilleriepraxis unterwiesen und zum Reserveoffizier ausgebildet. Es mag zunächst seltsam anmuten, daß inmitten schwerer Kämpfe an der Ostfront junge erprobte Soldaten abgezogen werden und, während das zähe Ringen entlang den Gefechtslinien weitergeht, Lehrgängen in der Heimat unterzogen werden. Doch erscheint diese Vorgehensweise der militärischen Führung nur im ersten Moment absurd. Denn: Die Gerüchte häufen sich, daß Italien nicht nur abspringen wird vom Dreibund, sondern auch überlaufen wird zum alliierten Gegner.

Schon Jahre, bevor sich die politische Situation in Europa mehr und mehr zuspitzte, hat der österreichisch-ungarische Generalstabschef Feldmarschall Conrad von Hötzendorf entlang der österreichisch-italienischen Grenze etwa hundert Forts und Festungen erbauen lassen, um einen feindlichen Vorstoß von Süden her, von italienischer Seite, aufhalten zu können. Die Festungsanlagen waren so massiv wie von Hötzendorfs Mißtrauen gegen den Verbündeten. Nun, nachdem der italienische König am 23. Mai 1915 um vier Uhr früh den ehemaligen Bündnispartnern den Krieg erklärt hat, beginnen die Stahlbetonbauten entlang des bisherigen Grenzverlaufes ihre Bestimmung zu erfüllen. Von diesen Stellungen aus soll schwere Artillerie ein Vorrücken des Feindes verhindern. Und während sich in den Dolomitentälern bei Eintritt der Italiener in den Krieg die Standschützen formieren, die alten Männer und die viel zu jungen, um mit leichtem Gerät die unmittelbare Heimat zu verteidigen, sind für die Sperrforts speziell ausgebildete Offiziere und Soldaten vonnöten.

Am Morgen des 23. Mai sitzt Trenker bereits seit längerer Zeit im Sperrfort Verle auf der Hochfläche der Sieben Gemeinden.

»Sperrforts sind Kampfstätten eigener Art, eine enge Welt, in der der Blick schließlich blind wird für alles, was draußen vor sich geht. Sie formen den Kämpfer auf eine besondere Weise: Er wird verbittert und zäh, gewissermaßen ein Bestandteil des Bauwerkes, in das man ihn gesperrt hat. Da gibt es keine Ablösung, kein Aufatmen. Da ist die Zeit wie ausgelöscht, und Tag und Nacht werden zu einer einzigen endlosen Kette aneinandergereihter Stunden. Die stickige Luft, das gespenstische Flackern schwacher Lampen, das monotone Brummen der Ventilatoren und das Dröhnen krepierender Geschosse zerren an den Nerven der Eingeschlossenen. Da hockt der Tod in jedem Winkel, und sein Atem verfolgt sie im Schlafen und Wachen ...

Das war unser Schicksal. Wir haben das Leben und Sterben in der grausamsten Erscheinung kennengelernt – als ein ohnmächtiges Warten, Ausharren, als ein Verzweifeln und hoffnungslos einsames Sterben.«[47]

Es ist viel Grauenhaftes, an das sich Trenker später erinnern wird: die unablässigen Detonationen des feindlichen Beschusses, das erbitterte Gegenfeuer oft rund um die Uhr. Da sind die vielen Toten und die Schwerverwundeten, die oft in aller Eile auf dem Eßtisch der Mannschaft notoperiert werden müssen. Da sind die Himmelfahrtskommandos, wenn Trenker und ein paar seiner Kampf- oder sollte man sagen: Leidensgefährten den zumindest halbwegs sicheren Bunker verlassen, um im Schutze der Nacht, des Nebels, des schlechten Wetters die feindlichen Linien auszukundschaften. Wenn Trenker davon erzählt, so kommt vor allem das Elend zum Tragen, das Elend der Menschen aus beiden kriegführenden Staaten, und es ist offensichtlich, daß dieses tiefe Erleben menschlicher Not die nachhaltigsten Eindrücke hinterlassen hat.

Er erfährt in diesen Tagen freilich auch anderes: Den Zusammenhalt in der Gemeinschaft, das vielgerühmte »Gemeinsam-durch-dick-und-Dünn«, er erlebt, was er als Bergsteiger auch schon gesucht hat, verbindende Kameradschaft, auch enge Freundschaft und gelegentlich den Heldenmut von Männern, die ihr Lebtag zu keiner Heldentat fähig waren und erst in der Schicksalsgemeinschaft der Festung Verle eine sonderbare Stärke fanden.

Und noch etwas, das nicht vergessen sein darf, etwas Sonderbares, scheinbar so gar nicht auf diese vermaledeiten »Schlachtfelder der Ehre« Passendes: Es war nämlich so, daß die verfeindeten Truppen in ihren Stellungen sich so nahe rückten, daß sie sich während der Gefechtspausen sprechen hören konnten. Italienisch die einen, deutsch in den verschiedensten Dialekten die anderen. Aus solcher Nähe mag manche kleine Menschlichkeit herrühren, die sich leise zwischen all dem unmenschlichen Gemetzel zugetragen hat. Da sprachen Feinde ein paar freundliche Worte miteinander, da verfluchten Soldaten beider Seiten den Krieg, da gaben Italiener Brot für Tabak, und manch einer, der unvorsichtig den Kopf aus dem Schützengraben reckte, nur um zu schauen, verdankte, ohne es freilich zu wissen, sein Leben einem humanitären Gefühl eines Gegners, der ihn ohne weiteres über Kimme und Korn auf die endlosen Listen der Opfer dieses ersten Hochgebirgskrieges der Weltgeschichte hätte setzen können.

1981 bringt das Bayerische Fernsehen einen aufsehenerregenden Dreiteiler von Walter A. Franke, Ottomar Birth und Otto Guggenbichler: »Front in Eis und Fels«. Nach aufwendigsten Recherchen sind die Weltkriegsereignisse entlang der 350 Kilometer sich hinziehenden Gebirgsfront dokumentarisch ins Bild gesetzt worden. Zahlreiche Zeitzeugen, Soldaten beider Seiten in den Jahren 1915 bis 1919, erinnern sich vor laufender Kamera.

Einige schwärmen von Heldentaten, Gefechten, Siegen. Die meisten blicken sachlich zurück auf diese Zeit und haben schließlich vor allem ein Bedauern für all die vielen Opfer dieser im Rückblick so augenfällig sinnlosen Auseinandersetzungen entlang der Front vom Gardasee bis zum Fanestal in den Dolomiten.

Luis Trenker schreibt über eine Begebenheit auf Verle:

»Über dreizehnhundert Tote lagen im Vorfeld. Fast alles Alpini vom Bataillon Bassano. Bassano ist eine wunderschöne Stadt am Fuße der Alpen. Hier lag die Jugend dieser Stadt. Schöne große Männer, regungslos, in ganzen Reihen hingemäht zwischen aufgewühlter Erde.

Ein Italiener half mir beim Zurückbringen eines Mannes mit zerschmettertem Bein.

›Perchè tutto questo, perchè?‹ – Warum das alles? – fragte ich ihn. Er zuckte kleinlaut mit den Achseln. ›Non sono io‹, meinte er, ›sono gli ordini!‹ – Ich kann nichts dafür, die Befehle lauten so!«[48]

Ja, so lauten die Befehle. Töten fürs Vaterland! Sterben fürs Vaterland! Töten. Sterben. Töten und sterben in jedem Krieg.

Während seiner Zeit im Sperrfort Verle erfährt Trenker zufällig aus der Zeitung eines bayerischen Kameraden vom Tod des besten Freundes. In Kamien an der Ostfront ist der Klettergefährte aus schönsten, freiesten, unbeschwertesten Dolomitentagen gefallen. Gegen Ende des Krieges, noch immer Soldat, noch immer entschlossener Kämpfer, gedenkt Trenker seines »Hansele« Pescosta:

»Ihm war es vorbehalten, als großer Held zu fallen, als Held für sein Regiment, für seine Berge, für sein Tirol! Und wenn Hans in Gröden wenig Beachtung gefunden hat, so hat er [sie] dafür draußen in der Welt, wo der Mann nicht nach geschnatterten Rosenkränzen, sondern nach Toten gewertet wird, gefunden ...

Seine letzte Karte an mich lautete: ›Lieber Luis! Mir geht es gut, ich fürchte mich vor garnichts mehr. Dein Hans!‹«[49]

Pescosta ist tot, Trenker lebt, soweit man auf Verle von Leben sprechen kann. Zwei Eigenschaften seines Charakters treten zutage, Züge, die in Andeutungen schon früher zu bemerken waren, die aber im Laufe der Zeit noch deutlicheren Ausdruck finden werden. Hier der Kampfgeist, die wilde Entschlossenheit, das ungestüme Temperament – »... Der Trost, daß ihm [Pescosta] auf dem Sterbebett die goldene Tapferkeitsmedaille verliehen worden war, schien mir zugleich Verpflichtung zu sein, ebenso tapfer wie er zu kämpfen, ebenso wie er etwas Außerordentliches zu leisten, und wenn es das Leben kostete.«[50] – und dort die musischen Neigungen, die Sensibilität für künstlerische Belange, das Auge für das Bild, das Ohr für die Musik:

»... wurde ich wieder in das Werk [Verle] kommandiert, wohin ich mir, gemeinsam mit Aidjukewicz, aus Bozen ein Klavier besorgt und unter allerlei Gefahren durch die Feuerzone ins Werk geschleppt hatte. Kasimir Aidjukewicz spielte hervorragend Klavier, ich hatte meine Geige, ein Wiener sein Cello. Wir spielten Sonaten von Schubert, Beethoven und Haydn, es war wohl ein seltsames Musizieren da in dem Betonklotz, aber deshalb nicht weniger schön.«[51]

Es sind diese schönen, musikalischen Momente mit Sicherheit die Ausnahme im weiten Frontverlauf. Seit Beginn des Alpenkrieges dominiert in den Hauptkampfgebieten, im Trentino, im Ortlergebiet und in den Dolomiten, das große Sterben. Rund 24 000 Standschützen haben sich in ihren heimischen Bergen verschanzt und wehren sich hingebungsvoll gegen ein Eindringen der »Welschen« in ihre Heimat und deren Vorrücken in Richtung Brenner. Die Standschützen kennen freilich die Berge rings um ihre Herkunftsorte wie die eigenen Westentaschen. Von den Gipfeln aus haben sie besten Überblick und sind für die Italiener ein ständiges Hindernis beim Vorrücken auf den Talstraßen. Erst müßten diese hochalpinen Stellungen ausgehoben werden, dann wären die Wege frei. Die italienische Führung überschätzt Zahl und Waffenstärke der Standschützen, läßt sich auf einen hochalpinen Stellungskrieg ein, bei dem sich die Fronten rasch verhärten und der sich, alle Schrecknisse des Krieges aufweisend, über Jahre hinziehen wird.

Viele Süditaliener sind in den Alpen eingesetzt; ihnen ist es unverständlich, was Italien nur will in diesen »montagne maledette«, den verfluchten Bergen. Menschen, die aus dem warmen Süden stammen, sind zu allen Jahreszeiten den Unbilden des Gebirges ausgesetzt. Vor allem die langen Winter, die meterhohen Schnee bringen und auf den rund 3000 Meter hoch gelegenen Stellungen 30 bis 40 Grad Kälte herrschen lassen, zermürben die Soldaten hüben wie drüben.

Die Verlustlisten beider Seiten künden davon, daß die Mehrzahl der Opfer nicht unmittelbarer Feindeinwirkung, sondern schlichtweg den Naturgewalten zuzuschreiben ist. So ist im harten Winter 1915/16 die Zahl der Erfrierungen an der Alpenfront zehnmal höher als die der Verwundungen im Gefecht. Insgesamt kommen im Verlauf des italienisch-tirolerischen Grenzkrieges 50 000 Menschen allein durch Lawinen ums Leben.

Es sind dies im großen und ganzen andere Bedingungen und andere Gefahren, als sie Luis Trenker auf Verle durchlebt. Wo sein Krieg geführt wird, ist die Region weniger alpin, das Klima milder, die Versorgung besser, das Kämpfen freilich nicht weniger unerbittlich als an den Zinnen in Sexten und im Angesicht der Tofanen oder drüben am Cristallo.

Im Juni 1916 erhält Trenker den Befehl, als Offizier mit einer kleinen Schar von Soldaten vom Sperrfort aus ein nahe liegendes Waldstück zu erkunden. Um drei Uhr früh schleichen die Soldaten aus der Festung, kriechen durch den Stacheldrahtverhau, tasten sich breit gestreut an das Waldstück heran. Nichts Verdächtiges. Sie dringen ein in das Gehölz, die tiefe Finsternis der Nacht gibt ihnen Schutz, und doch – plötzlich hat Trenker den Eindruck, seine Soldaten seien nicht mehr allein. Andere müssen hier sein. Unsichtbar. Italiener müssen sich verborgen halten, hier im Marcaiwald, nicht allzuweit vom Fort.

Plötzlich ein italienischer Fluch, Schüsse als Antwort, und sofort beginnt der Wald zu leben, zu leben auf infernalische Art und Weise. Ein Maschinengewehrstakkato gibt den schauerlichen Ton an, Gewehrfeuer fällt ein, kreuz und quer, schauerlich durcheinander, Mündungsfeuer zucken in der Schwärze des nächtlichen Waldes. Wer ist wo?, wer schießt auf wen?, wer ist Freund, wer Feind? Trenkers Offiziersbursche wird tödlich getroffen, Augenblicke später schlägt eine Kugel in Trenkers Körper, tritt im Bereich der linken Schulter ein und nahe der rechten Schulter aus.

»Wenn das Rückgrat verletzt ist, dann gnade mir Gott. Da brüllte ein nächster Einschlag und verschüttete mich. Die Sinne schwanden, es wurde Nacht.«[52]

Auf dem Abtransport nach Trient erwacht er aus der Bewußtlosigkeit. Er verspürt starke Schmerzen und leidet unter leichten Lähmungserscheinungen. Der Schulterdurchschuß muß das Rückgrat zumindest gestreift haben. Das ist seine größte Sorge: Lähmung. Die Arme nicht mehr richtig bewegen können, die Beine, den Körper, vielleicht hilflos zu sein ein Leben lang.

Trenker soll zur weiteren Behandlung mit einem Lazarettzug nach Böhmen gebracht werden. Welche Idiotie der Kriegsbürokratie. Doch das kleine Glück ist ihm im großen Unglück hold. Ein Sanitätsoffizier erweist sich als Studienkollege von der Technischen Hochschule. Der nimmt sich seiner an. Sorgt dafür, daß er in Innsbruck, im Jesuitenseminar »Canisianum«, das zum Spital umfunktioniert worden ist, bleiben kann. Hier wird er sorgsam gepflegt, erholt sich allmählich, die Lähmungserscheinungen schwinden zur Gänze.

Dort in Innsbruck erhält er auch ein Schreiben von der Mutter Hans Dülfers. Ihr einziger Sohn, teilt sie mit, ist bei Arras in Frankreich gefallen. Der Gefährte von der Furchetta-Nordwand tot. Der Alpinhistoriker Fritz Schmitt in seiner Dülfer-Biographie: »Hans Dülfer nahm an den Stellungskämpfen westlich von St. Quentin vom 19.3. bis 13.5. und an der Schlacht bei Arras-La Bassée vom 14.5. bis 15.6.1915 teil. Die Kämpfe um Arras wurden im Korpsbefehl als die blutigsten an der ganzen Westfront bezeichnet. Trotzdem, berichtete Hanne Franz (Anm. d. Verf.: Dülfers Lebensgefährtin), ›klangen seine Briefe aus dem Felde vergnügt und zuversichtlich und fast in jedem sprach er von seinen Bergen und den Erinnerungen‹. Am 13. Juni schrieb Hans Dülfer an seinen Vater: ›Übermorgen, am 15., ist das Jubiläum der Fleischbank-Ostwand. Ich rauche zur Feier aus der Pfeife, die mir damals im Rucksack die halbe Wand heruntergepurzelt ist.‹ Dieser Tag frohen Erinnerns wurde zu Dülfers Schicksals- und Sterbetag.«[53]

Die beiden wichtigsten Bergpartner sind tot. Pescosta, der Freund; Dülfer, der große Kletterer, mit dem Trenker Außergewöhnliches erlebt hat. Beide erschossen oder von Granaten zerfetzt in diesem Krieg. Unmerklich wandelt sich in Trenker das Bild von den Bergen und vom Bergsteigen. Es wird nie mehr so sein wie im Juli 1914 und in den Jahren davor. Ohne Dülfer und vor allem ohne Pescosta verliert ihm das extreme Bergsteigen an Bedeutung. Der Krieg verändert alles.

Natürlich: Die Berge werden auch weiterhin ein zentrales Thema im noch jungen Leben des für seine Tapferkeit mehrfach dekorierten Leutnants Luis Trenker sein. Schon bald wird er zum Kriegführen in die Dolomiten, in seine Berge, abkommandiert werden, wo den Standschützen, darunter auch Vater Jakob, mittlerweile Verstärkung durch reguläre Truppen zuteil wird. Einige Wochen noch, dann wird er dort junge Soldaten befehligen, wo er in den studienfreien Sommern herumgekraxelt ist, wo er seine, wie ihm schien, wirklichste Welt entdeckte, gleichsam auf halber Höhe zwischen Erde und Himmel, im so geliebten Frieden der Berge, wo jetzt unablässig die Kanonen donnern, die Maschinengewehre hämmern und im Innern mancher Felsgipfel die Preßlufthämmer der Mineure dröhnen.

Zunächst aber stehen erholsame Tage an. Nachbehandlung der Lähmungserscheinungen in Bad Ischl; das etwas unbeholfene Anbandeln mit einer jungen Dame namens Luise Schöne; ein erster Kuß nicht ohne gewisse Widerstände.

»Ich konnte der Versuchung nicht widerstehen und versuchte, das geliebte Mädchen zu küssen. Aber Luise wehrte sich und sagte, sie sei noch nie von einem Mann geküßt worden. ›Aber einmal‹, sagte ich, ›muß es doch das erstemal sein. Du kannst doch nicht warten, bis du fünfzig Jahre alt bist!‹ Nach einigem Sträuben gab sie mir recht, und wir waren beide glücklich und verliebt.«[54]

Die gute Konstitution, dazu die Verliebtheit – da schreitet seine Genesung rasch voran. Bei einer Überprüfung auf Wehrtauglichkeit jedoch wird er, anders als erwartet, nicht zurück an die Front gesandt, sondern bekommt erst einmal sechs Wochen Heimaturlaub zugesprochen.

Sechs Wochen sind lang. Da tut es nichts, zunächst für ein paar Tage nach Wien zu fahren, wohin die Freundin Luise bereits zurückgekehrt ist. Gemeinsam gehen sie ins Kino:

»Dort sah ich in einer Frontwochenschau die ersten Bergfilmaufnahmen meines Lebens, die mir einen tiefen Eindruck machten«[55], auch ist ein Opernbesuch geplant. Luise schwärmt von der Oper und allem, was damit zu tun hat. Vor allem für Herrn Cerny, seines Zeichens Bariton. Als sie in ihrer Schwärmerei ganz auf Luis vergißt, macht der sich ohne Abschied davon, setzt sich in den Nachtzug Wien–Klagenfurt–Innsbruck und fährt Richtung Grödnertal. Stur wie ... wie ... ja, stur wie der Bera Jakob.

In Gröden trifft Luis die Mutter. Seit der Bera Jakob droben im Gebiet des Sellajoches Dienst tut, ist sie mit den kleinen Schwestern von Luis wieder im St. Ulricher Haus. Leo, der in freundschaftlicher Verbundenheit stehende Onkel, der in früheren Tagen für Luis so immens wichtig gewesen ist, wurde vom Militärdienst freigestellt. Als Betriebsleiter des Elektrizitätswerkes hat er das Tal mit Strom zu versorgen. Und Strom wird mehr gebraucht denn je. Um die kämpfenden Truppen rasch mit Nachschub versorgen zu können, wird im Tal eine Eisenbahn gebaut.

«Was zur Friedenszeit jahrelangen Bemühungen nicht möglich war, die zumeist an kleinlichen lokalpatriotischen Bedenken scheiterten, das haben die Erfordernisse des Krieges kurz erzwungen. In knapp drei Monaten des Jahres 1916 ist die Grödenbahn betriebsfähig erbaut worden, wozu in normalen Zeitläuften sicherlich kaum die zehnfache Zeit gereicht hätte. Allerdings standen Arbeitskräfte in der Stärke einer kleinen Armee zur Verfügung (etwa 60 000 Mann), so daß bei einer Länge des schmalspurigen Schienenstrangs von rund 31 Kilometern je zwei Mann auf den Meter kamen.

Als Hauptnachschublinie für die österreichischen Kampfstellungen im Col-di-Lana und Marmolada-Bereich gedacht, wurde sie, trotzdem nur strategische Gründe maßgebend waren, so rücksichtsvoll und unauffällig in die Landschaft hineingebaut, daß sie in keiner Weise ästhetisch verletzend oder störend wirkt, was man nicht von vielen Bahnanlagen wird behaupten können. Ja, ich wage sogar just ihren militärischen Zweck als Glück zu preisen; denn bei ihrer Wichtigkeit durfte sie dem Gegner nicht auffallen und mußte sich, so gut als möglich Deckung suchend, dem Gelände anschmiegen.«[56]

Es sind vor allem kriegsgefangene Russen, die unter Anleitung österreichischer Ingenieure die Bauarbeiten verrichten.

Nach dem Erholungsaufenthalt in St. Ulrich führt Trenker der Weg wieder nach Trient. Zu den Sperrforts will er nach Möglichkeit nicht wieder geschickt werden. Die alpine Truppe, das wäre sein Metier. Der verantwortliche Hauptmann ist mit Trenkers Vorschlag einverstanden, sieht selbst, daß ein erfahrener Bergführer und geübter Kletterer im Hochgebirge nützlicher wird sein können als in den Festungen aus Stahlbeton. So kommt Trenker zu Oberst Bilgeri, einem Skipionier der ersten Stunde. Er gilt als Wegbereiter des österreichischen Militärskilaufs und hatte schon lange vor dem Krieg die hochalpine Ausbildung von bestimmten Truppenteilen organisiert. Im »Lexikon der Alpen« steht zu Bilgeri:

»... als Führer oft zahlenmäßig großer militär. Abteilungen unternahm B. von 1896 bis zum I. Weltkrieg viele Skihochtouren, wobei meist Skineuland betreten wurde: Durchquerung der Tuxer Berge, Gefrorene Wandspitze, Hochkönig, Sonnblick, Großvenediger, Durchquerung der Ötztaler u. Stubaier Alpen ... B. gab mehrere Lehrbücher heraus, erfand die halbstarre B.-Skibindung u. das Harscheisen, wie man es heute noch auf Skihochtouren (verbessert) benutzt.«[57]

Diesem Oberst Georg Bilgeri ist Trenker sehr willkommen. Er wird der Hochgebirgsschule der elften Armee als Instruktionsoffizier, sprich: Ausbilder, zugeteilt.

Trenkers Aufgabe ist in den kommenden Monaten klar umrissen. In den Ötztaler Alpen, später auch im Bereich der Dolomiten, hat er Offizieren und Soldaten Hochgebirgskenntnisse zu vermitteln, sie das Skilaufen zu lehren und das Klettern, sie vertraut zu machen mit den Gefahren der Alpen und natürlich mit der für das alpine Gelände spezifischen Art der Kriegführung.

Mit viel Elan geht Trenker diese Aufgabe an, sie liegt ihm mehr als alles sonst, was er in diesem Krieg bisher zu leisten hatte. Unterwegssein in den Bergen und dabei doch Sinnvolles tun zur Verteidigung der Heimat; seine Kenntnisse vermitteln; die Auszubildenden kraft seiner Ausstrahlung motivieren und mitreißen.

Dennoch ein Rückschlag. Mit geradezu burschikoser Unvorsichtigkeit holt er sich eine schwere Lungenentzündung, die seinem Leben gefährlich wird und von der er sich nur allmählich erholt. Doch wieder hat er Glück. Und noch mal Glück: Der Ausbildungsstandort der Bergführerkompanien wird für die Zukunft in die Dolomiten verlegt. Heim. Trenker kehrt zurück ins Grödnertal, genauer: nach St. Christina und findet sein Standquartier auf der Regensburger Hütte in der Geislergruppe.

Doch auch dies ist nur Zwischenstation. Ein kleiner Aufschub der Schonzeit. Jetzt ist die Front nicht mehr weit. Die dunklen Wolken brauen sich auch über Trenker wieder stärker zusammen.

An einem Abend, da er mit anderen Offizieren, darunter der Bergmaler Gustav Jahn, in der Regensburger Hütte beim Kartenspiel beieinandersitzt, kommt die Nachricht aus Wien. Kaiser Franz Joseph ist gestorben. Nur er, sagen die jetzt skeptischer werdenden Leute in den Straßen von Wien und Graz und Innsbruck, nur er habe die Donaumonarchie, den problematischen Vielvölkerstaat, zusammenhalten können. Wohin führt nun der Weg?

»›Ich bin zu lange Kaiser gewesen!‹ dachte er: Aber es kam ihm vor, daß er es laut gesagt hatte. ›Alle Menschen müssen sterben. Auch der Kaiser stirbt.‹ Und es war ihm zugleich, als stürbe irgendwo, weit von hier, jener Teil von ihm, der kaiserlich gewesen war. ›Der Krieg ist auch eine Sünde!‹ sagte er laut. Aber der Priester hörte ihn nicht. Franz Joseph wunderte sich aufs neue. Jeden Tag kamen die Verlustlisten, seit 1914 dauerte der Krieg. ›Schluß machen!‹ sagte Franz Joseph. Man hörte ihn nicht.«[58]

Ob so oder ähnlich des Kaisers letzte Gedanken waren, wer kann es wissen. Sicher ist nur: Der Krieg geht weiter. Als der Kaiser stirbt, zeigt der Kalender den 21. November 1916. Es wird noch ziemlich genau zwei Jahre dauern, bis das Grollen der Waffen über den Bergen verstummt.

Luis Trenker erhält den Befehl über die Bergführerkompanie Nr. 10. Er wird in die Berge oberhalb des Dolomitenortes Colfuschg versetzt.

»Das war nun ein anderer Krieg als in der düsteren Betonhölle von Verle, hier hatte man den Himmel über sich, den Berg unter sich und drüben, auf dem nächsten Berggipfel, den Feind ... Es war in gewissem Sinne oft wirklich noch ein Krieg von Mann zu Mann, bei dem sich die Posten mit Eisenstiften, Strickleitern und Seilsicherungen über senkrechte Felswände, Kare und Grate emporschoben, bei dem nicht selten ein einziges Maschinengewehr auf irgendeinem Felsband die Bewegungen einer ganzen Brigade sperren konnte.«[59]

Nun steht Trenker im Stellungskrieg der Dolomiten. Wie unwichtig ein Felszacken auch sein mag, er ist umkämpft seit langem. In jede Bergflanke sind die Stellungen der Alpini hier, jene der Schützen dort eingegraben, auf Gipfeln und Graten befinden sich die Maschinengewehrnester und die Scharfschützen, die es mit sicherer Hand auf jeden einzelnen hinter der feindlichen Linie abgesehen haben. Die Unterkünfte sind oft wie Schwalbennester in die Felsen gebaut. Meist grob zusammengezimmerte Hütten aus Latten und Blech, bescheidene Quartiere, ein paar Quadratmeter für sieben, acht, zehn Männer.

Hier, in den Dolomiten, ist der Krieg subtiler als draußen bei den Bollwerken der Forts. Jede Maschinengewehr-, Scharfschützen- und Beobachterstellung wird hier mit List und Tücke angegriffen. Patrouillen umgehen feindliche Stellungen, fallen den Gegnern über schwieriges Klettergelände in den Rücken; Soldaten mit besonderer Gebietskenntnis pirschen sich im Schutz der Dunkelheit auf Handgranatennähe an die Feinde heran; Tollkühnheit in Verbindung mit alpinem wie auch soldatischem Geschick ist hier gefragt, und dennoch: entlang der Dolomitenfront bewegt sich nicht viel.

Das Hochgebirgsklima, die Bedingungen der Jahreszeiten, zermürben die Soldaten auf beiden Seiten. Sie ziehen sich Erfrierungen zu, leiden Hunger, sind erschöpft vom nervenzerrenden Dienst. Aber weder die einen noch die anderen vermögen nennenswerte Fortschritte zu machen.

Hätten die Italiener zu Beginn des Krieges gewußt, daß ihnen in den Bergen letztlich nur eine idealistische Schar von Standschützen Paroli bot, sie hätten sich in kürzester Zeit bis zum Brenner durchgefochten gehabt. Aber sie ließen sich verunsichern, schließlich aufhalten, und irgendwann kamen sie nicht mehr vom Fleck, denn jetzt hatten reguläre Truppen, Hochgebirgszüge und Bergführerabteilungen, die Stellungen bezogen. Was war zu tun?

Es bedurfte einer weiteren Perversion in der Geschichte der Kriege. War auf den Bergen nichts auszurichten, so wollte man es im Bergesinneren versuchen. Bald begannen Italiener wie Österreicher, die jeweils feindlichen Stellungen im Wortsinn zu untergraben. Lange Stollen wurden in den Fels getrieben, Tag und Nacht dröhnten die Bohrer und Hämmer. Für die Soldaten droben auf den jeweiligen Bergen ein nervenaufreibender Lärm. Sie wußten, da legte jemand ein Pulverfaß unter ihren Füßen an, und sie hatten auszuhalten bis zum bitteren Schluß. Zum Beispiel am Kleinen Lagazuoi, dem wohl berühmtesten Berg, der durch die Kämpfe des Ersten Weltkriegs zerstört worden ist. Knapp 2800 Meter hoch, war er ein wichtiges Bollwerk der Österreicher gegen ein Eindringen der Italiener ins Abteital. Von Norden her besetzten die Österreicher den Gipfel, nach Süden und Westen würden schroffe Felsflanken jeden Feind abhalten. Doch die Alpini rückten vor bis zu einem etwa 2400 Meter hoch gelegenen Felsband in der Südwand des Kleinen Lagazuoi. Die österreichischen Gegenangriffe blieben erfolglos, so versuchte man es nach allem vergeblichen Anrennen mit einem Stollenbau. Zur gleichen Zeit arbeiteten auch die Alpini an einem Stollen, den sie gegen die feindliche Gipfelstellung vorantrieben. Am 22. Mai 1917 zündeten die Österreicher ihr »Pulverfaß«. Eine 24 000 Kilogramm schwere Mine explodierte, etwa 130 000 Tonnen Gestein donnerten hinab Richtung Falzaregopaß. Doch die Italiener waren noch immer da. Ziemlich genau vier Wochen später zündeten sie unter dem Gipfel 33 000 Kilogramm hochbrisante Gelatine. Die Kaiserjäger, darunter Luis Trenker, hatten ihre Stellungen rechtzeitig verlassen.

»Rrrr – rrr – rrr – tschrrr – tschrrr –

Unaufhörlich, die italienischen Bohrmaschinen.

Immer näher, immer härter:

Rrrr–rrr–rrr–tschrrr–tschrrr–

Einer schreit: ›Aufhören!‹, und fängt zu toben an: ›Aufhören!‹ schlägt mit den Fäusten an den Felsen, als hätte er den Verstand verloren.

Ein Teil der Leute hat sich, um das Bohren nicht mehr hören zu müssen, andere Schlafquartiere gesucht: außerhalb der Kaverne. Alte Unterstände richten sie sich ein und hausen dort, zumindest solange die feindlichen Geschütze schweigen. Brüllen diese wieder auf, bleibt nichts übrig als die Flucht in die Kaverne.

Und dort das ewige, zermürbende, gottverfluchte Rr – rrr – tschrrr – tschrrr.

Regelmäßig, in genau eingehaltenem Turnus, wird gesprengt: exakt alle sechs Stunden. Es ist das Furchtbarste, das sie in diesem harten Bergkrieg erleben. Den Feind ganz nahe spüren und doch nichts dagegen tun können. Einfach warten müssen, bis es denen da unten paßt, den Col alto in die Luft zu jagen.«[60]

Der Krieg in den Dolomiten – das ist der Krieg, der für Trenker wie für viele seiner Landsleute aus den Südtiroler Bergtälern eine weit stärkere Bedeutung hat als das Kämpfen aus den Sperrforts heraus oder gar das Anrennen gegen die russischen Linien irgendwo in Galizien. In den Dolomiten, da wird die Heimat unmittelbar verteidigt. Da schauen die Soldaten aus ihren Stellungen in den Bergen herab auf manchen heimischen Ort, der sich augenblicklich in italienischer Hand befindet. In den Dolomiten zu kämpfen bedeutet auch, für sich selbst und für seine Angehörigen zu kämpfen. Es mag dies zum Verständnis dienen dafür, daß in späterer Zeit vielerorts in den Dolomiten der Krieg und die Tapferkeit der Menschen mythologisiert worden sind. Kriegführung als Heldenhaftigkeit. Wie aber sagen italienische Weltkriegsteilnehmer in dem Film »Front in Eis und Fels«: Krieg sei immer eine Niederlage. Für beide Seiten. Gewinner gebe es nicht. Nur Verlierer.

Luis Trenker wird 1917 Platzkommandant in Cortina d'Ampezzo. Denn plötzlich ändert sich der Frontverlauf, die italienischen Linien werden nachgiebig, nachdem ihr Druck bislang immer stärker geworden war. Am 24. Oktober 1917 verlieren die Italiener eine fürchterliche Schlacht am Isonzo, jenem aus dem Norden kommenden Fluß, der bei Monfalcone in den Golf von Triest mündet. Da rücken nun die Österreicher vor, und deshalb müssen wichtige Verbände aus den Alpen abgezogen werden, um hier die italienischen Linien zu verstärken.

Nicht wenige Historiker sind der Ansicht, daß mit der Isonzo-Schlacht der Krieg zwischen Österreich-Ungarn und Italien hätte beendet sein können. Hätte Österreich-Ungarn, das ja 1915 von den Italienern angegriffen worden war, aus einer nun starken Position Waffenstillstands- und letztlich Friedensverhandlungen in den Weg geleitet, so wäre der Krieg um ein Jahr verkürzt worden, Zigtausende von Menschen hätten ihr Leben nicht lassen müssen. Wahrscheinlich wäre im Oktober 1917 den Südtirolern die Abspaltung erspart geblieben. Doch die Unvernunft, der Wahnsinn des Krieges wurden fortgesetzt.

Trenker kommt als alpiner Referent zum Divisionskommando nach Bruneck im Pustertal. Hier, endlich wieder etwas abseits der Front, der beständigen Todesgefahr entfernter, erlebt er auch wieder heitere Stunden. Sein Debüt als Kinogeiger beispielsweise. Seine erste »künstlerische« Beziehung zum Film!

»Abends besuchten wir gern die provisorisch errichtete Bretterbude, auf der geschrieben stand: K.u.K. Etappenkino. Voller Anteilnahme folgten wir den Liebeserklärungen schöner junger Männer, den heftigen Tränenausbrüchen betrogener Jungfrauen, den Hetzjagden wilder Cowboys und kühner Polizisten. Es war großartig, nach so viel Krieg, im Kino zu sitzen. Natürlich waren es kitschige Filme, aber das störte uns in keiner Weise. Musikalisch begleitet wurde das ›filmische Geschehen‹ durch einen Geiger und einen Klavierspieler, die hinter der Leinwand agierten.«[61]

Als das Kino eines Tages wegen Urlaubs der Musiker geschlossen werden muß, ist bei den nach Zerstreuung hungernden Soldaten der Katzenjammer groß. Da fällt dem Leiter des bescheidenen Lichtspielhauses der Trenker ein, jener Geige spielende Oberleutnant. Trenker willigt ein, bald ist auch ein Pianist gefunden.

»Am selben Abend noch saßen wir in der verdunkelten Zauberbude und spielten die Morgenstimmung von Grieg und die Cavatine von Raff, und als die Heldin um das Leben ihres Kindes flehte, sogar das Ave Maria von Schubert. Alles auf der G-Saite und mit viel Tremolo und voller Gefühl.

Mitten in den Film hinein applaudierten die Zuschauer, so schön hatten wir gespielt, bitte sehr! Es war der erste Applaus, den ich in meinem Leben in einem ›Filmtheater‹ erhielt.«[62]

Vorerst ist dies auch der letzte Applaus, den Trenker für künstlerische Betätigung erhält. Auch wenn die Monarchie verfällt, wenn Österreich-Ungarn und das Deutsche Reich mehr und mehr Niederlagen hinnehmen müssen und die Soldaten der Dolomitenfront ihre von italienischer Seite nicht mehr bedrohten Stellungen verlassen, so sind doch die Zeichen noch immer auf Sturm gestellt. Auch wenn sich viele fragen, welchen Sinn es mache, zu sterben für ein sterbendes Vaterland – der Krieg ist noch nicht zu Ende. Nur mit dem Unterschied, daß die großen, die letzten Entscheidungen nun andernorts fallen.

Trenker hat als alpiner Referent in Bruneck die Aufgabe, die verlassenen italienischen Stellungen absuchen zu lassen und die Räumung der Gipfel und Pässe oberhalb Cortinas von zurückgebliebenem Kriegsmaterial durchzuführen.

»Es gab eine Unmenge Arbeit, von den Gipfeln der Tofanen bis in die entlegensten Winkel der Felsentäler, von den Unterständen und Kavernen der Kommandostellen, von überall her mußte wertvolles Gut: Motoren,

Seile, Waffen, kurz Material aller Art gesammelt und abgeliefert werden, obwohl dies nicht mehr als ein Tropfen auf heißem Stein wert war.«[63]

Auch mit italienischem Kriegsgerät ist die Niederlage der Österreicher und Deutschen nicht mehr aufzuhalten.

Spätestens seit sich die Amerikaner auf seiten der Alliierten in den Krieg eingeschaltet haben, ist das Übergewicht offensichtlich. Gibt es im Frühjahr 1918 noch einen bedeutenden Kriegserfolg der Deutschen im Osten zu vermelden, der mit dem Frieden von Brest-Litowsk endet, so zeichnet sich im Westen und im Süden ein deutliches Übergewicht der Alliierten ab. Fürchterliche Materialschlachten in Flandern und in der Champagne, und die Deutschen werden von der Allianz unter Mitwirkung von einer Million Amerikanern zurückgedrängt. Die Italiener im Süden erhalten internationale Unterstützung. Bald steht der Zusammenbruch Österreich-Ungarns und Deutschlands bevor.

Im Oktober 1918 tritt der Erste Weltkrieg in seine Endphase. Am 24. Oktober kommt es zum alliierten Generalangriff auf die k.u.k. Staaten. Am 3. November wird zwischen Österreich und Italien ein Waffenstillstandsabkommen unterzeichnet; am 4. November um fünfzehn Uhr tritt entlang der Südwestfront der Waffenstillstand in Kraft. Wenige Tage später ruhen an allen Fronten dieses Krieges die Waffen.

Nach viereinhalb Jahren hat das sinnlose Hinmorden der Menschen ein Ende.

Der Krieg hat etwa achteinhalb Millionen Menschen das Leben gekostet. An der österreichisch-italienischen Kampfeslinie starben 600 000. Eine Million wurde im sogenannten Alpenkrieg verwundet. Luis Trenker ist Oberleutnant, als der Frieden einsetzt. Mit unendlich viel Glück hat er die Kämpfe in den verschiedenen Abschnitten, in Galizien, im Sperrfort Verle, in den Bergen beim Falzaregopaß überlebt.

Der Krieg hat Trenkers Lebensweg unterbrochen. Bald wird er fortsetzen, was aufzuhören er gezwungen war: das Studium und den Aufbau einer beruflichen Existenz.

Doch ist der Krieg mehr als nur eine Unterbrechung. Er hat Trenker verändert und geprägt, und vieles, was später aufscheinen wird in seinem schriftstellerischen und filmischen Werk, hat seine Ursprünge im Erleben ebendieses Krieges, im Mitfühlen für eine – vermeintlich – bedrohte Heimat und im Identitätsverlust der Südtiroler als Folge der militärischen Niederlage und der damit verbundenen politischen Umstrukturierung Europas.

Südtirol und das Trentino, die vielgestaltigen Dolomiten und das Ortlergebiet mit dem fruchtbaren Vintschgau sind heute Reiseziele und Ferienparadiese erster Qualität. Bei Urlaubern zählt die Milde des Klimas auf den Südseiten, die Lieblichkeit der Täler, Tradition, ein scheinbar ursprüngliches Wesen bei den Menschen, kurz: die Idylle.

Bergsteiger schätzen die Vielfalt der Betätigungsmöglichkeiten: Vom harmlosen Bergwandern über das Begehen von gesicherten Klettersteigen bis hin zum Klettern in berühmten Dolomitenwänden oder in den Eisflanken des Ortlergebietes – alles ist geboten, jeder kann nach seinem Gutdünken glücklich werden.

Heute ist es nur mehr schwer vorstellbar, daß in diesen Spielwiesen für Berg- und Skifreunde erbittert gekämpft worden ist. Und doch stehen stumme Zeugen da als immerwährende Mahnung. Die meisten Klettersteige zum Beispiel, die »viae ferratae« in der Sella, im Rosengarten, an der Marmolada, in der Pala, den Sextenern und den Ampezzanern – sie gäbe es kaum ohne den Krieg; viele sind damals zu rein militärischen Zwecken angelegt worden. In den einsameren Berggebieten, vor allem um Adamello und Presanella, westlich des Etschtales gelegen, finden sich bis heute abseits von Touristenwegen Weltkriegsstellungen, und nach wie vor apern ständig militärische Gerätschaften aus dem Eis, persönliche Dinge von Soldaten, manchmal auch die im Eis konservierten Menschen selbst.

Heute will man es besser machen. Junge österreichische Soldaten und junge italienische Alpini haben Dolomitenstellungen durch einen »Friedensweg« miteinander verbunden. Wer jetzt auf den Dolomitenstraßen dieses landschaftlich so überaus reizvolle Gebiet durchfährt, wird überall mit Soldatenfriedhöfen konfrontiert; wer sich hinaufbegibt in höhere Regionen, findet ehemalige Frontstellungen als Mahnmale entlang des Friedensweges. Schließen wir dieses Kapitel mit einem Text aus dem Tagebuch eines Soldaten der Alpenfront:

»Frieden bringt Reichtum. / Reichtum macht Übermut. / Übermut bringt Krieg. / Krieg macht Armut. / Armut macht Demut. / Demut macht Frieden.«

NACHKRIEGSWIRREN

Die Suche nach einem eigenen Weg

»Ich hatte weder Beruf noch eine Aussicht auf Arbeit und Verdienst. Der Krieg hatte mich mitten aus meinem Studium gerissen. Wien war weit und die Verwirrung zu groß, als daß ich gleich an eine Fortsetzung der Studien hätte denken können. Als Bergführer und Skilehrer ließ sich auch kein Geld verdienen. Kein Tourist kam in diesen Jahren in unsere Gegend. So half ich dem Vater in der Werkstatt bei seiner Arbeit; denn so viel hatte ich doch gelernt, daß ich da und dort zugreifen konnte.«[64]

Trenker ist wieder daheim. Auch Bera Jakob ist wohlbehalten aus dem Krieg zurückgekehrt. Luis hilft, wo immer er nützlich sein kann. Für kurze Zeit dirigiert er sogar das St. Ulricher Kurorchester. Der eigentliche Dirigent ist aus dem Krieg nicht zurückgekehrt, und jetzt haben die Musiker keinen, unter dessen Anleitung sie ihre Märsche und Polkas wieder hätten einstudieren können. Luis nimmt sich der Sache an. Er probt mit den Musikanten. Ein Osterkonzert wird angestrebt. Walzer, Potpourris und Ouvertüren. Und, schließlich ist der junge Trenker ehrgeizig, soll es auch noch ein Auszug aus Verdis »Aida« sein.

Am Ostermontag findet im Hotel »Zum weißen Rößl« das erste Konzert statt. Viele St. Ulricher sind da, aber auch Besucher aus Kastelruth und sogar aus Bozen. Die Aufregung im Orchester ist groß. Kein Wunder, daß schon nach ein paar Takten alles durcheinandergeht, nichts so klingt wie es klingen soll, die Hörner, die Oboen, die Baßgeigen, die Trompeten und die Bässe, alles spielt nach Lust und Laune. Ein Fiasko.

Doch wie man aus dem bisherigen Lebensweg des Luis Trenker schon leicht herauslesen konnte, hat der bisweilen die Wunder auf seiner Seite. So auch hier. So auch am Ostermontag beim ersten Konzert. Die Trompeten schmettern den Einzugsmarsch aus Aida, die übrigen Instrumente fangen sich, finden hinein ins Ensemble, und so bietet das St. Ulricher Kurorchester schließlich Verdi-Musik künstlerisch ganz passabel und für die Zuhörer überaus herzerfrischend dar.

Nichts weiter als eine nette kleine Episode in Luis Trenkers Leben. Welchen Stellenwert freilich die Musik bei ihm einnimmt, ersieht man daran, daß er kein wirkungsvolleres Mittel weiß, »um wieder unter die Menschen zu kommen und sich richtig in das Dorf einzuleben, als so eine Musikkapelle! Ich verdanke den Flöten und Oboen, den Hörnern und insbesondere der Baßposaune des Vaters, daß ich meinen guten Humor und meine Daseinsfreude wiederhatte wie früher.«[65]

Dennoch: Mit Humor und Daseinsfreude allein ist es nicht getan. Auch nicht mit dem Dirigieren und dem Helfen bei Bera Jakob. Die Zukunft, so ungewiß sie auch ist, muß in die Hand genommen werden, irgendwie. Aber die politische Situation des Augenblicks hat alles noch komplizierter gemacht. Südtirol ist dem italienischen Königreich zugesprochen worden, die Staatsgrenze verläuft quer über den Brenner. Will man nach Österreich oder Deutschland, so muß man zunächst nach Trient, dort die Gründe für eine Reise angeben und sich eine Genehmigung holen.

Trenker spürt, daß nun eine Stadt mehr Möglichkeiten bieten kann, sich einen Weg aus den Wirren zu bahnen als die Warterei in der relativen Abgeschiedenheit des Grödnertales. Er geht nach Bozen, wohin auch die Mutter zurückgekehrt ist. Während Jakob bei den Standschützen am Sellajoch Dienst tat, war sie zurückgekehrt ins Grödner Haus, hatte sich um alles gekümmert, Haus und Hof gleichsam zusammengehalten, um sich nun wieder zu trennen vom gemeinsamen Herd. In Bozen hatte sie sich unweit des Obstmarktes eingemietet, wo jetzt auch genug Platz ist für Luis.

Die Ahnung hat Luis nicht getrogen! Ein Kriegskamerad taucht auf und erzählt, im Pustertal eine Fabrik für Feigenkaffee günstig gepachtet zu haben. Was er jetzt brauche, seien zehn Eisenbahnwaggons randvoll mit Industriefeigen. Ob Luis sie wohl besorgen könnte!

Trenker weiß sofort Rat. Ein Cousin, erfahren in Warenagenturgeschäften, findet sofort Möglichkeiten, die nötige Menge an Feigen aus Süditalien heranzutransportieren. Und er handelt für sich wie für den Vermittler Luis einen respektablen Anteil aus: fünfzig Prozent vom Gewinn des Kaffeefabrikanten!

»So wurde ich Feigenkaffeefabrikant, Industrieller! Ich kaufte mir einen genauso schönen Strohhut, wie Schwärzler ihn trug, und fuhr, einen feschen Spazierstock im Arm, jeden Monat einmal ins Pustertal, um die Fabrik zu ›inspizieren‹ [...] Im Lagerraum wurde das fertig gemischte, feingemahlene Produkt ständig mit feinstem Wasserstaub berieselt. Verwundert fragte ich, wozu das geschehe. Schwärzler meinte: ›Das Kaffeepulver läßt sich, wenn es feucht ist, besser packen, es hält besser die Form, und der wertvolle Wasserstaub bringt uns eine Gewichtszunahme von fünfzehn bis zwanzig Prozent zusätzlich ein‹ [...]

[...] nie in meinem Leben habe ich so leicht und mühelos Geld verdient wie durch den Original-Feigenkaffee [...] Leider hatte mein Vetter nur auf ein Jahr abgeschlossen, nachher brauchte man uns nicht mehr und kündigte den Vertrag.«[66]

Selbst für einen Luis Trenker, dem, wie man sieht, so vieles auf Anhieb gelingt, wozu andere ewig weite Wege gehen müssen, ist ein Kaufmannsdasein nicht nur rosig. Das nächste Geschäft macht ihn wieder zum armen Mann. Auf sechs großen Kisten mit insgesamt zweieinhalb Millionen österreichischer Stecknadeln bleibt er sitzen, und daß ihm schließlich eine Mailänder Firma die leicht angerostete Ware doch noch abkauft, ist Rettung in höchster Not. Schon sieht sich Trenker nämlich irgendwo in Bozen als Magazinverwalter oder Nachtwächter das zum Leben Notwendige verdienen.

In diesen Berufen hätte er gewiß ruhigere Stunden durchlebt, als sie ihm mit dem nächsten Handel beschert werden. Er steigt bei einem Vintschgauer Holzhändler als Kompagnon ein, träumt vom großen Geschäft mit der Tschechoslowakei, wo sie dann auch kräftig übers Ohr gehauen werden, und ist um ein Haar gänzlich ruiniert, käme nicht wieder einmal völlig unerwartete Hilfe. Das Holz, das zu importieren sie in Prag vertraglich vereinbart haben, wird an der tschechoslowakischen Grenze beschlagnahmt. Der Preis dafür ist gezahlt, viel Geld, handelt es sich doch immerhin um einhundert Waggons Schnittware. Die Zollgebühren aber vermögen sie nicht zu entrichten. Alles Intervenieren hilft nichts. Das Geld ist weg, die Ware kommt nicht. Trenker und der Vintschgauer Holzimporteur wissen nicht mehr ein und aus. Doch dank eines Freundes von Luis wendet sich alles noch zum Guten. Der Freund, Patscherpauli genannt, vermittelt ein einträgliches Holzgeschäft mit der Schweiz. Vierzigtausend Festmeter Fichten- und Tannenholz können im Engadin günstigst eingekauft werden. Der Gewinn beim Verkauf ist hoch. So kommt die Bilanz wieder in Ordnung und Luis Trenker mit einem dunkelblauen Auge davon.

Zwei Jahre nach dem Ende des Krieges kommen Trenkers verschiedene kaufmännische Versuche mit einem Resultat von ungefähr plus/minus null zum Stillstand. Er hat gewagt und gewonnen. Und er hat gewagt und verloren. Es ist vor allem der kaufmännische Wagemut, der auffällt und der ihn in gewisser Hinsicht befähigt scheinen läßt. Doch eigenen Angaben zufolge fehlt ihm darüber hinaus jedes kaufmännische Geschick und Gespür, auch mangelt es ihm noch an Menschenkenntnis, um hinter einer freundlichen Maske den skrupellosen Geschäftsmann enttarnen zu können.

Aber will er das eigentlich: Kaufmann sein und Handel treiben mit allem möglichen, mehr oder weniger wichtigem und sinnvollem Zeug? Wollte er nicht einmal studieren, Architekt werden, Häuser bauen, in denen sich Menschen wohl fühlen und an denen sie sich erfreuen können? Ist das schon so lange her, daß er keinen Gedanken mehr darauf verwenden mag?

Trenker entscheidet, das 1912 begonnene Studium in Wien und Graz fortzusetzen und nicht eher davon zu lassen, bis er das Architekten-Diplom in der Tasche hat. Er reist nach Wien und trifft an der dortigen Technischen Hochschule Clemens Holzmeister, der als Assistent tätig ist, und er trifft Freunde und Bekannte, den Kitzbüheler Maler Alfons Walde, den Südtiroler Bildhauer Hans Piffrader und auch Kameraden aus dem Sperrfort Verle. Mit großem Eifer und froh über die gute Gesellschaft, die er sogleich gefunden hat, stürzt sich Trenker in die Studien, belegt Vorlesungen zum Thema Hochbau, zur Baumechanik, zu Baukunst und mechanischer Technologie, er verbringt viele Stunden in der praktischen Übung des Modellierens, des architektonischen Zeichnens, des Ornamentzeichnens und der Architekturkomposition.

»Es gibt kaum eine schönere, vielfältigere, mit allen Seiten unseres Daseins verbundenere Betätigung als die eines Architekten. Ganz gleich, was er an Aufgaben zu lösen hat, vom einfachen Wohnbau bis zum Theater- und Kirchenbau, es gibt meiner Ansicht nach keinen schöneren Beruf. Neben den Vorlesungen besuchte ich, so oft ich konnte, die Vorträge von Professor Adolf Loos, dessen Haus am Michaeler Platz damals in Wien großes Aufsehen erregte, und anderer Architekten von Ruf.«[67]

Ein Studienjahr bleibt er in Wien, bevor er, 1922, in Graz die zweite Staatsprüfung erfolgreich absolviert und das Architekten-Diplom ausgehändigt bekommt. Jetzt hat Luis Trenker einen richtigen Beruf, einen, der ihn freut und fasziniert. Er ist Architekt.

Im Herzen von Bozen, direkt am Waltherplatz, eröffnet Trenker ein Architekturbüro. Ein Diplom in der Tasche, eine Riesenportion Optimismus im Herzen, zudem ein Büro in bester Lage – was soll da schiefgehen! Mit ganzem Elan stürzt sich Trenker in die neue Aufgabe und bewirbt sich sogleich für »... Umbauten und Inneneinrichtungen, bald auch um größere Aufträge. Da ich große Projekte allein nicht meistern konnte, bat ich Clemens Holzmeister, mir bei solchen Arbeiten zu helfen.

Herzlichst

Luis Trenker

Luis.

1

2

3

4

5

6

7

8

9

10

11

12

13

14

15

16

17

18

19

20

Der Kampf ums Matterhorn

Ein Tonfilmdrama nach einer wahren Begebenheit

Nach einer Idee von Dr. Arnold Fanck

Manuskript: Nunzio Malasomma

Kamera: Sepp Allgeier und Willy Winterstein

Produktionsleitung:
Luis Trenker und Viktor Skutetzky

Regie: **Mario Bonnard** und
Nunzio Malasomma

Personenverzeichnis:

Anton Carrel	Luis Trenker
Felicitas, seine Frau	Marcella Alban
Giacomo, Antons Stiefbruder	Clifforo Mac Laglen
Carrels Mutter	Alexandra Schmidt
Edward Whymper	Peter Voss
Frau des Buckligen	Johanna Ewald
Croz, Bergführer	Hannes Schneider
Seiler, Hotelwirt	Heinrich Gretler

Fabrikat: **Hom-Film-G. m. b. H., Berlin**

Verleih für Österreich: **Friese-Film, Wien VII.**

24

25

26

27

28

29

30

31

32

Wir entwarfen und bauten Villen, Wohnsiedlungen, Schulen, Hotels und Kirchen. Obwohl Clemens Holzmeister als Professor an der Akademie in Wien reichlich beschäftigt war, fuhr er manche Nacht durch nach Bozen, saß hemdsärmelig in unserem Atelier, verbesserte, korrigierte und entwarf, ließ sich den guten Rotwein schmecken, lobte und schimpfte, daß es eine Freude war.«[68]

So wird aus Trenkers Büro das Architekturbüro Holzmeister & Trenker. Was in den folgenden Jahren konzipiert und projektiert wird, ergibt eine lange Liste. Für Bozen und viele andere Orte in Südtirol werden Baupläne gezeichnet. Die neue Talferbrücke in Bozen; ein Armenhaus; Wohnhäuser für Bahnbeamte; der Umbau eines Schlosses; die Erweiterung von Hotels; der Ausbau der Friedhofsanlage in Cortina d'Ampezzo.

Es spricht für Trenkers Fähigkeiten auf dem Gebiet der Architektur, daß sich Clemens Holzmeister, der zu einem der bedeutendsten Baugestalter des 20. Jahrhunderts heranreifen sollte, zur Zusammenarbeit bereit erklärte. Holzmeisters spätere Erfolge, seine internationalen Aufträge, können Beleg dafür sein, daß am Bozener Waltherplatz ein hervorragendes Architekturbüro seinen Sitz gefunden hatte. Doch während Holzmeister berühmt werden wird für den Bau des Salzburger Festspielhauses beispielsweise oder auch für das Stadtbild prägende Bauten in der türkischen Hauptstadt Ankara, wird Trenker bald wieder andere Wege gehen. Halb freiwillig, halb unfreiwillig. Warum eigentlich? Gerade jetzt scheint doch alles bestens zu laufen, sein Leben scheint sich nun in geordneter Bahn zu bewegen, er hat Talent, genug Arbeit, lebt in der schönen Stadt Bozen und ist zugleich seinen geliebten Bergen nicht fern. Auch an einer Frau soll es nun nicht länger fehlen, nachdem die bisherigen zwischenmenschlichen Kontakte diesbezüglich eher etwas dürftig waren, etwas ungeschickt angebahnt worden waren, in gewisser Unschlüssigkeit wieder im Sande verliefen. Trenker hat sich verlobt. Die Auserwählte ist eine gewisse Marlene von Pretz. Sie entstammt einer der ersten Familien in Bozen, der Vater gehört zu den angesehensten Geschäftsmännern der Stadt. So könnte eigentlich alles seinen Gang gehen, die Geschichte einen ungetrübten Verlauf nehmen, und doch: Vieles kommt, wie schon so oft in Trenkers Leben, anders als erwartet.

Zunächst einmal ist Trenker nicht der im Hause von Pretz erwünschte Schwiegersohn. Er war Soldat, gut, Offizier sogar und mehrmals ausgezeichnet. Da will man nicht dran rütteln. Er ist Akademiker, auch gut.

Nun baut er Häuser für andere Leute und selbst hat er keines, na ja. Aber, darf man denn vergessen, daß er nur ein Grödner ist, ein rückständiger Provinzler, der zur lieben Tochter Marlene nie und nimmer passen kann?

Allen elterlichen Einwänden zum Trotz hält Marlene zu Luis. Und der hat, wie sich nun auch schon öfter gezeigt hat, in solchen Dingen ein ziemlich dickes Fell. Er läßt sich von solcher Geringschätzung seiner Person kein bißchen aus der Fassung bringen, liebt Marlene weiter, macht voller Begeisterung seine Arbeit und geht in freier Zeit in die Berge.

Von anderer Seite kommen viel schwerwiegendere Probleme an ihn heran. Die Möglichkeiten, Bauvorhaben in die Tat umzusetzen, werden immer dürftiger. Zweimal gewinnen Entwürfe von Holzmeister und Trenker, eingereicht unter Kennwort, den ersten Preis. Beide Male werden jedoch die Projekte abgelehnt, nachdem bekannt wird, wer die Entwürfe angefertigt hat.

Die Ursache ist rasch gefunden. Haben sich bisher die neuen Herren in Südtirol, haben sich die italienischen Behörden alle Mühe gegeben, guten Kontakt zur deutschsprachigen Bevölkerung herzustellen und auch zu wahren, so herrschen neuerdings andere Töne. Mussolinis Faschisten erscheinen auf der Bildfläche, und schon bald beherrschen sie rüde den Alltag.

1919 hatte Benito Mussolini die ersten »Fasci di combattimento« gegründet, politische Kampfverbände, die seine Ideologie eines autoritären und totalitären Einparteienstaates mit dem »Duce« an der Spitze verbreiten und durchsetzen sollten. 1921 wird aus den Kampfverbänden die Partei: Partito Nazionale Fascista, kurz PNF. 1921 und 1922 gehen die Faschisten zur »direkten Aktion« über:

»Drohungen, Gewaltanwendungen, Ausschaltung der Provinzialbürokratie in Oberitalien. Industrie und Heer sympathisieren mit dem Faschismus.«[69] Die Industrie, das Heer und auch große Teile der Bevölkerung. Denn zu Mussolinis Zielen gehören unter anderem:

»Konfiskation der Kirchengüter, Unterstützung der Forderungen der Kriegsteilnehmer, Verwirklichung der Kriegsziele. Das Bürgertum unterstützt den Kampf der Faschisten aus Furcht vor einer bolschewist. Revolution, da die parlament. Demokratie versagt.«[70]

1922 dann der »Marsch auf Rom«, den Mussolini in Gefolgschaft von 40 000 Anhängern angetreten hat. Der König überträgt Mussolini die Staatsgewalt und beauftragt ihn mit der Bildung eines Kabinetts, das sodann aus Faschisten und gesinnungsverwandten Angehörigen anderer Parteien zusammengesetzt sein wird.

Schlagartig verschlechtert sich das politische und gesellschaftliche Klima auch in Bozen, fern von Rom. Trenker ist Zeuge, »als die gefürchteten Prügelbanden Mussolinis erscheinen und auf dem Bozner Obstmarkt einen friedlichen Trachtenzug mit Handgranaten und Revolverschüssen überfielen«.[71]

Und dann erfährt er an eigener Person, wie einschneidend die Veränderungen sind, die das faschistische Regime mit sich bringt. Legt man ihm und seinem Kollegen Holzmeister anfänglich Hindernisse in den beruflichen Weg, so dauert es nicht mehr lange, bis ihnen de facto ein Berufsverbot erteilt wird. Gerade haben sie eine Erweiterung der Friedhofsanlage in Cortina d'Ampezzo konzipiert, dafür auch einen Architekturpreis erhalten, da schlägt ihnen die neue Wirklichkeit mit ganzer Kraft ins Gesicht.

»Das ist teutonisches Zeug! Das lasse ich nicht ausführen. Zudem ist Ihr in Österreich erworbenes Diplom hier ungültig, und Ihr Kollege Holzmeister hat als Ausländer hier ohnehin nichts zu suchen«, sagt der Präfekt der Provinz Belluno über die Pläne und wischt das Projekt vom Tisch.

»Man hatte in Rom ein Gesetz erlassen, das, auf drei Jahre rückwirkend, die Gültigkeit aller von Südtirolern nach einem bestimmten Stichtag erworbenen ausländischen Diplome aufhob. Ich fuhr nach Rom und reichte Gesuche und Petitionen ein, die nie erledigt wurden. Es blieb dabei: wenn ich nicht an einer italienischen Hochschule die vorgeschriebenen Studien und Prüfungen nachholte, durfte ich als freischaffender Architekt an öffentlichen Ausschreibungen nicht mehr teilnehmen. Die Heimat verlassen wollte ich aber auch nicht.«[72]

Dieses Gesetz kommt für Holzmeister und Trenker einem Berufsverbot gleich. Zwar raten Freunde, einfach abzuwarten, schließlich werde der Faschismus nicht ewig dauern, irgendwann würde sich gewiß alles wieder normalisieren, aber im tiefsten Innern skeptisch und ohne eigentlich zu wissen, wie es weitergehen soll, kehrt Trenker seinem Büro am Waltherplatz, gleich neben dem Stadthotel, den Rücken.

Und wieder ist er an einer Stelle, wo seinem Leben Weichen gestellt werden, wo alles anders hätte kommen, anders hätte gehen können. Vielleicht wäre aus der Partnerschaft Holzmeister/Trenker nicht nur ersterer als berühmter und international anerkannter Architekt hervorgegangen.

Es ist nicht allzu schwer vorstellbar, daß in den Ländern und Städten, wo Trenker bald als Filmschaffender wirken sollte, Gebäude nach seinen Entwürfen hätten entstehen können. Hotels vielleicht in den Tälern der Dolomiten, herrschaftliche Villen in den Vororten Berlins, Stadthäuser in München, ein Wolkenkratzer in Manhattan.

Zumindest aber hat Trenker Spuren in Südtiroler Stadtbildern hinterlassen. Bahnbediensteten-Häuser in Auer südlich von Bozen; die Wohnsiedlung Klösterlegrund in Bozen (1924/25); ebenfalls in Bozen, im Ortsteil »Im Dorf« an der Runkelsteinerstraße gelegen, das vornehme Anwesen der Familie von Pretz (1927/29); der Erweiterungsbau des namhaften Hotels Adler im Heimatort St. Ulrich, wo neben dem Portal eine Gedenktafel an die Architekten Holzmeister und Trenker erinnert.

Am schönsten freilich ist des Architekten Trenker mit den Worten des sechs Jahre älteren Kollegen Holzmeister gedacht:

»Durch die Jugendfreundschaft mit Luis Trenker eröffnete sich in Südtirol ein neues und intensives Feld für größere Aufgaben. Luis Trenker, von Beruf Architekt, war damals als Filmmann schon allseits bekannt, seine rasante Persönlichkeit, besonders als wundervoller Erzähler, eroberte die Herzen im Sturm, auch die der Bauherren für unsere Baupläne. Dies und dann die Beaufsichtigung der Bauten in den verschiedenen Gegenden Südtirols brachte mich in gemeinsamen köstlichen und unvergeßlichen Fahrten mit dem Luis in die Lage, Land und Menschen, denen ich heute noch vor allem anderen Menschenschlag den Vorzug gebe, kennenzulernen.«[73]

Nachdem für Trenker das Arbeiten als Architekt fast unmöglich geworden ist, widmet er sich noch eine Zeitlang der »Südtiroler Landeszeitung«, in deren Aufsichtsrat man ihn gewählt hat. Mehr und mehr jedoch wendet er sich hin zu filmischer Arbeit, mit der er nun schon mehrfach zu tun gehabt hat, doch davon im folgenden Kapitel mehr.

Die »Südtiroler Landeszeitung« ist von Kaufleuten aus Bozen und Meran gegründet worden, die redaktionelle Leitung obliegt dem Rechtsanwalt Dr. von Zallinger. Wenn sich zur Zeit des italienischen Faschismus ein Blatt die Gebietsbezeichnung Südtirol schon in den Titel schreibt, dann lassen die Schwierigkeiten nicht lange auf sich warten.

»Schon nach einem Jahr begannen die Kümmernisse. Geld fehlte an allen Enden und Ecken. Die Faschisten drohten mit Verbot, und die Gläubiger wurden ungeduldig.«[74]

Geldgeber sind keine mehr zu finden, beim deutschen Großindustriellen Alfred Hugenberg, einem Förderer der Nationalsozialisten, erfährt man Unterstützung in Form von drei Eisenbahnwaggons voll Papier. Doch alles ist umsonst. Die Faschisten verbieten die »Südtiroler Landeszeitung« und beschlagnahmen die Druckerei.

»Im eigenen Land als Fremdlinge behandelt und gerade noch geduldet – da waren wieder die Berge in ihrer ehernen Ruhe unser aller Trost. Dort oben auf den Hochalmen begegneten uns keine schreienden Schwarzhemden. Auch keine Fahnen und Spruchbänder des DUCE wehten von den Gipfeln, und das Wandern und Bergsteigen wurde uns zum versöhnenden Ausgleich.«[75]

Das Architekturbüro in Bozen, die Aufsichtsratsfunktion bei der Zeitung – vorbei und Vergangenheit. Wieviel Kraft, wieviel Optimismus, wieviel unbeugsame Lebensfreude ist notwendig, um da nicht zu verzweifeln, um immer wieder neue Wege zu gehen, anzufangen ganz unten und zu hoffen, irgendwann oben, oben auf den Gipfeln anzukommen.

Was bleibt, ist im Augenblick die Tätigkeit als Bergführer in den Dolomiten, denn wie die Jahre vergehen, kommen auch mehr und mehr Menschen in die Region, um beim Wandern oder Bergsteigen Erholung zu finden vom Alltag in den hektischen Städten, dies also bleibt in jedem Fall. Vor allem aber locken die Möglichkeiten des Films, die Arbeit als Schauspieler bei Bergfilmen, die im Hochgebirge gedreht werden, die Freuden des Ruhmes eines Darstellers in den frühen Tagen des Films, die Chance, vielleicht eines noch fernen Tages selbst Regie zu führen sozusagen mit Gletschern, Stürmen und Lawinen.

Die Zeichen dafür stehen gut. Trenker steht in keinen beruflichen Verpflichtungen mehr, er kann sich konzentrieren auf die stets etwas unsichere Aufgabe der künstlerischen Darstellung, er hat, besieht man es recht, so viel nicht zu verlieren und muß jetzt nur mehr die richtigen Schritte tun, einen nach dem anderen, vorsichtig, aber doch bestimmt und behend, etwa so, wie beim Klettern im Fels: leidenschaftlich, doch dabei mit kühlem Kopf, wild entschlossen und dabei doch sicher in jedem Augenblick.

Jetzt also Lichter aus! Vorhang auf! für einen der Stars des Bergfilms und des frühen deutschen Films schlechthin, Vorhang auf für den Darsteller alpiner Helden, Luis Trenker.

VOM ARCHITEKTEN ZUM SCHAUSPIELER

Der »Vater des Bergfilms«, die schrille Tochter, der verlorene Sohn

Begonnen hat alles am Matterhorn. Im Sommer 1901 stieg der Amerikaner Burlingham ein Stück am Hörnligrat, dem leichtesten all der schwierigen Anstiege zum Matterhorngipfel, empor. Im Gepäck hatte er eine seltsame Gerätschaft, ein schweres, sperriges Stativ und eine Maschine, die nicht einfach nur photographieren konnte, sondern bewegte Bilder festzuhalten verstand: Irgendwo am Hörnligrat spreizte Burlingham dem Stativ die hölzernen Beine, setzte die Kamera darauf, einen Edisonschen »Kinetograph« vielleicht oder auch ein Aufnahmegerät nach Skladanowskys Patent, und begann mittels Handkurbel zu »drehen«. So begann Burlingham, die hochalpine Gletscherwelt der Walliser Viertausender auf Zelluloid zu bannen. So entstand der erste Bergfilm, von dem Film- und Alpingeschichte wissen.

Als 1913 in Nachbarschaft zum Matterhorn, im Monte-Rosa-Gebiet, der allererste Skifilm entsteht, ist einer dabei, von dem man nun viel lesen wird: Ein gewisser Arnold Fanck, alpenfern geboren 1889 im rheinpfälzischen Frankenthal, bergbegeisterter Geologiestudent, bald schon filmischer Selfmade-Man, schließlich der Pionier des Bergfilms schlechthin. Fanck agiert in diesem frühen Film als Skifahrer, der aus 4600 Meter Gipfelhöhe über gewaltige Gletscherströme zu Tal fährt. Spaltenlabyrinthe, Gletscherbrüche und natürlich die grandiose Hochgebirgswelt mit Breithorn, Castor und Pollux, Strahlhorn und Rimpfischhorn bilden die aufsehenerregende Kulisse der kleinen Dokumentation.

Das mühsamste damals: Die Anreise mit all dem Gepäck von Visp nach Zermatt und der Aufstieg zum Gipfel. Die Dreharbeiten selbst beanspruchen nur zwei Drehtage, der fertige Film aber, von dem Fanck in seinen Lebenserinnerungen zu schwärmen weiß, geht im Ersten Weltkrieg verloren.

»Als wir in einem Freiburger Vorführungsraum unseren am Monte Rosa gedrehten kleinen Skifilm vorführten, da sah ich zum ersten Mal in meinem Leben einen Film – ein ›bewegtes‹! Bild. Der Eindruck dieser paar hundert Meter Film bestimmte mein ganzes Leben. Was mir als Fotografen bei meinen Bildern so oft gefehlt hatte, war hier plötzlich vorhanden – die Bewegung. Von da ab datierte mein Beschluß, nach Beendigung meines geologischen Studiums selbst einmal einen Skifilm zu drehen. Aber dann schon einen großen, in dem ich alles zeigen wollte, was es beim Skilauf an Schönheiten der Bewegung und vor allem auch der Landschaft gab.«[76]

Sieben Jahre vergehen, bis sich Fanck, der nunmehr in Freiburg im Breisgau lebt, an die Verwirklichung seines ambitionierten Filmvorhabens machen kann. Erst zerstört der Weltkrieg alle Träume, danach bedarf es einiger Zeit, bis Fanck das notwendige Geld für die Produktion erarbeitet und erspart hat. Von den neuntausend für den Film veranschlagten Schweizer Franken kauft er »eine primitive Ernemannkamera und dreitausend Meter ›Abfallfilm‹«[77].

Abfallfilm, das sind die Reste der 120-Meter-Rollen, die, weil meist nicht mehr genügend lang für größere Spielszenen, in den Kassetten der Kameramänner verbleiben, und damit eigentlich keinen Wert mehr besitzen. Fanck trägt diese Reststücke zusammen, prüft alles, klebt sie zu 120-Meter-Rollen aneinander und ersteht so das nötige Filmmaterial für ein Fünftel des handelsüblichen Preises.

»Auf diesem Abfallmaterial entstand der erste abendfüllende Natur- und Sportfilm, von dem man wohl, ohne unbescheiden zu sein, sagen darf, daß er der Anfang zu einer neuen Filmart wurde.«[78]

Vor dem Erfolg aber liegt ein beschwerlicher Weg. Am Feldberg im Schwarzwald, am Kreuzeck oberhalb Garmisch-Partenkirchens und in den Berner Alpen versucht Fanck, seine ästhetischen Vorstellungen von skisportlicher Bewegung ins Bild landschaftlicher Schönheit hineinzukopieren. Trotz hervorragender Akteure, sprich Skifahrer, und trotz der klaren Vorstellungen bei ihm selbst, dem Regisseur, ist er mit den Ergebnissen lange nicht zufrieden. Erst die Begegnung mit dem außergewöhnlichen Skiläufer Hannes Schneider ermöglicht die Umsetzung der Fanckschen Filmideen. Schneiders Bewegungen, der Rhythmus seiner Schwünge in den tief verschneiten Hängen, harmoniert mit den Bildrhythmen in Fancks Kopf. Besondere Effekte erzielt er durch die Anschaffung eines fünf Zentner (!) schweren Zeitlupenapparates, der, auf einen Schlitten gepackt, überallhin mitgenommen wird, und Fanck neue Möglichkeiten der Filmgestaltung bietet.

So entsteht ein Ski- und Wintertraum in bewegten Bildern. Doch die Schönheit allein ist zu wenig. Fanck hat keine Ahnung vom Schnitt, der Montage der einzelnen Szenen. Mühsam macht er aus unzähligen Filmröllchen ein fließendes Ganzes. Auch versteht er nichts vom Vertrieb. Die großen Gesellschaften lehnen seinen abendfüllenden Film, der nichts zeigt als vier Skifahrer und Natur, Natur, Natur, ab. So tingelt Fanck mit Vorführgerät und fünf Filmrollen durch deutsche Städte und zeigt sein Erstlingswerk einem begeisterten Publikum. Schließlich findet er doch noch einen Käufer für die Rechte an »Das Wunder des Schneeschuhs«, der Film kommt in die Kinos, und die Presse zeigt sich begeistert.

»Dieses Meisterwerk der Berg- und Sportfilm GmbH wußte das gesamte Publikum in seinen Bann zu zwingen und in einen Traum märchenhafter Schönheit zu versetzen. Eine weihevolle Stimmung lag eine Stunde lang über dem Riesenraum der Scala«, schwärmte am 19. Februar 1921 die »Lichtbildbühne«. Und die »Dresdner Volkszeitung« bläst wenige Wochen später ins gleiche Horn: »Der Zuschauer, der diese fünf Akte währende Schönheit, dieses Drama ohne Mord und Totschlag miterlebt, sitzt noch ergriffen und begeistert, während schon der graue Vorhang über der weißen Wand zusammenrauscht.«

Mit den Einnahmen aus dem Verkauf seines Erstlings macht sich Fanck sofort an das nächste Projekt. Es entsteht ein weiterer handlungsloser Film, der in den bestechenden Bildern der wundervollen Schönheit der Natur frönt und das Bergsteigen und das Skifahren als den Gipfel der Glückseligkeit preist. Es entsteht der Stummfilm »Im Kampf mit dem Berge«. Gedreht wird in den Walliser Alpen, Hannes Schneider und Ilse Rohde geben dem Film skifahrerischen Schwung. Hinter der Kamera steht Sepp Allgeier, ein Mann der ersten Stunde, der für den Bergfilm kaum weniger wichtig ist als der gedankliche Wegbereiter Fanck.

Luis Trenker sieht »Im Kampf mit dem Berge« während seiner Studienzeit in Graz.

»Das schaust du dir an, dachte ich mir und saß auch schon staunend und hingerissen vor den Bildern aus einer Welt, meiner Welt, der ich selbst mit Haut und Haar verfallen war. Was da an stäubenden Schneefahnen, glitzernden Eisgraten und an fröhlicher Freude am Aufstieg zu einem Gipfel der Walliser Eisriesen an meinen trunkenen Augen vorüberglitt, riß mit einem Schlage alle schönen Erinnerungen meines bisherigen Lebens auf ...«[79]

Wieder und wieder schaut sich Trenker den Film an. Bergfilm – das ist wie eine Offenbarung für ihn. Da einmal mitmachen ... Er schreibt an Hannes Schneider, wendet sich brieflich an Dr. Fanck, schlägt ihm vor, gemeinsam in den Dolomiten einen Spiel- oder Dokumentarfilm zu machen.

»Ich hatte es mir in den Kopf gesetzt, der Welt etwas von der Schönheit unserer Dolomitenwelt zu zeigen. Nur hatte ich natürlich keine Ahnung von Drehbuch und Regie und so weiter. Aber ich wollte unbedingt einen Film drehen, und deshalb hatte ich mich an Fanck gewandt. Doch er gab mir nur eine kurze, knappe Antwort: ›Lieber Herr Trenker, herzlichen Dank für Ihren Brief. Ich glaube nicht, daß sich die Dolomiten für Filmaufnahmen eignen. Es fehlt dort der Schnee, es fehlen die Gletscher. Ihr Vorschlag interessiert mich deshalb nicht.‹«[80]

Diese Absage ist zwar für Trenker deprimierend, aber sie ist nicht endgültig. Irgend etwas stimmt Arnold Fanck um. Er hat mittlerweile drei Filme über den Skilauf und einen über das Gehen im Eis gemacht, alles in Schnee- und Eis- und Winterwelt. Warum eigentlich sollten die Dolomiten, sollten diese wild zerklüfteten Felslandschaften nicht geeignet sein für den Film; hatte dieser Luis Trenker vielleicht doch recht?

So reift der Entschluß, einen Film in den Felsbergen zu machen. Fanck, der als erster und bis dahin einziger die idealen Bedingungen der Studioarbeit gemieden hat, um statt dessen unter erschwerten Voraussetzungen in freier Natur zu arbeiten, will sich nun weiter steigern. Waren es bisher Filme ohne nennenswerte Handlung, so soll der nächste ein Spielfilm sein: »Der Berg des Schicksals«.

»Als Kernpunkt für eine dramatische Handlung nahm ich eine Episode aus der Erstbesteigungsgeschichte der Guglia di Brenta durch den Italiener Garbari. Er versuchte diesen, lange Zeit für unbesteigbar gehaltenen, fingerförmigen Turm in den Süddolomiten vier Mal; kam aber jedesmal nur bis zu einem schmalen Band kurz unterhalb des Gipfels. Beim fünften Versuch befestigte er an dieser Stelle ein Holztäfelchen mit der Aufschrift (ins Deutsche übersetzt): ›Bis hierher und nicht weiter – keines Menschen Fuß wird je den Gipfel der Guglia di Brenta betreten.‹ Er wollte schon endgültig aufgeben und umkehren, da packte ihn noch einmal sein alpiner Ehrgeiz. Riß die Tafel wieder ab, versuchte es wieder und – stürzte ab.«[81]

Soweit die Handlungsvorgabe, die Fanck noch um einiges ausbaut. Gedreht werden soll in den Dolomiten und im Engadin. Da bietet es sich geradezu an, auf diesen Luis Trenker, der ja Bergführer ist und die heimischen Alpen bestens kennt, zurückzugreifen. Zudem arbeitet er als Architekt in Bozen, kennt sich gewiß aus mit Behörden, und hat auch sonst hinreichend Kontakte, die nützlich sein können.

Inzwischen aber hat Trenker selbst seine Fühler nach filmischer Arbeit ausgestreckt. Mit einem ehemaligen Kriegsreporter aus München, der eine Kamera besitzt, ein altes Modell zwar, aber immerhin, will er einen kleinen Film drehen über die landschaftlichen Schönheiten der Heimat. Er sucht mögliche Geldgeber – und findet sie im Verkehrsverein Bozen und beim Hotelierverband Meran. Trenker hat die nötigen Finanzen bereits in der Tasche, als Dr. Fanck bei denselben Stellen vorspricht, nichts bekommt, nur immer wieder den Namen Trenker zu hören kriegt.

»Dann erst kam Fanck zu mir, nicht früher. Denn er war schlau wie ein Fuchs. Dann erst fragte er mich, ob ich bei der Verwirklichung seines Plans mitwirken wollte.«[82]

Trenker ziert sich eine Weile, erzählt etwas von der Verpflichtung dem Münchner Kameramann gegenüber, willigt schließlich, scheinbar mit sich ringend, ein, und macht damit einen Riesenschritt zur Karriere eines Schauspielers.

Doch davon können weder Fanck noch Trenker etwas ahnen. Fanck hat ihn des Geldes wegen mit ins Team genommen, und weil er als Bergführer für den Film sehr nützlich sein kann. Und Trenker selbst hat im Augenblick nichts weiter vor, als seine Aufgaben gut zu erfüllen, den Kameramann im exponierten Gelände zu sichern, ideale Drehorte in bisweilen unzugänglichem Gelände zu erkunden, schwere Ausrüstung zu schleppen, Spaghetti zu kochen für die hungrige Filmmannschaft, kurz: überall zu helfen, wo die Dreharbeiten einen vielseitigen Luis Trenker erforderlich machen. Nun kann die Filmarbeit beginnen.

Als Carbarie wird Ski-As Hannes Schneider Hauptdarsteller sein; gewiß ein vorzüglicher Sportler, aber, wie Fanck bald feststellen muß, alles andere als ein Schauspieler. Überhaupt ist das die eigentliche Schwäche des als Bildgestalter so bemerkenswerten Regisseurs: Schauspieler trefflich auszuwählen und sie dann auch, je nach Naturell, mit »Zuckerbrot und Peitsche« durch ihre Rollen zu führen. Für den Sohn des Carbarie benötigt Fanck einen weiteren »kletternden Schauspieler« und sucht ihn über Annoncen in Zeitungen. Es meldet sich einer vom Zürcher Stadttheater, Prefin mit Namen. Als er zu Probeaufnahmen nach Bozen kommt, fällt Fanck als erstes auf, daß er zwar nicht die richtige Berglerphysiognomie besitzt, aber sein Gesicht doch immerhin ausdrucksstark erscheint und der Mann auch von sich sagt, ein guter Alpinist zu sein. Was letzteres betrifft, so stellt sich bald Gegenteiliges heraus. Mit diesem Darsteller kann Fanck seinen »Berg des Schicksals« nicht verwirklichen. Da ist guter Rat teuer. Wer kann gut klettern und zugleich den Ansprüchen einer Filmrolle gerecht werden? Weit und breit doch niemand. Oder etwa ... etwa gar der Trenker, der ein gutes, markantes, gewiß sehr photogenes Gesicht hat, ein ausgezeichneter Kletterer ist und bestimmt auch mitmachen würde.

Erfahrene Schauspieler gehören zum Filmteam: Frieda Richard, Erna Morena, Gustav Oberg. Insbesondere Oberg rät Fanck, es mit Trenker zu versuchen.

Es dauert einige Zeit, bis bei Fanck die Bedenken ausgeräumt sind. Aber was ist schon zu verlieren. Niemand anderer fällt ihm ein, der für diese Rolle geeignet wäre.

»Ich fragte Trenker, ob er sich getraue, die Hauptrolle zu spielen. ›Jo, warum denn net?‹ Nur seine Mutter müsse er vorher noch fragen.«[83]

»Spätnachts kam ich nach Hause und ging, ohne sie zu wecken, schlafen. Frühmorgens und noch im Bett liegend, erzählte ich ihr die Neuigkeit ...

Die gute Mutter strahlte. Ihre Augen glänzten immer, wenn ich ihr etwas erzählte. Sie war die dankbarste Zuhörerin meines Lebens.

›Warum überlegst du lange? Du wirst gefallen, und in den Bergen bist du ja so am liebsten – nimm nur an und schau aber auch, daß du etwas verdienst‹, sagte die stets Besorgte.«[84]

So beginnt Luis Trenker, im Augenblick noch Architekt von Beruf, seine schauspielerische Laufbahn, seine filmische Karriere.

Natürlich stellt er sich beim Agieren vor der Kamera anfänglich noch etwas unbeholfen an. Fanck macht sich ein wenig darüber lustig, daß Trenker nicht ins Objektiv der Kamera schauen kann, nur immer wieder darunter hindurch oder darüber hinweg. Und schließlich klatscht man vor Lachen in die Hände, weil Trenker eine harmlose Kußszene partout nicht spielen will und lauthals sagt: »Nein – das Aas küß' ich net.«

Doch ganz allmählich werden Trenkers Anfängerschwächen ausgebügelt, routinierte Schauspieler wie Oberg helfen ihm, wo immer es geht, und so kommt Fancks Film ohne allzu große Probleme in den Kasten, wie die Filmleute respektlos und liebevoll zugleich ihre Kameras bezeichnen, die in der Tat einem Kasten am allerähnlichsten schauen. Daß zur Fertigstellung in jenen mageren Jahren nach dem Krieg der Idealismus aller gefordert ist, versteht sich von selbst.

»Wir zogen dann für eine ganze Weile in die vom Krieg zerstörte Cinquetorrihütte, schliefen im Heu und kochten uns das Essen selbst. Es gab weder Tagesdiäten noch große Gagen. Das galt für die Hauptdarsteller so gut wie für die Kameraleute.«[85]

Der persönliche Einsatz aller gehört dazu. Auffälliger als dies ist Trenkers Eigenwilligkeit. Nur mit Widerwillen läßt er sich für die Aufnahmen schminken. Am ersten Drehtag wehrt er sich nicht, läßt alles über sich ergehen, macht gute Miene zum ihm so unangenehmen Spiel. Am nächsten Morgen aber rebelliert er, läßt sich von seiner Kollegin nicht filmgerecht herrichten, es kommt zur Diskussion zwischen Fanck und ihm, Fanck will Maske, Trenker sagt nein, schließlich sagt Gustav Oberg, man solle Trenker lassen wie er ist, dann werde es schon recht.

Viele Jahre später wird Trenker mit Wonne von diesen seinen ersten Dreharbeiten schwärmen, und seine Augen werden glänzen bei den Ausführungen darüber, daß er wohl der allererste Schauspieler war, der ungeschminkt vor das kritische Objektiv einer Kamera trat.

Mit Schminke oder ohne – für den »Berg des Schicksals« und für den großen Erfolg, den dieser Film beim Publikum hat, ist das wohl nicht ausschlaggebend. Zwar findet sich zunächst wieder kein großer Verleih, der einem »Naturfilm« das Vertrauen schenken würde, aber Fanck ist solchen Verdruß schon gewohnt. Kurzerhand mietet er das Berliner Nollendorf-Theater für vier Monate, läßt es mit zwei Filmprojektoren ausstatten und gibt beim berühmten Plakatmaler Theo Matejko einen »Kletterer am Überhang« in Auftrag. Trotz der für das Kino ungünstigen Sommerzeit sind vier Monate lang täglich zwei Vorstellungen ausverkauft. Auch bei der Kritik feiert Fancks neuer Film wieder Erfolge, und Luis Trenker wird in einer Rezension von Dr. Roland Schacht in der Berliner »BZ« besonders gelobt:

»Besonders eindrucksvoll und eigenwillig ein Ingenieur Luis Trenker. Einfach und stark in Erscheinung und Wirkung. Unsere Filmproduktion kann auf diese neue Erscheinung nicht eindringlich genug hingewiesen werden.«

Ein gutes Jahr für Arnold Fanck, ein bedeutendes Jahr für Luis Trenker. Doch einmal abgesehen von der Bergfilmerei, hat dieses 1924 noch ganz andere Inhalte. Die Stockholmer Friseuse Greta Gustafsson tritt, gerade erst 18jährig, als Greta Garbo ihren Triumphzug durch die Welt des Films an. Als einer der herausragenden Filme des Jahres gilt Fritz Langs »Die Nibelungen«. Der finnische Wunderläufer Nurmi holt sich bei der Olympiade in Paris, der zweiten nach dem Krieg, an der Deutschland nicht teilnehmen darf, zwei Goldmedaillen. In Hannover wird der

27fache Mörder Fritz Haarmann verhaftet. Der Hochverräter Adolf Hitler wird zu fünf Jahren Festungshaft in Landsberg verurteilt, wobei einem Gerichtsreporter vor allem »das schwer Hysterische, Pathologische in seinem stieren Blick und in seinen zuckenden Bewegungen [...], ebenso das unbedingt Animalische seines Kopfbaues« auffällt.

Und noch etwas, das nicht übersehen sein darf. Die bekannte Ausdruckstänzerin Leni Riefenstahl durchlebt nach einer Knieverletzung eine persönliche Krise. Sie sucht alle möglichen Ärzte auf – vergebens. Ihre letzte Hoffnung ist ein hervorragender Internist, ein Freund ihres Vaters. Sie steht am U-Bahnhof Nollendorf.

»Meine Augen glitten über die Farben der Plakate der mir gegenüberliegenden Wand, und plötzlich blieb mein Blick auf einem hängen. Ich sah eine Männergestalt, wie sie einen hohen Felskamin überschreitet. Darunter stand ›Berg des Schicksals‹ – ›Ein Film aus den Dolomiten von Dr. Arnold Fanck‹. Eben noch von traurigen Gedanken über meine Zukunft gepeinigt, starrte ich wie hypnotisiert auf dieses Bild, auf diese steilen Felswände, den Mann, der sich von einer Wand zur anderen schwingt.

Die Bahn fuhr ein und schob sich zwischen das Plakat und mich. Es war die Bahn, auf die ich schon ungeduldig gewartet hatte. Sie fuhr wieder ab und gab mir den Blick auf das Plakat frei. Wie aus einer Trance erwachend, sah ich die Bahn im Tunnel der Kleiststraße verschwinden.«[86]

Der Kinosaal, wo »Berg des Schicksals« gezeigt wird, ist nicht weit. Zu Stummfilmzeiten ist es kein Problem, während der Vorstellungen eingelassen zu werden.

Wenige Minuten, nachdem Leni Riefenstahl ihre U-Bahn hat abfahren lassen, sitzt sie im Kino. Der »Berg des Schicksals« zieht sie in seinen Bann, dieser Film wird zu ihrem Schicksal, er bestimmt ihren weiteren Lebensweg, auch wenn sie das im Moment noch nicht im entferntesten ahnen kann. Nur von der Faszination der Berge läßt sie sich fesseln, sie, das Großstadtkind, das 1902 in Berlin zur Welt gekommen ist. Immer stärker fesseln sie die Aufnahmen von der so beeindruckenden wie oft auch bedrohlichen Natur des Gebirges.

Am Ende des Filmes, als der Vorhang des Nollendorf-Theaters sich schließt, sitzt eine verwirrte Leni Riefenstahl im sich leerenden Zuschauerraum. Sie versucht sich Rechenschaft zu geben, was sie stärker bewegt hat, die gezeigte Natur oder die Kunst, mit der dieser Film gestaltet ist. Um wieder Klarheit in sich finden zu können, beschließt sie, das Gebirge, diese Berge Arnold Fancks, selbst kennenzulernen. Wenige Wochen später, während der sie allabendlich den »Berg des Schicksals« im Nollendorf-Theater gesehen hat, trifft sie ein im Herzen der Dolomiten, am Karersee, einem malerisch zwischen Rosengarten und Latemargruppe gelegenen Touristenziel ersten Ranges. Jetzt ist sie in den Bergen, kann alles selbst sehen, selbst erleben, und mit ein bißchen Glück, wer weiß, trifft sie vielleicht irgendwo in den Dolomiten den Dr. Fanck oder einen seiner Hauptdarsteller.

Luis Trenker fährt mit seinem Auto von Bozen hinauf zum Karerpaß. Ja, er hat ein Auto, einen alten Personenwagen Marke »Laurin & Klement«. Er hat ihn in Innsbruck erworben und, ohne jemals zuvor hinterm Steuer gesessen, ohne je Gas- und Bremspedal bedient zu haben, hat er ihn auf der kurvenreichen Brennerstraße nach Bozen gebracht. Er hat die Grenze oben am Brenner passieren können, niemand hat ihn gefragt nach einem Führerschein. Den hat er dann ja auch erst in Bozen bekommen. Bei einem Polizeikommissar aus der »guten, alten, kaiserlich-königlichen Zeit« ist zur Ausstellung dieses Fahrtüchtigkeitsausweises lediglich die Abgabe von zwei Paßbildern notwendig ...

So ist Trenker zu seinem Führerschein gekommen, ohne jemals auch nur eine Fahrstunde besucht zu haben. Daß ihm nun, da er mit der Bergfilmerei zu tun hat, der Besitz eines eigenen Autos sehr zugute kommt, liegt auf der Hand. Bei Filmarbeiten, wo so vieles auf Improvisation angewiesen ist, weiß man die Mobilität überaus zu schätzen.

Trenker fährt hinauf zum Karerpaß. Ein Filmvorführgerät liegt auf der Rückbank des Autos, daneben in runden Blechbehältern fünf Rollen Film. Am Abend wird er im großen Saal des Hotels Karersee Dr. Fancks neueste Arbeit, den »Berg des Schicksals«, zeigen, bei dem Trenker eine der Hauptrollen zugefallen ist.

Die Zuschauer sind fasziniert von den eindrucksvollen Naturaufnahmen, von der dramatischen Handlung. Sie erleben das Verhängnis des Garbari (Hannes Schneider), und wie die Familie, Garbaris Mutter (Frida Richard) und ihr Sohn (Luis Trenker), den Berg verfluchen. Der Sohn gelobt, niemals diesen Berg zu besteigen, der ihm den Vater genommen hat. Als aber seine Verlobte am Schicksalsberg in Not gerät, da entbindet Garbaris Mutter den Enkel von seinem Versprechen, und er rettet das Mädchen aus höchster Not.

Nach den letzten Bildern und mitten hinein in den lang anhaltenden Applaus, tritt eine junge Frau an Trenker heran.

»Sind Sie Herr Trenker?« fragt sie ein wenig schüchtern. Er bejaht. Rasch verfliegt die Befangenheit der Frau.

»›Im nächsten Film spiele ich mit‹, sagte ich mit einer Sicherheit, als sei dies die selbstverständlichste Sache der Welt.«[87]

Trenker schaut die Frau verdutzt an, fragt dann als erstes, ob sie denn überhaupt klettern könne.

»Ich werde es lernen, ich werde es bestimmt lernen – ich kann es auch, wenn ich es unbedingt will«, ist ihre kühne Erwiderung.

»Über Trenkers Gesicht huschte ein ironisches Lächeln. Mit einer Grußbewegung wandte er sich von mir ab.

Ich rief ihm nach: ›Wie kann ich Sie brieflich erreichen?‹

Er rief zurück: ›Trenker, Bozen, das genügt.‹

Nach meiner Rückkehr nach Berlin schrieb ich ihm sofort einen Brief, in dem ich bat, die beiliegenden Fotos und Zeitungsausschnitte an Dr. Fanck weiterzuleiten. Voller Ungeduld wartete ich auf eine Antwort von Trenker oder Dr. Fanck. Aber ich wartete vergeblich.«[88]

So leicht aber läßt sich eine Riefenstahl nicht abweisen. Sie arrangiert ein Zusammentreffen mit Fanck in Berlin, wo der sich kurzzeitig aufhält. In der Konditorei Rumpelmeyer am Kurfürstendamm offenbart sie Fanck gegenüber ihre ganze Schwärmerei für die Welt der Berge und für seine filmische Kunst.

Fanck ist sofort fasziniert von dieser jungen Frau. Von ihrem schmal geschnittenen Gesicht. Den Augen, die tief sind wie Seen. Ihr leichter Silberblick, der auf der Leinwand ganz gut wirken könnte. All die Willens- und Entschlußkraft, die Begeisterungsfähigkeit und die Leidenschaft, die ihr Gesicht, ihre Gestalt, ihr ganzes Wesen zum Ausdruck bringen.

Fanck beginnt zu erzählen. Daß er einen Film für die Ufa drehen soll, aber eigentlich noch kein richtiges Thema hat. In den Bergen sollte der Film spielen, das unbedingt, und eine starke, eine mitreißende und ergreifende Handlung müßte er haben, besser noch als im »Berg des Schicksals«.

Leni Riefenstahl stellt sich vor, wie es wäre, wenn sie im nächsten Fanck-Film mitspielen würde. Eine kleine Rolle nur, aber dabei sein, dabei, dabei in den Bergen, dabei beim Film. Aber sie getraut sich nicht, Fanck darauf anzusprechen. Sie bittet ihn nur, zu den

Dreharbeiten mitgenommen zu werden, als Zuschauerin, weiter nichts. Nachdem sie sich verabschiedet haben, steht Leni allein am Kurfürstendamm.

»In mir tobte es wie in einem Vulkan. Aber eine Ahnung sagte mir, daß sich etwas Schicksalhaftes entwickeln würde.«[89]

Sie leitet alle notwendigen Schritte ein, um sich so schnell wie möglich am noch immer schmerzenden Knie operieren zu lassen. Die Ärzte warnen – mindestens zehn Wochen Gips und keine Gewißheit, ob das Knie danach wieder in Ordnung wäre. Schlimmstenfalls könnte das Kniegelenk steif bleiben.

Leni Riefenstahl zögert keinen Augenblick. Sie läßt sich operieren. Dr. Fanck hat sie zuvor von ihrem Entschluß in Kenntnis gesetzt. Drei Tage nach erfolgter Operation meldet die Krankenschwester Besuch.

»Da kam Dr. Fanck herein. Er sah bleich und übernächtigt aus. Die Schwester ließ uns allein.

›Ich habe Ihnen etwas mitgebracht‹, sagt er, ›in den letzten drei Nächten schrieb ich es für Sie.‹ Und er überreichte mir eine in Papier eingewickelte Rolle. Langsam packte ich sie aus – ein Manuskript. Auf der ersten Seite las ich:

DER HEILIGE BERG

geschrieben für die Tänzerin Leni Riefenstahl

Was ich in diesem Augenblick empfand, hätte ich nie mit Worten ausdrücken können. Ich lachte und weinte vor Glück.«[90]

Leni Riefenstahl hat vom sehr introvertierten, leicht sentimentalen Arnold Fanck eine Hauptrolle auf den Leib geschrieben bekommen: die Tänzerin Diotima.

Sie liest das Drehbuch, liest es immer und immer wieder. Es ist vor allem die Geschichte zweier Bergsteiger, die bislang viel gemeinsam erlebt, manches zusammen durchlitten haben. Ohne voneinander zu wissen, verlieben sich beide in dieselbe Frau, in Diotima. Während einer eine Bergtour unternimmt, macht der andere ihr den Hof. Doch es kommt, was kommen muß. Das Dreiecksverhältnis der Tänzerin kommt auf. Bei einer schwierigen Klettertour kommt es zwischen den jeweils verliebten Bergsteigern zum Streit und zur handgreiflichen Auseinandersetzung. Einer stürzt ins Seil, hängt unter einem Überhang. Der andere kann ihn halten. So befinden sich die beiden zwischen Leben und Tod. Der Gestürzte schafft es nicht, am Seil wieder hinaufzuklettern, auch dem oberen gelingt es nicht, den Gefährten hochzuziehen. Für den

Hängenden kann es keine Hilfe geben. Der droben aber, der mit verbitterter Anstrengung das Seil mit dem Gestürzten hält, könnte es einfach abschneiden und sich damit retten. Aber die Bergsteiger, Rivalen bei der Frau, Gefährten in der Wand, sterben vereint.

Am Schluß der Fanckschen Geschichte steht:

»Über dem Heiligen Berg erstrahlt das große Wort, das über den Menschen steht: die TREUE!«[91]

So wird die Tänzerin Riefenstahl zur Schauspielerin. Es ist wie ein Traum.

»Und wie kam ich nun eigentlich dazu, dieser mir völlig unbekannten Tänzerin in wenigen Tagen ein Manuskript zu schreiben mit einem Thema, an das ich vorher nicht gedacht hatte? Nun – zunächst wirkten die vielen überschwenglich begeisterten Kritiken über diese Tänzerin faszinierend auf mich [...] Die Frage tauchte in mir auf: Wenn nun solch ein Tanzgeschöpf zusammentrifft mit einem Mann aus den Bergen – wie wird das wohl ausgehen? Sie werden wohl aufeinander fliegen, aber dann wird es wahrscheinlich in einer Katastrophe enden. Diese beiden Welten sind zu verschieden voneinander. Aus dieser Überlegung entstand mein Manuskript zum HEILIGEN BERG. Vor mir sah ich dabei diese bildhübsche, schwärmerische Leni Riefenstahl und eine so typische Erscheinung eines Gebirglers wie Luis Trenker.

Lud beide zu mir nach Freiburg ein und – schon war das Unglück geschehen. Schon fing mein Thema aus dem HEILIGEN BERG an, sich auch in der Wirklichkeit abzuspielen. Als ich nach dem gemeinsamen Abendessen aus meinem Eßzimmer gehe durch die Bibliothek ins Wohnzimmer, sitzt Leni in der Ecke meines roten Barocksofas – vor ihr auf den Knien Luis Trenker. ›Erster Akt‹, – denke ich und ziehe mich diskret zurück.«[92]

Der Reigen ist eröffnet.

Als im Winter 1924/25 in Freiburg die beiden Hauptdarsteller Luis Trenker und Leni Riefenstahl bei Regisseur Fanck zusammentreffen, ist sie zweiundzwanzig, Trenker zweiunddreißig, Fanck fünfundreißig. Der Regisseur hat sich gleichsam auf den ersten Blick im Berliner Café Rumpelmeyer in die Tänzerin verliebt. Er empfindet ihre starke erotische Ausstrahlung unwiderstehlich, vor allem ihren Mund, der zugleich abweisend und lockend sein kann. Bald wird Leni Riefenstahl die Verliebtheit Fancks bemerken und feststellen, »daß es keineswegs, wie ich gehofft hatte, väterliche Gefühle waren, die er für mich empfand«.[93]

Sie weist Fanck strikt zurück. Doch kann sie sehr wohl trennen zwischen Arbeit und Privatem. Ihre Bewunderung für den hochgebildeten Regisseur ist groß und nimmt im Laufe der Zeit noch zu. Sie ist begeistert von seiner Bibliothek, von seiner Belesenheit, von seiner künstlerischen Kraft. Eines Tages wird sie über ihren filmischen Lehrmeister Fanck sagen:

»Er war ein Outsider. Neben dem normalen Filmteam hatte er seinen eigenen Produktionsstab. Er war ein Gelehrter und Träumer und auch ein großer Fotograf. Mit anderen Träumern hatte er eine Gesellschaft gegründet, und ich war dabei die einzige Frau.«[94]

So bewundert Leni Riefenstahl das Genie, nicht aber den Mann Arnold Fanck.

Ganz anders erscheint ihr da schon Luis Trenker, ihr zukünftiger Partner im Film. Natürlich kann sie sich ein spöttisches Lächeln nicht verkneifen, denkt sie an das erste Zusammentreffen im Hotel Karersee, als Trenkers Gesicht die scheinbare Vergeblichkeit ihrer Bemühungen, zum Film zu kommen, abzulesen war. Doch jetzt steht er vor ihr, hier in Fancks Freiburger Heim, aufgeschlossen, lustig, voller Mutterwitz.

»Wir verstanden uns vom ersten Augenblick an so gut, als wären wir schon seit Jahren befreundet.«[95]

Ein wenig Champagner bringt hier wie dort das Blut in Wallung. Als Fanck den Raum kurz verläßt, nimmt Trenker Leni in den Arm, küßt sie lang und wohl auch leidenschaftlich. Fanck kommt zurück, findet die beiden in inniger Zweisamkeit vor. Seine Gefühle sind verletzt, Leni Riefenstahl sieht eine Zusammenarbeit gefährdet, aber Fanck wäre nicht der Pionier des Bergfilms geworden, würde ihm nicht die Realisation seiner künstlerischen Ideen über alles gehen. Den »Heiligen Berg« will er nicht gefährdet sehen. Gefühle müssen da ganz einfach hintangestellt werden.

Doch die Situation wird sich weder bei den bevorstehenden Dreharbeiten noch irgendwann später verbessern. Wo die Erotik ins Spiel kommt, die Sexualität, ist bald alle Nüchternheit dahin, vorbei sind Freundschaft, Kollegialität, Professionalität.

Jahrzehnte später, als Fanck, Trenker und Leni Riefenstahl längst getrennte Wege gehen, wird sich jeder anders an die gefühlsmäßigen Verstrickungen erinnern. Jeder tanzt mit im Reigen, jeder freilich will es in größter Unschuld getan haben, triebhaft-berechnend war immer nur der andere. Herauszufinden, wer nun die unverstellte Wahrheit erzählt oder schreibt, wäre müßig. Nicht die Details sind es, nicht die Frage, wer, wann, wo die Schauspielerin Leni erstmals geküßt hat, es ist das Wissen um die zwischenmenschlichen Verknüpfungen, das erklären kann, warum eines Tages Arnold Fanck beruflich auf der Strecke bleiben wird, während sich seine Zöglinge Leni und Luis weit über seine Popularität erheben. Viel Ehrgeiz nämlich wird hier geschürt durch wechselseitige Eifersüchteleien, durch Leidenschaft wie durch Mißgunst, und Fanck, dessen seelische Stabilität nicht mithalten kann mit der Robustheit eines Trenker und der Entschlossenheit einer Riefenstahl, wird bald nicht mehr in der Lage sein, diesen Reigen mitzutanzen.

Die Dreharbeiten zum »Heiligen Berg« sind, wie nicht anders zu erwarten, reich an Komplikationen. Zunächst bricht sich Leni Riefenstahl bei Ski-Aufnahmen in der Gegend von Cortina d'Ampezzo den Knöchel. Anfang Januar hätten die Drehs mit ihr im schweizerischen Lenzerheide beginnen sollen. Weil sie sich plötzlich bewußt wird, vom Skilauf nicht die geringste Ahnung zu haben, reist sie vorher zu Trenker, in den sie sehr verliebt ist, in die Dolomiten.

In der Schweiz hat Fanck mittlerweile eine künstliche Eiswand herstellen lassen. Fünfzehn Meter hoch, stellt sie nur wenig abseits des Ortes das hochalpine Gelände für die dramatischen Schlußszenen dar. Doch ein unerwartet starker Föhneinbruch zerstört das Bauwerk innerhalb kürzester Zeit.

Als nächstes zieht sich Hannes Schneider einen Oberschenkelhalsbruch zu, und Luis Trenker wird beim Versuch, den Filmsturz seines Partners Ernst Petersen zu halten, um ein Haar in die Tiefe gerissen.

Als schließlich alle wieder soweit hergestellt sind, daß die Dreharbeiten vorangehen könnten, gehen wieder die Mannsbilder-Querelen um Leni los. Sie ist mittlerweile mit Trenker verbandelt, Fanck ist der beleidigte Nicht-Erhörte, aber auch die anderen im Team suchen nach einigen Wochen der Enthaltsamkeit – es wird viel in alpinen Regionen gedreht und auf Hütten genächtigt – die Nähe der Schaulspielerin.

Im Matratzenlager schläft Leni Riefenstahl zwischen Trenker und einem der Kameramänner, »Schneefloh« Hans Schneeberger.

»Als ich aufwachte, merkte ich, daß mein Kopf auf Schneebergers Arm lag, der schlief tief. Ich richtete mich auf und entdeckte erschrocken, daß der Platz links neben mir leer war. Trenker war nicht mehr da. Ich leuchtete mit der Taschenlampe den Raum ab, konnte ihn aber nirgends sehen. Was war geschehen? Angst überfiel mich. Hatte ich mich im Schlaf vielleicht zu der Seite gedreht, auf der Schneeberger lag, konnte Trenker das falsch gedeutet und Eifersucht ihn gepackt haben? Sollte er wirklich auf und davon sein, so wäre das der reine Wahnsinn.«[96]

Was geht vor, dort droben auf zweieinhalbtausend Meter Höhe, auf der Fornohütte inmitten der prachtvollen Bündner Alpen? Der Münchner Filmproduzent, Regisseur eines dreiteiligen Trenker-Porträts und langjährige Freund der Familie Trenker, Hans-Jürgen Panitz, schildert die Begebenheiten so:

»Wutentbrannt fuhr Trenker in der Nacht über den Gletscher ab. Die Dreharbeiten waren abermals ernsthaft gefährdet. Doch dem stets um Ausgleich bemühten Schneeberger gelang es, den eifersüchtigen Freund umzustimmen und die Dreharbeiten fortzusetzen.

Luis Trenker erzählte mir später, er wollte mit dem ganzen Techtelmechtel nichts mehr zu tun haben.«[97]

Als der Film am 17. Dezember 1926 im Ufa-Palast in Berlin Premiere hat, spüren die begeisterten Zuschauer nicht das geringste von den Spannungen, Reibereien und Problemen, die das Arbeiten geprägt hatten. Auch wissen sie nichts davon, daß die Ufa das sich über zwei Jahre hinziehende Projekt längst abgeschrieben hatte, nicht mehr glauben konnte, daß dieser Fanck noch einen guten Film zusammenbringen würde. Fanck sitzt neben der skeptischen Direktion der Ufa. Noch haben die Herren keinen einzigen Meter Material vom »Heiligen Berg« zu sehen bekommen. Doch er hat keinen Zweifel, daß sein Film überzeugen wird.

»Anfangs eisige Stimmung im Raum, aber bald schon kamen schüchtern die ersten bewundernden Ausrufe. Bald auch das erste Händeklatschen bei besonders großartigen Bildern, und als gar die Nachtszenen im Schneesturm kamen, wie Trenker sich drohend gegen seinen Freund Vigo erhebt und dieser erschrocken rückwärts ins Leere tritt, herrschte immer mehr atemlose Stille, vermischt mit begeisterten Ausrufen.«[98]

Der Film wird ein voller Erfolg. Seine Produktionskosten haben sich auf rund 500 000 Mark belaufen, eine stattliche Summe zur damaligen Zeit, auch wenn Fanck darauf verweist, daß die Spielfilme Fritz Langs bereits Millionenbudgets verschlingen würden. Beim Publikum kommt der »Heilige Berg« hervorragend an; wochenlang ist der Ufa-Palast mit drei und vier Vorstellungen am Tag ausverkauft.

Bei der Presse hingegen ist das Echo uneinheitlich. Die Palette der Kritiken reicht von höchstem Lob bis zu gnadenlosem Verriß. Daß es ganz ohne Zweifel der schönste Film sei, der jemals gemacht worden ist, rühmen »Paris Midi« und die Londoner »Westminster Gazette«, daß Fanck damit der Aufstieg in die Reihe der deutschen Meisterregisseure gelungen sei, steht in »Wiener Neueste Nachrichten«, »La Tribune Lausanne« spricht von einem göttlichen und grandiosen Gedicht der Berge, »Le Metropol«, Antwerpen, lobt den Film als ein Werk von großer Kunst und Menschlichkeit, Leni Riefenstahls Tanz als sehr begabt und ihr Spiel als stark in der Dramatik.

Die kritische »Weltbühne« hingegen, journalistisch eine nicht hoch genug einzuschätzende Institution zu Zeiten der Weimarer Republik (»Die ›Weltbühne‹-Autoren können deshalb ›frei‹ ihre Meinung vortragen und entsprechend ›ganz‹ ihre journalistische Persönlichkeit in die Diskussion mit den Lesern einbringen, weil eben nicht vorsichtige Ausgewogenheit, womöglich Angepaßtheit journalistischer Meinung an herrschende Abonnentenmeinungen von den Lesern erwartet wird. Im Gegenteil lesen ›Weltbühne‹-Leser dies Blatt, um gerade nicht billige Bestätigung ihrer Urteile sich vorsetzen zu lassen.«[99]), urteilt in aller Härte:

»Alles das wird durch eine trübe und in jedem Sinne peinliche Liebesgeschichte zerstört, durch die schundigsten aller Schundtitel zerrissen.« Und an anderer Stelle: »DER HEILIGE BERG hat sich als ein höchst unheiliger Hügel, als ein ganz profaner Haufen von Plattheit und bösartigen Mißverständnissen gezeigt. Wieviel davon auf Konto der jetzigen Ufa hereinkommt, wird nicht festzustellen sein. Überraschend ist jedenfalls die faustdicke Fidusstimmung, die aufdringliche Propaganda für Höhenmenschentum und Edelblond.«[100]

Fanck ist von dieser negativen Pressestimme tief getroffen. Sein Vertrauen in Journalisten und Kritiker ist auf alle Zeit erschüttert.

Trenker geht das weniger nahe. Er ist sich voll bewußt, daß bei Fanck die Handlungsabläufe stets etwas schwach geraten, dünn wie dünner Kaffee, und daß die Spielhandlung sowie die Führung von Darstellern seine Stärken nicht sind. Was Trenker viel mehr wurmt ist, daß in den meisten Rezensionen lediglich von der Riefenstahl die Rede ist, mal gut, mal vernichtend schlecht, von ihm aber, dessen Rolle nicht minder gewichtig war, ist wenig die Rede.

Und doch kann er sich trösten. Der Film vom »Heiligen Berg« macht ihn berühmt, er ist auf dem besten Weg, ein wirklicher Filmstar zu werden.

»Riesengroß prangte mein Kopf über dem Eingangstor zum Ufapalast am Zoo, dem damals schönsten Filmtheater Deutschlands.«[101]

Zwischen Luis Trenker und Leni Riefenstahl ist es mittlerweile zum Bruch gekommen. Die Zuneigung vergangener Tage hat sich verflüchtigt und ist beruflichem Konkurrenzdenken und ständigen unterschwelligen Eifersüchteleien gewichen. Auch mit Fanck steht es nicht besser. Er verehrt Leni nach wie vor aus ganzem Herzen, doch ihre Gefühle gehören nun dem Kameramann Hans Schneeberger. Selbst der große Erfolg des »Heiligen Berges« vermag nicht, dieses Dreigestirn des frühen Bergfilms enger zusammenzuführen, es zur professionellen Einheit werden zu lassen. Noch kurz zuvor kursierten Gerüchte, daß es zwischen Trenker und Riefenstahl eine heimliche Verlobung gegeben habe. Davon kann keine Rede mehr sein. Statt dessen sind augenblicklich alle drei in einer wenig förderlichen Gefühlssituation, die sie blind macht gegenüber der möglichen Stärke einer soliden Gemeinsamkeit.

Arnold Fanck zieht sich mit seiner Frustration stets auf sich und seine Arbeit zurück. Er konzipiert ein neues Projekt: »Wintermärchen«. Im Riesengebirge will er eine halb reale, halb märchenhafte Geschichte inszenieren. Die Produktionskosten würden sich in annähernd derselben Höhe bewegen wie bei Fritz Langs »Metropolis«, dem bislang teuersten Film der Ufa. Nach langem Hin und Her, nach Zögern, neuerlichem Kalkulieren und Wiederzögern, lehnt die Ufa ab. Fanck soll einen anderen Film machen, einen, der weniger teuer ist. In wenigen Tagen schreibt er die Vorlage für eine Filmgroteske, die er »Der tapfere Gletscherfloh« betitelt, die später aber auf Wunsch der Ufa »Der große Sprung« heißen wird.

»In dieser Burleske lebte Dr. Fanck seine Neigung zu derben Späßen und den filmischen Hang zum Fatalismus richtig aus. Das Naturkind Gita (Leni Riefenstahl), eine Ziegenhirtin, besteigt barfuß phallische Felstürme in den Dolomiten. Der Schauspieler Luis Trenker muß ihr nachsteigen.

»Lenis gegenwärtiger Favorit Hans Schneeberger, angetan mit Frack, Zylinder, Lackschuhen und mit einem Blumenstrauß bewaffnet, schickt sich ebenfalls an, der wilden Gita nachzukraxeln, die, auf einer Felsnadel balancierend, ihre Freier begutachtet. Der Regisseur läßt seine Kamera unter ihren geschürzten Rock blicken. Über dem Röckchen aber becirct die Lollobrigida des Bergfilms mit lockendem Lächeln ihre Quasimodos.

Die Männer geraten zu tumben Figuren«, notiert Hans-Jürgen Panitz.[102]

»Der große Sprung«, den später eine Zeitung als die wohl lustigste Brautwerbung, die je gedreht worden ist, bezeichnen wird, ist Fancks Rache an den erfolgreicheren Kontrahenten in Liebesdingen, an Trenker und Schneeberger.

Vor der Presse hatte Trenker seine Kollegin Leni als »ölige Ziege« bezeichnet – Fanck macht sie im Film zur Ziegenhirtin. Sie steigt auf schwierig zu erkletternde Felstürme und fordert die Männer, die etwas von ihr wollen, auf, zu ihr heraufzukommen. Trenker spielt – was sonst – den Bergsteiger, dem es gut gelingt, sich der Ziegenhirtin zu nähern, Schneeberger ist ein überarbeiteter Direktor, der in der Natur Erholung sucht und dabei Gita findet. In völlig unalpinistischer Kleidung hat er alle Mühe, zu ihr hinaufzukommen. Gita stellt die Bedingungen. Wer ihr künftiger Gemahl sein will, muß klettern und skilaufen können. Das ergibt eine Fülle komischer Verwicklungen, und vor allem »Schneefloh« Schneeberger muß als dick ausstaffierter Herr Direktor humoristisches Talent an den Tag legen.

»Nun hätte zwar wohl kaum eine deutsche Firma den Mut gehabt, eine abendfüllende Groteske zu produzieren. Aber glücklicherweise war die Ufa gerade in amerikanische Hände übergegangen – die Parufamet; und da die Amerikaner ja viel zugänglicher sind für Humor, vor allem für grotesken Humor à la Chaplin, Buster Keaton oder Harold Lloyd, wurde der Film bewilligt.«[103]

Noch im Spätwinter 1927 beginnen in Arlberg die Dreharbeiten zu »Der große Sprung«. Als Schauspieler agieren Leni Riefenstahl, (fast unfreiwillig) Hans Schneeberger, der eigentlich ja Kameramann ist, Luis Trenker und Paul Graetz. Die Kameraarbeit leisten wechselweise Sepp Allgeier, Albert Benitz, Richard Angst, Kurt Neubert und Schneeberger.

Die Filmarbeit kann beginnen. Es ist das letzte Mal, daß Fanck, Trenker und Leni Riefenstahl für ein und dasselbe Projekt tätig sind. Fanck wird noch mehrere Filme mit Leni drehen, Trenker aber denkt bereits eine andere Zukunft.

Der große Sprung.

»Die Aufnahmen fanden im Arlberggebiet statt. Aus Innsbruck hatten wir zwanzig junge Skiläufer nach Stuben am Arlberg kommen lassen und drehten eine fröhliche Verfolgungsjagd ... Schon frühmorgens, im ersten Sonnenlicht, sausten wir über die Schneehänge, daß es staubte. Massenstürze lösten sich in allgemeines Fluchen und Lachen auf, und alles war ein großer Spaß. Mittags gingen wir in die Hütte und kochten uns eine Suppe.

Skier, Rucksäcke, Blenden, Apparate, Stative, das ganze Hilfsmaterial ließen wir vor der Hütte liegen. Dieser Anblick veranlaßte einen Amerikaner und seine Begleiterin, [...] nachzusehen, was in der Hütte los sei.«[104]

Der Amerikaner heißt Bernays, die junge Dame in seiner Begleitung wird als Hilda von Bleichert vorgestellt.

Fräulein von Bleichert ist jung und hübsch und weiß mit einem charmanten Lächeln für sich zu gewinnen. Ihre sportlich-adrette Erscheinung gefällt Luis Trenker auf Anhieb.

Von diesem Tag an ist sie oft Gast bei den Filmarbeiten. Gelegentlich verrichtet sie kleine Hilfsdienste, macht sich hier nützlich und da, und ist sie einmal nicht zugegen, dann hat Luis den Eindruck, daß ihm irgend etwas fehlt.

Man kommt sich näher.

Luis und Hilda erzählen sich aus ihrem Leben.

Sie wurde am 21. Oktober 1903 in Leipzig im Elternhaus geboren. Der Vater, Paul von Bleichert, Konsul von Paraguay, ist Inhaber der Weltfirma Adolf Bleichert & Co., die auf Seilbahnbau spezialisiert ist. So baute Bleichert unter anderem die Drahtseilbahn von Kapstadt auf den Tafelberg, in Rio de Janeiro die Seilbahn auf den Zuckerhut, die Nordkettenbahn von Innsbruck, die Hahnenkammbahn von Kitzbühel, die Kreuzeckbahn von Garmisch-Partenkirchen und auch die Tiroler Zugspitzbahn, deren Bau von sich reden gemacht hatte. Die Arbeiten an der hochmodernen Anlage von Ehrwald hinauf zur 2963 Meter hohen Zugspitze gerieten in die Schlagzeilen und, dank des zu dieser Zeit in Murnau lebenden Dramatikers Ödön von Horváth, auch auf die Bühnen der Theater. »Revolte auf Côte 3018« bzw., in einer späteren Fassung, »Die Bergbahn« heißt das Stück, in dem Horváth die Ereignisse der Jahre 1925 und 1926 verarbeitet hat.

»In Wahrheit wurde Horváth wohl auf seinen zahlreichen Bergtouren im Zugspitzgebiet mit den Arbeitsbedingungen und Unfällen beim Bergbahnbau konfrontiert. Er war mit dem damaligen Hüttenwirt des Münchner Hauses, Anselm Barth, eng befreundet und hatte mit den Bergbahnarbeitern persönlichen Kontakt [...] Der als Wunderwerk der modernen Technik bezeichnete Bau wurde unter extrem harten Witterungs- und Arbeitsbedingungen vorangetrieben, was zu Unmut unter den Arbeitern führte. Hinzu kam die Forderung nach höheren Löhnen bei gleichzeitigen Lohnrückständen. Anfang Mai machte die ›Innsbrucker Volks-Zeitung‹ mit der Schlagzeile ›Mit Bajonetten gegen Streikende‹ auf einen Konflikt in Ehrwald aufmerksam. Nur mit Waffengewalt konnte die Gendarmerie den Streik der Bergbahnarbeiter beenden. Dieser Arbeitskampf bildete den äußeren Anlaß zur Entstehung von ›Revolte auf Côte 3018‹, [...] genauso wie die insgesamt vier Todesfälle durch Arbeits- und Lawinenunglücke.«[105]

Das Anwesen der von Bleicherts in Leipzig besteht aus einer prächtigen Villa, ausgestattet mit Jugendstilinterieur, einem weitläufigen Park, eigenem Kinderspielplatz mit zahlreichen Schaukeln, Wippen und Turngeräten, einer kleinen Privatschule, in der Hilda und ihre Geschwister unterrichtet worden waren, einem Sportsaal, geeignet zu Fecht- und Schießübungen wie zum Training des Ringens und des Boxens, und nicht zuletzt einem beheizten Hallenschwimmbad. Weiterhin gehört dazu ein Forsthaus in eigenen Wäldern und ein stattlicher Wagenpark mit den nobelsten Karossen der Zeit. Im Schutze einer wohlhabenden Familie ist Hilda von Bleichert aufgewachsen, hat alle Vorzüge des Luxus auskosten können und hat doch auch schwere Zeiten durchleben müssen.

Als sie Luis Trenker in Arlberg kennenlernt, lebt sie in Trennung von ihrem Mann, einem morphiumabhängigen Arzt, der sie zuletzt tyrannisiert und geschlagen hat. Um Erholung zu suchen und dabei wenn möglich sich selbst wieder zu finden, ist sie in die winterliche Bergwelt gereist.

Jetzt hat sie sich in den gutaussehenden Schauspieler Luis Trenker verliebt und er sich in sie. Das Zusammensein mit Hilda läßt ihn die Leni Riefenstahl, mit der er täglich vor der Kamera steht, vergessen, und auch die Zwistigkeiten mit Dr. Fanck sind aus dem Kopf. Es liegt wohl nicht nur am heiteren Thema des Films, es liegt auch an der Anwesenheit Hildas, die, so Trenker, »bei aller Herzlichkeit immer auch eine gewisse Distanz bewahrte«[106], und die ihn stets von dieser Arlberger Zeit und dem letzten gemeinsamen Projekt des Bergfilmtriumvirats schwärmen läßt. Hilda von Bleichert – sie führt wieder ihren Mädchennamen – schreibt in dieser Zeit Tagebuch. Kein romantisches Jungmädchen-Tagebuch, eher ein sachliches Notat, um dem Vergessen entgegenzuwirken.

»März 1927 Luis Trenker in St. Christoph am Arlberg durch Walter Bernays kennengelernt.

März-April	In Stuben und Zürs mit Luis gewohnt. ›Der große Sprung‹ mit Leni Riefenstahl, Hans Schneeberger, Walter Riml etc. unter der Regie von Dr. Arnold Fanck wird gedreht.
14. Mai	mit Leiterwagen zum Kegeln nach Lech gefahren.
30. Mai	Bei Boxkampf Luis-Schneeberger für den Film bricht Luis mehrere Rippen.«[107]

Viel Zeit zur Rekonvaleszenz bleibt nicht. Zum einen ist am Film noch allerhand zu tun, zum anderen hat Luis drei Wochen nach dem Boxunfall eine Reise nach Wien anzutreten, die ihm nicht ganz leichtfällt. In Hildas Tagebuch steht zu dieser Wienfahrt ziemlich lakonisch:

»Luis fährt nach Wien zu Marlene von Pretz um sich zu entloben und ihr zu sagen, daß er mich heiraten will.«[108]

Und so geschieht es. Trenker, der seine Dauerverlobung als keinen allzu schlechten Zustand empfunden hat – viel Freiheit und doch eine gewisse Sicherheit sozusagen in der Hinterhand –, trennt sich von der im Augenblick in Wien weilenden Marlene und steuert nun geradlinig, dabei von einem sicheren Lotsen gezogen, in den Hafen der Ehe.

Zunächst freilich ist »Der große Sprung« fertigzustellen. Auch ein Arnold Fanck, der den Film hinausgetragen hat in die Landschaft, hat nicht ausschließlich unter freiem Himmel gedreht. Beim »Heiligen Berg« hatte er erstmals auch die Möglichkeiten des Studios genutzt, für die Arbeit am »Großen Sprung« geht er mit seinem Team wieder zeitweise in die Ufa-Ateliers in Neubabelsberg. Es ist ein bewegtes Leben, das Trenker und seine Lebensgefährtin Hilda führen, ein ständiges Pendeln zwischen Südtirol und den Berliner Studios, ein Hin- und Hergerissensein zwischen der unsicheren Zukunft des Architekturbüros in Bozen und der weiteren, zwar verlockenden, doch kein bißchen sicheren Zukunft in der Filmbranche. Kurz vor Weihnachten 1927 hat »Der große Sprung« Premiere. Wieder findet die Erstaufführung im Ufa-Palast am Zoo, Berlin, statt. »Das Publikum kam während des ganzen Films aus dem Lachen gar nicht mehr heraus,« erinnert sich später Arnold Fanck, um gleich darauf aber auch einzuräumen, daß es auch diesmal Kritiker gab, »die wild wurden. Besonders die alpine Presse reagierte teilweise sauer. Hatte ich es doch gewagt, Alpinismus und Skilauf einmal nicht ganz ernstgenommen, sondern veräppelt zu haben. Ein besonderer Griesgram schrieb in einer Bergsteigerzeitung: ›Tiefer geht es nicht mehr, Dr. Fanck!‹«[109]

Wieder leidet Fanck unter Journalisten, die seine Arbeiten nicht gutheißen, seine Anliegen scheinbar nicht verstehen wollen. Er ist von ganz anderem Naturell als ein Luis Trenker, der eines Tages manche schlechte Kritik, manche üble Nachrede gleichsam mit der Hand vom Tisch wird fegen können, ohne sich innerlich groß aus der Fassung bringen zu lassen.

Fancks Filme sind Erfolge. Und doch schmettern ihn negative Stimmen so stark nieder, daß er die viele positive Kritik nur dazu gebrauchen kann, sich mühsam wieder aufzurichten.

»Der große Sprung« erhält das Prädikat »künstlerisch wertvoll« und in der Prager »Bohemia« eine Besprechung, die Fancks schöpferische Grundideen widerspiegelt:

»Beim Verlassen des Kinos kam mich die Versuchung an, auf den Händen spazierenzugehen, oder sonst etwas Tolles zu tun. Das machte: der direkt lausbübischen Lebenskraft des Films kann man sich nicht entziehen. Das ist gar kein Film, das ist ein Hymnus auf die Wunder der Körperbeherrschung. Hier wird der Sport zum bacchischen Tanz.«

Für Arnold Fanck steht sogleich die nächste Aufgabe ins Haus. Er fährt in Begleitung der lernbegierigen Leni Riefenstahl nach St. Moritz, um mit den Kameraleuten Allgeier, Schneeberger, Benitz und Angst den offiziellen Film über die olympischen Winterspiele 1928 zu drehen.

Trenker hat sich abgesetzt. Wenn schon Filme, denkt er sich, dann eigene. Er ist der festen Überzeugung, gut genug aufgepaßt zu haben bei seinem Lehrmeister Fanck, um eine Bergfilmidee in die Tat umsetzen zu können. Von den Bergen versteht er ohnehin mehr als alle anderen, auch an der eigenen Fähigkeit, Schauspieler zu führen, hat er keine Zweifel, und mittlerweile kennt er ja die Produktionsabläufe genau, weiß, welcher Kameramann etwas taugt und welche Schritte vonnöten sind, bis ein Film dem Publikum vorgeführt werden kann.

Trenker ist fest davon überzeugt, daß sich die Filmproduktionsgesellschaften nach seinen schauspielerischen Erfolgen in »Der Heilige Berg« und »Der große Sprung« um ihn geradezu reißen werden. Doch dieser Wunsch wird nicht wahr. Was ihm angeboten wird, sind kleine Rollen.

»Ich sollte einen Zirkusclown spielen, einen Tag lang. Darauf verzichtete ich.«[110]

Der ungarische Regisseur Kertecz will ihn engagieren.

»Bittaschön, ich brauche Sie für Rolle, wos is aa Schwerverbrecher aus Berliner Kaschemme. For drei Toge mit gute Gage!«[111]

Aus Paris kommt per Telegramm das Angebot, einen Ozeanflieger zu spielen, einen Piloten wie diesen kühnen Charles A. Lindbergh, der am 20. Mai 1927 in seiner Maschine »Spirit of St. Louis« als erster Mensch den Atlantik nonstop von New York nach Paris überflog. Hilda rät Luis dringend, eine solche schauspielerische Möglichkeit nicht auszuschlagen. Man reist nach Frankreich. Doch wieder lösen sich die Hoffnungen auf in nichts. Zwischen Produktion und möglichem Regisseur war es zum Eklat gekommen, deprimiert laufen Hilda und Luis durch die Straßen von Paris, überlegen, was zu tun ist, was die Zukunft bringen soll. Auf die Dauer jedenfalls scheint selbst für einen mittlerweile recht populären Luis Trenker die Filmbranche nicht das Gelbe vom Ei zu sein.

Zurückgekehrt nach Bozen, begegnet ihnen Clemens Holzmeister, »der fürchterlich schimpfte und mir dringend empfahl, die verdammte Filmerei an den Nagel zu hängen [. . .] und, koste es, was es wolle, bei der Architektur zu bleiben, denn das sei mein Beruf«.[112]

Und so geschieht es. Notgedrungen verwirft Trenker seine filmerischen Träume, setzt sich wieder ans Zeichenbrett des Bozener Büros und entwirft kleinere Bauprojekte, denn an große Sachen kommt er zur Zeit der faschistischen Regierung nicht heran. Er verwirft die filmerischen Ideen – aber er verwirft sie nie ganz. Denn das wäre ja seine eigentliche Welt: Die Welt der Berge, die Welt des Films, also: die Welt des Bergfilms.

Es muß doch irgendwelche Möglichkeiten geben. Hätte er sich nicht trennen sollen von Arnold Fanck? Hätte er verzichten sollen auf den Versuch, eigene Wege zu gehen, und statt dessen die Sicherheit behalten sollen im Team des Bergfilmpioniers? Er weiß es nicht. Den Wegweiser für Trenkers weiteres Leben stellt wieder einmal, wie bereits schon öfter, ein kleines Wunder auf. Ein kleiner Bub kommt ins Architekturbüro und bittet um ein Autogramm. Trenker fragt ihn, wie er denn auf den Gedanken gekommen sei, sich von ihm die Unterschrift zu holen. Und er erhält eine Antwort, die ihn aus allen Wolken fallen läßt:

»Ich hab' gelesen, daß Sie wieder einen neuen Film machen, und da hab' ich halt gemeint . . .«

Wo gelesen? Wo steht was über einen neuen Film mit Luis Trenker? Der Vater des Buben ist Filmvorführer. Er hat den »Filmkurier« abonniert, der in Berlin, der Hauptstadt des deutschen Films, herausgegeben wird. Da steht es drin. Trenker bittet den Jungen, ihm die Zeitschrift zu bringen. Und wirklich – da ist eine große Anzeige, die einen Bergfilm ankündigt:

»DER KAMPF UMS MATTERHORN
Die Tragödie einer Erstersteigung, der dramatische Kampf
um den Berg zwischen Whymper und Carrel.
Produktion HOMFILM BERLIN
Herstellungsleitung: Dr. MARCUS«

Der Kampf um den Berg zwischen Whymper und Carrel. Das männliche Ringen. Der Stolz. Der Kampf. Die Ehre. Es sind Trenkers Themen, die er als Schauspieler auszufüllen verstünde, es ist das alles eine Geschichte, die er sich zutrauen würde als Regisseur. Aber von ihm steht kein Wort im »Filmkurier«.

»Das macht nichts. Der Vater hat gesagt, diesen Film drehen bestimmt Sie.«

1927 erschien im Verlag J. Engelhorns Nachf., Stuttgart, ein Tatsachenroman mit dem Titel »Der Kampf ums Matterhorn«. Als Autor zeichnet der 1889 in Frankfurt am Main geborene Carl Haensel, studierter Rechtswissenschaftler, zeitweise auch Redakteur der »Deutschen Allgemeinen Zeitung«. Haensel verfaßte neben seinem Matterhorn-Roman mehrere andere belletristische Werke, auch Theaterstücke und Essays.

Mit »Der Kampf ums Matterhorn« zeichnet er die alpinistischen Begebenheiten von 1865 nach, als britischen Bergsteigern die erste Ersteigung dieses Schweizer Viertausenders gelang, der oft als schönster Berg der Alpen bezeichnet wird. Der Roman wurde in vier Sprachen übersetzt, die deutschsprachige Ausgabe fand bis heute eine Verbreitung von rund 400 000 Exemplaren.

Gleich 1927 bekam Arnold Fanck, der fleißige Leser, eine noch druckfrische Ausgabe in seine Bibliothek. Er war auf Anhieb fasziniert. Fasziniert von Haensels Buch, vor allem aber von den dem Roman zugrunde liegenden Tatsachen: dem großen Erfolg der Matterhornbesteigung; der fürchterlichen Tragödie beim Abstieg der siebenköpfigen Alpinistengruppe.

Für Fanck war eines sofort klar: Das ist ein Filmstoff, wie sich ein besserer kaum finden läßt. Soviel Dramatik steckt in den Ereignissen von 1865, daß es ganz einfach ein großartiger Bergfilm werden muß.

Er erzählte Trenker von dem Buch, gab es ihm zum Lesen.

»Ich war vom ersten Augenblick an fest davon überzeugt, daß dieses Thema einen guten Film hergeben würde. Und ich schlug Fanck vor, diesen Film gemeinsam mit mir zu machen: ›Ich bin sicher, daß wir da etwas Großes, Neues herausbringen können, mit guten Schauspielern. Ich selbst werde Carrel spielen. ‹ Aber Fanck hatte noch einen Vertrag mit Leni Riefenstahl, die ihn auch sehr in seinen Entscheidungen beeinflußte. Da es in diesem Film aber keine geeignete Rolle für sie gab, sagte Fanck, daß er ihn – ohne die Riefenstahl – nicht machen könne. › Na gut ‹, sagte ich darauf, › dann mache ich ihn eben alleine ‹.«[113]

1928. Ganz allmählich gehen die so oft fälschlich als »golden« bezeichneten zwanziger Jahre ihrem Ende entgegen. Einmal abgesehen von wirklich Wichtigem, was sich in diesen Jahren politisch, gesellschaftlich und kulturell in einem Europa nach dem großen Krieg ereignet hat, einmal abgesehen von all dem und mit starker Konzentration auf die Persönlichkeit geschaut, deren Leben hier dargestellt werden soll, so läßt sich, eine Zwischenbilanz ziehend, folgendes bemerken:

Es ist, ganz zu Anfang des Jahrzehnts, ein Filmemacher aufgetaucht, der sich der Natur, vor allem dem Hochgebirge, vor allem der Welt des ewigen Eises verschrieben hat. Dr. Arnold Fanck wird zum Pionier des Bergfilms. Und er begründet die sogenannte Freiburger Schule.

»Seine Freiburger Schule brachte die besten deutschen Kameramänner hervor. Dr. Fanck herrschte über seine Schüler und ließ seine unumstrittene Kompetenz und Fachkenntnis von niemandem in Zweifel ziehen. Seine › Schulklasse ‹ bestand aus Albert Benitz, Richard Angst, Hans Schneeberger, Sepp Allgeier, Kurt Neubert.«[114]

Fanck, dessen Laufbahn 1928 freilich noch nicht zu Ende ist, der in den folgenden Jahren noch so bemerkenswerte Filme wie »Die weiße Hölle vom Piz Palü«, »Stürme über dem Montblanc« und »Der weiße Rausch« drehen wird, hat sich neben seiner Tätigkeit als Regisseur vor allem auch als Erfinder und Neuerer der Filmtechnik hervorgetan. Der bis heute gebräuchliche Film-Schneidetisch mit liegenden Filmtellern ist seinem Erfindergeist zu verdanken. Auch die sogenannte entfesselte Kamera. Die Kamera wurde dabei in eine Art Brustpanzer integriert, den sich der Kameramann umzuschnallen hatte. So war es möglich, daß der Kameramann in einer Gruppe von Skifahrern mitfuhr und wilde Abfahrten aus einer bis dahin im Film nie gesehenen Perspektive auf Zelluloid bannen konnte. Er baute ein kleines Filmkopierwerk, entwickelte Objektive, Filtertechniken und Vorrichtungen zu Trickaufnahmen und befaßte sich mit der Verbesserung des Kontrastumfangs des Schwarzweißmaterials.

Kannten ihn und seine Leistungen als Bergfilmpionier nur wenige, so ist er als Pionier der Filmtechnik, als ein Wegbereiter der filmtechnischen Moderne fast ganz vergessen.

Es kann dies nicht nur daran liegen, daß Fancks Stern mit dem Aufkommen und der rasanten Verbreitung des Tonfilms zu sinken begann – seine Domäne war der Stummfilm, war die Bildgestaltung, war die in übertriebener Gestik und Mimik herausgearbeitete Dramatik einer tonlosen Zeit. Der Tonfilm aber machte seine Schwächen der Inszenierung, des Schauspiels, offensichtlich.

Daß Fanck weitgehend in Vergessenheit geriet, kann auch nicht nur daran liegen, daß zwei seiner Schüler, daß die Riefenstahl und der Trenker, bald als neue Sterne, als Filmstars am deutschen Lichtspielhimmel aufschienen, und ihren Lehrmeister Fanck dank ihres Auftretens, ihrer Ausstrahlung, ja, ihres Charismas, rasch überflügelten und vergessen machten.

Leni Riefenstahl spielt nach dem Ausscheiden Trenkers Hauptrollen in vier Filmen Fancks, 1933 in »SOS Eisberg« die letzte. Dann aber wird sie sich im Labyrinth des nationalsozialistischen Regimes verrennen – wovon noch die Rede sein wird – und nicht mehr herausfinden aus der scheinbaren Widersprüchlichkeit von Kunst und Gewalt.

Und Luis Trenker ist soeben heraus aus den Startblöcken. Sein kraftvoller Lauf hat gerade erst begonnen. »Der Kampf ums Matterhorn« muß sein Film werden. Er hat die Kraft dafür, die nötige Energie, die Ausdauer, den Ehrgeiz. Alles, was bis jetzt gewesen ist, war nichts als der Auftakt zu filmischer Karriere. Jetzt erst können die Weichen richtig gestellt werden, die Weichen, die ganz große Möglichkeiten eröffnen. Eigene Filme zu eigenen Ideen. So viel wartet in Trenkers Kopf auf eine Verwirklichung. Da sind die Ereignisse des Ersten Weltkriegs, die noch von niemandem filmisch verarbeitet worden sind. Da ist der Freiheitskampf der Tiroler anno 1809, als die Tapferen sich aufopfernd gewehrt haben gegen Napoleon und seine Verbündeten, die Bayern. Da ist die Lebensgeschichte des Andreas Hofer und ganz, ganz fern noch die Ahnung von einem verlorenen Sohn, der in den Stadtschluchten New Yorks verelendet. Da sind Krieg und Frieden, Liebe und Verzweiflung, Kampf gegen das Böse und – immer – der Sieg des Guten.

Trenker ist heraus aus den Startblöcken. Es folgt, soviel Vorgriff darf sein, ein Sprint von Erfolg zu Erfolg.

DER KAMPF UMS MATTERHORN

Verfilmung einer Bergtragödie

1865. Ein Jahr inmitten einer alpinistischen Epoche, die als Goldenes Zeitalter des Alpinismus in dessen Geschichtsbücher eingegangen ist. Seit den fünfziger Jahren des 19. Jahrhunderts sind es vor allem britische Bergsteiger, Männer mit hinreichendem Vermögen und genügend Zeit, die zur »Eroberung« der bedeutendsten Alpengipfel aufbrechen. Ihre bevorzugten Gebiete sind die Gletscherregionen der Westalpen, die Walliser Alpen und das Montblancmassiv; aber auch in den Dolomiten sind sie aktiv, liefern sich geradezu einen Wettlauf um die markantesten Gipfel, die ihnen der Wiener Dolomitenerschließer Paul Grohmann nur zu gern vor der Nase wegschnappt.

Die britischen Alpinisten bedienen sich heimischer Führer. Nun sind das aber keine Bergführer im heutigen Sinn.

»Diese Führer, die allmählich aus dem Hirtenberuf erwuchsen, kannten die günstigsten Zustiegswege, die besten Lagerplätze, die Annehmlichkeiten und die Unannehmlichkeiten ihrer heimischen Bergwelt, sie wußten, wo zu welcher Zeit Gefahren wie etwa Lawinen drohten, und vermochten die Wetterzeichen zu deuten. Mit zunehmender Anzahl der Unternehmungen, zu der solche Führer verpflichtet wurden, steigerte sich auch ihre alpinistische Qualität. Die guten unter ihnen waren bald jedem ortsunkundigen Bergsteiger weit überlegen.«[115]

In den Westalpen sind 1865 fast alle wichtigen der hohen Berge erstiegen. Das Matterhorn, dieser in der Form so einzigartige Berg, der sich majestätisch über dem Dorf Zermatt erhebt, gilt als unersteiglich. Edward Whymper aber und der Führer Jean Antoine Carrel glauben an eine Möglichkeit, hinaufzugelangen zum knapp 4500 Meter hohen Gipfel. Mehrere Male versuchen sie gemeinsam ihr Glück. Sie erreichen große Höhen, der wirkliche Erfolg aber ist ihnen versagt. Als Whymper 1865 wieder an den Fuß des Matterhorns kommt, führt ein Mißverständnis dazu, daß die eigentlichen Partner, Whymper und Carrel, nicht zusammentreffen. Jeder vermutet nun beim anderen Verrat.

Whymper nimmt sich andere Führer: den großartigen Chamoniarden Michel Croz und die beiden Taugwalders, Vater und Sohn. Zur Alpinistengruppe gehören neben Whymper Lord Douglas, Pfarrer Hudson und, als unheilbringender Dilettant, ein gewisser Robert Hadow.

Die Gruppe unter der Führung von Croz macht sich an den Schweizer Grat, später Hörnligrat genannt. Fast zur gleichen Zeit bricht Jean Antoine Carrel in Breuil auf, um über den italienischen Grat zum Gipfel zu gelangen.

Doch die britische Gruppe und ihre Führer gewinnen den »Wettlauf« zum Gipfel des Matterhorns.

»Um dreiviertel auf zwei Uhr lag die Welt zu unseren Füßen, und das Matterhorn war besiegt. Hurra! nicht ein Fußstapfen unserer italienischen Nebenbuhler war zu sehen«, schreibt Whymper über den geschichtsträchtigen Moment in seinen Erinnerungen.[116]

Am 14. Juli 1865 ist das Matterhorn erstmals erstiegen.

Es war dies einer der größten Triumphe der Alpingeschichte. Doch die Tragödie, die sich beim Abstieg ereignet, stellt den aufsehenerregenden Erfolg in den Schatten. Alle sieben Bergsteiger sind mittels Hanfseilen miteinander verbunden. Zuvorderst geht und klettert der Führer Croz, den Schluß bilden Whymper und die beiden Taugwalders. An einer exponierten Stelle, wo der Blick sich erst tausend Meter tiefer in Schutt und Schnee wieder zu halten vermag und die einen weniger Erfahrenen durchaus schwindlig machen kann, verliert der junge Hadow das Gleichgewicht, stürzt auf Croz, beide sind nun ohne Halt, sie reißen Douglas und Hudson mit. Whymper und die beiden anderen Führer spreizen sich ein, versuchen den Sturz der Gefährten zu halten, es strafft sich das – dünne – Seil zwischen Pfarrer Hudson und Edward Whymper – und dann reißt es ... Vier Bergsteiger, der Führer Croz, Hadow, Hudson und Douglas stürzen in die Tiefe.

»Noch unverletzt kamen sie uns aus dem Gesicht, verschwanden einer nach dem anderen und stürzten von Felswand zu Felswand auf den Matterhorngletscher oder in eine Tiefe von beinahe viertausend Fuß hinunter. Von dem Augenblick, wo das Seil riß, war ihnen nicht mehr zu helfen.«[117]

Whymper und die Taugwalders kehren zurück ins Tal. Es gibt bei der Bevölkerung Spekulationen darüber, daß Whymper, um sich selbst zu retten, das Seil durchgeschnitten haben könnte. Der Unfall wird gründlich untersucht, Whymper schließlich von jeglichem Verdacht freigesprochen.

Das also ist der Stoff, aus dem Trenkers nächste Filmarbeit gemacht sein soll.

Nachdem der Bub, der mit der Bitte um ein Autogramm ins Architekturbüro gekommen war, Trenker von der Ankündigung im »Filmkurier«

erzählt hat, wird der sofort aktiv. Ein Dr. Marcus steht als Herstellungsleiter in der Zeitschrift. Diesen Dr. Marcus kennt Trenker. Mit diesem Dr. Marcus hat er in Berlin einmal über einen möglichen Matterhorn-Film gesprochen, kurz nachdem Fanck es abgelehnt hatte, die Sache mit Trenker gemeinsam voranzutreiben. Trenker wendet sich sofort an Marcus, rasch ist ein Treffen in Berlin vereinbart. Mißverständnisse werden aufgeklärt, unter anderem dieses, daß es tatsächlich noch einen Dr. Marcus gibt und dieser, ohne von Trenkers Vorhaben zu wissen, nun die Geschichte verfilmt haben will. Man trifft sich. Dr. Marcus, Trenker und noch ein Dr. Marcus.

»Marcus I starrte Marcus II ins Gesicht, Marcus II lächelte, schließlich schüttelten sie sich die Hände und einigten sich. So wurde mir die Leitung des Films übertragen. Ich sollte ein Drehbuch schreiben, ich sollte die Besetzung vorschlagen, ich sollte bei den Bergszenen die Regie führen, ich sollte dabei selbst die Hauptrolle spielen, kurzum: ich sollte alles machen; denn auf diese Weise ließ sich viel Geld sparen, wie Marcus I und Marcus II feststellten.«[118]

Schon spinnt Trenker den Gedanken von der Personalunion, in der spätere Arbeiten auch entstehen werden. Vorerst aber werden ihm doch noch mehr oder weniger hilfreiche Hände zur Seite gestellt. Trenker würde die Geschichte von Whymper und Carrel als Vorlage vollauf genügen – er ist Alpinist, er kann Triumph und Tragödie des 14. Juli 1865 nachvollziehen, und er ist der festen Überzeugung, daß dieser Stoff großartig, dramatisch und spannend genug ist, keiner weiteren Rahmenhandlung bedarf. Anderer Ansicht ist da die Produktion. Den zuständigen Herren fehlt in der Vorlage Wesentliches, damit ein guter Film, ein für das Publikum guter Film, daraus werden kann: eine Frau, die Liebe, die Eifersucht.

Es werden Trenker deshalb einige erfahrene Leute zur Seite gestellt. Um dem Drehbuch neben der alpinistischen Handlung auch noch eine zwischenmenschliche angedeihen zu lassen, werden Arnold Fanck und Nunzio Malasomma als Autoren engagiert. Regie führen sollen zudem ebendieser Malasomma und Mario Bonnard.

»Sie haben viele Filme gedreht, besonders Stummfilme. Sie sprachen italienisch, deutsch konnten sie kaum, aber vom Filmen verstanden sie was. Mario Bonnard, der vorher als Schauspieler in Frankreich gearbeitet hatte, in Paris, war ein wahrer Gentleman. Malasomma war immer etwas kränklich, mager und nervös wie er war, und immer hatte er

Magenschmerzen. Er war Bonnards Assistent. Vom Gebirge hatten beide keine Ahnung, hatten keinerlei Erfahrung mit der Welt der Berge.«[119]

So obliegt Trenker bei den Dreharbeiten die schwierige Regie der Aufnahmen im Gebirge, Bonnard und Malasomma haben sich um Spielhandlung und Atelierarbeiten zu kümmern.

Trenker beginnt mit der Arbeit in Zermatt. Zunächst stehen für das Team einige Tage der Akklimatisation auf dem Programm. Zum Team gehören vor allem der bergerfahrene Kameramann Sepp Allgeier und sein Kollege Willy Winterstein, Peter Voss natürlich, der Whymper verkörpern wird, und die anderen Schauspieler und Bergsteiger, die als Croz, Douglas, Hudson, Hadow und Taugwalders verkleidet, bald schon herumzukraxeln haben am schwierigen Hörnligrat des Matterhorns.

Zur Akklimatisation werden unter gebietskundiger Führung mehrere Viertausender in der Umgebung des Matterhorns bestiegen. Trenker hat die fähigsten Bergführer aus Zermatt engagiert, sie werden nicht nur als Führer, sondern auch als Helfer und Berater für das Gelingen eines so ambitionierten Hochgebirgsfilmes unabdingbar sein. Es handelt sich um die Führer Aufdenblatten, Furrer, Lehner und Julen, allesamt großen Walliser Bergführerdynastien entstammend.

Nach der Zeit der Höhenanpassung beginnen die Arbeiten am Matterhorn.

»Wie einfach und unkompliziert war damals noch die Filmarbeit! Die Kameraleute Allgeier und Winterstein überlegten mit mir, wie die Szenen einzustellen, aufzubauen und zu drehen seien. Der Tonfilm war noch nicht erfunden, und das hatte seine guten Seiten.«[120]

Am Matterhorn authentisch zu drehen ist aber trotz ausgiebiger Akklimatisation und bester Verfassung der Filmleute eine unvorstellbare Kraftanstrengung, eine zähe, mühsame und trotz erfahrenster Bergführer immer auch gefährliche Angelegenheit. Viele Tage bewegen sich Kamerateam und Darsteller in kraftzehrenden Höhen zwischen 3000 und 4500 Metern. Manche Szenen müssen mehrfach wiederholt werden, und das bedeutet: ein Stück wieder hinunterklettern, ein kurzer Moment des Verschnaufens, schon gibt Trenker oder der Kameramann wieder ein Zeichen, daß es losgehen soll, die Kamera läuft! Kommen bitte!, und man steigt wieder hinauf und müht sich so von morgens früh bis abends spät.

Zweimal steigt das Filmteam hinauf zum Gipfel. Einmal über den klassischen Hörnligrat, einmal über den italienischen Grat, der von

Jean Antoine Carrel erstmals erklettert worden ist, und der heute als Liongrat in den Führern steht.

Trenker hat das Gespür für die wirkliche alpinistische Größe. Er weiß, daß Whymper der Erfolgreiche war, nach langem Anrennen gegen das abweisende Matterhorn als Erster auf dem Gipfel stand. Doch Trenker hat für sich, bewußt oder unbewußt, die Rolle des Carrel gewählt, des zweiten Siegers, der eigentlich der wahre Eroberer dieses wundervollen Berges war. Denn am 14. Juli 1865 hat er zwar den Wettlauf gegen die Briten verloren, und er ist umgekehrt, als er zwei-, dreihundert Meter über sich ihren Jubel hörte. Doch schon drei Tage danach war er wieder in den italienischen Grat eingestiegen, wieder in Begleitung einiger mutiger Gefährten, hatte den Gipfel erreicht und hat – was beim Bergsteigen schließlich wesentlich ist – auch das Tal heil wieder erreicht. Carrel, dieser Mann aus den Bergen, ist für Trenker der eigentliche Titelheld.

Und er hat für den Film die Geschichte dahingehend ein klein wenig manipuliert. Carrel wird es sein, der Whymper unerwartet zu Hilfe kommt, als der in Zermatt der Tötung seiner Begleiter beschuldigt wird. Carrel wird sich allein auf den schwierigen Weg machen, um das andere Ende des gerissenen oder durchschnittenen Seiles zu finden und damit schließlich die Unschuld seines früheren Seilpartners beweisen.

Die Filmarbeiten zum »Kampf ums Matterhorn« verlaufen in größter Harmonie. Für Trenker ist das Matterhorn der schönste Berg der Welt. Er empfindet es als besondere Fügung des Schicksals, daß er hier arbeiten darf, daß er es ist, der die Originalgeschichte verfilmt. Auch ist er begeistert von seinen Mitarbeitern, froh über das kameradschaftliche Miteinander, das er immer erstrebt und in der Bergsteigerei wie in Kriegstagen auch bisweilen schon gefunden hat. Die enge geistige Freundschaft dieser Männer, das gemeinsame Anpacken, das Seite-an-Seite-Stehen, das Gemeinsamkämpfen, Gemeinsamsiegen oder Gemeinsamuntergehen hat in seinem Denken einen hohen Stellenwert.

»Dieses herrliche Erleben, die Arbeit an einer großen Aufgabe, führte uns auch menschlich eng zusammen, wir wurden mehr als ein Team, wir wurden gute Kameraden.«[121]

Einer der Bergführer wächst ihm besonders ans Herz. Es ist der schlanke Hugo Lehner. Sein Gesicht ist von einem dunklen Bart geziert, seine nicht minder dunklen Augen sind lebhaft und zeugen von großer Begeisterungsfähigkeit.

»Lehner konnte alles, skilaufen, klettern, Scheinwerfer bedienen, verwalten, kochen, schneidern, Zähne ziehen, abstürzen und wieder aufstehen.«[122]

Fortan wird dieser Hugo Lehner in keinem der Trenkerfilme mehr fehlen, ob im »Ruf des Nordens«, ob in »Berge in Flammen«, ob im »Rebell« oder in den »Condottieri«, stets wird er mit kleineren oder größeren Rollen bedacht sein, und er wird Luis Trenker immer die Treue halten.

Die Dreharbeiten am Matterhorn nehmen also den denkbar besten Verlauf. Die Stimmung der Leute ist gut, die filmischen Ergebnisse sind mehr als zufriedenstellend.

Und doch kann eine Filmarbeit im Hochgebirge nicht immer eitel Sonnenschein sein. Es gibt auch schlechte Tage, Tage, gegen die die größte Begeisterung machtlos ist. Einmal steht die ganze Mannschaft beim Gedenkkreuz für Carrel unterhalb des Liongrates. Da beginnt es hoch über ihnen dumpf zu poltern, schwer zu donnern. Eine Steinlawine hat sich gelöst, fegt über die Flanke des Berges herab, alles spielt sich ab in wenigen Sekunden, jeder ist vor Schreck fast gelähmt. Wie durch ein Wunder erreichen die tonnenschweren Felsbrocken die Filmleute nicht, sie verlieren sich in einer Schlucht, und alle bleiben unversehrt.

Länger als dieser Schrecken dauert ein anderer, den Trenker ganz persönlich durchleben muß.

»Alles wäre recht und schön gewesen, wenn mich nicht während des ganzen Sommers fürchterliche Magenschmerzen geplagt hätten. Anfangs half ich mir mit einem kräftigen Schluck Kognak, später, wenn ich nachts vor Schmerzen nicht schlafen konnte, mußte mehr Kognak her. Das unregelmäßige Essen, der gelegentlich schlechte Hüttenfraß verschlimmerten meinen Zustand täglich. Bei den langen An- und Abstiegen tat mir schließlich jeder Schritt weh, und Schritte machten wir über Fels und Eis viele tausend in jenem Sommer.«[123]

Eine rätselhafte Erkrankung befällt Trenker im Wallis. Irgend etwas stimmt nicht mit ihm. Doch er nimmt sich nicht die Zeit, einmal in Ruhe auf die Stimmen seines Körpers zu hören oder, ganz einfach, einmal einen Arzt zu Rate zu ziehen. Es vergehen Wochen, in denen er Kognak als Medizin einsetzt, gerade so, als wäre das alte Hausmittel Schnaps gegen jedes Leiden gleich gut einzusetzen. Erst als die Außenaufnahmen abgedreht sind, erst als Trenker im Spätsommer nach Berlin reist, um hier in Zusammenarbeit mit Bonnard und Malasomma den Film fertigzustellen, unterzieht er sich auf Drängen Hildas einer ärztlichen Behandlung. Und die ist dringend notwendig

Berlin 1928. Luis Trenker und Hilda von Bleichert haben sich die Hauptstadt des Deutschen Reiches zur Wahlheimat erkoren. Zwar haben sie in Bozen bei Trenkers Mutter ein ständiges Quartier, doch seit die Planungen zum Matterhorn-Film begonnen haben, sind sie mehr in Berlin als anderswo. Nach Möglichkeit wollen sie hier auch bleiben. Denn Berlin ist nicht nur der politische Nabel des Landes, auch kulturell und vor allem in Sachen Film ist es die wirkliche Hauptstadt.

Zunächst leben sie aus den Koffern, wohnen für einige Wochen in dieser Pension, für einige Tage in jenem Hotel. Doch ist das kein Dauerzustand. Eine eigene Wohnung will man schon haben. Hilda weiß genau, was sie will. Vor allem erst einmal heiraten. Wenn am 1. Juli in Zermatt die Vorbereitungen zur Filmarbeit eingesetzt haben, wird Luis wieder monatelang für nichts als die Filmerei zu gebrauchen sein. Also: Vorher aufs Standesamt.

Ehe sich Luis versieht, hat Hilda alles in die Wege geleitet.

»... erklärte sie mir freundlich und sehr bestimmt: unsere Trauung sei für den 9. Juni um elf Uhr vormittags festgesetzt, und zwar beim Standesamt Berlin 13 an der Fischerbrücke.«[124]

Luis kennt Hilda jetzt mehr als ein Jahr. Es hat sich in dieser Zeit eine intensive Beziehung zwischen ihnen entwickelt. Hilda ist nicht nur die Geliebte, sie ist auch Kamerad, Kumpel, Beraterin. Hilda ist überaus selbstbewußt, dabei doch von großer Güte. Eine warmherzige Frau, die durchaus auch einmal Härte und große Standfestigkeit an den Tag legen kann. Sie stammt aus wohlhabendstem Haus, ein verwöhntes Kind also, und teilt doch ohne Murren Trenkers noch etwas unsolides Dasein als Schauspieler und Filmemacher, der morgen vielleicht ein richtiger Star ist, genausogut aber auch einen Flop landen kann und wieder einmal zurückkehren muß nach Bozen, wo er dann nicht weiß, wie es mit dem Architektenberuf weitergehen soll.

Es ist diese Hilda eine Frau, die viele Wesenszüge von Trenkers Mutter zu haben scheint: die Güte, die Hilfsbereitschaft und die Großzügigkeit, aber auch das Durchsetzungsvermögen, die Entschlußkraft, den starken Willen. Über das Heiraten haben Luis und Hilda eigentlich nie gesprochen. Sie haben über die Monate gemerkt, wie gut sie zusammenpassen und wohl auch geahnt, daß diese auf Offenheit und Verständnis aufgebaute Liebesbeziehung eines Tages zur Eheschließung führen würde. Eines Tages, irgendwann ... Als er aber nun von Hilda vor fast schon vollendete Tatsachen gestellt wird, ist Trenkers Überraschung doch riesengroß. Er ist jetzt sechsunddreißig und hat das Junggesellendasein bislang mehr genossen, als daß er darunter gelitten hätte. Und dann plötzlich heiraten. So ein Schritt will doch überlegt sein. Aber dazu ist kaum mehr Zeit.

»Aber Hilda – wie stellst du dir das vor? Zum Heiraten braucht es so vieles: Taufscheine, Leumundszeugnisse, Heimat- und Geburtsscheine, daß mindestens ein Jahr vergeht, bis man alles beisammen hat.«[125]

Doch Hilda hat an alles gedacht. Trenkers Entgegnung verfliegt im Wind. Alles sei bereits organisiert, alle Unterlagen zusammengetragen, sagt sie, längst lägen die notwendigen Urkunden am Standesamt bereit.

Wenige Tage später betritt Luis Trenker das Standesamt Berlin 13. Und tatsächlich, alles ist veranlaßt, der Trauung steht nichts mehr im Weg. Doch – etwas hat Hilda vergessen: Daß es zur Eheschließung zweier Trauzeugen bedarf, das hat sie übersehen. Der Standesbeamte kann ohne Trauzeugen seines Amtes nicht walten. Trauzeugen müssen her. Trenker eilt los, um zwei Bekannte aufzutreiben. Er findet einen in dem Südtiroler Kriegskameraden Hans Unterlercher, der erst lange nach seinem Paß suchen muß, als zweiter Zeuge hat ein Taxifahrer herzuhalten, ein gewisser Herr Hofmann, der unweit des Standesamtes auf Kundschaft gewartet hat, und den Luis einfach um seine Hilfe bittet.

Um die Mittagsstunde des 9. Juni 1928 werden Luis Trenker und Hilda von Bleichert in Anwesenheit der Zeugen Unterlercher und Hofmann in Berlin getraut.

In Hildas Tagebuch findet sich die Trauzeugengeschichte etwas anders dargestellt als in Luis' Erinnerungen.

»Standesamt in Berlin, an der alten Fischerbrücke, Trauzeugen: Dr. Hermann Treuner u. Taxichauffeur Hoffmann. Trauung und nachher zum Essen bei Hans und Wera Unterlercher.«[126]

Kleinigkeiten. Letztlich ist es für diese Betrachtungen egal, wer als Trauzeuge fungiert und wer zum Hochzeitsmahl geladen hat. Wichtig ist nur: Luis und Hilda sind nun verheiratet, gehen den weiteren Lebensweg gemeinsam, und dieser Lebensweg wird sich zeigen in den buntesten Farben, er wird holprig sein und mit vielem Bergauf und Bergab aufwarten, aber wer denkt schon am Hochzeitstag an spätere Zeiten, jeder ist doch glücklich mit dem Augenblick, glücklich im Hier und Jetzt.

Am Tag nach der Trauung reisen die frisch Vermählten per Bahn nach Naunhof bei Leipzig, um Hildas Vater und die Geschwister zu besuchen. Zwei Tage später bringt sie der Schlafwagen nach Bozen. Trenkers Eltern werden besucht, man feiert ein wenig im kleinen Kreis. Daheim in Gröden freilich ist der Grund zum Feiern nur ein halber. was fehlt, was vor allem den Grödnern die Eheschließung als nicht perfekt erscheinen läßt, ist das Fehlen einer kirchlichen Heirat. Die soll später nachgeholt werden. Doch bis dahin werden noch fast acht Jahre vergehen.

»Zu der späteren kirchlichen Trauung im Grödnertal luden wir alle Bergführer und viele Freunde ein. Die Glocken der Pfarrkirche läuteten, die Orgel spielte, die Knaben und Mädchen sangen.«[127]

Es ist dies ein Teil von Trenkers späterer Legendenbildung um die eigene Person. Nicht in der Heimat, nicht in St. Ulrich, nicht im Spalier der Bergführerkollegen wird kirchlich geheiratet, vielmehr findet diese Zeremonie am 10. Mai 1936 in Berlin statt. Fünf Wochen zuvor, am 6. April, ist den Trenkers ein drittes Kind geboren worden, Tochter Barbara Carolina. Hilda Trenker notiert im Tagebuch:

»10. Mai – Luis u. Hilda endlich kirchliche Trauung u. Barbls Taufe anschließend. Vorbereitungen zu ›Condottieri‹.«[128]

Es müssen sich also Bera Jakob und Mutter Carolina noch gedulden, bis Luis' und Hildas Lebensbund auch den kirchlichen Segen erhalten wird. Ob der lange Aufschub auf die ständige Vielbeschäftigtheit Trenkers in den nächsten Jahren zurückzuführen ist oder ob der Grund ein rein kirchlicher ist, begründet liegt im Konfessionsunterschied zwischen dem römisch-katholischen Luis und der lutherisch-evangelischen Hilda, läßt sich Jahrzehnte danach nicht mehr beantworten.

Luis und Hilda bleiben acht Tage in Südtirol, bevor sie sich auf den Weg nach Zermatt machen, wo am 1. Juli die Arbeiten am »Kampf ums Matterhorn« beginnen werden. Gemütlich reisen sie zum Lago d'Iseo, weiter zum Lago di Como, schließlich vom Lago Maggiore ins Tessin und hinüber ins Wallis.

Im September 1928 sind die Dreharbeiten am Matterhorn abgeschlossen. Die Trenkers kehren zurück nach Berlin. In den Filmateliers der Ufa gibt es noch reichlich zu tun, bis der »Kampf ums Matterhorn« Premiere haben kann. Hier in den Studios sind Bonnard und Malasomma in ihrem Element. Trenker respektiert die filmische Erfahrung der beiden, findet freilich so manches, was hier geschieht, ziemlich belustigend.

»Zum Beispiel die Szene, in der ich, Carrel, den Gipfel erreiche: Wir hatten den allerletzten Teil im Atelier gedreht, auf einem großen Felsblock als Matterhorngipfel. Ich komme also auf dem Gipfel an, stecke den Eispickel in den Schnee, schaue auf die Berge ringsum und setze mich. Da greift Malasomma ein und sagt: ›Nein, Herr Trenker, so geht das nicht. Dieser Film wird auch in Italien gezeigt, auch der Duce wird ihn sich anschauen. Und Carrel ist Italiener. Sie kommen also auf dem Gipfel an, wenden sich aufrecht gegen Rom und erheben den Arm zum römischen Gruß.‹ Und ich verblüfft: ›Entschuldigen Sie, lieber Malasomma, aber von mir sehen Sie den römischen Gruß nicht. Carrel ist seit langem tot, und um den römischen Gruß hätte er sich gewiß nicht geschert.‹ Und dabei blieb es dann auch am Ende.«[129]

Am 3. Dezember 1928 findet im Berliner Ufa-Palast die Erstaufführung des Filmes »Kampf ums Matterhorn« statt. Der Film wird zum großen Erfolg, er läuft sieben Wochen im Ufa-Palast, und Trenker freut sich ungemein darüber, daß Straßenhändler in der ersten Zeit Logenplätze zum horrenden Preis von sieben Mark anbieten. Der »Kampf ums Matterhorn« ist Trenkers wirklicher Durchbruch in der Filmbranche.

»›Der Kampf mit dem Berg‹ und damit ›Der Kampf ums Matterhorn‹ sah Luis Trenker 1928 zwar noch nicht als den eigentlichen Macher, denn die Regie führten offiziell noch die Italiener Mario Bonnard und Nunzio Malasomma.

Die eigentlichen Fäden der Produktion hatte jedoch Trenker bereits fest in seiner Hand [...]

Im gleichen Jahr brachte der Pionier Fanck seinen zweifelsohne besten Film, ›Die weiße Hölle vom Piz Palü‹, in die Kinos. Die darstellerischen Leistungen Leni Riefenstahls, Gustav Dießls und Ernst Petersens in der Bernina wurden von den wagemutigen Manövern des Rettungsfliegers Ernst Udet gekrönt.

Obwohl ›Die weiße Hölle vom Piz Palü‹ der bessere Film war, was Fanck nicht zuletzt auch der Co-Regie des Bühnenregisseurs Georg Wilhelm Pabst in der Inszenierung der Spielszenen zu verdanken hatte, gelang Trenker erstmals in einem Nicht-Fanck-Bergfilm ein beachtlicher Erfolg.

Der Hauptdarsteller Trenker konnte im Matterhorn-Drama überzeugen und war damit zum mit Abstand beliebtesten männlichen Darsteller des deutschen Bergfilmes geworden.

Nun begann ein regelrechter Wettlauf um die Gunst des Publikums zwischen dem Lehrmeister und seinem ehemaligen Schüler.«[130]

Und für Trenker beginnt nun vor allem eine lange Zeit ständigen Schaffens. Ein Film nach dem anderen wird entstehen, als Autor, Regisseur und Schauspieler wird er fungieren, unablässig wird er schaffen, sein Dasein wird geprägt sein von immensem Fleiß, doch verdankt er es nur seiner robusten Gesundheit und seinem stabilen Nervenkostüm, daß er diese Arbeitswut unbeschadet übersteht.

Im Augenblick aber, nach Beendigung der Filmarbeiten und der erfolgreichen Premiere im Ufa-Palast, ist es gerade die Gesundheit, die Trenker fehlt.

Seit ihrer Rückkehr aus dem Wallis nach Berlin hat Hilda gedrängt, Luis solle einen Arzt aufsuchen. Immer schlimmer sind seine Magenschmerzen geworden, immer besorgniserregender sein Zustand. Aber Luis schiebt das Kranksein von sich. Die Arbeit geht vor. Die Aufnahmen im Studio, das Sichten des Materials, die Montage des Films. Erst nachdem alles erledigt ist, gibt er den eigenen Schmerzen und Hildas Drängen nach.

»Hilda brachte mich, wie eine Mutter ihren störrischen Sohn, zu einem Spezialisten. Der wird mir ein paar Pulverchen verschreiben, die nach dem Essen genommen werden, und damit basta; haste jedacht, sagen die Berliner.«[131]

Ein Professor Umber schickt Trenker nach der Untersuchung sofort in das Westendsanatorium. Der Magen wird ausgepumpt, der Darm gespült.

Hilda vermerkt in ihrem Tagebuch, daß Luis eine »Wunde am Zwölffingerdarm« hat, von nun an strengste Diät halten muß. Professor Umber räumt die Möglichkeit einer Heilung ohne Operation ein – allerdings nur, wenn Trenker die ärztlichen Vorschriften genauestens befolgt. Drei Wochen bleibt Trenker im Krankenhaus, dann wird er, versehen mit einer langen Diätliste, entlassen. Zudem wird ihm zur Pflicht gemacht, sich vor starken Erschütterungen bzw. Stürzen zu hüten, außerdem hat er täglich nach dem Mittagessen eine Stunde lang liegend auszuruhen. Diät, körperliche Schonung, Mittagsruhe im Liegen – allesamt rote Tücher für einen normalerweise vor Vitalität strotzenden Luis Trenker.

Aber er schickt sich in das Unvermeidliche. Zwei Jahre lang hält er sich an die strengen Speisevorschriften, zwei Jahre lang achtet er sehr darauf, seinen Körper nicht überzustrapazieren, zwei Jahre lang nimmt er sich, wann immer es die Situation zuläßt, die Zeit zur verordneten Mittagsruhe.

»Das ging so zwei Jahre lang, bis ich schließlich völlig gesundete und alles wieder essen und trinken durfte, was mir schmeckte.«[132]

Ist diese Magen-Darm-Erkrankung die negative Folge der körperlich wie nervlich fordernden Arbeiten am Matterhorn-Film, so gibt es auch einen sehr erfreulichen Nebenaspekt. In Zermatt hat Trenker Theodor Wolff kennengelernt. Wolff ist Chefredakteur beim »Berliner Tageblatt«, und er gilt als einer der führenden und fähigsten Journalisten seiner Zeit. Er legt großen Wert auf die Unabhängigkeit der Presse von politischen Parteien und jeglichen gesellschaftlichen Institutionen. Er ist einer der maßgeblichen Wegbereiter des feuilletonistischen Stils in Tageszeitungen, und zu seinem Mitarbeiterstab beim »Berliner Tageblatt« gehören Alfred Kerr, Joseph Roth, Alfred Polgar und Kurt Tucholsky. Sein Engagement reicht über das Journalistische weit hinaus. 1929, als öffentliche Bühnen kritischen Autoren das Aufführen ihrer Stücke verweigern, gründet Wolff zusammen mit Dichtern und Dramatikern die »Freie Bühne«, wo nun auch andere Töne am Theater laut werden können. Als Korrespondent in Paris brachte er Licht in die düstere Dreyfus-Affäre. Als Verfechter der Toleranz setzte er sich vehement für den norwegischen Maler Edvard Munch ein, dessen Bilder bei einer Ausstellung 1892 in Berlin von Kritikern verhöhnt und verspottet werden. 1906 wird er Chefredakteur beim »Berliner Tageblatt« – und er bleibt es siebenundzwanzig Jahre lang, bis er 1933 vor dem Zugriff der Nazis wird fliehen müssen

»Hochbegehrt war er als Gesprächspartner in Berliner Clubs und Salons. Ebenso ist er bei vertraulichen Diners gerngesehener Gast, ob es Minister, Botschafter, Künstler oder Schauspieler sind. Auch bei den beliebten Einladungen, die er in seinem Haus am Tiergarten gibt, treffen sich wie selbstverständlich die anregendsten Persönlichkeiten Berlins. Theodor Wolff stand nicht nur im Ruf, der bestinformierte deutsche Journalist zu sein. Er zählte auch als einer der wenigen hommes de lettres, die es in Deutschland gab, zu den angesehensten Persönlichkeiten der Berliner Führungsschicht.«[133]

Wolff beobachtet in Zermatt die Arbeiten des Filmteams, wie sich Trenker später erinnert, »mit viel Interesse und Sympathie«.

Schließlich bekundet er großes Interesse an einem Beitrag für seine Zeitung. Trenker solle etwas schreiben.

»Ich erschrak fast. Für eine große Zeitung einen Artikel schreiben? Ich hatte bisher nur einmal etwas geschrieben, nach dem Kreig, für eine alpine Zeitschrift.

›Was soll ich schreiben?‹ fragte ich.«[134]

Theodor Wolff erteilt ihm den Auftrag, von den Dreharbeiten am Matterhorn zu berichten, den Alltag eines Bergfilmteams zu schildern und darzustellen, was an Mühsal und was an Freude während der Zeit im Wallis erlebt worden ist.

Trenker fühlt sich sehr geehrt von dieser Aufforderung des berühmten Redakteurs aus Berlin. Dennoch kommt er erst einmal der Aufgabe nicht nach. Zum einen ist er viel beschäftigt, zum anderen schiebt er das Schreiben gleichsam vor sich her, fühlt sich unsicher, weiß nicht, ob er der journalistischen Arbeit gewachsen sein kann, gar für eine so niveauvolle Zeitung wie das »Berliner Tageblatt«, für die auch namhafteste Schriftsteller tätig sind.

Doch Wolff läßt nicht locker. Mehrmals mahnt er den bestellten Beitrag an, bis sich Trenker endlich an den Schreibtisch setzt und sich der Mühsal unterzieht, einen großen Artikel über seine Arbeit am »Kampf ums Matterhorn« zu verfassen.

Bald darauf erscheint sein Bericht in der Sonntagsausgabe der Zeitung. Groß aufgemacht und mit mehreren Bildern illustriert. Der Lohn für die Pein des Schreibens. Das Gefühl, an diesem Sonntag von Zigtausenden gelesen zu werden (die Abonnentenzahl beläuft sich auf rund 250 000), ist nicht weniger angenehm als der Applaus des Publikums im Kinosaal.

Theodor Wolff hat mit seinem Auftrag ein bisher unbeachtetes Talent in Luis Trenker zum Leben erweckt: Das Schreiben. In der Folgezeit wird Trenker unzählige Aufsätze für die verschiedensten Publikationen zu Papier bringen, immer lockerer, freier und sicherer im Stil, und bald wird er auch darangehen, allein oder von professionellen Autoren unterstützt, Bücher zu schreiben: Romane, Erzählungen, Anekdoten.

War es Arnold Fanck, der beim Filmschaffenden Trenker Geburtshilfe (und mehr) geleistet hat, so ist es Theodor Wolff, der dem Regisseur und Schauspieler Trenker den entscheidenden Anstoß gibt zur Schriftstellerei.

DER RUF DES NORDENS

Trenker tritt aus dem Schatten Arnold Fancks

Für die HOMFILM ist »Der Kampf ums Matterhorn« ein finanzieller Erfolg. Trenker, der Schauspieler und Regisseur in einer Person, hat sich, in Zusammenarbeit mit Bonnard und Malasomma, als Volltreffer erwiesen. Die HOMFILM tut, was logisch ist: Sie gibt umgehend den nächsten Film in Auftrag, der wieder von denselben Leuten realisiert werden soll.

Einen geeigneten Stoff zur Verfilmung glauben die Direktoren der HOMFILM, die Herren Hohenberg, Oppenheimer und Marcus, deren Anfangsbuchstaben den Namen ihrer Produktionsfirma bilden, schon gefunden zu haben. Eine Tragödie im ewigen Eis der Arktis. Im Juni 1928 war auf Spitzbergen das italienische Luftschiff »Italia« verunglückt. Sechzehn Schiffe, einundzwanzig Flugzeuge und unzählige Hundeschlittengespanne starteten eine großangelegte Rettungsaktion, bei der insgesamt 1500 Helfer beteiligt waren, unter ihnen der berühmte und erfolgreiche Polarforscher Roald Amundsen. Er hatte die Nordwestpassage bezwungen, den Südpol erobert, die Nordostpassage durchfahren und den Nordpol überflogen. Bei der Rettungsaktion für die Luftschiffmannschaft unter Leitung des italienischen Ingenieurs Nobile aber geht er mit seinem Flugzeug verschollen und wird nie mehr aufgefunden.

Das Unglück, die versuchte Rettung, der Tod Amundsens – die ganze Welt nimmt daran Anteil. Ein halbes Jahr später wittert eine clevere Filmfirma den großen Erfolg mit einem dramatischen Film über Abenteuer am Nordpol. Trenker, davon ist man überzeugt, ist der richtige Mann für die Hauptrolle.

Trenker aber hat zunächst zahlreiche Einwände. Er hat keinerlei Polarerfahrung, bezweifelt, sich in den Eiswüsten Spitzbergens zurechtzufinden, läßt sich aber schließlich umstimmen. Man entgegnet ihm, daß er als erfahrener Bergsteiger im Eis ja ohnehin »zu Hause« sei, was wäre schon der Unterschied zwischen dem Gletschereis im Wallis oder in den Berner Alpen und dem Eis der Polarregionen? Trenker willigt ein. Er ahnt die Unterschiede zwischen hier und dort, zwischen den Alpen und dem Nordpol sehr wohl, aber nicht nur die Verlockung, gleich wieder einen Film zu machen, ist groß, auch die Möglichkeit, die Arktis und Spitzbergen kennenzulernen, hat enormen Reiz.

Für dieses Filmprojekt scheut die Produktion keine Kosten und keine Anstrengungen. Eine hervorragende Expeditionsmannschaft kann zusammengestellt werden. Mit dem Norweger Lars Hansen wird ein kundiger Berater gewonnen, der nicht nur selbst über Erfahrungen in den Nordländern verfügt, sondern überall auch die besten Kontakte hat, die für ein großes Filmprojekt, das irgendwo am Ende der Welt »durchgezogen« werden muß, dringend notwendig sind.

»Lars war der rechte Mann für mich. Sieben Jahre lang war er als Lachsfänger bei den Indianern in Alaska herumgezogen, als Klempner hatte er in New York auf Wolkenkratzern gearbeitet, in Kansas hatte er sich als Holzfäller das tägliche Brot verdient, und das alles, nachdem er in seiner norwegischen Heimat eine große Reederei, die er geerbt hatte, bis auf den letzten Schiffsbalken versoffen hatte. So ganz nebenbei war er zu einem vielgelesenen Schriftsteller geworden, dessen Bücher in der Welt großen Absatz fanden.«[135]

Lars Hansen obliegt die Organisation dieser filmischen Expedition. Er muß ein Schiff auftreiben, die »Hobby«, und die nötige Besatzung. Er hat den Proviant zu kalkulieren und zu besorgen, wobei ihm seine Abenteurer-Erfahrungen dienlich sein können. Schließlich muß er Hundeschlittengespanne zusammenstellen, die sowohl zum Transport von Ausrüstung als auch für den Film selbst gebraucht werden, kurz: Hansen wird mit allem betraut, was er aufgrund seiner Erfahrungen und seiner Verbindungen irgendwie bewerkstelligen kann.

Nach den organisatorischen Vorarbeiten unterzieht sich das gesamte Team, Kameraleute und Darsteller, einer dreitägigen Trainingstour im Jungfraugebiet. Um ein Haar stürzt Trenker hier unangeseilt in eine tiefe Gletscherspalte. Nur mit Mühe kann er sich aus der prekären Situation befreien. Unglaublichem Glück hat er zu verdanken, daß nicht schon Nachrufe geschrieben werden müssen für den »Filmkurier« und andere Fachpublikationen.

Am 1. April 1929 bricht Trenker in Berlin auf, macht sich in Begleitung von Schauspielerkollegen auf den Weg nach Tromsö, wo er mit Hansen zusammentrifft.

Hilda bleibt vorerst in Berlin. Später wird sie nachreisen, von Hamburg über Helgoland nach Bergen, dann nach Tromsö, wo sie acht Tage lang die Rückkunft der »Nordlandfahrer« erwartet. Erst am 14. Juni wird sie in ihr Tagebuch schreiben können: »Rückkehr der ›Hobby‹, alle mit Bärten (außer Luis) von Spitzbergen.«[136]

Zwischen der Abreise mit der »Hobby« und der »bärtigen« Rückkehr liegt für das Filmteam eine abenteuerliche Zeit. Auf Spitzbergen drehen sie den »Ruf des Nordens«.

Noch im März des Jahres 1929 hatte Trenker ein Zusammentreffen, das ihn tief beeindruckte. In Berlin besuchte ihn Noel E. Odell. Er ist Alpinist mit Himalaja-Erfahrung, zu dieser Zeit noch eine Seltenheit. 1924, der Himalaja war noch absolutes alpinistisches Neuland, ging Odell mit einer britischen Expedition zum Mount Everest, dem mit 8848 Metern höchsten Berg der Erde. Zwei der Bergsteiger, George H. Mallory und Andrew C. Irvine, machten sich an einen kühnen Gipfelgang. Vom letzten Hochlager aus brachen sie auf. In einer Höhe von rund 8500 Metern hat man sie zum letzten Mal gesehen. »Dann verschluckt sie der Nebel und irgendwann der Tod. Es bleibt die Ungewißheit: Sind die beiden mit ihrer für heutige Verhältnisse dürftigen Ausrüstung [...] noch zum Gipfel gelangt oder starben sie auf den letzten dreihundert Metern, die sie noch vom höchsten Punkt der Erde trennten? Wurde der Everest bereits 1924 erstbestiegen oder doch, wie es belegt ist, erst 1953?«[137]

Noel E. Odell will nun zurückkehren in den Himalaja. Trotz des tragischen Ausganges der Expedition von 1924 will er wieder zum Mount Everest. Ob Trenker nicht Lust hätte, mitzukommen, um einen dokumentarischen Film über den Berg und den neuerlichen Besteigungsversuch zu drehen.

»In den Himalaya! Auf den höchsten Berg der Welt! Dies war, bei Gott, eine große Chance! Aber ich war ja nicht frei, die Verträge hielten mich fest, es blieb mir nichts anderes übrig, als Odell abzusagen.«[138]

Noel E. Odell sollte 1936 die Erstbesteigung des »heiligen Berges Indiens«, der 7816 Meter hohen Nanda Devi, gelingen. Bis 1950 der erste Achttausender, die Annapurna, bestiegen wird, bleibt die Nanda Devi der höchste von Menschen erreichte Gipfel.

Der Gipfel des Mount Everest aber wird noch länger unberührt bleiben, bis 1953. Am 29. Mai dieses Jahres werden der Sherpa Tenzing Norgay und der Neuseeländer Edmund Hillary als erste Menschen den »dritten Pol der Erde« betreten.

Trenker bleibt der Himalaja versagt. Ihm ist es nicht vergönnt, die dünne Luft der Sieben- und Achttausender zu atmen. Er hat andere Verpflichtungen. Er muß dem »Ruf des Nordens« folgen.

Der Norden wird eines der großen Abenteuer in Trenkers ohnehin bewegtem Leben. Da ist das Unterwegssein in urweltlichen Landschaften, fernab jeglicher Zivilisation. Da ist die Natur von überwältigender Imposanz: das Eismeer, vielgestaltig im Wandel des Wetters und des Lichts. Und da ist das Licht, das Spiel des Lichts in den Regionen der Mitternachtssonne. Eindrücke besonderer Art für einen stark visuell geprägten Menschen, wie Trenker einer ist.

Es ist eine Männerreise, eine Männerwelt auf dem Filmschiff »Hobby«. Daß eine Schauspielerin mit an Bord ist, die junge Wienerin Eva von Berne, ändert nichts an dieser Tatsache. Es ist eine Jack Londonsche, eine Hemingwaysche Männerwelt.

Von schwimmender Eisscholle zu schwimmender Eisscholle springend, ein gefährliches Spiel spielend dabei, werden Seehunde gejagt und erlegt. Trenker erlebt das Häuten der Tiere, erfährt, daß den Norwegern an Bord das Fleisch nicht von Bedeutung ist, daß nur das Fell mit der dicken Tranfettschicht zählt.

In den langen Stunden der Dämmerung wird gemeinsam musiziert, melancholische Melodien auf Flöte und Geige inmitten einer schwermütigen, dabei bis ins Innerste aufwühlenden Landschaft.

Die Schauspielerin, das einzige weibliche Wesen an Bord der »Hobby«, bleibt von Männernachstellungen weitgehend unbehelligt. Die Arbeit am Film, daneben das Jagdfieber und die Kameradschaft zwischen den nicht sonderlich zart besaiteten Gesellen – das ist der Crew genug. »Gott sei Dank war dieser Filmstar [. . .] so temperamentlos und von einem solch unwahrscheinlichen Phlegma, gepaart mit einer entwaffnenden Gutmütigkeit, daß meine Sorge, es würde auf dem Schiff wegen dieses einzigen weiblichen Wesens zu Mord und Totschlag kommen, völlig überflüssig war.«[139]

Dramatik aber, ja Tragik, bietet die Reise auch so genug. Einmal fährt die »Hobby« im Treibeis fest und schafft es nicht, aus eigener Kraft wieder freizukommen. Wenn sich das Wetter nicht bessert, kann das bedeuten, daß die Filmcrew hier überwintern muß, am Ende der Welt, auf einem festgefrorenen Schiff. Dynamit muß her, damit man sich eine Fahrrinne freisprengen kann. In etwa zwei Tagesmärschen Entfernung ist eine Kohlenmine in Betrieb. Das Wetter ist mehr als unsicher. Die Norweger haben kein Verlangen, Kopf und Kragen zu riskieren. Da ist es wieder einmal Hugo Lehner, Trenkers Begleiter durch alle Filmarbeiten, ein treues, dabei zupackendes männliches »Mädchen für alles«, der den

Marsch zur Mine antritt. Doch es kommt, wie es kommen muß: Das Wetter schlägt um, wendet sich gänzlich zum Schlechten. Nach Tagen sucht man in der Richtung, aus der Lehner, wenn er noch am Leben ist, kommen müßte – und man findet ihn, schneeblind und völlig erschöpft. Das Dynamit hat er, und so ist der Weg für die »Hobby« frei.

Für einen freilich wäre es besser gewesen, wenn das Schiff festgehalten worden wäre von der unendlichen Kraft des Eises. Lars Nielsen, einer der Helfer in allen Belangen der Reise wie der Filmarbeit, sollte nicht mehr zurückkehren aus den arktischen Breiten. Es ist nicht die erste Begegnung des Filmteams mit Eisbären, aber es ist eine verhängnisvolle. Nielsen erlegt das größte Tier einer Dreiergruppe, die von einer Eisscholle aus gelangweilt das sonderbare Schiff betrachtet. Er trifft genau, das Tier ist sofort tot, die beiden anderen verschwinden im Wasser. Doch als Nielsen sich seiner Jagdbeute nähern will, passiert es. Eine trügerische Eisscholle kippt, und es braucht nicht die Weile eines Wimpernschlages, bis er im eisigen Meer versunken ist. Nielsen taucht nicht mehr auf.

»Wenige Wochen später trafen wir in Tromsö ein. In die Freude der Wiederkehr mischte sich das Leid der Trauer um den braven Nielsen und das Mitleid mit seiner Frau und den Kindern.«[140]

Trenker besucht noch mehrere Polarexperten entlang der Westküste Norwegens. Eine durchwachte Nacht bei Leif Andersen im Lyngefjord wird ihm zum eindringlichsten Erlebnis der gesamten Reise. »Neben dem Matterhorn, dem Gran Cañon und dem sternenübersäten Nachthimmel über der Sandwüste Kaliforniens, gehört diese Mittsommernacht im Lyngefjord zu den unvergeßlichen Eindrücken meines Lebens.«[141]

Eines Lebens, das bald darauf schon hätte beendet sein können. Am Ende einer Fährfahrt über einen der unzähligen norwegischen Fjorde bricht die Landebrücke. Der Bus, in dem Trenker mit seiner Frau und all seinen Mitarbeitern sitzt, rollt rückwärts ins Meer, und nur der Geistesgegenwart eines Hilfsarbeiters ist es zu verdanken, daß nicht Bus und Menschen völlig versinken. Die Scheiben werden eingeschlagen, mit Seilen werden die Insassen befreit, ausnahmslos alle kommen mit dem Schrecken davon. Einem gehörigen Schrecken am Ende der Nordlandfahrt.

»Der ›Ruf des Nordens‹ hatte nicht den verdienten Erfolg. Das lag an der Tatsache, daß die Zeit des Stummfilms vorbei war. Inzwischen war ein neues Phänomen, der Tonfilm, aufgetaucht.«[142]

Ähnlich äußert sich Hans-Jürgen Panitz:

»Der ›Ruf des Nordens‹ schildert eine Suchexpedition im Packeis. Trenker spielt wieder die Hauptrolle und führt erstmals offiziell Co-Regie.

Dem Streifen haftete jedoch der Makel an, der letzte Stummfilm überhaupt gewesen zu sein. Schon die bloße Tatsache, daß Filme von da an von Dialogen, Musik und Geräuschen begleitet wurden, überhöhte jeden anderen qualitativen Maßstab beim Publikum.«[143]

Bereits 1927 war in den Vereinigten Staaten der erste wirkliche Tonfilm produziert worden: »The Jazz Singer«. Unter der Regie von Alan Crosland agierte Al Jolson als Hauptdarsteller. Als der Film Mitte 1928 am Broadway gezeigt wurde, war schnell auch europäischen Filmfachleuten klar, daß darin, daß im Tonfilm, die Zukunft liegt.

Doch sind in Deutschland vor allem die dabei zu überwindenden technischen Schwierigkeiten enorm. Es bedarf einer Vielzahl technischer Neuerungen, um einen Tonfilm produzieren und auch wiedergeben zu können. Der erste richtige deutsche Tonfilm entsteht noch in einer Phase des Experimentierens. Carl Froehlich dreht für die Tobis-Film »Die Nacht gehört uns«, eine Liebesgeschichte. Für die weibliche Hauptrolle möchte der Regisseur Marlene Dietrich heranziehen. Aber er stößt bei Produktion und Mitarbeitern auf entschiedene Einwände. Die Dietrich sei zu ordinär. Er besetzt die Rolle anders, weniger durchschlagend und, wie man später wissen wird, dem Film weniger Erfolg bringend. Eine ausgezeichnete Wahl hingegen bleibt ihm für den männlichen Hauptdarsteller: Hans Albers. Froehlich holt ihn vom Theater weg und legt somit den Grundstein für eine Traumkarriere. Doch vor dem Lorbeer kommt der Schweiß. Tonfilm ist eine völlig neue Sache, vieles muß bei den Dreharbeiten erst gelernt werden, Erfahrung und Wissen resultieren auch hier aus gemachten Fehlern.

Curt Riess erzählt über die Dreharbeiten zu »Die Nacht gehört uns«: »Wie groß die Versuchung, ein bißchen deutlicher zu werden, das heißt ein bißchen lauter, vielleicht auch ein bißchen langsamer oder pathetischer, eben so zu sprechen, wie früher Klassiker auf der Bühne gesprochen wurden. Auch Froehlich erkennt diese Gefahr. Neben der Kamera stehend beschwört er Albers immer wieder: ›Mensch, Hans, bleib natürlich! Ick beschwöre dir, natürlich! Sprich, wie dir der Schnabel gewachsen ist! Unfrisierte Schnauze, det will ick hier haben!‹ . . .

Unfrisierte Schnauze! Wie einfach sich die Leute das vorstellen, die nachher das fertige Produkt sehen. Die denken: da hat der Albers sich einfach hingestellt und hat losgequasselt! ... Wenn sie wüßten, diese guten Leute, daß nichts so schwer ist wie das Einfache, das scheinbar Hingeworfene. Unfrisierte Schnauze! Das ist so viel schwerer als frisierte Schnauze! Das ist: tausend Sachen, die man gelernt hat, nicht anbringen, tausend Möglichkeiten wegwerfen, auf tausend Wirkungen verzichten.«[144]

»Die Nacht gehört uns« wird ein Erfolg. Und im selben Jahr, da Luis Trenker stummfilmend durchs Eismeer reist, wird Hans Albers auf Anhieb zum neuen Liebling des Filmpublikums. Nun sind auch in Deutschland die Zeiten des Stummfilms vorbei. Nur noch ein paar letzte Zuckungen gibt diese Filmgattung von sich, bevor sie stirbt, ohne daß ihr von der breiten Öffentlichkeit Tränen nachgeweint werden. Es sollte viele Jahrzehnte dauern, bis die Kunstform Stummfilm wiederentdeckt werden kann.

Ein vehementer Gegner des neumodischen Tonfilms ist zunächst noch Luis Trenker. Als vom Stummfilm begeistert und vom Bild besessen stellt er sich und seine Gesinnungsgenossen dar. Und er fürchtet das Aufgeben jenes mühsam erarbeiteten, künstlerisch geschaffenen Bildstils, der dem Stummfilm eigen ist. Er erinnert sich an jene Zeit in Berlin, an eine Zeit der Wende im Film und in sich selbst:

»Dort lief der erste Tonfilm Carl Froehlichs mit Hans Albers in der Hauptrolle: ›Die Nacht gehört uns‹; einige Häuser weiter gab man ›The singing fool‹ mit dem Negersänger Al Jolson. Sie wirkten allein schon durch ihre Geräusche, Lieder und Dialoge derart auf das faszinierte Publikum, daß ich merkte, dagegen ist nicht aufzukommen und sogleich beschloß, vom stummen Film ein für allemal Abschied zu nehmen.«[145]

Es ist Trenker nicht allein daran gelegen, Kunst zu machen. Mit dem nicht gerade originellen Umstand, daß wahre Kunst unpopulär ist, könnte er sich nicht anfreunden. Trenker will bei aller künstlerischen Inspiration und Ambition auch und vor allem Erfolg haben. Als Regisseur wie als Darsteller. Was zum Beispiel macht diesen Hans Albers, der ein Jahr älter ist als Trenker, zum neuen Publikumsliebling? Was muß Trenker noch lernen? Die Antworten kann nur der Tonfilm geben.

Doch noch ist Trenker gefangen in Verträgen. 1929/1930 entsteht der Film »Die heiligen drei Brunnen«, auch als »Symphonie der Berge« bekannt. Eine Tragödie am Ortler steht im Mittelpunkt der Handlung.

Gedreht wird darüber hinaus in einigen ungarischen Karsthöhlen sowie in der Tschechoslowakei. Als Stummfilm kommt der Film in die Kinos, doch der sich unverzüglich abzeichnende Mißerfolg macht eine nachträgliche Tonbearbeitung nötig.

Schließlich führt das Jahr 1930 Trenker wieder nach Zermatt, an den Fuß des Matterhorns, wo er im alpenländischen Raum eine zweite Heimat gefunden hat. Zermatt und das Matterhorn als Parallele zu St. Ulrich mit dem Langkofel.

Gemeinsam mit dem Schriftsteller Walter Schmidkunz hat Trenker ein Drehbuch erarbeitet, das auf wahren Begebenheiten beruht. »Der Sohn der weißen Berge« wird der Film heißen, und es wird Trenkers erster Tonfilm sein. Daß verschiedene Leute Zweifel daran haben, daß Trenkers südtirolerisch gefärbte Aussprache für das Kino geeignet sei, ficht ihn nicht an. Ganz im Gegenteil: Er ist davon überzeugt, daß gerade die Dialektfärbung der Sprache dem in den Bergen spielenden Film besondere Authentizität verleihen wird. Trenker macht sich daran, den »Sohn der weißen Berge« zur Filmfigur werden zu lassen.

Doch muß an dieser Stelle ein kleiner Einschub sein, gleichsam eine Unterbrechung der Filmarbeit. Wichtiges hat sich 1929 ereignet. Wichtiges geschieht 1930, und nichts davon sollte man in diesen Betrachtungen über Luis Trenkers Leben unerwähnt lassen. Noch genügt es, sich auf mehr oder weniger filmische Notizen zu beschränken.

So ist zum Beispiel auch Arnold Fanck nicht untätig. Er inszeniert »Stürme über dem Montblanc«, ein Meisterwerk des Bergfilm-Genres mit Sepp Rist in der Hauptrolle, Leni Riefenstahl in einer Nebenrolle und Ernst Udet als kühnem Piloten. »Stürme über dem Montblanc« zeigt eine Reife des Regisseurs, die dem ehrgeizigen Trenker zu dieser Zeit noch fehlt. Doch darf der gelungene Film nicht darüber hinwegtäuschen, daß es nunmehr auch zwischen Arnold Fanck und seiner – geliebten – Lieblingsdarstellerin mehr und mehr Anzeichen des Sich-Auseinanderlebens gibt.

»Er sah sie stets in der Rolle des ewig naiven Bergmädchens, das nur im Winter zu spielen hatte, was bei teilweisen Temperaturen um minus 30 Grad auf ungeheizten Hütten und vor allem als einzige Frau zwischen einer Horde von ›Kraftlackeln‹ nicht immer ein Zuckerlecken war.

Andere Rollen bot man ihr nicht an.

Ihr Ruf bis in die späten dreißiger Jahre war vom Ausspruch geprägt: ›Leni Riefenstahl – das ist doch die Reichsgletscherspalte.‹«[146]

Leni Riefenstahl wird sich mehr und mehr bewußt, daß auch sie eine Zukunft in der Regiearbeit suchen will. Eigene Filme machen, so wie Fanck, so wie Trenker. Noch ist ihre Zeit nicht gekommen, aber am Horizont leuchtet schon ein »blaues Licht«.

Längst hat sie begonnen, die Bergfilmfesseln zu sprengen, sich in anderem Gelände umzusehen. Den Regisseur Josef von Sternberg lernt sie kennen; auf eigene Initiative hin, so energisch und stur, wie sie einst Fanck für sich eingenommen hat. Sie sucht von Sternberg in den Ufa-Studios auf, wo er an einem neuen Projekt zu arbeiten begonnen hat. Zugrunde liegt ein Roman von Heinrich Mann, »Professor Unrat«. In der Drehbuchbearbeitung von Carl Zuckmayer und Josef von Sternberg wird »Der blaue Engel« daraus. Einer der Hauptdarsteller ist bereits gefunden: Emil Jannings. Was noch fehlt ist die Lola-Lola. Marlene Dietrich habe man ihm dafür vorgeschlagen, erzählt von Sternberg Leni Riefenstahl, die er bald schon freundschaftlich Du-Du nennt. Gemeinsam schauen sie sich Photos von der noch nicht sehr bekannten Schauspielerin an. »Ich glaube«, sagt die Riefenstahl zu »Jo«, wie sie von Sternberg nennt, »diese Frau wäre ein guter Typ für Sie.« Marlene Dietrich bekommt die Rolle. Als Lola-Lola macht sie den von Friedrich Holländer komponierten Song »Ich bin von Kopf bis Fuß auf Liebe eingestellt« zum Evergreen und sich selbst unsterblich. Ein Weltstar ist geboren, die Frau, von der Jean Cocteau sagt, »ihr Name beginnt wie eine Zärtlichkeit und endet wie ein Peitschenknall«, der »blaue Engel« Marlene Dietrich.

Und noch etwas sei, wenn auch in aller Kürze, bemerkt. In dem Film »Drei von der Tankstelle« wird ein achtundzwanzigjähriger Schauspieler mit großem komischem Talent populär: Heinz Rühmann. Doch ist 1930 nicht nur das Jahr der Euphorie, das Jahr der flotten Töne. Auch Dissonanzen werden laut und lauter. Bei der Vorführung des Antikriegsfilms »Im Westen nichts Neues«, dem ein Roman von Erich Maria Remarque als Vorlage gedient hat, kommt es im Berliner Mozartsaal zu Tumulten. SA-Leute lassen weiße Mäuse im Kinosaal aus, sie werfen Stinkbomben und stören durch Sprechchöre von benachbarten Dächern. Die Mäuse-Idee stammt vom Berliner NSDAP-Gauleiter Joseph Goebbels . . .

Derweil arbeitet Trenker am »Sohn der weißen Berge«.

»Die Handlung geht auf ein Ereignis zurück, das sich wirklich in den Stubaier Alpen zugetragen hat. Turri, ein Skilehrer und Bergführer, wird verdächtigt, auf einer Skitour seinen Kunden getötet zu haben . . . Doch am Ende stellt sich heraus, daß es sich um einen Trick des Kunden gehandelt hatte, der seine Versicherung betrügen wollte. So ist Turris Unschuld bewiesen, während der Betrüger in einer Schweizer Berghütte und seine Frau in Paris verhaftet werden.«[147]

Trenker ist wieder der Hauptdarsteller, einmal mehr verkörpert er als Bergführer Turri den guten Menschen, den allenfalls unglückliche Umstände in mißliche Situationen bringen können. Auch für die Regie ist Trenker zuständig, zwar nach wie vor in Zusammenarbeit mit Mario Bonnard, doch ist anzunehmen, daß vor allem Trenker dem Film den Stempel aufdrückt. Denn das Gebirge ist schließlich sein Metier.

Bei der Arbeit am »Sohn der weißen Berge« lernt Trenker zwei Menschen kennen, mit denen er sein Leben lang verbunden sein wird. Der eine ist noch ein ganz junger Spund:

»Es war unser Tschäms, vulgo James, in Wahrheit Hans Jamnig, der achtzehnjährige, rothaarige, sommersprossige, immer und allweil lustige, ›holdrio-gemma-gemma‹-Bursche aus Innsbruck . . .«[148]

Tschäms wird zum Faktotum, zur treuen Seele des Regisseurs Trenker, und ähnlich wie schon Hugo Lehner wird er ihm in allen Lebenslagen eine hilfreiche Stütze sein, dabei aber stets bescheiden bleiben, sich immer im Hintergrund halten, um die eigene Person nicht viel Aufhebens machen.

Entscheidender freilich als die Begegnung mit Tschäms ist die mit Giuseppe Becce, einem Komponisten aus dem venetischen Legnago, der fortan fast allen bedeutenden Trenkerfilmen die musikalische Note geben wird, sie durch seine Kunst letztlich zu dem macht, was sie sind, nämlich Klassiker der deutschen Filmgeschichte. Für den »Sohn der weißen Berge« war Becce als Komponist von der Produktionsfirma Itala-Film herangezogen worden. Er kannte Trenker nicht, Trenker wußte nichts von Becce. Erst bei der Uraufführung im Berliner Ufa-Palast wird man miteinander bekannt. Ohne voneinander zu wissen, sitzen die beiden Seite an Seite im Kinosaal. Trenker erinnert sich, daß sein Nebenmann seine Skilaufkünste beifällig bewunderte; er selbst wiederum applaudierte der gelungenen Filmmusik, ganz besonders dem Lied »Wir Kameraden der Berge«, das später zur Kennmelodie der Bergsteiger-Sendung des Bayerischen Rundfunks werden sollte.

Schnell ist die Situation geklärt, nun kennen sich Trenker und Becce, und dieses für beide sehr vorteilhafte Zusammentreffen stellt die

Weichen für qualitätvolle Bergfilme in der Nachfolge von Arnold Fanck.

»Der ›Sohn der weißen Berge‹ kommt noch im selben Jahr, 1930, in einer französischen Fassung heraus:« »Les Chevaliers de la montagne«.

»Der ›Sohn der weißen Berge‹ lief ungewöhnlich gut, die Kritiker waren begeistert; Bild, Sprache, Geräusche und Musik, alles auf einem Band, alles in einer fröhlich spannenden, sportlich-alpinen Handlung zusammengefaßt; Eis, Schnee, Lawinen und ein atemberaubendes, interessant fotografiertes Abfahrtsrennen als Abschluß, das war neu.«[149]

In Berlin wie in Paris ist der Film ein Erfolg. Luis Trenker hat sich allmählich von Fanck emanzipiert, hat mit guten Ergebnissen erste eigene Regiearbeiten vorgelegt. Gewiß, noch standen ihm Routiniers zur Seite, haben ihr Wissen über Bildgestaltung, Schauspielführung und Montage mit eingebracht. Aber Trenker lernt, wie es die Vergangenheit ja bereits mehrfach und auf den verschiedensten Gebieten gezeigt hat, schnell. Er weiß sich nun in der Lage, selbständig einen Filmstoff zu realisieren, eigene Ideen umzusetzen in einem Drehbuch und daraus wiederum einen abendfüllenden Spielfilm entstehen zu lassen.

Trenker hat da so eine Idee. Eigentlich ist es ja mehr als nur eine Idee. Es ist eines seiner großen Themen. Ereignisse, die ihn entscheidend geprägt, die seine Sicht der Welt und der Dinge verändert haben: die Jahre des Krieges im allgemeinen, der Dolomitenkrieg im speziellen.

So vieles, was er in jener Zeit erlebt, erfahren, erlitten hat, spukt unbewältigt in seinem Kopf und seinem Herzen herum. Trenker trachtet nach einer künstlerischen Aufarbeitung der Geschehnisse entlang der Dolomitenfront im Ersten Weltkrieg. Ein Spielfilm. Ein Kriegsfilm, der sachlich dokumentiert und aus einem humanitären Blickwinkel heraus zugleich ein Antikriegsfilm sein wird. Wieder sieht Luis Trenker die Berge in Flammen stehen.

BERGE IN FLAMMEN

Kleinkrieg um einen Kriegsfilm

In den Jahren 1930 und 1931 wird ein in München beheimateter Publizist häufiger Gast bei den Trenkers in Berlin. Es ist der Schriftsteller, Alpinliterat und Bergsteiger Walter Schmidkunz. Wie Trenker war er während des Ersten Weltkriegs Soldat an der Dolomitenfront; bereits 1918 hat er seine Kriegserlebnisse in Form des Buches »Kampf über den Gletschern« veröffentlicht. In der Folgezeit kamen zahlreiche Bücher von ihm heraus, meist Alpines und Alpinistisches, aber auch Anekdoten- und Liedersammlungen, ganz zu schweigen von der unüberschaubaren Zahl all der Berichte, Glossen und Essays, die in Zeitungen und Zeitschriften erschienen. Als sich Trenker und Schmidkunz begegnen und den Grundstein zu einer erfolgreichen Zusammenarbeit legen, ist letzterer ein vielgelesener und vielbeachteter Schriftsteller, zumindest was die Kreise der Alpinisten und Alpenvereinler betrifft. Er steht im Begriff, bereits zu Lebzeiten ein »alpiner Klassiker« zu werden. Ein Klassiker allerdings, der eines späteren Tages fast in Vergessenheit geraten wird.

»Die Alpinliteratur schweigt über ihren Klassiker Walter Schmidkunz. Schweigt auffallend. Außer der inzwischen selbst klassisch gewordenen biographischen Skizze von Fritz Schmitt findet man über das Leben des seinerzeit viel gelesenen Bergliteraten nur wenige, karge Zeilen.«[150]

Zu Beginn der dreißiger Jahre aber steht er voll im publizistischen Leben, erfreut sich großer Aufmerksamkeit in der berginteressierten Öffentlichkeit und ist im Begriff, eine neue Sprosse seiner Karriereleiter zu erklimmen. Denn Luis Trenker hat Schmidkunz dazu herangezogen, bei der Erarbeitung von Drehbüchern mitzuwirken, gegebenenfalls gleich die jeweiligen Inhalte in Romanform zu bringen. Trenker liefert – weitgehend – die Ideen, Schmidkunz steuert – weitgehend – das publizistische und journalistische Know-how sowie die schriftstellerische Qualität bei. Denn darüber verfügt er ohne Zweifel. Er schreibt volksnah, humorig, launig, tiefsinnig, er vermag sich einzufühlen in die Charaktere einer Handlung und er weiß, was für den kommerziellen Erfolg das Wichtigste ist: den Nerv des Lesers genau zu treffen. Doch liegt es wohl im Wesen des Walter Schmidkunz begründet, daß er nicht vorrückt ins Rampenlicht, daß er sich zunächst begnügt mit der Rolle des Lohnschreibers und hinter dem Partner Trenker in die zweite Reihe tritt.

»Allzusehr haben sich die Bücherfreunde immer vom Glanz des Namens Trenker blenden lassen. Gewiß, der gefeierte Star schrieb mit seinen Filmen alpine Kulturgeschichte. Die zündende Wirkung dieser Filmereignisse vor ausverkauften Lichtspielhäusern ist heute nicht mehr nachzuvollziehen. Wen mag es da also verwundern, daß lediglich Insider den Erfolgsanteil des Literaten Schmidkunz an den Drehbüchern zu ›Berge in Flammen‹, zu ›Der Rebell‹ oder ›Der Sohn der weißen Berge‹ und anderen Filmen registrierten. In der breiten Öffentlichkeit überstrahlte der Name Trenker den seiner Helfer.«[151]

Seit dem Spätherbst des Jahres 1930 arbeiten Trenker und Schmidkunz am Drehbuch zu einem neuen Film: »Berge in Flammen«. Der Dolomitenkrieg, den beide miterlebt haben, wird Stoff eines Kinofilmes. Bald spricht sich herum, was Trenkers nächstes Projekt sein wird. Auch Arnold Fanck erfährt davon – und ist empört. »Berge in Flammen«, das sei sein Thema, sein Filmstoff, basierend auf den Erzählungen des Kameramannes und ehemaligen Dolomitenfrontkämpfers Schneeberger. Fanck hat bereits ein Filmmanuskript geschrieben, es trägt den Titel »Die schwarze Katze«, und Fanck hat nach zunächst vergeblichen Bemühungen in Harry Sokal und der HOM-Film auch Geldgeber für sein Vorhaben gefunden.

Aus der Sicht Leni Riefenstahls stellen sich die Querelen so dar:

»Die Verträge wurden geschlossen, und die Vorbereitungen liefen an. Ich war glücklich, endlich eine Rolle spielen zu können, die mir lag. Da platzte die Bombe. Fanck rief mich an: ›Unser Film ist in Gefahr, Trenker muß mein Manuskript gelesen und kopiert haben. Er ist uns voraus, denn er hat seinen Film, den er ›Berge in Flammen‹ nennt, im Filmkurier bereits angekündigt [. . .]‹

Tatsächlich waren beide Manuskripte einander sehr ähnlich, der Gebirgskrieg und das dramatische Hauptthema, die von Hans Schneeberger miterlebte Sprengung. Die ›schwarze Katze‹ war allerdings in dem Trenkerfilm nicht aufzufinden. Günstig für Trenker war, daß Albert Benitz vor Gericht eidesstattlich aussagte, er habe Trenker das von Fanck geschriebene Manuskript nicht übergeben. Auch eine Schauspielerin, der Trenker eine Rolle in seinem Film versprochen hatte (was er aber nicht hielt, wie sie nach dem Krieg selbst erzählte), sagte zu Trenkers Gunsten aus. Jedenfalls war es weder Sokal noch Fanck möglich, vor Gericht Trenker ein Plagiat nachzuweisen. So mußte die ›Schwarze Katze‹ sterben.«[152]

Hat Trenker wirklichen Ideenklau begangen bei seinem einstmaligen Entdecker und Lehrmeister? Hätte er das wirklich nötig gehabt? In der Zeitschrift »Die Filmwoche« legen die beiden Kontrahenten im Oktober und November 1930 ihre gegensätzlichen Auffassungen der Sachlage dar. Es wäre wenig ergiebig, die Texte an dieser Stelle im Wortlaut wiederzugeben. Fanck versuchte umständlichst darzulegen, was alles in Trenkers Manuskript dem seinigen gleiche oder ähnle, was Trenker nicht selbst erlebt haben könne, sondern nur Schneeberger, er verliert sich in Nebensächlichkeiten, bis schließlich auch der ihm Geneigteste den Plagiatsvorwurf nicht mehr nachzuvollziehen vermag. Alles, worauf Fanck seine Anfechtungen stützt, sind Kriegsschauplätze und Kriegsdaten, die bei Trenker ähnlich wie im eigenen Manuskript aufscheinen. Daß sich die Spielhandlung aber gänzlich von seiner unterscheidet, muß er letztlich selbst einräumen.

»Das Manuskript, wie es Herr Trenker jetzt Ihnen erzählt hat, ist tatsächlich kein Plagiat nach meinem – darin hat er vollkommen recht.«[153]

Wesentlich cleverer agiert Trenker in seinem offenen Brief, der am 19. November 1930 in »Die Filmwoche« kommt. Statt auf die Manuskripte auch nur ansatzweise einzugehen, schreibt er über die eigenen Kriegserlebnisse. Da muß jedem Leser sofort klar werden, wer einzig und allein berufen ist, einen Film über den Dolomitenkrieg zu drehen: natürlich der ehemalige Frontsoldat Luis Trenker, der alles aus eigener Anschauung kennt, der – anders als Fanck – dabeigewesen ist, um es einmal salopp zu formulieren.

So endet denn seine Erwiderung auf die Fancksche Anschuldigung mit gezielt gesetzter Polemik:

»Lieber Herr Dr. Fanck, der ›Artillerist aus der dritten Linie‹ hat drei Tapferkeitsmedaillen und zwei Offiziersauszeichnungen erhalten, er war verwundet, er hat wirklich gekämpft und gelitten um sein bißchen Tiroler Heimat im Süden. Leider umsonst. Die ›dritte‹ Linie, in die Sie mich stellen, gab es bei uns nicht. Wir hatten nur eine Linie, und die hielten wir bis zuletzt. In der ›dritten‹ Linie, Herr Doktor, stehen diejenigen, welche die bescheidenen, aber tatsächlichen Leistungen und Leiden anderer verkleinern oder verleugnen möchten.«[154]

So kann kein Konsens gefunden werden, ist eine Verständigung nicht möglich. Das Gericht muß entscheiden, entscheiden darüber, wer nunmehr das Recht hat, diesen Dolomitenkriegsfilm zu drehen und in die Kinos zu bringen. Noch im Dezember 1930 tritt das Berliner Kammergericht zusammen. Am Weihnachtstag, am 24. Dezember, enthält »Die Filmwoche« folgende Notiz:

»Luis Trenker, der Verfasser des Film-Manuskriptes ›Berge in Flammen‹, hat in seinem Streit gegen Dr. Fanck-Sokal wegen des Vorwurfes des geistigen Diebstahls vor dem Kammergericht eine obsiegende Entscheidung davongetragen. Der Zivilsenat des Berliner Kammergerichts hat verkündet, daß es Fanck-Sokal bei Vermeidung einer gerichtlichen Geld- oder Haftstrafe untersagt sei, in Inseraten oder Ankündigungen sonstiger Art zu behaupten, daß der von Luis Trenker angekündigte Film ›Berge in Flammen‹ im wesentlichen den gleichen Vorgang betreffe wie der von Fanck-Sokal angekündigte Film ›Die schwarze Katze‹ oder ›Krieg im Eis‹ oder ›Dolomitenkrieg‹. Luis Trenker sieht infolge dieser kammergerichtlichen Entscheidung der weiteren Entwicklung des eigentlichen Plagiatsprozesses ›mit Ruhe‹ entgegen und beginnt am 2. Januar in Innsbruck mit den Aufnahmen zu dem Film. Für Drehbuch und Regie zeichnen Hartl und Trenker verantwortlich; die Winteraufnahmen finden im Hafelekar bei Innsbruck, anschließend im Ortlergebiet und in den Dolomiten statt. Die Landesregierung Tirol hat Trenker jede moralische und ideelle Unterstützung zugesagt, unter der einen Voraussetzung, daß der Film ›keine Spitze gegen ehemalige Feinde enthalte und daß er der Würde und dem Ernst jener Zeit in jeder Weise Rechnung trage‹. Die Landesregierung hat für die Aufnahmen im Hafelekar die 6. Infanterie-Brigade zur Verfügung gestellt.«

So ist der Dezember für Trenker ein Monat der Freude und des Glücks. Dem neuen Film steht nichts mehr im Weg, alle juristischen Wogen sind geglättet. Mehr noch als das aber freut Luis Trenker die Geburt seines ersten Kindes. Am 18. Dezember bringt Hilda im Berliner Westsanatorium einen gesunden Buben zur Welt. Er wird auf den Namen Florian getauft.

Doch hieße es, sich die Sache leicht zu machen, gäbe man sich nun zufrieden mit Trenkers privatem Wohlergehen, statt noch ein wenig nachzuhaken in der vermeintlichen Plagiatsaffäre. Spricht das Gerichtsurteil Trenker von jeglichem Verdacht frei? Oder haften ihm noch Kainszeichen an?

Zunächst darf aus heutiger Betrachtung klar gesagt werden, daß der Plagiatsvorwurf Fancks nach gründlicher Prüfung als ungerechtfertigt erscheint. Der Dolomitenkrieg war als Gebirgskrieg – bis heute – einmalig; daß er Regisseuren, die sich mit dem Leben im Gebirge und mit der

Bergsteigerei in ihren Filmen auseinandersetzten, durch die Köpfe geisterte, kann nicht verwundern. So ist es geradezu absurd, wenn Fanck glaubte, als einziger die filmische Möglichkeit in Sachen Dolomitenkrieg bemerkt zu haben. Diesbezüglich also kann von Plagiat keine Rede sein.

Die Spielhandlungen in beiden Filmmanuskripten aber unterscheiden sich deutlich. Bei Fanck ist es eine überhöhte Geschichte von der »schwarzen Katze«, einer jungen, katzengewandt kletternden Frau, die ihren im Krieg erschossenen Vater rächen will und zur Spionin wird. Bei Trenker ist die Vorlage bodenständiger. Der Dolomitenführer Dimai und sein italienischer Gast Franchini sind seit langem befreundet. Viele Touren haben sie miteinander unternommen. Doch der Krieg zerreißt die Seilschaft. Als Soldaten stehen sich plötzlich Dimai und Franchini gegenüber. Von Plagiat keine Spur. Beide Filme hätten ihre Daseinsberechtigung, beide könnten wohl nebeneinander bestehen.

Bleibt schlußendlich die Frage, ob nicht doch etwas dran sein könnte an Leni Riefenstahls Aussage:

»Fanck erfuhr auch, über wen Trenker sein Manuskript offenbar erhalten hatte. Von dem Kameramann Albert Benitz, der bisher als zweiter Operateur bei Fanck gearbeitet hatte und nun die große Chance für sich erwartete, bei Trenker als erster Kameramann zu arbeiten.«[155]

So eine Möglichkeit kann bestanden haben. Weniger drastisch vielleicht, als Leni Riefenstahl dies aus altem Groll gegen Trenker schreibt, weniger negativ vielleicht auch die Beweggründe. Aber immerhin ist es denkbar, daß Benitz Trenker vom Dolomitenkrieg-Projekt Arnold Fancks erzählt, ja ihm vielleicht sogar das Manuskript gezeigt hat. Vielleicht hat Trenker dadurch erst den Anstoß bekommen, seine noch unausgegorenen Filmgedanken zu diesem Thema rasch zu Ende zu führen – und Fanck damit sogar noch zuvorzukommen.

Es sind dies nicht mehr als Spekulationen, Vermutungen im Zusammenhang mit der Plagiatsaffäre. Es bleibt dies, so weit darf vorgegriffen werden, auch nicht das einzige Mal, daß Trenker während seiner Karriere als Schauspieler, Regisseur, Autor und Erzähler unter negativen Aspekten in die Presse gerät, sich öffentlich mit Unerfreulichem auseinandersetzen muß. Im Moment hat er einen entscheidenden Sieg errungen, denn nichts anderes ist für ihn der Berliner Richterspruch, einen so entscheidenden Sieg, daß er sich selbst über dessen Tragweite noch gar nicht bewußt ist. Denn mit dem Film »Berge in Flammen« begründet er endgültig seinen Erfolg als Regisseur, mehr noch: als ein Filmkünstler, der in Personalunion für Buch, Regie und Darstellung zuständig ist. Mit diesem Film gelingt ihm der Durchbruch, internationale Anerkennung wird ihm zuteil. Zugleich löst er sich vollständig von der Figur des Übervaters Fanck. Während Trenker jetzt erst richtig am Anfang steht, scheint Fanck in den Folgejahren zu ermüden. Trenker ist es, der in den nächsten zehn Jahren auf dem Gebiet des Bergfilmes die Zeichen setzt; zehn Jahre, denen er seinen Ruhm verdankt, den er sich aber auch mit unendlichem Fleiß redlich verdient.

Er hat sich durchgeboxt. Hat in einer entscheidenden Runde gute Kombinationen geschlagen und ist im Augenblick der Sieger, während Fanck und die Riefenstahl in den Seilen hängen, um es im Jargon des Boxsports zu sagen (und sei es auch nur, um zwischen den Zeilen Max Schmelings zu gedenken, der im selben Jahr, 1930, Boxweltmeister im Schwergewicht geworden ist und der die in Berlin lebenden Trenkers gut kennt).

Nachdem die Rechtsstreitigkeiten überstanden sind, darf Trenker keine Zeit mehr verlieren. Auf den Graten der Karwendel-Nordkette (eigentlich der südlichste Höhenzug dieses Gebirgs; Nordkette deshalb benannt, weil er sich nördlich über der Tiroler Landeshauptstadt Innsbruck hinzieht) müssen, noch bevor der Winter mit aller Kraft hereinbricht, aus Holz Unterstände und Anlagen errichtet werden, die denen des Dolomitenkrieges gleichen. Höchst nützlich ist dabei die Seilbahn, die Nordkettenbahn, die bis hinauf in die Gipfelregionen führt. Man hat diese Arbeiten schon vor Monaten begonnen, rasch wird nun alles zu Ende geführt. Im Januar will Trenker mit der Dreharbeit beginnen, aber es wird Anfang März, bis Hilda in ihrem Tagebuch den Auftakt der Filmerei vermerken kann. Die Drehbuchautoren Trenker und Schmidkunz haben die Geschehnisse um die Gipfelsprengung des Lagazuoi für den Film vom Sommer in den Winter verlegt. Jetzt, im März, herrschen droben im Karwendelgebirge optimale Verhältnisse: Tiefschnee und gutes Wetter, nicht zu vergessen die Einsamkeit, die bei dieser Arbeit dringend erforderlich ist. In Ermangelung von Platzpatronen wird aus Maschinengewehren mit scharfer Munition gefeuert . . . Daß dies nicht gut ausgehen kann, liegt auf der Hand. Verwunderlicher ist, daß solche gefahrvolle Filmarbeit »nur« ein Opfer fordert, den Co-Regisseur Karl Hartl, der bislang als Regieassistent bei der Ufa tätig gewesen ist.

»Von meinem Standpunkt aus, ich war mit der Kamera von Benitz etwas höher oben und gerade dabei, eine andere Szene zu drehen, sah ich plötzlich Leute unten zusammenlaufen und vernahm einzelne Schreckensrufe.

›Da unten ist etwas passiert‹, sagte ich zu Benitz.

Wir rannten hinunter – ja, das war's wohl: Hartl war von einer Kugel aus Franchinis Revolver getroffen worden, sein Gesicht war voller Blut, schrecklich war das.

Sogleich trugen wir Hartl zur Seilbahnkabine, um ein Uhr nachts bereits war ich mit ihm in der Universitätsklinik. Nach der Untersuchung hieß es: ›Die Verwundung rührt von einer Kupfersprengkapsel her, deren Splitter das rechte Auge total und das linke leicht beschädigt haben.‹

Also nicht die Kugel, aber der Sprengmeister!«[156]

Hartl fällt fortan aus, Trenker allein obliegt nun die Regie, was eine enorme Belastung, zugleich aber auch eine große Chance bedeutet: Er kann, er muß nun beweisen, daß er auch allein in der Lage ist, einen Spielfilm zu inszenieren.

Und Trenker kann es. Er bringt seine tiefempfundenen Kriegserlebnisse in die Regiearbeit ein, erreicht damit eine hohe Intensität und große Authentizität. Sein künstlerisches, sprich bildgestalterisches Gespür hat sich in den zurückliegenden Jahren stark ausgeprägt, auch fällt es ihm dank seiner starken Persönlichkeit nicht schwer, die Schauspieler und das Team hinter den Kameras zu führen, jeden zu motivieren, damit er das Beste gibt.

»Berge in Flammen« wird wieder im Berliner Ufa-Palast uraufgeführt. Publikum und Kritik sind sich nach dieser Premiere im September 1931 einig, einen ungewöhnlich starken, eindrucksvoll dichten Film gesehen zu haben. Nichts spüren die Betrachter des Filmes von den Mühen, den Strapazen, die hinter dem gesamten Team liegen. Vierundfünfzig Arbeitstage lang wurde im Gebiet der Karwendel-Nordkette gedreht, vieles in Tag- und Nachtarbeit und bei schlimmer Kälte. Nichts ahnt man davon, daß die Dreharbeiten an Originalschauplätzen in den Dolomiten in aller Heimlichkeit vonstatten gehen mußten, da keine Drehgenehmigung zu bekommen war. Später wird Trenker sagen, daß »Berge in Flammen« zu den anstrengendsten und schwierigsten Unternehmungen gehörte, die er je durchgeführt habe.

Im selben Jahr kommt in Frankreich – eine französische Firma zeichnet bei »Berge in Flammen« als Co-Produzent – Trenkers Kriegsfilm in die Kinos. Trenkers Kriegsfilm? Ist es nicht eher ein Antikriegsfilm?

»Wie viele Fragen an Person und Werk Trenkers ist auch diese schwer zu beantworten. Der Film ist wohl beides. Trenker ist, wie so oft, mehr seinem Herzen als seinem politischen Instinkt gefolgt. Der war auch nie sehr stark ausgebildet.

Kluge Kritiker haben herausgefunden, der Kern des Trenker'schen Wesens sei seine ›Ambiguität‹, seine Zweideutigkeit, Unschärfe: immer wieder ›sowohl-als-auch‹ statt eines klaren ›entweder-oder‹.«[157]

War sich Trenker beim Verfassen des Drehbuches unschlüssig, welcher Gattung dieser Film einmal zugehörig sein sollte? Er hatte »Im Westen nichts Neues« gesehen, einen Antikriegsfilm nach dem Roman Remarques. Niedergeschlagen, entmutigt war er aus dem Kino gegangen.

»›Nein‹, dachte ich, ›nach diesem Film kann ich unmöglich noch einen Kriegsfilm drehen.‹ Das grandiose Werk hatte so ungeheuerlich auf mich gewirkt, daß ich einfach nicht mehr die Kraft fühlte, selbst einen Kriegsfilm zu drehen.

›Im Westen nichts Neues‹ zeigte die gottlose Sinnlosigkeit des Krieges und Selbstaufopferung einer militärisch gedrillten Jugend. Keine Liebe zum Vaterland, keine Tugend, nichts gab es da, und was blieb, war eine gähnende, trostlose Leere.«[158]

Als Trenker das seelische Gleichgewicht wiedergefunden hatte, stellte er der gottlosen Sinnlosigkeit, der gähnenden, trostlosen Leere Tugenden entgegen: ritterliche Kaiserjäger; ritterliche Alpini; bedingungslose Ergebenheit, Furchtlosigkeit und tapfere Pflichterfüllung auf beiden Seiten der Front; über allem den tiefen, versöhnenden Gedanken, einen »über allem Nationalhaß stehenden ethischen Gehalt«.

Rudolf Nottebohm und Hans-Jürgen Panitz resümieren in ihrem Buch »Luis Trenker – Fast ein Jahrhundert«:

»Hier offenbart sich – Jahre bevor die Nazis an die Macht kamen – Trenkers unpolitisches Bewußtsein einerseits und Trenkers Gefährdung durch sein politisch undifferenziertes Festhalten an seinen Grundwerten.«

Fast gleichzeitig mit der Kinopremiere von »Berge in Flammen« erscheint der gleichnamige Roman, verfaßt in Zusammenarbeit mit Walter Schmidkunz. Als »bestes Buch des Jahres« erhält der Roman den Preis der Stadt Wien. Trenker schreibt im Vorwort:

»Während an der West- und Ostfront, sowie am Isonzo die ungeheuren Schlachten des Weltkrieges tobten, schlugen sich in den Felsbastionen der Dolomiten Österreicher und Alpini. Unsere Kämpfe im Hochgebirge waren reich an dramatischen Situationen. Unendlich blutig war das Ringen um besonders wichtige Berge. Die verwegenen Gänge einzelner Tiroler Soldaten in ihr vom Gegner besetztes Heimatdorf gaben die Motive zur Handlung, welche, wenn auch in ihren Zusammenhängen frei geschildert, dokumentarisch belegt ist.«

Noch heute, sechzig Jahre nach dem erstmaligen Erscheinen dieses Romans, liest er sich auf besondere Art und Weise, vermittelt das Lesen andere Inhalte, als dies bei einer Vielzahl von Romanen der Weltkriegsliteratur der Fall ist. Auch dem überzeugtesten Kriegsgegner und Gewaltverächter werden, unterschwellig zumindest, Motive für den mit Mut und Stolz geführten Alpenkrieg der Kaiserjäger plausibel. Die »Helden« des Romans, die »Helden« dieses Krieges agieren nicht in heimatfernen Regionen, wo es schwierig ist, Motivationen zu finden fürs Kämpfen, Leiden, Sterben. Sie verteidigen ihre Heimat, oder sollte man, um diesen arg strapazierten, heute leider oft negativ belegten Begriff zu vermeiden, von Heimstätten, von Haus und Hof, von Familie und Gemeinschaft sprechen? Sie verteidigen sich selbst, sich und ihre ganz persönlichen Werte – und sie finden damit die Akzeptanz des Lesers. Die Ideologien und die Interessen jedweder Machtpolitik sind in den Hintergrund getreten, hier kämpfen die Soldaten nicht für und um abstrakte Werte, ihr Einsatz hat etwas von Selbstverteidigung – und wem könnte man das Recht darauf absprechen.

So liegt es auf der Hand, daß weder der Film noch der Roman »Berge in Flammen« eine deutliche Antikriegshaltung in sich tragen. Luis Trenker, mit Gewißheit ein Freund des Friedens und nicht des Krieges, rechtfertigt die Kriegshandlungen in den Alpen im Ersten Weltkrieg. Er läßt seiner Bewunderung für Mut, Tapferkeit und Leidensbereitschaft der Männer freien Lauf – doch ist dies nicht ohne weiteres mit Kriegsverherrlichung gleichzusetzen. Das Problem liegt in Trenker selbst. Da ist wieder dieses »Sowohl-als-auch«. Er ist Kriegsgegner einerseits, verstandesmäßig würde er über diese Haltung nicht mit sich diskutieren lassen. Andererseits ist er, und sei es auch nur unbewußt, ein Verfechter männlicher Ideale, ein Verehrer des Kampfes. In fast allen seiner großen Filme, die in den dreißiger Jahren noch entstehen, wird gekämpft: um und gegen Berge; mit Steinlawinen gegen französische Soldaten; mit Schwertern im Zeitalter der Renaissance; mit Fäusten beim Boxkampf in New York; mit Colts während des aufkommenden Goldrausches in Kalifornien.

Selbst die in Film wie Roman pathetisch geratenen Gesten der Versöhnung, die Trenker von vornherein am Herzen gelegen sind, können nicht darüber hinwegtäuschen, daß er sich mit »Berge in Flammen« auf eine Gratwanderung begeben hat. So wird es in späteren Jahren Kritikern und auch Ideologen jeglicher Couleur leicht, Film und Roman zu verherrlichen oder zu verteufeln, ja, Trenker zu verherrlichen oder in Mißkredit zu bringen. Damit wird »Berge in Flammen« nicht lange alleinstehen. Wie bei kaum einem anderen Filmschaffenden jener Zeit scheiden sich an Trenkers Werk die Geister. Man wird ja sehen.

Daß Trenkers Kriegsfilm ein internationaler Erfolg wird, ist vor allem einem Mann namens Paul Kohner zu verdanken. Der Produktionschef der amerikanischen Universal Pictures Corporation zeigt sich von dem Film begeistert und bietet Trenker die Realisation einer amerikanischen Fassung an – in Amerika, dem Land der unbegrenzten filmischen Möglichkeiten, dem gelobten Land der Filmschaffenden.

Ehe man sich versieht, ist Trenker als Passagier auf Deck eines Schiffes, das ihn nach New York bringen wird. Hilda bleibt in Berlin zurück, zu klein ist das Baby Florian noch, um diese lange Reise anzutreten.

Zurück bleibt aber auch ein marodes Deutschland, wo sich die politische Auseinandersetzung längst zum brutalen Straßenkampf entwickelt hat, wo Saalschlachten an der Tagesordnung sind, wo braune Horden politisch Andersdenkende terrorisieren, wo Mitte des Jahres 1931 mehr als fünf Millionen Arbeitslose ohnmächtig oder zornig darauf warten, daß irgendwas, irgendwer ihre Situation verbessert.

Doch sieht in Amerika die Welt nicht viel besser aus. Seit dem Börsenkrach von 1929 befindet sich auch die amerikanische Wirtschaft in einem desolaten Zustand; ihr Niedergang hat eine Weltwirtschaftskrise heraufbeschworen. Zehn bis fünfzehn Millionen Arbeiter sind arbeitslos. Es gibt keine staatliche Sozialversicherung; die Fürsorgeeinrichtungen sind der Massenarbeitslosigkeit gegenüber fast völlig hilflos. Familien werden aus ihren Wohnungen vertrieben, Farmer verlieren Haus und Hof, weil sie nicht mehr in der Lage sind, Mieten und Hypotheken zu bezahlen. Und – was kaum jemand sich hatte vorstellen können – große Teile der Bevölkerung leben unterhalb der Armutsgrenze, in breiten Schichten herrscht Hungersnot.

Aber Trenker ist kein politischer Mensch. Er ist Regisseur und Schauspieler, und als solcher auf dem Weg nach Hollywood. Er ist voller Hoffnungen, voller Ideen und Pläne. Es scheint, als würde er zeitweise fast vollständig eintauchen in die Handlungen seiner Filme, seiner Romane, als würden diese Themen ihn streckenweise so vollkommen vereinnahmen, daß er alles andere nur ganz nebenbei, gleichsam aus den Augenwinkeln, mitbekommt.

Eine tagelange Eisenbahnfahrt bringt Trenker von New York nach dem Westen des Landes. Er ist begeistert von der Großartigkeit der Landschaft, mit den Augen »photographiert« er Bilder, die er, ohne es schon zu wissen, eines Tages wird brauchen können.

»Welch einen Anblick bot die Wüste, wie wundervoll breiteten die Palmen von Albuquerque ihre Fächer, welche Vielfalt von Farben, welch exotische Bauformen, alles neu, alles von einer unbeschreiblichen Romantik überhaucht! Hier gibt es Indianer. Sie hocken herum und rauchen. Ihre Squaws verkaufen selbstgewebte, leuchtend bunte Teppiche, Bogen, Mokassins und Ansichtskarten. Sieht nicht sehr nach Winnetou aus, stimmt eher traurig.«[159]

Es kommt nicht von ungefähr, daß Trenker bei der Reise durch die amerikanischen Landschaften an Winnetou, eine der Kunstfiguren des sächsischen Schriftstellers Karl May, denken muß. Zum einen ist anzunehmen, daß er einige von Mays Büchern gelesen hat, ja, begeistert gelesen hat. Und zum anderen ist eine gewisse Geistesverwandtschaft unschwer festzustellen: Wie bei Karl May agieren auch in Trenkers Kunstwelten edle, mutige, tapfere Menschen, die durch Mißstände in ihrer Umgebung zum Kämpfen gezwungen sind, die aber selbst in diesen Kämpfen nie die Ritterlichkeit und die Humanität aus den Augen verlieren. Und ähnlich wie Karl May, dessen Werk bis heute mindestens so umstritten ist wie seine Person, wird auch Trenker bald ein Spielball der Kritik sein.

Doch im Moment herrscht nichts als eitel Sonnenschein. Kalifornischer Sonnenschein, der die prächtigsten Blüten der Filmkunst hervorzubringen vermag. Los Angeles. Hollywood. Die Traumfabrik. Dagegen ist europäisches Filmschaffen provinziell.

Von den Verantwortlichen der Universal Pictures aufs beste eingeführt, trifft Trenker bald mit vielen Prominenten der amerikanischen Filmszene zusammen: Lubitsch arbeitet in Hollywood; John Ford steht noch an der Schwelle zum großen Ruhm; auch William Wyler hat die Höhepunkte seiner Karriere noch vor sich. Bereits Legende dagegen: Buster Keaton, der seine wichtigsten Filme – »Our Hospitality«; »Sher-

Freitag 28.1.05
Die Hexen AG
Eine Traumkultur e.V. MuKu The Greuth Produktion

lock Junior«; »The Navigator«; »The General«; »Steamboat Junior« – zwischen 1923 und 1926 gedreht hatte.

Hollywood, das spürt Trenker sofort, ist ein Dorado für jeden Filmschaffenden. Wie schlecht es Amerika auch immer geht, hier scheint das Geld auf den Avenues zu liegen. Nirgendwo sonst geben sich derart viele großartige Schauspieler und nicht minder viele junge Talente die Türklinken der Produktionsbüros in die Hand. Und an keinem anderen Ort der Welt besteht eine bessere Möglichkeit des künstlerischen Austauschs, der Kommunikation, der ständigen Anregung.

Trenker begegnet der jungen, schönen, bisweilen etwas kratzbürstigen Katharine Hepburn, und er freundet sich an mit einem sehr routinierten Regisseur, dem Belgier Jacques Feyder, der, unter anderem, 1929 den letzten Stummfilm der Garbo inszeniert hatte. Doch so eindrucksvoll, so vergnüglich es ist, im Kreise von Kollegen fachzusimpeln oder auch ganz einfach nur dem Highlife zu frönen, darf doch der eigentliche Grund von Trenkers Amerikareise nicht vergessen werden. Er ist hier, um eine amerikanische, eine amerikanisierte Fassung von »Berge in Flammen« zu erstellen.

Dafür ist Trenker der Regisseur Cyril Gardner beigestellt.

Die Arbeiten verlaufen in bester Atmosphäre. Im Studio zeigt sich die ganze Professionalität der Hollywoodleute. Ruhig, konzentriert, detailgenau geht alles vonstatten.

»Nur eines wollte mein amerikanischer Regiekollege nicht verstehen: daß der Stil der in Europa gemachten Aufnahmen beibehalten werden sollte. Ich kämpfte darum täglich. Wichtige Szenen wurden gegen meinen Willen umgeschrieben, im Freien spielende Bilder ins Atelier verlegt.«[160]

Trenker ist nicht zufrieden mit dem Ergebnis. Zwar ist reichlich Originalmaterial verwendet worden, das im Karwendel und in den Dolomiten aufgenommen worden war, doch entsprechen die Spielszenen nicht mehr Trenkers Vorstellung.

Das Urteil Carl Laemmles, des Chefs der Universal, gibt seinen Bedenken recht.

»Früher haben wir einen guten deutschen Film gesehen, heute einen schlechten amerikanischen«, ist Laemmles Meinung. Die beanstandeten Szenen werden noch einmal gedreht, diesmal nach Trenkers Vorstellung, die sich mit der von Laemmle deckt.

Am 16. Juni 1932 wird »The Doomed Battalion« – »Das verlorene

Bataillon«, so der amerikanische Titel für Trenkers Film über den Dolomitenkrieg – im New Yorker Rivoli-Theater uraufgeführt. »You never saw anything like it before«, verkünden die großformatigen Aushänge über dem Kinofoyer. Der Film wird zum Erfolg, läuft wochenlang am Broadway und markiert Trenkers Auftakt zur »amerikanischen« Karriere.

Es ist schon bemerkenswert, welche Wege Luis Trenker gegangen ist, um von St. Ulrich im Grödnertal nach Hollywood und mit seinem Film »Berge in Flammen« auf den Broadway zu kommen. Und bewundernswert ist dieser Erfolg; denn Trenker ist filmischer Autodidakt, hat sich in vielen kleinen Schritten dem großen Ziel genähert. Jetzt scheint es geschafft. Der Durchbruch. Der internationale Erfolg. Was könnte ihn noch bremsen? Ja, was?

LETZTE AUSFAHRT HOLLYWOOD

Wie manches im Leben Trenkers hätte anders kommen können

Die Arbeit an »The Doomed Battalion« ist getan. Aber Laemmle läßt Trenker nur ungern wieder ziehen. Er hätte genug Verwendung für ihn; eine Zukunft in Amerika wäre kein Problem für den Südtiroler. Vor allem als Schauspieler könnte ihn die Universal brauchen.

Laemmle bietet Trenker einen Fünfjahresvertrag als Schauspieler an. Er würde dafür sorgen, daß er in die Fußstapfen des kürzlich verstorbenen Lon Chaney treten könnte, Nachfolger des »Mannes mit den tausend Gesichtern«.

Davor schreckt Trenker zurück: als Schauspieler sein Äußeres ständig verändern, in angenehme oder unangenehme Rollen schlüpfen zu müssen. In dieser Hinsicht nämlich ist er kein Schauspieler, keiner, der am ständigen Wandel Freude hat. Bisher hat er immer denselben Typus verkörpert, immer einen Teil des eigenen Ichs. Laemmle bietet ihm die Rolle des Quasimodo in einer Tonfassung des »Glöckners von Notre Dame« an; doch bei aller Freude über die Aufmerksamkeit, die ihm in Hollywood zuteil wird, will sich Trenker auch darauf nicht einlassen.

»Offensichtlich erfaßte ich die einmalige Chance nicht, aber ich war doch auch ganz und gar nicht der Mann mit den tausend Gesichtern!«[161]

Auch fürchtet er, sein bisheriges Werk nicht weiter fortführen zu können, daß er sich vielmehr als Schauspieler einzuordnen hätte in das Programm der Produktion.

Zu allem kommt das Heimweh.

So verlockend Hollywood auch ist, sosehr er die Zeit hier genießt, bleiben wird er nicht.

Zumindest nicht mehr lange.

Gemeinsam mit Paul Kohner findet Trenker einen gangbaren Mittelweg. Die Universal hat in Berlin eine große Verleihorganisation. Warum sollte man ihn nicht in Deutschland seine Projekte verwirklichen lassen?

Kohner steht diesem Vorschlag aufgeschlossen gegenüber. Trenker solle sich ein gutes Filmthema überlegen, eines, das ihm paßt, eines das zu ihm paßt. Wenn die Geschichte gut wäre, könnte man sie Laemmle ja mal unterbreiten.

Trenker hat nicht mehr viel Zeit. Seine Rückreise nach Europa ist gebucht, der Zeitplan, der Fahrplan schon festgelegt. Nur ein paar Tage noch.

Zusammen mit Kohner begleitet er Laemmle für ein Wochenende nach Mexiko. Die Universal hat mehrere Bungalows gemietet. Noch einmal erfährt Trenker in diesen Tagen, was es heißt, in den Staaten Erfolg zu haben.

Der Präsident der Filmfirma aber ist nicht zur Erholung und Entspannung hier. Seine Leidenschaft gehört dem Glücksspiel: Roulette, Baccarat, trente et quarante. Für Trenker und Kohner hat er keine Zeit. Es ist zum Verzweifeln. Trenker hat mittlerweile nämlich eine Spielfilmidee entwickelt, für die er die Universal als Geldgeber gewinnen möchte. Kein Ohr hat dieser Laemmle jetzt dafür. Er spielt Tag und Nacht.

Anstatt selbst ein Spiel zu wagen, tut Trenker nichts als warten. Warten darauf, daß er Gehör findet. Er hat wenig Verständnis für das exzessiv betriebene Spiel um Tausend-Dollar-Noten. Ob das Glück Mister Laemmle an diesem Wochenende hold ist, wer weiß. Trenker ist es hold, zumindest was die wirtschaftliche Seite anbelangt.

Am späten Sonntagvormittag wird er von Laemmle empfangen. Der Präsident der Universal Pictures Corporation sitzt im Nachthemd auf seinem Bett und trinkt Kaffee schwarz.

Trenker erzählt ihm von seinem Projekt.

»Ach, hören Sie auf«, unterbricht ihn Laemmle. »Wen in der Welt interessieren schon die Tiroler Freiheitskämpfe von 1809?!«

Aber Trenker bleibt beharrlich.

Nach einer Stunde willigt Laemmle ein. Trenker kann sich an den nächsten Film machen. Frohgemut tritt er die Heimreise an. Die Universal finanziert ihm einen Film über den Tiroler Freiheitskampf, finanziert ihm seinen »Rebell«.

Die Tiroler, sagt man, seien fromme Leut'. Im Süden genauso wie im Norden des Landes. Sie begehen die kirchlichen Feste feierlich, sie schmücken die Herrgottswinkel brav zu allen Jahreszeiten mit Blumen oder Zweigerln, und an jedem Marterl, an dem sie ihr Weg vorüberführt, machen sie ein Kreuzzeichen. Gottesfürchtig sind sie, redlich und fromm. Und doch gibt es einen fast heidnisch zu nennenden Zug (neben all den anderen heidnischen Bräuchen in den Alpenländern): Sie verehren einen gewissen Andreas Hofer wie einen Heiligen, und mancher Reisende, der des Landes nicht kundig ist, möchte glauben, daß dieser Hofer der eigentliche Schutzpatron ist von diesem Land Tirol.

Die Hintergründe sind unschwer zu beleuchten. 1809 fallen französische Truppen und Einheiten der mit ihnen verbündeten Bayern in Tirol ein. Andreas Hofer und Josef Speckbacher organisieren einen Volkskrieg, rufen die Bauern zum Widerstand auf. Am Berg Isel sind die Freiheitskämpfer dreimal siegreich. Doch Hofer wird verraten und ein Jahr später in Mantua standrechtlich erschossen. So wurde Andreas Hofer, der Sandwirt aus dem Passeiertal, zum Märtyrer und das Jahr 1809 zum Symbol tirolerischer Freiheitsliebe. Karl Immermann widmete 1828 der schicksalsschweren Zeit das »Trauerspiel in Tyrol«, ein dramatisches Gedicht in fünf Aufzügen. Auch Heinrich Heine begegnet anläßlich seiner Reise von München nach Genua im Jahr 1828 der glühenden Hofer-Verehrung in Tirol. »Zu Innsbruck im goldenen Adler, wo Andreas Hofer logiert hatte, und noch jede Ecke mit seinen Bildnissen und Erinnerungen an ihn beklebt ist, fragte ich den Wirt, Herrn Niederkirchner, ob er mir noch viel von dem Sandwirt erzählen könne? Da war der alte Mann überfließend von Redseligkeit, und vertraute mir mit klugem Augenzwinkern, daß jetzt die Geschichte auch ganz gedruckt heraus sei, aber auch ganz geheim verboten; und als er mich nach seinem dunkeln Stübchen geführt, wo er seine Reliquien aus dem Tirolerkrieg aufbewahrt, wickelte er ein schmutzig blaues Papier von einem schon zerlesenen grünen Büchlein, das ich zu meiner Verwunderung als Immermanns ›Trauerspiel in Tirol‹ erkannte.«[162]

Es ist dieses Jahr 1809, das Luis Trenker interessiert. Es ist der mutige, entschlossene, aufopferungsvolle Kampf der Tiroler Menschen und das Charisma ihrer Anführer, was ihn fasziniert. Auch sein Urgroßvater, der dazumal in Arzl beheimatete Julian Trenker, hatte sich im Tiroler Freiheitskrieg hervorgetan.

Kein Zweifel: Für keinen Regisseur im deutschen Filmwesen wäre dieses Thema geeigneter, als eben für Luis Trenker. Er verfertigt ein Exposé, das dann in kurzer Zeit von Robert A. Stemmle, Walter Schmidkunz und Kurt Bernhardt zu einem stimmigen Drehbuch verarbeitet wird.

Es ist die Geschichte des Severin Anderlan, eines jungen Mannes aus Tirol, der in Jena studiert. 1809 reitet Anderlan nach Hause; er weiß, daß seine Heimat besetzt ist von französisch-bayerischen Truppen, aber er ahnt nichts von dem Grauen und Verderben, das diese Soldaten ins Land getragen haben.

Auf der Heimreise lernt er die Tochter eines bayerischen Beamten kennen, und er fühlt sich, über die Grenzen der Völkerfeindschaften hinweg, zu ihr hingezogen.

Um so schwerer trifft ihn der Schicksalsschlag bei seiner Rückkehr nach Tirol: Niedergebrannt worden ist sein Elternhaus, die Mutter und die Schwester ermordet. In blindem Haß tötet er zwei Dragoner einer Reiterpatrouille, ein dritter Soldat aber kann entfliehen und den Überfall melden.

Von nun an ist Anderlan auf der Flucht. Er sucht Zuflucht im Gebirge, wo er jeden Steig und jedes Schlupfloch kennt, und er wird zum rechtlosen Rebellen.

Anderlan leidet unter dem sich abzeichnenden Schicksal: daß Tiroler gegen die mit Napoleon verbündeten Bayern zu kämpfen haben, daß Deutsche gegen Deutsche Krieg führen. Dabei fühlt und weiß er, daß der eigentliche Feind die französischen Truppen sind. Als bayerischer Offizier verkleidet begibt er sich auf einen Ball in der Innsbrucker Hofburg. Hier erfährt er wichtige Neuigkeiten und trifft das Mädchen wieder, die Tochter des bayerischen Beamten. Sie erkennt ihn sofort, doch seine Identität gibt sie nicht preis. Ihr Herz schlägt für Severin Anderlan, wie das seine für diese junge Frau namens Erika.

Doch für zärtliche Gefühle ist weder der rechte Ort noch der geeignete Augenblick.

Anderlan verläßt den Ball, um die Tiroler Freiheitskämpfer gegen die einmarschierende französische Armee zu führen. Die zum großen Teil aus Bauern bestehenden Kämpfer schlagen sich tapfer. Doch trotz heftigsten Widerstandes werden sie von Napoleons Soldaten niedergerungen. Anderlan fällt ihnen in die Hände. Im Hof der Festung Kufstein wird er erschossen.

Soweit der Inhalt der Drehvorlage für Trenkers Spielfilm »Der Rebell«.

Das Schicksal des Severin Anderlan ist eng angelehnt an das der historischen Figur Andreas Hofer. Trenker selbst wird im Film diesen Anderlan verkörpern. Wer sonst?

Einem puren Zufall verdankt Trenker das Entstehen der Filmidee zum »Rebell«. Als er in Amerika Gast war in William Wylers Haus, wurde er von einer Frau in ein unangenehmes Gespräch verwickelt. Die Amerikanerin wetterte gegen die Deutschen, die ihre Reparationen, die im Versailler Vertrag festgelegt worden waren, nicht zahlten; sie lamentierte, daß dieses Volk noch einmal besiegt werden müßte, und sie ließ sich auch durch höfliche Einwände Trenkers die schlechte Stimmung kein bißchen vertreiben. Seine Argumente, die von der Armut der Bevölkerung sprechen und von der enorm hohen Arbeitslosenzahl in den Großstädten, verhallten ungehört.

»Die Unterhaltung im Hause Whyler beschäftigte mich noch am kommenden Morgen, und blitzartig schoß mir der Gedanke durch den Kopf: Einen Freiheitsfilm gegen die Fesseln von Versailles sollte man drehen!, und schon standen die Bilder von der Rebellion der Tiroler gegen Napoleon vor mir. Das Thema lag mir im Blut, von den Erzählungen aus meiner Schulzeit her, von den Bildern Defreggers und Albin Eggers, von den Dramen Schönherrs und Kranewitters und von den Volksschauspielern der Exlbühne.«[163]

Ein Freiheitsfilm gegen die Fesseln von Versailles also . . .

Es ist dieser unglückselige Vertrag von Versailles, der am 28. Juni 1919 von den Beauftragten der deutschen Regierung unterzeichnet worden war, und gegen dessen Folgen sich Trenker nunmehr mit den Mitteln der (Film-)Kunst wenden will.

Die wesentlichen Punkte dieses von den Siegermächten des Ersten Weltkrieges formulierten Vertrages bedeuteten für Deutschland Gebietsabtretungen in größerem Umfang, Entwaffnung der deutschen Armee und Wiedergutmachungszahlungen an die Alliierten.

Mehr als fünfzig Jahre nach der Vertragsunterzeichnung wird in deutschen Schulbüchern stehen, daß die Bevölkerung den Vertrag fast einhellig als ungerecht empfand und daß die moralische Selbstgerechtigkeit der Sieger, die in der einseitigen Wiedergutmachungspflicht und in der Wegnahme der Kolonien zum Ausdruck kam, schwer zu ertragen war.

Ist hiermit nur die Befindlichkeit der Volksseele in der Zeit zwischen den Kriegen mehr oder weniger treffend dokumentiert, so lassen sich unschwer Kritiker des Vertrages finden, deren Stimme Gewicht hat, weil sie, wie Elias Canetti, als humanistische Philosophen glaubwürdig sind:

»Aber nie hätte Hitler sein Ziel erreicht, wenn der Versailler Vertrag die Armee der Deutschen nicht aufgelöst hätte. Das Verbot der allgemeinen Wehrpflicht brachte die Deutschen um ihre wesentlichste geschlossene Masse. Die Übungen, die ihnen nun versagt waren, das Exerzieren, das Empfangen und das Weitergeben von Befehlen wurden zu etwas, das sie sich mit allen Mitteln wieder zu verschaffen hatten. Das Verbot der allgemeinen Wehrpflicht ist die Geburt des Nationalsozialismus. Jede geschlossene Masse, die gewaltsam aufgelöst wird, setzt sich um in eine offene, der sie alle ihre Kennzeichen mitteilt. Die Partei springt ein für das Heer, und ihr sind innerhalb der Nation keine Grenzen gesetzt. Jeder Deutsche – Mann, Frau, Kind, Soldat oder Zivilist – kann Nationalsozialist werden; es ist ihm oft noch mehr daran gelegen, wenn er selber früher nicht Soldat war, weil er sich auf diese Weise Teilnahme an einem Gebaren verschafft, das ihm sonst versagt war.«[164]

Trenker also darf Verständnis finden, wenn er mit seiner Arbeit opponieren will gegen den Versailler Vertrag, der Deutschland aufgezwungen wurde. Über die Gerechtigkeit oder Ungerechtigkeit der Repressalien soll hier nicht weiter diskutiert werden. Was ihm aber als Mangel angelastet werden muß, ist das Fehlen politischen Instinkts und Feingefühls. Rudolf Nottebohm und Hans-Jürgen Panitz bringen diesen Umstand in ihrem Buch »Luis Trenker – Fast ein Jahrhundert« exakt auf den Punkt: ». . . nicht Trenkers Grundwerte wie Freiheit, Heimatliebe, Kameradschaft . . . rücken ihn in die Nähe des Nationalsozialismus, sondern die Gesellschaft, in der er sich befindet, das geistige Klima, in der er sie vertritt.«[165]

Denn zur selben Zeit, da er mit einem Spielfilm über den Tiroler Freiheitskampf in symbolischer Form gegen »die Fesseln von Versailles« angehen will, gebraucht Adolf Hitler diese populäre Formel für seine Demagogie.

Auch darüber denkt Canetti nach: wie wirksam das Wort »Versailles« in Hitlers ständiger Wiederholung war.

»Was hat Hitler in ihm seinen Zuhörermassen vermittelt? [. . .] Das Verbot der Armee war wie das Verbot einer Religion. Der Glaube der Väter war unterbunden, ihn wiederherzustellen war jedes Mannes heilige Pflicht. In diese Wunde stieß das Wort ›Versailles‹ jedesmal, wenn es gebraucht wurde; es erhielt sie frisch, sie blutete weiter, sie schloß sich nie. Solange in Massenversammlungen das Wort ›Versailles‹ mit aller Kraft ausgestoßen wurde, war auch der Beginn einer Heilung ausgeschlossen.«[166]

Ohne dies absichtlich herbeigeführt zu haben, und wohlgemerkt nur in diesem einen herausgestellten Punkt, deckt sich Trenkers Sicht der Dinge mit der nationalsozialistischen Ideologie.

»Der unpolitische Trenker wird nicht durch seine Grundwerte politisch, sondern durch die Ahnungslosigkeit, mit der er sein Lied von Kameradschaft, Freiheit und Heimat in einer Zeit weitersingt, als auch harmlose Volkslieder zu völkischen Kampfgesängen wurden.«[167]

Der politische Eifer des an sich unpolitischen Menschen Luis Trenker hat den neuen Spielfilm »Der Rebell« initiiert. Doch jetzt, wo die eigentliche Filmarbeit beginnt, sind es nicht politische Motive, sind es nicht Ideologien, die Trenkers Gedanken vorantreiben. Wie schon beim »Ruf des Nordens« und auch bei »Berge in Flammen« will er mit aller Kraft einen künstlerischen Film schaffen, der in seiner Spannung und Dramatik das Kinopublikum zu begeistern vermag und der zugleich in Bildgestaltung, Ton und Montage die Fachwelt überzeugt.

Ende Juni sollen die Dreharbeiten beginnen. Das Kamerateam, die Helfer, die Statisten – alle sind sie schnell »zusammengetrommelt«. Allgeier, Benitz, Goldberger und Kuntze werden die Kameras bedienen, als Regieassistent wird Reinhart Steinbicker engagiert. Mit den Außenaufnahmen soll bereits begonnen werden, doch zugleich wollen auch schon die späteren Studiotermine wie auch die im Studio anfallenden Bauten geplant sein.

Zu den Schauspielern, für die Trenker sich entscheidet, gehören Olga Engl, Erika Danhoff und Ludwig Stoessel. Was noch fehlt, ist die optimale Besetzung der bayerischen Beamtentochter, zu der Severin Anderlan zarte Bande knüpfen wird.

In Berlin hat eine gerade erst zwanzigjährige, aus Wien kommende Schauspielerin zuletzt große Erfolge gefeiert: Luise Ullrich. In Richard Billingers »Rauhnacht« agiert sie an der Seite des schon legendären Werner Krauß, und sie spielt sich in die vorderste Reihe deutschsprachiger Darsteller. Die Universal nimmt Luise Ullrich unter Vertrag. Für 5000 Mark wird sie in der deutschen Fassung des »Rebell« die Beamtentochter Erika verkörpern. Die amerikanische Version ist mit Vilma Banky besetzt, einem Star der Stummfilmzeit, zu alt schon für die Rolle, wie Luise Ullrich sich erinnert, und schon bald am Endpunkt ihrer Karriere angelangt. Alle Rollen sind doppelt besetzt, deutsch und amerikanisch, nur Trenker selbst spielt in beiden Fassungen die Hauptrolle.

Man wird Luis Trenker später mit dem Lorbeer bekränzen, Luise Ullrich für den Film entdeckt zu haben. Was daran wirklich wahr ist, läßt sich nach so langer Zeit nicht mehr zweifelsfrei belegen. Luise Ullrich bringt in ihren Memoiren »Komm auf die Schaukel, Luise« zum Ausdruck, daß sie von der Produktionsgesellschaft engagiert worden ist, ihr von Regieseite her aber, zumindest von Co-Regisseur Bernhardt, kein Vertrauen entgegengebracht worden sei. Auch in Trenkers Erinnerungen findet sich kein Hinweis auf zumindest künstlerische Nähe zwischen ihr und ihm. Sachlich betrachtet erscheint das Engagement der Ullrich als eine Entscheidung der Universal, die in der gefeierten Bühnenschauspielerin einen weiteren Erfolgsgaranten für den Film vermutete.

Wie dem auch sei: Trenkers »Rebell« ist der Grundstein für die Zweigleisigkeit der Karriere Luise Ullrichs. Als Bühnen- wie auch als Film- und Fernsehschauspielerin wird sie bis ins Alter Erfolge feiern, starke und markante Charaktere verkörpern.

Doch noch ist 1932, gerade erst ist das Kino den Stummfilmzeiten entwachsen, und eine fast noch jugendliche Luise Ullrich steht erstmals im Leben vor einer Kamera. Doch ihr gesundes Selbstvertrauen, ihr kesses Auftreten, die Unbekümmertheit der Jugend ebnen ihr rasch den Weg zum Erfolg.

Wie Luise Ullrich das Erarbeiten einer Szene für den »Rebell« erlebt, soll aus ihren Memoiren wiedergegeben werden. Nicht nur das Persönlichkeitsbild der jungen Schauspielerin wird darin deutlich, auch die darstellerischen Aspekte werden offensichtlich. Was in der Stummfilmzeit dem Film zum Vorteil gereichte, kann der Tonfilm der Lächerlichkeit preisgeben: »Das Mädchen Erika, das von Vilma Banky und mir gespielt wurde, hatte sich laut Drehbuch in Luis Trenker verliebt. Bei einer Szene soll sie neben dem Pferd stehen, an Luis denken und traurig sein. Zuerst spielte dies Frau Banky. Träumerisch lehnte sie sich an das Pferd, senkte ihre dunkelblau geschminkten Lider. Die schwarz getuschten Wimpern lagen wie Schleier auf ihren blassen Wangen. Langsam sah sie wieder hoch. Ihr Blick verlor sich in der Ferne, um dann mit Verachtung mitten in den Scheinwerfer hineinzusehen. Sie drückte ein wenig, und zwei dicke Tränen rollten über ihre Wangen. Ihr kleines Näschen blähte sich. Der Busen wogte. In Zeitlupe senkten sich die Augendeckel.

›Cut‹, sagte ergriffen der amerikanische Regisseur, Mr. Knopf.

›Thank you, Vilma. You were just great. The Germans, please.‹ Bernhardt genierte sich, weil nun nach dieser großen Leistung ich kommen sollte. Er gab mir den Rat: ›Spielen Sie es einfach nach!‹

Aber ich ließ mich überhaupt nicht aus dem Tritt bringen. So wie Vilma Banky konnte und wollte ich die Szene nicht spielen. Ich stellte mich also auch neben das Pferd.

›Kamera ein. Ton.‹ Der Regisseur sagte: ›Bitte.‹

Als erstes schneuzte ich mich. Dann streichelte ich traurig und liebevoll den Hals des Pferdes, als wäre es der Hals von Luis persönlich. Ich klopfte und boxte das Pferd, bis es sich zu mir umdrehte, und gab ihm ganz überraschend einen schnellen Kuß auf die Schnauze. Bernhardt war ganz überrascht und vergaß ›Aus‹ zu sagen. Daher zupfte ich das Pferd noch einmal und sagte in sein Ohr hinein: ›Ich liebe ihn.‹

Da sagte der Regisseur aber: ›Aus!‹

›Wo bleiben die Tränen?‹ herrschte er mich an.

Aber er wiederholte die Szene nicht, denn er war ohnehin sicher, daß alles in den Papierkorb kommen und seine Freundin die Rolle spielen würde.«[168]

Aber die Freundin des Regisseurs Bernhardt, die schon am Drehort anwesend ist, um für die »unsägliche« Ullrich einzuspringen, bekommt die Rolle nicht. Die Produktionsfirma ist nach Sichtung des ersten belichteten Filmmaterials von ihrer Wahl der jungen Bühnenschauspielerin überzeugter denn je.

Überzeugend ist in seiner künstlerischen Gestaltung der gesamte Film. Ein Historienfilm bester Machart, aufwendig inszeniert, opulent in der Ausstattung. Rund dreihundert Leute agieren in den Schlachtenszenen als Soldaten und Bauern, spielen im engen Winkel von Finstermünz zwischen den Tiroler Dörfern Pfunds und Nauders unweit der Schweizer Grenze nach, was sich so oder ähnlich 1809 ereignet haben könnte. Gewaltige Steinlawinen haben niederzugehen auf die herannahenden französischen Truppen, Steinlawinen, die von den Freiheitskämpfern vorbereitet worden sind und den Besatzern Tod und Verderben bringen sollen.

Es gehören diese Szenen zu den eindrucksvollsten Einstellungen des gesamten Films. Großartige Organisation verbirgt sich hinter dem reibungslosen Ablauf der Geschehnisse, die durch ausgezeichnete Kameraarbeit eindringlich dokumentiert werden. Doch vor allem bedarf es, wie auch Trenker zugibt, einer ungeheuren Portion Glück, daß bei dessen gewagten »Actionszenen« auch nicht einer der Akteure zu Schaden kommt.

Wieder einmal scheint Luis Trenker das Glück hold.

Als der »Rebell« kurz vor Weihnachten 1932 in die Kinos kommt, erwartet das Publikum ein spannungsgeladener, ungewöhnlich straff inszenierter Film, der für alle Zeiten als Trenkers am schönsten photographierter Film gelten sollte.

Der Erfolg ist ihm sicher.

AUCH DIE FALSCHE SEITE APPLAUDIERT

Goebbels' Begeisterung für den »Rebell« und die unguten Folgen

Am 12. Dezember 1932 wird der »Rebell« in Stuttgart uraufgeführt. Am 18. Dezember hat der Film auch in Berlin Premiere. Den Ufa-Palast füllen fast zweitausend erwartungsvolle Zuschauer. Trenker ist aufgeregt, nervös, unsicher, wie seine Arbeit angenommen werden wird. Doch bald legt sich seine Anspannung. Die Begeisterung der Menge für sein Thema ist spürbar. Gebannt verfolgen die Menschen die Handlung seines Films. Trenker freut sich, könnte laut lachen vor Glück. Er hat es geschafft. Doch noch während der Filmvorführung kippt sein Hochgefühl wieder um. Etwas Bestürzendes liegt in den Reaktionen des Publikums.

»Dann – als es nur mehr einiger Beilhiebe bedurfte, um die in die Falle marschierenden Franzosen und Bayern vernichtend zu treffen, setzte der erste große Applaus ein, während die Steinlawinen Schlag auf Schlag mit tödlicher Wucht auf die ahnungslosen Soldaten niederprasselten. Als die Naturgewalten, alles zermalmend, wieder und wieder von den Höhen erbarmungslos niederstürzten, ging ein Beifallssturm durch das Riesenhaus. Mit frenetischem Klatschen und Füßetrampeln begrüßte das Publikum jede Steinlawine neu, machte sich das Publikum immer wilder und immer hemmungsloser Luft!«[169]

Das hat Trenker nicht gewollt. Solch einseitige Haltung hat nie in seiner Absicht gelegen. Während der letzten Jahre, da er zielstrebig an seiner Filmkarriere gearbeitet hat, ist ihm das Maß der Fanatisierung entgangen, die eine demagogische Politik bei den Massen hervorgerufen hat. Mit einem Schlag wird ihm bewußt, was er fast achtlos, weil zunächst scheinbar unwichtig für sich selbst, an sich hat vorübergleiten lassen. Auch wenn damit kein politisches Bewußtsein geweckt wird und ihm auch nicht gleich die Tragweite seiner Filmarbeit »Der Rebell« zur Einsicht kommt, so ist Trenker eines doch sofort klar: Von jetzt an bedarf es aller Schläue und Gerissenheit, um in diesem bösartigen Labyrinth von Politik und Gesellschaft einen gangbaren Weg zu finden.

Joseph Goebbels notiert am 18. Januar 1933 in seinem Tagebuch:

»Abends sehen wir den Film ›Rebell‹ von Luis Trenker. Eine Spitzenleistung der Filmkunst. So kann man sich den Film der Zukunft denken, revolutionär mit ganz großen Massenszenen, die mit einer ungeheuer vitalen Kraft hingeworfen sind [...] Man kann hier sehen, was aus dem

Film zu machen ist, wenn einer sich darauf versteht. Wir sind alle bis in die Seele ergriffen.«

Leicht, allzu leicht läßt sich der »Rebell« von den Nazis für ihre Zwecke vereinnahmen. Liegt nicht alle Symbolik klar auf der Hand?

So klar nun auch wieder nicht. Denn so wie die Nazis und ihre Mitläufer in Trenkers Film ihre Ideale wiederzuerkennen vermögen, gelingt dies auch ganz anderen Menschen, deren Gedanken nicht braun getrübt sind. So zeigt ein Pfarrer im Katechismussaal der St. Bonifatiuskirche in Mainz den »Rebell« einer Schar junger Leute, die mit dem Nationalsozialismus nicht das geringste am Hut haben. Heimlich, konspirativ, schaut man den Film an. Für viele ist es die erste Begegnung mit der Person Luis Trenker und deren Werk. Einer der Jugendlichen ist Ernst Emrich, später Hörfunkdirektor in München. Damals, weiß er zu erzählen, habe man im Kampf der Tiroler Bauern den Kampf gegen die Gewaltherrschaft und die Unterdrückung gesehen. Trenkers Film sei ihnen ein Symbol für den Widerstand des kleinen Mannes gegen die Nazis gewesen, den Anliegen der »Weißen Rose« viel, viel näher als der Ideologie des braunen Wahnsinns.

Sollte man wieder erinnern an den Spruch vom »Sowohl-als-auch«? Auf die Kritikermeinungen nach der Filmpremiere ist er zumindest unschwer anwendbar.

Die amerikanische Zeitschrift »Variety« lobt den Film, mutmaßt aber, daß er wegen seiner »Anti-Hitlertendenz nur in wenigen europäischen Theatern gezeigt werden dürfte«. Die »Weltbühne« verreißt den »Rebell«, doch sind es nicht ideologische Gründe, die hierfür ins Feld (ins Feld! Wie kriegerisch schon wieder alles wird!) geführt werden.

Nachhaltig und am härtesten trifft Trenker ein später gefälltes Urteil über seinen Film. Der Filmkritiker Siegfried Kracauer schreibt in seinem 1947 erschienenen Buch »Von Caligari bis Hitler«:

»Die Aufnahmen beweisen, daß es sich beim Film von Trenker um nichts anderes handelt als um einen kaum verschleierten pronazistischen Film. Durch die Bilder von Sepp Allgeier werden Symbole eingeführt, die in der Hitler-Kultur eine große Rolle spielen sollten. Um die nationale Leidenschaft zu verstärken, werden häufig Nahaufnahmen von Fahnen gezeigt – ein filmisches Mittel, zu dem auch die Nazis gern griffen.«

Andere Kritiker und Filmgeschichtler haben später Kracauer Einseitigkeit in seiner Betrachtungsweise vorgehalten, haben das harte Urteil zu mildern, Trenkers Film aus der rein politischen wieder auf die künstlerische Ebene zu ziehen versucht. Gelungen ist dies nur ansatzweise. Kracauers Wort bleibt festgeschrieben, scheint bei fast jeder Würdigung des Trenkerschen Filmschaffens die Grundlage zu sein und wohl auch auf Dauer zu bleiben.

Am 30. Januar 1933 beruft Reichspräsident von Hindenburg Adolf Hitler zum Reichskanzler. Nun sind es nur mehr wenige Wochen bis zur Einrichtung eines totalitären Regimes, das in Deutschland alle Belange des politischen, gesellschaftlichen, sozialen und kulturellen Lebens, so weit nicht bereits geschehen, grundlegend verändern wird.

Am 11. März 1933 fällt der Beschluß, ein »Ministerium für Volksaufklärung und Propaganda« einzurichten. Der zuständige Minister wird Dr. Joseph Goebbels, dem Ministerium wird die gesamte Kultur im Dritten Reich, damit auch der Film, unterstellt.

Am 28. März des Jahres spricht Goebbels zum ersten Mal zu Vertretern des deutschen Films. Dabei unterstreicht er die Bedeutung des Films für die Zukunft des deutschen Volkes, und er nennt, um seinen Worten zusätzliches Gewicht zu geben, vier ihm beispielhaft erscheinende Werke. Eisensteins »Panzerkreuzer Potemkin« lobt er als »fabelhaft gemacht, er bedeutet eine filmische Kunst ohnegleichen [...] Wer weltanschaulich nicht fest ist, könnte durch diesen Film zum Bolschewisten werden«.[170]

»Anna Karenina« erhält des Ministers Lob wegen der überragenden schauspielerischen Leistung von Greta Garbo; Fritz Langs »Nibelungen« gefällt nicht nur vom Thema her, auch die Intensität der Inszenierung weiß Goebbels zu preisen. Der vierte Film im traurigen Bunde derer, die vom Propagandaminister mit wenigen Sätzen für die Nazis vereinnahmt werden, ist Trenkers »Der Rebell«, weil der, wie Goebbels es ausdrückt »auch den Nichtnationalsozialisten umwerfen könnte«.[171]

Verhängnisvoll für Trenker und seinen Film ist nicht nur die rühmende Nennung durch Goebbels, es ist auch der Schluß des »Rebell«. Der nämlich zeigt, wie Severin Anderlan und zwei seiner Gefährten in der Festung Kufstein erschossen werden – und wie alle wieder auferstehen.

»In einer geisterhaften Doppelbelichtungsmontage lösen sich die Gestalten von den Gefallenen, und Anderlan marschiert mit seinen Kameraden, das wehende Banner der Freiheit in der markigen Faust, unter vorwärtstreibenden Fanfarenklängen direkt in den von sonnenverstrahlten Wolken verklärten Himmel – der einzelne muß fallen, doch die Idee der Freiheit wird weitergetragen, sie ist unsterblich.«[172]

TRENKER

34

Berge in Flammen

35

THE DOOMED BATTALION
GUARANTEED DIFFERENT
RIVOLI
The DOOMED BATTALION
NEVER BEFORE HAVE YOU SEEN ANYTHING LIKE IT!
Unforgettable!
Terrific!
The newest THRILL!
Eye Staggering
Inspiring
The DOOMED BATTALION
GUARANTEED DIFFERENT!
The DOOMED
YOUR MOST REFRESHING

36

37

38

39

40

41

43

44

45

46

47

Der verlorene Sohn

52

53

54

55

56

57

58

59

60

61

62

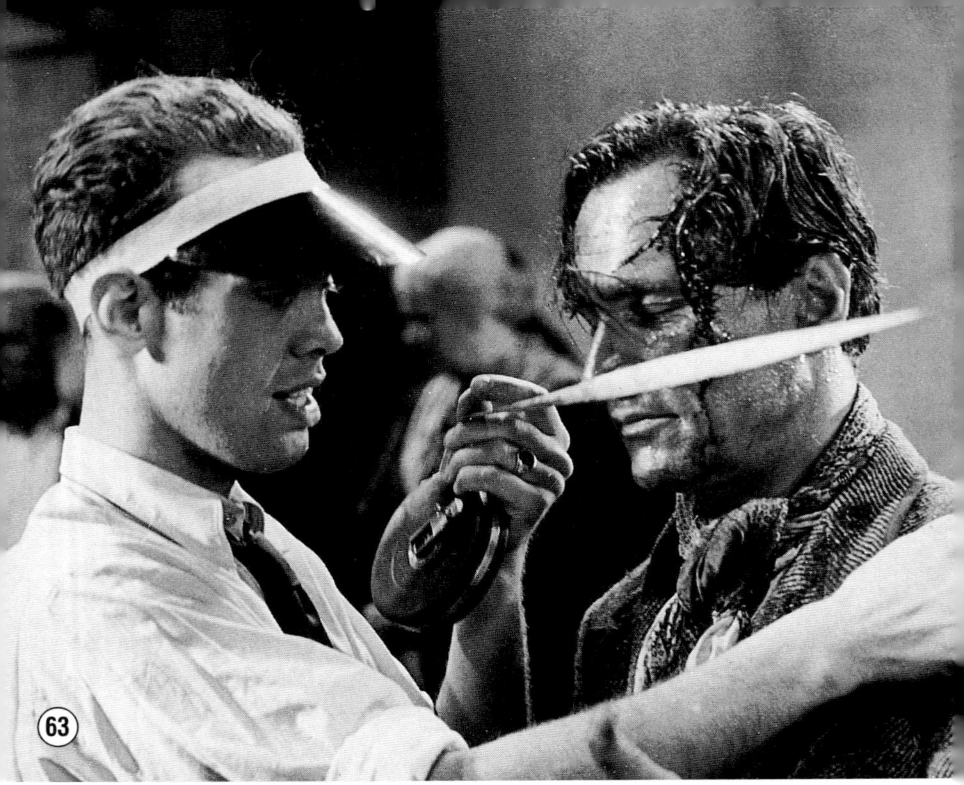

63

64

Im Dritten Reich, wo zwischen 1933 und 1945 knapp 1200 Spielfilme hergestellt werden, wird der Schluß von Trenkers »Rebell« immer wieder kopiert, und zwar in immer eindeutigerer, Mißverständnisse nicht mehr zulassender Weise. So steht diese Szene Pate für so unsägliche filmische Machwerke wie »Hans Westmar«, einen 1933 entstehenden Film über den Nazi-»Märtyrer« Horst Wessel, und den aus demselben Jahr stammenden »Hitlerjungen Quex«.

Schon hat das Nazi-Regime Trenker in den Klauen. Aber noch bleibt ihm ja die »letzte Ausfahrt Hollywood«. Bei Laemmle genießt Trenker Ansehen, noch steht die Tür zu einer amerikanischen Zukunft offen. Es wäre nur ein Schritt zu tun.

Mit aller Macht setzt im Deutschland des Jahres 1933 der Kulturverfall ein. Die Presse wird durch staatliche Lenkung und Zensur in ständig steigendem Maß unterdrückt. Bald untersteht jede deutsche Zeitung indirekt Goebbels' Propagandaministerium. Auch die Literatur gerät unter Kontrolle, soweit dies überhaupt möglich ist. Der Partei ist es ein Anliegen, unerwünschte Bücher aus den Bibliotheken und aus dem Privatbesitz der Bürger verschwinden zu lassen. Autoren sollen ihre Existenzgrundlage verlieren, sollen mundtot gemacht werden. Brecht, Döblin, Thomas Mann, Klaus Mann, Tucholsky, Remarque, Stefan Zweig, um nur ein paar zu nennen. Auch Einstein, Marx und Sigmund Freud.

Der Rufmord eskaliert schließlich in Bücherverbrennungen.

»Zum Symbol der Vernichtung der ›entarteten‹ Literatur wurden die öffentlichen Bücherverbrennungen am Abend des 10. Mai 1933: Nachdem die nationalsozialistischen Eiferer in den Bibliotheken gewütet hatten, errichteten sie auf öffentlichen Plätzen der großen Städte Scheiterhaufen aus ›zersetzender Literatur‹, um den ›Ungeist‹ zu verbrennen und damit auch deren Schöpfer symbolisch zu vernichten. Obwohl diese Aktionen exakt geplant und inszeniert waren, versuchte sie die nationalsozialistische Propaganda als Ausdruck spontanen Unmuts und Empörung darzustellen.«[173]

Auch für bildende Künstler, Regisseure und Schauspieler setzen immer größere Schwierigkeiten ein – für viele von ihnen zumindest. Für die nämlich, die aufgrund ihres Werkes oder ihres Stammbaumes den Vorstellungen der Nazi-Ideologen nicht entsprechen.

Doch zunächst sind es vor allem Schriftsteller und Geisteswissenschaftler, die das Land verlassen. In alle Himmelsrichtungen führen die

Wege, nach dem Osten genauso wie nach Amerika oder nach Frankreich. In Klaus Manns Lebensbericht »Der Wendepunkt« findet sich folgende Textpassage über die frühe Phase der Emigration:

»Die deutschen Schriftsteller – es darf mit Genugtuung konstatiert werden – haben sich im Jahre 1933 besser bewährt als irgendeine andere Berufsklasse. Während der letzten Jahre vor Ausbruch des Dritten Reiches hatte es wohl den Anschein, als wären manche unter ihnen bereit, sich mit dem Abscheulichen abzufinden oder dieses gar zu begünstigen, und in der Tat hat es ja an Abtrünnigen nicht ganz gefehlt. Einige glaubten vielleicht allen Ernstes, im Nationalsozialismus das Neue, Revolutionäre zu erkennen und bewundern zu müssen (wie der verblendete Gottfried Benn es tat); aber die Zahl derer, die sich düpieren oder korrumpieren ließen, ist doch vergleichsweise gering, verglichen nämlich mit der erschreckend umfangreichen Liste gleichgeschalteter Philosophen, Historiker, Juristen, Ärzte, Musiker, Schauspieler, Maler, Pädagogen. Die weitaus meisten Autoren von literarischem Rang stellten sich sofort und aufs entschiedenste gegen die Diktatur, an deren zutiefst geistfeindlichem Charakter für keinen Klarsichtigen der geringste Zweifel bestehen konnte.«[174]

Das literarische Deutschland verödet.

Bertolt Brecht geht und Oskar Maria Graf. Die Brüder Thomas und Heinrich Mann. Annette Kolb und Irmgard Keun. Lion Feuchtwanger, Joseph Roth – und hundert und tausend andere.

Auch wenn Trenker kein vordergründig politischer Mensch ist, so können ihm doch die einschneidenden Veränderungen im kulturellen Leben Deutschlands und der rapide Verfall der Werte nicht entgehen. Doch noch, scheint es, will er sich in seinem Weg nicht beirren, durch solche Mißstände nicht aus der Bahn werfen lassen. Er hat, im Augenblick, großen Erfolg. Zum Teil zweifelhaften Erfolg, wie ihm von der Berliner Premiere seines »Rebell« nachhaltig in Erinnerung geblieben ist. Aber solchem Mißverstandenwerden kann man schließlich entgegenwirken. Mit einem neuen Film, einer gänzlich anderen Handlung.

Unverzüglich stürzt sich Trenker auf ein neues Thema. Die Phasen intensivster Arbeit reißen in jener Zeit kaum ab. Nie kehrt in sein Leben auch nur für kurze Zeit Ruhe ein.

Am 6. April 1933 wird den Trenkers in der Berliner Universitätsfrauenklinik ein zweites Kind geboren, der Sohn Luis-Ferdinand. Trenkers »Rebell« erscheint als Roman. »Ein Freiheitsroman aus den Bergen Tirols«

steht als Untertitel auf dem Umschlag des neuen Buches. Beschlossen wird diese Erstausgabe durch eine Widmung des Autors ganz im Geist (Ungeist) der Zeit:

»Heilig sei der Glaube an unser Vaterland, denn die Liebe zu Heimat und Volk ist wie das Gottvertrauen unserer Seele! Das Andenken an die Männer, die für Scholle und Vaterland starben und kämpften, sei unantastbar und gesegnet! Ihr Geist lebt unter uns und verleiht uns Kraft und Hoffnung. Im Gedenken an die Helden von 1809 widme ich dieses Buch Deutschlands Jugend. Luis Trenker.«[175]

Ohne dem Verfasser dieser Zeilen Brücken bauen zu wollen auf vermeintlich sicheres Gelände, ohne zumindest sein völliges Ungeschick hier vertuschen zu wollen, muß doch ein Einwand an dieser Stelle erlaubt sein, mehr noch, er ist dringend erforderlich. Denn auch hier wäre es wieder einmal leicht, eindeutige Schlüsse zu ziehen, den Bogen zu spannen von Trenkers »Widmung« zu Kracauers Urteil über den »Rebell«. Doch sind Zweifel angebracht. Denn es ist fast sechzig Jahre nach Erscheinen des Buches nicht nachzuvollziehen, was des Autors eigentlicher Wunsch und Wille war und ob es sich nicht bei der Widmung um das Diktat eines eifrigen Verlages gehandelt hat.

So kann man, will man Trenker Vorhaltungen machen, auf diese gedruckten Worte so ohne weiteres nicht bauen. Vorwerfen aber kann man ihm, sich nicht aus diesen Affären herausgehalten zu haben. Daß er sich zur Mitte des Jahres 1933 nicht daranmacht, sein Leben zu verändern, neue Arbeitsgrundlagen zu schaffen, daß er, während ringsherum die Welt ins Wanken gerät, sich in ein biblisches Gleichnis versenkt, das er liebt, das ihm Kraft gibt, und aus diesem Gleichnis im Evangelium nach Lukas die Grundidee schöpft zum nächsten Film, zum nächsten Roman: das Gleichnis vom verlorenen Sohn.

»Ein Mann hatte zwei Söhne. Der jüngere sagte zu seinem Vater: ›Gib mir den Teil der Erbschaft, der mir zusteht!‹ Da teilte der Vater seinen Besitz unter die beiden auf. Nach ein paar Tagen machte der jüngere Sohn seinen Anteil zu Geld und zog in die Fremde. Dort lebte er in Saus und Braus und verjubelte alles. Als er nichts mehr hatte, brach in jenem Land eine große Hungersnot aus; da ging es ihm schlecht. Er fand schließlich Arbeit bei einem Bürger jenes Landes, der schickte ihn zum Schweinehüten aufs Feld. Er war so hungrig, daß er auch mit dem Schweinefutter zufrieden gewesen wäre; aber selbst das verwehrte man ihm. Endlich ging er in sich und sagte sich: ›Die Arbeiter meines Vaters bekommen mehr, als sie essen können, und ich werde hier noch vor Hunger umkommen. Ich will zu meinem Vater gehen und zu ihm sagen: Vater, ich bin vor Gott und vor dir schuldig geworden; ich verdiene es nicht mehr, dein Sohn zu sein. Laß mich als einfachen Arbeiter bei dir bleiben!‹ So machte er sich auf den Weg zu seinem Vater. Der sah ihn schon von weitem kommen, und voller Mitleid lief er ihm entgegen, fiel ihm um den Hals und küßte ihn. ›Vater‹, sagte der Sohn, ›ich bin vor Gott und vor dir schuldig geworden, ich verdiene es nicht mehr, dein Sohn zu sein!‹ Aber der Vater rief seine Diener: ›Schnell, holt das beste Kleid für ihn, steckt ihm einen Ring an den Finger und bringt ihm Schuhe. Holt das Mastkalb und schlachtet es. Wir wollen ein Fest feiern und uns freuen! Mein Sohn hier war tot, jetzt lebt er wieder. Er war verloren, jetzt ist er wiedergefunden.‹ Und sie begannen zu feiern.

Der ältere Sohn war noch auf dem Feld. Als er zurückkam und sich dem Haus näherte, hörte er das Singen und Tanzen.

Er rief einen der Diener herbei und fragte, was denn da los sei. Der sagte: ›Dein Bruder ist zurückgekommen, und dein Vater hat das Mastkalb schlachten lassen, weil er ihn gesund wieder hat.‹ Da wurde der ältere Bruder zornig und wollte nicht ins Haus gehen. Schließlich kam der Vater heraus und redete ihm gut zu. Aber der Sohn sagte zu ihm: ›Du weißt doch: all die Jahre habe ich wie ein Sklave für dich geschuftet, nie war ich dir ungehorsam. Was habe ich dafür bekommen? Mir hast du nie auch nur einen Ziegenbock gegeben, damit ich mit meinen Freunden feiern konnte. Aber der da, dein Sohn, hat dein Geld mit Nutten durchgebracht; und jetzt kommt er nach Hause, da schlachtest du gleich das Mastkalb für ihn.‹ ›Mein Sohn‹, sagte da der Vater, ›du bist immer bei mir, und dir gehört alles, was ich habe. Wir konnten doch gar nicht anders als feiern und uns freuen. Denn dein Bruder war tot, jetzt ist er wieder am Leben! Er war verloren, aber jetzt ist er wiedergefunden!‹«

Das Thema vom verlorenen Sohn gewinnt in Trenkers Kopf mehr und mehr Gestalt. Ein erstes, dünnes Filmmanuskript entsteht, ein erster Entwurf, der den Handlungsverlauf des Spielfilms schon klar vorzeichnet. Viel Autobiographisches wird einfließen in das Geschehen.

»Das unvergeßliche Erlebnis von New York, die heimatverbundene Liebe des Bauernsohnes, die religiösen Feste seiner Gemeinde, die himmelragenden Felstürme der Dolomiten und die steinernen Säulen der Wolkenkratzerstadt sollten in das Schicksal des ›Verlorenen Sohnes‹ einbezogen werden.«[176]

Wieder findet Trenker in der Universal die richtige Produktionsfirma. Sein Entwurf gefällt, man erteilt ihm den Auftrag, das Drehbuch zu erarbeiten. Doch rasch stellen sich Hindernisse in den Weg. Hindernisse, die nur durch beste Beziehungen aus dem Weg geräumt werden könnten.

Da trifft es sich für Trenker gut, jemanden zu kennen, der ihn bis nah an Hitler heranbringen kann. Auf dem Obersalzberg in der Nähe von Berchtesgaden, wo sich Hitlers Sommersitz »Berghof« befindet, wird Trenker dem Reichskanzler vorgestellt. Der schwärmt von dem großartigen »Rebell«, räumt aber ein, daß dieser Film einen entscheidenden Fehler habe, »nämlich den, daß er nicht unter meiner Regierung entstanden ist«.

Trenker erzählt von seinem nächsten Projekt als einem stillen, besinnlichen Thema, dessen Wurzeln in einem biblischen Gleichnis verankert sind. Das interessiert Hitler nicht. Was Trenker denn sonst noch für Pläne habe, will er wissen, und hat damit den »Verlorenen Sohn« gleichsam vom Tisch gefegt.

Aber Trenker wäre nicht Trenker, würde er an einer seiner Ideen nicht festhalten, sie engagiert vorantreiben. Bald ist das Drehbuch geschrieben und die Universal bereit, die Filmarbeit zu finanzieren. Da wird dem Filmprojekt die Billigung von Goebbels' Propagandaministerium verweigert. Außenaufnahmen in New York! Als wenn die Devisen nicht anderweitig benötigt würden! New York, Amerika, ausgeschlossen. Soll er halt die Wolkenkratzer in den Ufa-Studios im Modell bauen lassen . . .

Trenkers Bekannter offeriert wieder Vermittlerdienste. Trenker begegnet einem gutgelaunten Hitler beim Nachmittagskaffee. Er schildert ihm die Einwände des Propagandaministeriums gegen seine geplante Filmarbeit. Doch Hitler räumt alle Zweifel aus.

»Beruhigen Sie sich, das Pendel hat eben früher zu sehr nach links ausgeschlagen und schlägt jetzt gelegentlich zu stark nach rechts aus. Bald wird es sich einspielen, und alles wird gut werden. Sie werden Filme machen können, wie Sie wollen und wo Sie wollen, das ist selbstverständlich! Überhaupt, wenn die Künstler wüßten, was ich alles für sie tun werde, würden sie sich nicht die geringsten Sorgen machen.«[177]

So bekommt der »Verlorene Sohn» von höchster Stelle grünes Licht. Nun steht den eigentlichen Filmarbeiten nicht mehr viel im Weg. Idealbesetzungen für die verschiedenen Rollen müssen noch gefunden werden: Bertl Schultes, Eduard Köck, Melanie Horeschowsky, Marian

Marsh und Jimmie Fox werden an Trenkers Seite agieren. Und, vor allem, wieder ein neues Leinwandgesicht: Maria Andergast.

Eigentlich hat Trenker Käthe Gold vorgesehen für die Rolle seiner Braut Barbl. Beim Schreiben des Drehbuchs war sie vor seinem geistigen Auge gleichsam auf und ab gegangen. Die junge Schauspielerin ist für Trenkers Filmprojekt auch gleich Feuer und Flamme, überlegt es sich aber dann doch anders und lehnt die Rolle ab. Trenker erinnert sich an die junge Schauspielerin Maria Andergast, die er am deutschen Landestheater in Prag eindrucksvoll spielen gesehen hat. Bei ihr bedarf es keines langen Hin und Her; sie läßt sich von Trenker erzählen, um was es geht beim »Verlorenen Sohn« und sagt sofort zu.

So sind nun die Schauspieler alle vereint, gegenseitig mag man sich, wie es alter Brauch ist, über die Schultern spucken, dann kann es losgehen, im August 1933, auf der Seiser Alm in den Dolomiten. Luis Trenker dreht wieder.

DER VERLORENE SOHN

Trenker dreht in New York, doch er bleibt nicht in den Staaten

Darf man einfach schwärmen? Die Objektivität einmal eine ganze Seite lang preisgeben und die eigene Begeisterung kundtun? Man sollte es sich erlauben, wenn von den Amerikaszenen des »Verlorenen Sohnes« die Rede ist. Nie hat Trenker als Regisseur gleiche Intensität erreicht wie bei den Aufnahmen in den Großstadtschluchten von New York, nie ist ihm eine Darstellung schauspielerisch so gut gelungen wie die des hoffnungslosen Tonio Feuersinger, der ohne Arbeit, ohne Dach über dem Kopf, ohne Geld die fremde Stadt durchstreift.

Wer, der den Film auch nur einmal gesehen hat, kann diesen Tonio Feuersinger vergessen? Wie er vergeblich an die Tür der reichen Herrschaften klopft, keinen Einlaß findet. Wie er jobbt beim gefährlichen Bau von Wolkenkratzern, bis ihn die Polizei aufscheucht, ihm, dem Illegalen, das letzte bißchen Daseinsgrundlage entzieht. Wie er mehr und mehr verkommt, wie das stolze, markante, offene Gesicht des Mannes aus Südtirol seine Züge verliert, wie Verwahrlosung Besitz ergreift vom Äußeren, wie die Augen müde werden wie die eines immer wieder gedroschenen Hundes. Wie sich dann aber die Urinstinkte melden, wie er zum Dieb wird, um den Hunger, den fürchterlichen Hunger, für ein paar Stunden zu überwinden.

Wer vergißt Tonio Feuersingers Blick, als er vor dem Lebensmittelladen steht und nicht die paar Cents hat, um sich auch nur ein kleines Brot zu kaufen? Wie er das Brot ansieht, anstarrt; wie er an sich halten muß, damit er nicht einfach eines aus dem Regal reißt und damit davonrennt, so schnell es geht. Alle Verlorenheit der Welt ist in dieser Szene, im Blick dieses Mannes. Dann geht er weiter, überwindet sich, will Brot Brot sein lassen, geht ein paar Schritte – und kehrt noch einmal zum Laden zurück. Der Hunger ist größer als die Moral! Feuersinger schnappt sich einen Laib Brot, nimmt ihn unter den Arm und rennt davon. Er flieht durch die schattigen Seiten der Stadt. Ein Polizist aber bleibt ihm dicht auf den Fersen, verfolgt ihn über Brücken und durch Hinterhöfe. Der Arm des Gesetzes scheint länger als die Schritte des Brotdiebes. Für einen Moment verliert der Polizist den Dieb aus den Augen, dann findet er ihn wieder. Feuersinger hockt da wie ein Straßenköter und reißt mit den Zähnen gierig große Stücke aus dem Brotlaib.

Er schlingt mehr als daß er kaut. Er rennt nicht mehr davon. Er sieht den Polizisten. Aber er will jetzt nichts als nur den Hunger stillen. Er ist ein Mann am Ende seines Weges.

Kopfschüttelnd geht der Polizist davon.

Wer könnte diese Szenen vergessen, die Trenker so eindringlich gespielt und inszeniert hat?

Für Trenker selbst wird der »Verlorene Sohn« sein bester Film bleiben. Nichts, was davor gekommen war, nichts, was später kommen sollte, stellt er je auf dieselbe Stufe mit diesem Film. Trenker ist sich bewußt, daß ihm im »Verlorenen Sohn« über weite Strecken wirkliche Filmkunst gelingt, daß er mit Regie und Montage Zeichen setzt. Gewiß gibt es in seinem Werk Arbeiten, die in der Gesamtheit vollkommener, ausgeglichener, »runder« sind, aber nie wird die künstlerische Qualität der Amerikaszenen auch nur annähernd erreicht werden.

Dabei gliedert sich der Film in drei Hauptteile. Im ersten wird die Geschichte des Südtiroler Holzfällers und Bergführers Feuersinger erzählt, seine Heimat wird gezeigt, seine Freude an der Arbeit, seine Zufriedenheit mit dem Dasein. Was, so scheint der Film zu besagen, was will man auch vom Leben mehr als eine Arbeit an herrlich frischer Luft, ein Daheimsein in der Gemeinschaft eines Bergdorfes und eine junge Frau, die sich schon freut darauf, bald geheiratet zu werden.

Der Film erzählt allerdings noch eine Geschichte in seinem ersten Teil, die nämlich von der scheinbaren Grausamkeit, zu der die Natur, namentlich das Hochgebirge, fähig ist. Feuersinger, der sich auch als Bergführer verdingt, führt in Begleitung eines bergerfahrenen Freundes eine junge Amerikanerin auf einen schwierigen Gipfel. Dabei kommt es zur Tragödie. Eine Wächte bricht, der Freund und die Amerikanerin stürzen zur einen Seite des Grates hin ab, Feuersinger wirft sich geistesgegenwärtig zur anderen Seite hinab. Das Seil rettet Leben. Aber nur eines. Die Amerikanerin kommt mit dem Schrecken davon, Feuersingers Freund aber ist tot.

»Verbittert über den Tod des Freundes nahm Tonio die Einladung des Vaters der Amerikanerin an, die USA zu besuchen, und verließ die Berge, die er nicht mehr sehen wollte.«[178]

Daheim hat man Verständnis dafür, daß er den Schmerz verarbeiten muß. Der Vater hat Verständnis, und auch Barbl, die Braut. Feuersinger reist nach Amerika.

Mit großartigen filmischen Ideen schafft der Regisseur Trenker den Übergang vom ersten in den zweiten Teil des Filmes, von Südtirol nach New York. Von den markant geformten Sellatürmen, die zu Trenkers heimischer Dolomitenwelt gehören, blendet er über in die Wolkenkratzersilhouette von Manhattan. Zugleich wandelt sich die Filmmusik von Giuseppe Becces groß instrumentiertem Hauptthema zu einem amerikanischen Swing-Motiv.

Feuersinger ist in New York.

Doch Mister Williams und seine Tochter, die Tonio eingeladen haben, sind nicht zu Hause. Sie verbringen die Sommermonate auf einem weit entfernten Landsitz. Vor dem verdutzten Feuersinger wird die Tür geschlossen. Allein ist er nun in der großen, unüberschaubaren Stadt. Ein Mensch aus den Bergen, allein mit den Gesetzen der Großstadt. Und gegen die kommt er nicht an. Immer mehr verliert er den Halt. Die Werte, die daheim im Bergbauerndorf relevant sind, hier zählen sie nichts. Schwimmen muß man hier, oben schwimmen mit aller Kraft, und sich nicht scheren darum, wenn neben einem einer untergeht. Aber Feuersinger kann nicht oben bleiben. Es zieht ihn hinab. Und bald läßt sich auf ihn anwenden, was Alfred Döblin 1929 über seinen Franz Biberkopf schrieb:

»Jetzt fällt der erste Streich auf ihn. Er wird in ein Verbrechen hineingerissen, er will nicht, er wehrt sich, aber er muß müssen. Er wehrt sich tapfer und wild mit Händen und Füßen, aber es hilft nichts, es geht über ihn, er muß müssen.«[179]

Fast ist er schon am Boden, dieser Feuersinger, da beginnt, unmerklich zunächst, das Pendel in die andere Richtung auszuschlagen. Er findet eine Arbeit als Betreuer bei Boxkämpfen. Als bei solch einem Kampf sein Schützling vom Gegner unfair und übel traktiert wird, springt Feuersinger in den Ring und schlägt, mit all der Kraft des Holzfällers und all der Wut auf das, was er durchgemacht hat, diesen Burschen zu Boden, schlägt ihn klassisch k.o.

Der Drehbuchautor Trenker verrät, daß er bei seinem ersten Besuch in Hollywood einige geschriebene und ungeschriebene Gesetze der Traumfabrik abgeschaut hat. Denn, ganz Hollywood-like, läßt er bei diesem Boxkampf die Familie Williams im Publikum sitzen und Zeuge werden, wie ihr Toni »aufräumt« im Ring.

So steht einem amerikanischen Happy-End nichts mehr im Weg. Feuersinger hat seine Gönner gefunden, Mister Williams hat Arbeit und

Geld genug für ihn, und die Tochter Lilian gönnt ihm sogar noch mehr, gönnt ihm sich selbst, er muß sich nur dafür entscheiden, dazubleiben.

Es braucht eigentlich nichts mehr weiter als einen Kuß, um die Gemeinschaft von Lilian und Tonio zu besiegeln. Ganz nah sind sich ihre Gesichter schon, da sieht Feuersinger hinter seiner amerikanischen Freundin eine prachtvolle Sonnenmaske an der Wand hängen, eine, wie sie in den Südtiroler Rauhnächten Verwendung findet. Mit einem Schlag sind seine Gedanken wieder daheim, daheim im Dorf, bei seinem Vater, bei Barbl, bei seinem eigentlichen, ihm gemäßen Leben. Er kann nicht bleiben. Er kehrt zurück in seine Heimat. Es ist die Zeit der Rauhnächte, da zwischen dem Thomastag (21. Dezember) und dem Kinigerabend, dem Abend des Dreikönigtages, mit allerlei Volksbräuchen und Fruchtbarkeitsritualen spielerisch Einfluß genommen werden soll auf das Wetter des beginnenden Jahres. Im allgemeinen Trubel einer solchen gerade einsetzenden Rauhnacht, kommt Feuersinger heim, kehrt zurück zu seinem glücklichen Vater und sucht dann seine Braut, was nicht leicht ist, denn alle jungen Leute tragen Rauhnachtsmasken, liebliche Larven genauso wie erschreckende Fratzen.

Der Regisseur Trenker, auch er ist wieder daheim, und er badet sich geradezu im Bekannten und Vertrauten, in heimatlichen Gefilden. Die Rauhnachtsszenen, die Rückkehr des verlorenen Sohnes, der gesamte dritte Teil des Filmes – dies alles gerät ein wenig operettenhaft und schmälert den künstlerischen Gesamteindruck. Es ist wieder einmal das Thema Heimat, das dem Filmemacher und Schriftsteller die größten Probleme bereitet.

»Nach dem ungeschminkten Realismus im fernen Amerika wirken viele der Heimatszenen arg gekünstelt, mit Brauchtum überreich verbrämt. Seine Heimkehr in der Rauhnacht, die das hohe Lied auf die Heimat überhöht, hätte durchaus etwas dezenter, ja nachdenklicher werden dürfen.«[180]

Doch weil von Urteilen und Kritiken über und zu diesem Film noch reichlich die Rede sein wird, soll nun nicht schon darauf herumgeritten werden, was Trenker anders, was er besser hätte machen können. Interessant genug erscheinen die Bedingungen der Dreharbeiten, mit denen er erstmals in seiner Laufbahn als Regisseur konfrontiert wird. New York zum Beispiel:

»Schwer war es, in dieser Stadt zu arbeiten, denn die New Yorker sind ›picture crazy‹ – filmverrückt. Es war unmöglich, auch nur die kleinste

Szene in den Straßen aufzunehmen, weil sich schon beim Aufstellen der Kamera Hunderte von Neugierigen ansammelten und sehen wollten, wer und was gespielt werden sollte. Sie wollten Clark Gable, die Greta Garbo, Gary Cooper oder die Crawford sehen und starrten wie gebannt auf unsere Kamera. Alle Beteuerungen, daß weder die Garbo noch die Kaiserin Maria Theresia kommen würden, nützten nichts. Zum Überfluß war dann auch gleich die Polizei da und jagte uns davon.«[181]

Schon enträtselt sich ein großes Geheimnis des Films. Die Amerikaszenen, die eine ungeheure, bis dahin im Film selten erreichte Atmosphäre ausstrahlen, sind fast allesamt mit versteckter Kamera, aus dem Auto heraus, gedreht.

Trenker entwickelt zusammen mit seinem Kameramann Benitz einen eigenen Stil. Während Benitz in der Limousine auf ein verabredetes Zeichen des Darstellers und Regisseurs Trenker wartet, begibt der sich mitten hinein in das Leben dieser Stadt, ein düsteres Leben in vielen Straßen, auf vielen Plätzen, ein Leben, das von Arbeitslosigkeit und Not geprägt ist. So werden die Menschen auf der Straße unwissentlich zu Nebendarstellern in Trenkers »Verlorenem Sohn«. Ein Nebendarsteller jeder einzelne, in ihrer Summe aber sind diese heimlich beobachteten Leute für den Film kaum weniger wichtig als die tragenden Rollen.

»Manchmal fingen Benitz und Rautenfeld mit ihren Handkameras heimlich aus den Auslagescheiben der Geschäfte und aus Hausgängen heraus die ratlosen Gesichter stellensuchender Arbeitsloser und hungernder Passanten ein«[182], erzählt Trenker über die Dreharbeiten in New York, und er ist sich dabei durchaus bewußt, dem Film im allgemeinen eine Neuerung, zumindest in dieser markanten Auffälligkeit, gebracht zu haben.

»Dieser aus der Not geborene Einfall, die Wirklichkeit mitspielen zu lassen, hat einen Stil der Filmkunst eingeleitet, der von den Italienern aufgegriffen und der Welt als Neoverismus proklamiert wurde.«[183]

So spannt sich vom »Verlorenen Sohn« ein Bogen zu einem großen Regisseur der nächsten Generation, Vittorio de Sica und dem kongenialen Drehbuchautor Cesare Zavattini. Basierend auf dem Roman von Luigi Bartolini entsteht in ihrer »Filmwerkstatt« das unbestrittene Meisterwerk des Neorealismus, der Film »Ladri di biciclette«, die weltberühmten »Fahrraddiebe«.

»Mit einem entlarvenden Blick entdeckte de Sica die Mitleidlosigkeit und Fremdheit der Welt«, notieren Ulrich Gregor und Enno Patalas.

Und auch Sätze wie dieser, der unschwer auf Trenkers »Verlorenen Sohn« anzuwenden wäre: »Kontrastszenen [...] betonen immer wieder die Einsamkeit des Helden; es ist dies eine Einsamkeit, die wohl gesellschaftlich begründet wird, aber nicht eigentlich die Struktur der umgebenden Welt durchsichtig macht [...] sondern vom Zuschauer affektiv erlebt wird.«[184]

Zu Recht verweist Trenker mit Stolz darauf, daß de Sica im persönlichen Gespräch für die Anregung zu diesem neuen Filmstil gedankt habe. Der »Verlorene Sohn« als Wegbereiter für de Sicas »Fahrraddiebe«!

Zwanzig Jahre nach den »Fahrraddieben« und fünfunddreißig Jahre nach dem »Verlorenen Sohn« wird sich der amerikanische Filmhistoriker David Stewart Hull noch immer tief beeindruckt zeigen von Trenkers Amerika:

»Die Szenen im New York der Depression disqualifizieren ähnliche amerikanische Bemühungen. Selten ist die Atmosphäre jener Zeit so überzeugend vermittelt worden. Wir sehen die Vereinigten Staaten mit den Augen des Fremden, und die Wirkung ist außerordentlich.«[185]

Nun ist Trenkers »Verlorener Sohn« also ohne viel Mühe ganz eng herangerückt worden an das, was so vage als Filmkunst bezeichnet wird, Trenkers stilbildende Fähigkeit ist aufgezeigt und auch sein Talent, auf ungewöhnliche Anforderungen mit ungewöhnlichen Mitteln zu reagieren. Jetzt darf man also diesen Regisseur und seinen Film getrost der Kritik überlassen.

Nach der Uraufführung am 6. August 1934 in Stuttgart ist das Echo der öffentlichen Meinung für den Regisseur Trenker so interessant wie verwirrend.

So glaubt die Hitlerjugend-Zeitschrift »Wille und Macht«, in der Handlung versteckte katholische Propaganda ausmachen zu können und schürt Negativstimmung gegen den »Verlorenen Sohn«.

Der »Angriff« notiert moderater: ». . . hat nichts Biblisches oder Verzücktes zum Inhalt, obschon religiöse Motive am Rande stehen.«

Überwältigend ist die Kritik in der Pariser Zeitschrift »Marianne«:

»Der ›Verlorene Sohn‹ steht absolut außerhalb der laufenden Produktion. Der Mann, der das inszeniert hat, besitzt Genie; und was man auch immer darüber denken mag, es kann mir gleichgültig sein, daß ein solcher Film allerhand Grenzen passieren mußte, um zu uns zu kommen.

Sehen Sie den ›Verlorenen Sohn‹ an. Aber wählen Sie nicht irgendeinen Abend dazu. Nein, gehen Sie hin an einem jener Abende, an denen die Seele irgend etwas benötigt und nicht weiß, was. An einem dieser Abende, an denen man sich allzusehr verraten fühlt. Der Trunk des Ernstes, des Mutes, der Hoffnung und des Friedens wird Ihnen kredenzt. Ein solcher Abend will etwas bedeuten, an dem man von Bild zu Bild über sich hinausgetragen wird, bis jenseits aller Ängste des Augenblicks. Es gibt solche glücklichen Werke, die in uns das Bedürfnis wecken, einen zu lange vernachlässigten Freund wiederzufinden, eine Verfehlung, die uns unverzeihlich schien, zu vergeben. Darin allein liegt der moralische Wert eines Kunstwerkes, daß es plötzlich unsere Ideale und unsere Illusionen wieder aufklingen läßt.

Der technische Wert und die filmische Meisterleistung des ›Verlorenen Sohnes‹ sind so unvergleichlich wie die innere Schönheit, die ihn bewegt . . .«

Der Verfasser dieser Lobeshymne ist der Bühnenautor Jacques Duval. Nicht minder große Anerkennung wird dem »Verlorenen Sohn« und seinem Regisseur bei der Biennale in Venedig 1935 zuteil. Er wird als »bestes ausländisches Werk« mit dem »Preis des Ministeriums für Volksbildung« ausgezeichnet. Doch hat auch diese glänzende Medaille eine matte Seite.

»In ganz Italien konnten die Kinobesucher den ›Verlorenen Sohn‹, für den Dr. Giuseppe Becce die Musik komponiert hatte, sehen, nur in Südtirol nicht. Das war bitter, denn gerade meinen Landsleuten in Südtirol hätte ich den Film gern gezeigt . . .«[186]

Der in Bozen amtierende faschistische Präfekt jedoch ist nicht davon angetan, den Südtirolern mit diesem Film das Heimatempfinden noch zu stärken. Trenker und die Universal bemühen sich in Bozen und in Rom, damit doch noch eine Genehmigung für Südtirol erteilt würde. Aber vergeblich.

In Venedig prämiert, in Südtirol verboten, so steht es 1935 um den »Verlorenen Sohn«, so zwiespältig steht es auch mit der Person Luis Trenker. Wohin sich wenden, welchen Weg gehen? Was immer er auch macht, er findet neben viel fachlicher Anerkennung noch mehr negative Kritik und politische Anfechtung. Wo steht Trenker? Wo steht Europa? Wo steht die Welt?

Am 2. August 1934 ist Reichspräsident Paul von Hindenburg gestorben. Der Bildhauer und Trenker-Freund Josef Thorak nimmt ihm die Totenmaske ab.

Für Hitler gibt es nach Hindenburgs Tod keinerlei Hindernisse mehr. Als »Führer« und Reichskanzler ist er Staatsoberhaupt, die Wehrmacht ist ohne gesetzliche Grundlage auf seinen Namen vereidigt worden. So nimmt die Geschichte unaufhaltsam ihren Lauf, einen für Millionen von Menschen schrecklichen und todbringenden Lauf.

Am 28. März 1935 wird in Berlin ein Film von Leni Riefenstahl uraufgeführt. Nachdem sie 1932 mit ihrem Regie-Erstling »Das blaue Licht« für Furore gesorgt hatte und bei der Biennale in Venedig mit einer Goldmedaille ausgezeichnet worden ist, hat Hitler sie mit der Filmdokumentierung des Reichsparteitages 1934 betraut. Sozusagen mit allem Geld der Welt und mit allen erdenklichen technischen Mitteln macht die Riefenstahl den Reichsparteitag zum filmischen Kunstwerk, das noch Jahre später, 1937, in Paris mit einer Goldmedaille prämiert werden wird.

»Diese Auszeichnung galt nicht den Nationalsozialisten und deren bombastischem Parteitag, sondern vielmehr der suggestiven Wirkung, den dieser Film auf das Publikum ausübt und dessen zwingende Gestaltung auch für andere Machtstrukturen oder politische Bewegungen in seiner Propagandawirkung hätte übernommen werden können.«[187]

Leni Riefenstahl hatte den Auftrag nach anfänglichem Zögern angenommen. Nicht so sehr die Überzeugung von den Idealen des Nationalsozialismus war ausschlaggebend gewesen, vielmehr Verlockungen, denen zu widerstehen sie nicht vermochte. Da war zunächst der künstlerische Aspekt – welch eine Chance, noch dazu für eine Frau (!), in völliger materieller wie künstlerischer Freiheit eine derartige Dokumentation zu realisieren. Ein Riesenschritt auf der Karriereleiter im Dritten Reich. Und so hat Leni Riefenstahl auch mögliche Folgewirkungen solcher Arbeit bedacht: weitere große Filmarbeiten; einen Namen zu haben, der ihr bei allen Stellen Tür und Tor öffnen könnte; ein absoluter Star zu sein im deutschen Filmschaffen; Ruhm, Geld, Zukunft.

Mit dem Reichsparteitagsfilm »Der Triumph des Willens« unterstreicht die Riefenstahl ihre ungewöhnliche filmgestalterische Begabung einmal mehr.

». . . ihre geniale Begabung des visuellen Erfassens, der zwingenden filmischen Montage, des mehr als sensiblen Einfühlungsvermögens für die Gesetze optimaler Publikumswirksamkeit . . .«[188]

So ist ihre künstlerische Genialität bis heute so unbestritten wie die Tatsache, daß Leni Riefenstahl, bewußt oder unbewußt, im »Triumph des Willens« die Nazi-Herrschaft idealisiert und glorifiziert hat. Es ist dieser eine Film, der ihr ein Leben lang als Brandmal anhaften wird, gleichsam eine entstellende, weithin sichtbare Narbe, der nicht beizukommen ist. Nach 1945 wird sie zur Persona non grata werden, eine Diva, geliebt und gehaßt zugleich wie keine ihrer anderen großen Kolleginnen.

Vergleichsweise harmonisch wird dagegen Trenkers Karriere im weiteren verlaufen – doch soll so weit noch nicht vorgegriffen werden. Überhaupt: Bevor darangegangen werden kann, Trenkers Lebensweg weiterzuzeichnen, muß in aller Kürze auch noch Arnold Fancks gedacht werden der, wenngleich weniger populär als seine Zöglinge, noch längst nicht zum alten Eisen gehört.

»1934 inszenierte er mit ›Der ewige Traum‹ nach Karl Ziaks ›Paccard wider Balmat‹ eine Ballade um den Erstbesteiger des Montblanc.

Für den traumhaft schönen Film erhielt er traumhafte Kritiken. Neben Sepp Rist [. . .] debütierte Brigitte Horney in ihrer ersten Filmrolle.

Die Partei machte ihm Avancen, seine Filmvorhaben und damit sich selbst in den Dienst ihrer Sache zu stellen. Er jedoch brüskierte Goebbels mit den Worten:

›Ich bin noch nicht einmal Mitglied in einem Skiclub, geschweige denn hatte ich je die Absicht, Mitglied in einer Partei zu werden.‹

Er wurde als unpolitisch eingestuft.«[189]

Zwei Spielfilme wird Fanck in der Folgezeit noch drehen. Dann aber wird er aufgrund mangelnder Bereitschaft, sich mit den Nazis einzulassen, in der Versenkung verschwinden.

Fanck steht im allgemeinen Niedergang des künstlerischen Schaffens nicht alleine. Jede Menge Regisseure und Schauspieler werden von Monat zu Monat stärker dem Druck der Diktatur ausgesetzt. Ist ihre Abstammung nicht arisch, ihr politischer Hintergrund nicht »zeitgemäß« oder ihre Arbeit nicht linientreu, dann ist es zum Berufsverbot meist nicht weit. Ganze Firmen müssen schließen. So auch die deutsche Niederlassung der Universal, mit der Trenker sehr gut zusammengearbeitet hat. Auch um ihn herum bauen die Nazis immer höhere Mauern; er aber ist sich dessen nicht recht bewußt. Noch glaubt er, daß sich alles schon irgendwie richten würde. Zeitgemäß. Wer gehen muß, geht. Verläßt das Land, sucht anderswo sein Glück. Wer nicht gehen muß, bleibt. Wer bleibt, versucht sich einzurichten in diesem Land, in dieser Zeit, so gut es eben geht.

Ein besonderes Erlebnis aus jenen Tagen verbindet Trenker mit dem Verleger Suhrkamp und dem Dramatiker Billinger. Plaudernd schlendert man gemeinsam durch Berlin.

»Wie meist um diese Zeit marschierte unter dumpfem Trommelschlag eine Kolonne der Hitlerjugend vorbei. Suhrkamp blickte den Jungen nach, schüttelte den Kopf und sagte in seiner langsamen norddeutschen Sprechweise: ›Ich glaube, wir gehen verdammt bösen Zeiten entgegen.‹

Billinger: ›Uns Künstlern kann das nicht viel anhaben, ich glaube, wir gehen einer ungeahnt großen Zeit entgegen.‹

Suhrkamp: ›Und ich glaube, lieber Billinger, Ihr seid daran, Euch Euer eigenes Grab zu schaufeln.‹«[190]

EIN DEUTSCHER WESTERN

Trenker eckt an mit dem »Kaiser von Kalifornien«

Luis Trenker ist kein Abenteurer.

Nie würde er im richtigen Leben alles stehen- und liegenlassen und in einem anderen Land sein Glück versuchen, wie es der »Verlorene Sohn« Tonio Feuersinger macht oder einstmals ein gewisser Johann August Suter, der die Schweiz verließ, um »Kaiser von Kalifornien« zu werden.

Nein, Abenteurer in diesem Sinn ist Trenker nicht. Natürlich sind ihm abenteuerliche Wesenszüge zu eigen: das draufgängerische Naturell, der Mut, die Entschlossenheit, auch ist er von der Literatur seiner Jugend ungebrochen fasziniert. Reiseberichte und Schilderungen von Forschungsexpeditionen nehmen in seiner Bibliothek einen besonderen Platz ein. Es fasziniert ihn der Kampf um die Pole genauso wie das Leben in den Savannen Afrikas; die Reisen des Sven Hedin interessieren ihn nicht weniger als die Versuche deutscher und britischer Expeditionen, einen der vierzehn Achttausender im Himalaja zu besteigen; die Vorstellung, eine Zeitlang bei nordamerikanischen Indianern zu leben, ist ihm so anregend wie das Buch über eine Weltumfahrung mit dem Motorrad. Es ist die Idee vom abenteuerlichen Leben schlechthin, die ihn bewegt, der Traum vom Leben fernab jeglicher Zivilisation, der Wunsch nach intensivstem Erleben. Es gibt in Trenkers Leben solche Momente – eine Nacht am Fjord; Wochen im Eismeer; das Gelingen einer Erstbegehung im Gebirge; das Arbeiten in der Abgeschiedenheit winterlicher Hochalpen. Es gibt solche Höhepunkte, und Trenker will sich diesbezüglich noch manchen Wunsch erfüllen. Ein Abenteurer aber, einer im eigentlichen Sinn, ist er nicht. Es fehlt ihm eine besondere, eine seltene und doch für das Abenteurertum so grundlegende Eigenschaft: überall daheim sein zu können, an jedem Ende der Welt, bei allen Menschen, gleich welcher Rasse, welcher Sprache. Zu fest sind die Wurzeln in der Region seiner Herkunft verwachsen, als daß er fortgehen, richtig und vielleicht auf immer fortgehen könnte.

Trenker braucht, um leben und arbeiten zu können, die häusliche, die heimatliche Umgebung. Er bedarf nach längeren Phasen des Unterwegsseins in Sachen Film des ganz privaten Rückzugsgebietes. Um sich wohl zu fühlen, muß er sich umgeben mit den Dingen seiner Herkunft: geschnitzten Figuren und Masken aus den Dolomitentälern, Bildern von

Alfons Walde oder Egger-Lienz, die in grobem Strich die Berge und das Leben der Menschen in den Bergen zeigen, er braucht das Klavier und die vermeintliche Zigeunergeige, die Bücher, die Schallplatten, den Blick aus den Fenstern seines Arbeitszimmers.

Ganz dringend braucht er, was gemeinhin unter den Begriff Heimat fällt: den gewohnten Geruch der Luft; die Anzeichen in der Natur, die vom Wechsel der Jahreszeiten künden; die Festtage und die Bräuche, die selbst bewegte Jahre zu gliedern vermögen.

Egal, ob Trenker mit seiner Familie gerade in Berlin lebt oder in München oder anderswo, immer trachtet er danach, daß Südtirol, daß Gröden und Bozen, in rasch erreichbarer Nähe bleiben. Seine Wurzeln halten ihn fest, lassen ihn immer wieder Sehnsucht verspüren nach dem Heimisch-Gewohnten, nach dem Erscheinungsbild der Landschaft, dem Wesen der Menschen, dem Klang ihrer Sprachen, dem Bozner Dialekt zum einen, dem Ladinischen, wie es in Gröden verbreitet ist, zum anderen.

Nur so ist die Diskrepanz in Trenkers Wesen zu verstehen: Hier die Abenteuerlust, die in vielen seiner Filme zum Ausdruck kommt, dort die Verwurzelung in Herkunft und Tradition.

Zweimal ist Trenker bislang zu größeren Arbeiten nach Amerika gereist. Er hat »The Doomed Battalion«, die amerikanische Fassung von »Berge in Flammen«, gedreht, und er hat für seinen »Verlorenen Sohn« in New York Bilder von der amerikanischen Depression gefilmt, wie sie kaum ein Spielfilm zuvor gezeigt hat. Zweimal war er in den Staaten, zweimal haben ihm bedeutende Filmleute dort Brücken zu schlagen versucht vom faschistischen Deutschland nach dem Filmmekka Hollywood. Aus oben genannten Gründen lehnt Trenker alle, auch die verlockendsten Angebote ab. Seither lebt er mit zwei Seelen in seiner Brust. Viel ist es, was er nicht aufgeben will in Europa: zum einen die Heimat, dann aber auch der hier aufgebaute Erfolg, sein Ruhm als Regisseur und Darsteller. In Deutschland ist er überaus populär, ein Filmstar, in Amerika hingegen wäre er zunächst einmal nur eines von vielen kleinen Rädchen im großen Filmbetrieb.

Doch wie verlockend ist andererseits das Land, das auch für einen wie ihn durchaus zum Land der unbegrenzten Möglichkeiten werden könnte. Gewiß, auch in Amerika ist nicht alles Gold, was glänzt, doch immerhin fällt auf, daß hier die Enge des europäischen Filmbetriebs völlig fehlt, daß das Land mit seinen unendlich vielseitigen Erscheinungsformen wie auch der Geldfluß in den Produktionsfirmen ganz andere Möglichkeiten erlauben würden, als das in Deutschland unter der Aufsicht des Propagandaministeriums der Fall ist. Amerika, das ist schon einer der großen Träume in Trenkers Leben. Ein Traum, den er immer nur andeutungsweise wahr macht und sich doch nie ganz erfüllt.

Ein bißchen Amerika immerhin, einen Hauch von großer Freiheit, wird sich Trenker mit seinem nächsten Film gewähren.

»Ich bezweifle, daß es möglich ist, ein bemerkenswerteres Beispiel von persönlicher Energie, von Ausdauer und Heldentum zu finden. Dieses kühne Unternehmen, sich in einem fremden Land niederzulassen und ganz aus eigenen Mitteln eine Art unabhängiges Reich zu gründen, ist eine jener Taten, die das Erstaunen der Nachwelt erregen wird. Es gibt Gestalten in der Geschichte, die aus geringeren Anlässen vergöttert worden sind.«

So schreibt 1849 ein amerikanischer Offizier namens Joseph Revere über einen gewissen Johann August Suter, der, 1803 im schweizerischen Baselland geboren, 1839 die Heimat verläßt, um in Amerika eine neue Existenz aufzubauen. Am 1. Juli 1839 trifft Suter in der Bucht vor Yerba Buena, dem heutigen San Francisco, ein, einer unbedeutenden Ansiedlung mit einem Franziskanerkloster und ein paar armseligen Hütten.

Suter fährt den Sacramentofluß aufwärts bis dahin, wo heute die Stadt Sacramento liegt; dort gründet er eine Siedlung, »Neu-Helvetien«. Ein Jahr später nennt er 500 Stück Hornvieh und 75 Pferde sein eigen.

Ein knappes Jahrzehnt nach seiner Ankunft herrscht Suter über ein Reich von fast sechstausend Quadratkilometern Fläche; er ist Indianerkommissar und avanciert zum Militärgouverneur im Generalsrang. Doch im selben Jahr, 1848, wird auf seinen Besitzungen Gold gefunden. Suter ahnt sofort die Gefahr. Dahin wäre sein Lebenswerk, wenn aus ganz Amerika die Desperados kämen und mit Hacke, Schaufel und Schüttelsieb das Land umgegraben würde. Suter versucht, den Goldfund zu verheimlichen. Aber der Glanz des Edelmetalles ist kräftiger als das entschiedene Schweigen des Generals. Es dauert nicht lange, dann hören Tausende den »Lockruf des Goldes«, wie Jack London einen seiner berühmten Romane betitelt hat. Unzählige verfallen dem Goldrausch und suchen das Land, Suters »Neu-Helvetien«, heim. Nichts bleibt, wie es war. Alles wird verwüstet, der Gesetzlosigkeit hat auch der Militärgouverneur Suter nichts entgegenzustellen.

Suter prozessiert daraufhin, fordert den Rückerhalt seiner Besitzrechte. 1880, wenige Tage vor Suters Tod, wird sein Antrag auf Enschädigung vom amerikanischen Kongreß zum sechzehntenmal abgelehnt. Er stirbt als gebrochener Mann.

Wahrscheinlich hätte ihn auch nicht das Wissen trösten können, daß bald ein überlebensgroßes Suter-Bildnis das Capitol in Sacramento schmücken würde ...

Das Leben des Johann August Suter, sein amerikanischer Traum und sein amerikanisches Schicksal, das ist ein Stoff, aus dem Filme sind. Filme, Dramen, Romane und Novellen.

In den zwanziger Jahren des 20. Jahrhunderts setzt eine publizistische Renaissance Johann August Suters ein. 1925 erscheint Blaise Cendrars' Suter-Roman; Cäsar von Arx dramatisiert den Lebensweg des Kolonialpioniers für die Bühne; Bruno Frank läßt Suter in seinem Schauspiel »Der General und das Gold« auf der Freiheitstreppe in Washington sterben, und Stefan Zweig beschließt eine seiner 1927 erschienenen »Sternstunden der Menschheit« mit der eindringlichen Darstellung des aus der Schweiz stammenden Generals, den das Gold, das ungeliebte Gold, zugrunde gerichtet hat.

»Fünfundzwanzig Jahre irrt dann noch ein alter, geistesschwacher, schlechtgekleideter Mann in Washington um den Justizpalast. In allen Bureaux kennt man dort den ›General‹ im schmutzigen Überrock und mit den zerfetzten Schuhen, der seine Milliarden fordert. Und immer wieder finden sich Advokaten, Abenteurer und Filous, die ihm das letzte seiner Pension entlocken und ihn neuerdings zum Prozesse treiben. Er selbst will kein Geld, er haßt das Gold, das ihn arm gemacht, das ihm drei Kinder ermordet, das sein Leben zerstört. Er will nur sein Recht und verficht es mit der querulantischen Erbitterung des Monomanen. Er reklamiert beim Senat, er reklamiert beim Kongreß, er vertraut sich allerlei Helfern an, die, mit Pomp dann die Affäre aufzäumend, ihm eine lächerliche Generalsuniform anziehen und den Unglücklichen als Popanz von Amt zu Amt, von Abgeordnetem zu Abgeordnetem schleppen. Das geht zwanzig Jahre lang, von 1860 bis 1880, zwanzig erbärmliche Bettlerjahre. Tag um Tag umlungert er den Kongreßpalast, Spott aller Beamten, Spiel aller Gassenjungen, er, dem das reichste Land der Erde gehört und auf dessen Grund und Boden die zweite Hauptstadt des Riesenreiches steht und stündlich wächst. Aber man läßt den Unbequemen warten. Und dort auf der Treppe des Kongreßpalastes, trifft ihn endlich am 17. Juli 1880 am Nachmittag der erlösende Herzschlag – man trägt einen toten Bettler weg. Einen toten Bettler, aber einen mit einer Streitschrift in der Tasche, die ihm und seinen Erben nach allen irdischen Rechten den Anspruch auf das größte Vermögen der Welt sichert.«[191]

Ein Thema, so recht nach den Vorstellungen Luis Trenkers: Das Leben eines Abenteurers, der es in der Fremde zu etwas bringt, dann aber eingeholt wird vom Schicksal. Eine Geschichte, die in Kalifornien spielt, einem der landschaftlich eindrucksvollsten Gebiete jenes Amerika, für das der Regisseur so viel Zuneigung empfindet. Und wieder eine großartige Rolle für sich selbst: Trenker spielt Johann August Suter.

Die finanziellen Voraussetzungen für die Verfilmung von Suters Leben zu schaffen, ist eine schwierige Angelegenheit. Die offiziellen Stellen lehnen eine Bezuschussung für den »Kaiser von Kalifornien«, so der Titel des von Trenker verfaßten Drehbuchs, ab. Schon scheint das Vorhaben wie eine Seifenblase zu platzen. Aber Trenker ist mittlerweile ja berühmt für seine Beharrlichkeit. So findet er in der Tobis-Film schließlich doch noch Geldgeber, zurückhaltende zwar und sehr sparsame, aber immerhin. Mit einem minimalen Budget starten Trenker und sein Team nach Amerika. Hunderttausend Dollar hat Trenker für die Dreharbeiten in Amerika kalkuliert, nur zwanzigtausend werden ihm zugestanden. Nüchtern betrachtet ist es ein von vornherein zum Scheitern verurteiltes Unternehmen, mit so geringem finanziellen Aufwand einen großen, großartigen Film machen zu wollen. Aber was bleibt Trenker anderes übrig, als sein Glück in der Flucht nach vorne zu versuchen, das scheinbar Unmögliche entschlossen in Angriff zu nehmen.

»Meine Leute machte ich gleich zu Beginn der Reise darauf aufmerksam, daß wir sehr, sehr sparen müßten.«[192]

Am 18. Juli 1935 verläßt die »Deutschland« Bremerhaven. An Bord sind Luis und Hilda Trenker (die Kinder bleiben in Berlin zurück), die Kameraleute Benitz und Rautenfeld, der Regieassistent Hurdalek, der Schauspieler Paul Verhoeven sowie für Nebenrollen und Hilfsdienste aller Art: Hugo Lehner, Luis Gerold und einige andere. Acht Tage verbringt die Filmmannschaft an Bord, eine viel zu lange Zeit für Regisseur, Kameraleute und Darsteller, die alle dem Drehbeginn entgegenfiebern. Man schlägt die Zeit damit tot, daß man im Selbstkurs schwimmen lernt. Der aus Zermatt stammende Lehner und der mittlerweile 43jährige Trenker sind immer noch Nichtschwimmer! Da bietet sich der Swimmingpool an Deck der »Deutschland« geradezu an. Überliefert ist nichts davon, wie sportlich oder lächerlich die Schwimmbemühungen der Neulinge gewirkt haben, Trenker jedenfalls versichert, bei Ankunft in New York absolut »wasserfest« geworden zu sein.

Von New York führt der Weg weiter nach Hollywood, wo Trenker bei Laemmle und Kohner Unterstützung für seine neue Arbeit erfährt. So wird ihm der Kontakt zu Kostümverleihhäusern und Filmkopierwerken hergestellt, und aufgrund der Protektion kann er die Dienste dieser Firmen auch zu günstigen Konditionen in Anspruch nehmen. Als nächstes werden Autos gekauft. Billig, aus zweiter oder dritter Hand. Ein Achtzylinder-Packard, drei Chrysler-Limousinen, dazu zwei Anhänger für Gerätschaft und Material. Am 10. August bricht der Konvoi in Richtung Grand Canyon auf, wo mit wichtigen Außenaufnahmen begonnen werden soll.

Sagt man Western und meint man damit Wildwestfilm, so denkt man unwillkürlich an den staksigen Gang eines John Wayne, an die schnelle und sichere Hand von Gary Cooper, an rauchende Colts und krachende Fäuste in Duellen, aus denen meist die »Guten« als Sieger hervorgehen. Der Regisseur John Ford fällt einem ein; doch eigentlich nicht er, sondern seine Filme: »Bis zum letzten Mann« oder »Rio Grande«. Kaum geringerer Popularität erfreut sich das Genre des Italo-Western, der in den sechziger Jahren zur Blüte kommt: »Spiel mir das Lied vom Tod«, »Für eine Handvoll Dollar«, »Zwei glorreiche Halunken« – Filme, bei denen Brutalität und Ironie Hand in Hand gehen und die, ähnlich wie Trenkerfilme durch Dr. Becce, allesamt stark von den Filmmusiken Ennio Morricones geprägt sind. Daran also denkt man unverzüglich, wenn vom Western die Rede ist. Kaum jemand denkt an den »Kaiser von Kalifornien«, kaum jemand an Luis Trenker.

Dabei handelt es sich doch beim »Kaiser von Kalifornien« um einen geradezu reinrassigen Western, nur mit dem Unterschied, daß der Europäer Trenker mit manchem amerikanischen Klischee brechen kann, daß er sich bereits ein Sujet gewählt hat, bei dem nicht die Indianer zur Rechtfertigung einer sie vernichtenden Politik die »Bösen«, die metzelnden und plündernden Ungeheuer zu sein haben. So ist in Trenkers Film auch weit mehr Menschlichkeit und Natürlichkeit enthalten, als das sonst in vielen Western der Fall ist. Die Hauptdarsteller sind keine Übermenschen, keine Helden ohne schwache Seiten; Trenker inszeniert seine Figuren als Menschen mit Schattenseiten, mit Fehlern und Schwächen, und so wird der »Kaiser von Kalifornien« zu einem seiner reifsten, größten, und, weil im eigentlichen Sinne unpolitisch, besten Filme. Auch als Darsteller ist er überzeugend wie selten und das, wohlgemerkt, im Westernkostüm, mit Cowboyhut und Colt.

Trenker freilich hat im Drehbuch der Realität manchen kleinen Schliff gegeben, wie es nun einmal die Freiheit jeder künstlerischen Bearbeitung ist. Aus Suter, der vor allem als Abenteurer gehandelt hat, der, wie Stefan Zweig es ausdrückt, »das Weltmeer zwischen sich und den europäischen Gerichten zu haben«[193] genötigt war und den dabei der Traum vom großen Glück nach Amerika verschlug, wird bei Trenker ein Rebell.

Weil er als Buchdrucker in seinem Schweizer Heimatort Plakate gedruckt hat, deren Texte von den Behörden als umstürzlerisch erachtet werden, muß er Familie und Heimat verlassen. Er flieht vor dem Zugriff der Polizei, versteckt sich in den Giebeln des gotischen Münsters. Wie nahe liegt da die Entscheidung, einen Sprung zu tun, sich einfach nur fallen zu lassen, der Misere ein Ende zu machen. Da erscheint ihm in Gestalt von Bernhard Minetti, jenes zur Kultfigur des deutschsprachigen Bühnenschauspiels avancierenden Tragöden, die innere Stimme und zeigt ihm mit ein paar Winken des Armes die Schönheiten der Welt. Suter fällt die Entscheidung: eine Entscheidung für das Leben, für das Verlassen der Schweiz und die Ausreise nach Amerika.

Angekommen im ersehnten Land, macht sich Suter mit zwei Gefährten auf den Weg vom Mississippi nach dem noch unerschlossenen Kalifornien. Unterwegs werden sie überfallen und beraubt, aber ein Indianerstamm nimmt sie auf und versorgt sie mit allem Nötigen. Auch Pferde erhalten sie, doch gehen diese in der Wüste von Nevada elendig zugrunde.

Zu Fuß setzen die Männer ihren Weg fort, ein Marsch auf der Suche nach Wasser, ein Marsch gegen den drohenden Tod. Als sie schon nicht mehr zu hoffen wagen, treffen sie auf einen Siedlertreck. Zwei der Männer schließen sich den Siedlern an, Suter hingegen versucht auf eigene Faust sein Glück, sucht verbissen nach einem gangbaren Weg ins fruchtbare Land Kalifornien. Und Suter findet einen Weg.

Bald erblüht eine ganze Region, ein großflächiges Gebiet, das der Schweizer Auswanderer vom mexikanischen Gouverneur, dem Kalifornien untersteht, kostenlos zur Verfügung gestellt bekommen hat. Siedler werden ansässig, arbeiten auf ihrem Boden und bringen üppige Ernten ein. Suter findet Möglichkeiten der künstlichen Bewässerung, er gründet die Orte San Francisco und Sacramento, und er wird zum ungekrönten »Kaiser von Kalifornien«.

Hart wird gearbeitet, keine Stunde verschenkt. Und doch herrschen auf Suters Land paradiesische Zustände. Bis eines Tages, eines schlimmen Tages, Gold gefunden wird und eine böse Lawine ins Rollen kommt. Freunde werden zu Gegnern, Mißgunst tritt an die Stelle von Gemeinsamkeit, der Frieden weicht der Habgier der Menschen.

Alles weitere ist aus Zweigs »Sternstunden der Menschheit« bekannt. So wird aus Johann August Suters Geschichte Luis Trenkers »Kaiser von Kalifornien«. Ähnlich wie beim »Verlorenen Sohn« schafft er es auch hier, eine starke Intensität zu erzeugen. Sein Gespür für ungewöhnliche Landschaften, für ihre Strukturen und ihre Spannungen, bringt vorzügliche Bildwirkungen. Zwischen Ende Juli und Ende Oktober ist die Filmcrew kreuz und quer im Westen der Vereinigten Staaten unterwegs, vom Grand Canyon zur Mojave-Wüste, vom Mount Whitney ins Death Valley, über den Sonora-Paß nach Sacramento, von der Half Moon Bay nach Salinas (das John Steinbeck mit »Jenseits von Eden« berühmt machen sollte), Abstecher nach Nevada und Abstecher nach Arizona – es sind Tausende von Kilometern, die für den »Kaiser von Kalifornien« auf dem Landweg zurückgelegt werden, unzählige Stunden in den Limousinen, und immer suchen und finden Trenker und seine Kamera-Operateure ungewöhnlichste Drehorte und Kamerawinkel, die grandiose Filmbilder versprechen – und dies auch halten.

Die starke Wirkung der Landschaft ist einer der wichtigsten Faktoren für die enorme Eindringlichkeit des Films. Nicht minder bedeutsam ist Trenkers glückliche Hand im Umgang mit Menschen, die er für die Verwirklichung seiner Ideen dringend benötigt. Mit einem Indianer, der die englische Sprache leidlich gut beherrscht, gelingt es Trenker, sich anzufreunden.

»Zigarretten rauchend, in der heißen Wüstensonne barfuß am Wegrand sitzend, den großen Mexikanerhut tief in die bronzene Stirn gedrückt, hatte ich Na-tah an der Poststation zum ersten Mal gesehen. Na-tah sprach etwas Englisch. Das war ein Glück für uns, denn die Indianer kennen meist nur ihre Muttersprache. Es kostete viele gute Worte, den scheuen Häuptling der Navajos zum Sprechen zu bringen. Anfangs wollte er nichts mit uns zu schaffen haben. Er sagte immer wieder: ›White men no good. They want everything!‹ Weiße Männer nicht gut. Die wollen alles, Wald, Gründe, Pferde, alles. ›White men no good men.‹

Im Laufe der Arbeit haben wir mit den armen Teufeln, deren Vorfahren einmal unumschränkte Herrscher dieses ungeheuren Kontinents waren, gute Freundschaft geschlossen.«[194]

Trenker gelingt es, die Indianer von seinem Anliegen, der Filmarbeit, zu überzeugen. Gegen ein geringes Entgelt wirken Männer und Squaws, Kinder und Greise im »Kaiser von Kalifornien« mit und tragen dadurch ganz entscheidend zur authentischen Wirkung des Filmes bei. Wer sich gelegentlich amüsiert über jene Italo-Amerikaner, die, mit schlechten Perücken versehen und grimmig kriegsbemalt, in billigen Western als »echte« Indianer fungieren müssen, kann nachvollziehen, wie bedeutend Trenkers Entscheidung für die wahren Ureinwohner des amerikanischen Kontinents war. Daß die Dienste der Indianer zudem nicht viel kosten, ist dabei natürlich ein willkommener Nebeneffekt, sind doch die Finanzen für die Dreharbeiten in Amerika bereits arg mitgenommen. Schließlich bleibt Trenker nichts anderes übrig, als die in Kalifornien spielenden Massenszenen nach Europa zu verlegen, um hier mit geringerem Kostenaufwand den Film zu Ende zu bringen.

Am 25. Oktober 1935 verläßt das Schiff den Hafen von New York, an Bord ein deutsches Filmteam, an Bord der »Westmann« Trenker. Wie hat er sich bewährt in der gänzlich ungewohnten Rolle? Als Cowboy und Farmer? Trenker ist sich seiner schauspielerischen Möglichkeiten durchaus bewußt. Auch fehlt es ihm nicht an Selbstvertrauen. Und doch: Ist es ihm gelungen, ihm, dem Europäer, dem Südtiroler, dem Ladiner aus Gröden, im Westernkostüm glaubhaft zu sein? Kann er bestehen neben den Darstellern in vergleichbaren amerikanischen Filmen?

Wer alle Trenker-Filme kennt, sich auseinandergesetzt hat mit seiner Art, einen Part anzulegen, der ist vielleicht zunächst ein wenig verwundert über den »Cowboy« Trenker. Ein wenig holprig wirkt da manche Szene nach Ankunft Suters in Amerika. Trenker schafft nicht die totale Wildwestillusion wie beispielsweise ein John Wayne. Wayne ist Wildwest, ist Hollywood, ist möglich gewordener Traum aus der kalifornischen Traumfabrik. Trenkers Suter hingegen ist Europäer. Was ihn von Wayne unterscheidet, ist die nicht vorhandene Westernmentalität. Und das ist für den »Kaiser von Kalifornien« ein Glück. Schließlich verkörpert Trenker einen ausgewanderten Schweizer, einen, der nicht auf dem Rücken eines Präriepferdes geboren worden ist, der nicht von früher Kindheit an den Pulverdampf rauchender Colts geatmet hat.

Trenker spielt einen europäischen Suter, der anfangs Mühe hat, sich an alle Eigenheiten der neuen Welt zu gewöhnen. Um sich zu behaupten in rauher Gesellschaft, haut er hier mal zu kräftig auf den Tisch, reißt dort mal den Mund zu weit auf. Bisweilen mischen sich leise, beabsichtigt oder unbeabsichtigt, ironische Untertöne in Trenkers Spiel. Und damit trifft er den Punkt genau. Suter nicht als Leib-und Seele-Westerner darzustellen, sondern als Europäer, der sich einrichtet in Amerika, der allmählich den Charakter des Landes erfährt und die Gewohnheiten der Menschen annimmt, ist Trenkers richtige Entscheidung in diesem Film.

Anzunehmen ist auch, daß Trenker vor der Reise nach Amerika Jack London gelesen hat, um sich einzustimmen auf die möglichen Abenteuer, die möglichen Freuden und Entbehrungen, die der Film glaubwürdig und eindringlich zu vermitteln hätte. Vielleicht hat ihm die Figur des Jakob Welse aus Londons Roman »An der weißen Grenze« dazu verholfen, den Suter so zu charakterisieren, wie er schließlich auf die Leinwand kommt:

»Jacob Welse war Großkaufmann in einem Lande, das sonst noch keinen Handel kannte, ein ausgereiftes Produkt des neunzehnten Jahrhunderts in einer Gesellschaft, die primitiv war wie die der alten Vandalen. Als Monopolist großen Stils herrschte er über die unabhängigsten Menschen, die je in einem Winkel der Welt zusammengekommen waren. Als ein Missionar der Wirtschaft predigte er das Evangelium der Zweckmäßigkeit und der Macht. In seinem Glauben an die natürlichen Rechte der Menschen beugte er, selbst Demokrat, alle unter seinen starken Willen. Die Herrschaft Jakob Welses – das war sein ungeschriebenes Evangelium. Mit seinen Händen, ganz allein, hatte er ein Reich aufgebaut; unter seinem Kommando verbreitete sich die Bevölkerung über ein Gebiet von hunderttausend Meilen Umfang und zog sich wieder zurück. Städte wuchsen und verschwanden auf sein Gebot. Dennoch war er ein Mann aus dem Volke geblieben.«[195]

So hat Luis Trenker auf der mehrtägigen Schiffsreise von New York nach Deutschland keinen Grund zur Sorge, was seine schauspielerische Qualität bei diesem Film anbelangt.

Sorge bereitet vielmehr die Fertigstellung des »Kaiser von Kalifornien«. Jede Menge Massenszenen in Suters Westernstadt müssen noch inszeniert werden – und das, wo doch in Deutschland der Winter vor der Tür steht. Zum Glück weiß Trenker von einem kleinen Filmgelände in der Nähe von Livorno in Italien, das für das Napoleon-Drama »Hundert Tage« eingerichtet worden ist. Nach seinem Eintreffen in Bremerhaven läßt Trenker dieses Ateliergelände unverzüglich mieten, und er beordert das gesamte Team nach Livorno. Zu den Schauspielern, die in Amerika nicht vonnöten waren und die erst jetzt ihre Auftritte haben, gehören der Filmneuling Viktoria von Ballasko als Suters Frau und der Charakterkopf Alexander Golling als Bürgermeister von San Francisco.

»Der Großteil der aufzunehmenden Szenen spielte im Freien, doch hatten wir den ganzen November und Dezember unter furchtbaren Regengüssen und Stürmen zu leiden. Da es in Italien 1935 weder die Cinecittà noch Komparsen oder gelernte Facharbeiter gab, mußte ich mir selber helfen ...«[196]

Trenker bittet seinen Onkel Leo in St. Ulrich um Hilfe. Wie oft hat sich Leo schon als gute Seele für ihn erwiesen! So auch jetzt wieder. Leo organisiert, was sein Neffe in Livorno benötigt: Rund vierzig Arbeiter, Zimmerleute, Tischler, Maler, zudem drei Waggons voll Bauholz zur Errichtung einer Westernstadt.

Bei soviel Improvisationstalent und soviel grödnerischer Kooperation zeigt sich selbst das üble Wetter einsichtig, wird besser, wird gut, läßt die Dreharbeiten am »Kaiser von Kalifornien« zum erhofften Ende kommen.

Als der Film im Juli 1936 in die Kinos kommt, ist, so scheint es, Trenker der Weg aus dem Vakuum gelungen. Er hat, wie er glaubt, einen unpolitischen Film gemacht, der nicht so ohne weiteres zum Spielball der Kritik werden kann. Einen künstlerischen Film, der das Publikum vor allem anregend unterhalten will, jedoch frei ist von ideologischer Hintergründlerei.

Trenker täuscht sich wieder, wie so oft in diesen dreißiger Jahren. Er rechnet nicht mit dem Kleingeist, der nicht nur in Deutschland Politik macht, er übersieht die Kleinbürgerlichkeit im Denken und die Steifheit einer militärähnlichen Parteiorganisation im Dritten Reich. Was er nicht glauben kann, nicht glauben will: daß in jener Zeit alles, was er tut oder läßt, für oder gegen ihn Verwendung findet. Würde er auch nur ein Photo vom Langkofel im Abendlicht veröffentlichen, irgend jemand sähe darin bestimmt politische Absichten, irgendwer würde versuchen, ihn anzufeinden. Was er nicht weiß oder nicht wissen will: daß es gut wäre, in dieser Zeit zumindest in Deutschland nicht an die Öffentlichkeit zu treten, zumindest nicht so exponiert, wie es bei ihm als Drehbuchautor, Regisseur und Hauptdarsteller der Fall ist.

»Der Propagandaminister Goebbels hatte meine Fahrten nach Amerika sowieso von Anfang an nicht gern gesehen. Und nach einer privaten

Voraufführung des Films gab er mir eindeutig zu verstehen, daß der Schluß abgeändert oder ganz weggelassen werden müßte. Auf meine Frage nach dem Grund gab er mir zur Antwort: ›Mir gefällt diese allegorische Gestalt nicht, die dem sterbenden Suter vor dem Capitol in Washington erscheint und den künftigen Reichtum Amerikas voraussagt.‹

Und er fügte hinzu: ›Kommen Sie morgen zu mir. Ich werde Ihnen sagen, was Sie zu tun haben.‹

Trotz meines Schrecks war ich geistesgegenwärtig genug, um mir von einer Dame aus der Begleitung, die ebenfalls schreckensbleich geworden war, einen Lippenstift auszuborgen und Goebbels' Worte auf eine Papierserviette zu schreiben. Und ich wagte ihm dann zu sagen: ›Herr Minister, ich habe hier schon alles aufgeschrieben, Wort für Wort. Sie brauchen morgen also keine Zeit mehr mit mir zu verlieren.‹«[197]

Was sich Trenker notiert, ist nicht allein Goebbels' Mißfallen an der Schlußszene des Films, es ist auch der Verbesserungsvorschlag des Ministers: Statt Bernhard Minetti als innerer Stimme, statt Allegorie und blühende Zukunft Amerikas, möge der sterbende Suter auf den Stufen des Capitols eine anklagende Rede gegen den amerikanischen Kapitalismus halten ...

Bei der Biennale in Venedig 1936 erhält Trenker für seinen »Kaiser von Kalifornien« den Pokal für den besten Film des Jahres. Auch Propagandaminister Goebbels wohnt, hochoffiziell, der Veranstaltung bei. Doch muß er mit Bestürzung feststellen, daß sich am Schluß des Films nichts, aber auch schon gar nichts geändert hat. Er stellt Trenker unwirsch zur Rede, läßt dessen Argument jedoch, Zeitmangel hätte jede Möglichkeit, Änderungen vorzunehmen, zunichte gemacht, gelten und muß sich gleichsam durch Trenkers euphorische Stimmung entwaffnen lassen:

»Herr Minister, der Film hat soeben die höchste Auszeichnung erhalten, die in Europa für Filme vergeben wird. Sagt das nicht genug?«[198]

Eines freilich muß hier unterstrichen werden, zu leicht liest sich sonst über die für Trenker so erfreuliche Begebenheit hinweg: Der Preis in Venedig, der Mussolini-Pokal, wird dem Südtiroler Trenker, der zu oft von den Faschisten in seiner Heimat behindert worden ist, vom faschistischen Italien zugesprochen.

Es ist dies aber nicht die einzige Auszeichnung, die Trenker beziehungsweise sein neuer Film erfährt.

»Der renommierte amerikanische Filmkritiker William K. Everson bezeichnete ›Der Kaiser von Kalifornien‹ als den amerikanischsten aller europäischen Western und verglich Trenker in Personalunion mit John Wayne als Darsteller und John Ford als Regisseur. Ein höheres Lob war kaum denkbar.«[199]

Von Paul Kohner, ehemals Direktor der deutschen Universal-Niederlassung, der infolge der Nazi-Pressionen nach Amerika gegangen ist, werden Trenker Schauspielerverträge für mehrere große Spielfilme angeboten. Bei einem davon handelt es sich um die Verfilmung von Christoph Kolumbus' Leben, bei einem anderen, man wird es zweimal lesen müssen, um die Romanverfilmung von Travens »The Treasure of the Sierra Madre«. »Der Schatz der Sierra Madre«, 1947 schließlich von John Huston verfilmt, in der Hauptrolle kein Geringerer als Humphrey Bogart.

Auch diese Angebote lehnt Trenker ab. Sein Platz ist im deutschen Film, eine grundlegende Änderung seiner Laufbahn ist ihm nicht gut vorstellbar. Ein Arrangement mit den ungeliebten Machthabern im Deutschen Reich hingegen scheint immerhin möglich. Muß man doch nur versuchen, ein guter Deutscher zu sein. 1935, 1936, da ist ein guter Deutscher einer, der sein Einverständnis mit dem Irrsinn der Politik zumindest vorzugaukeln bereit ist; da ist ein guter Deutscher einer, der die Familienausgabe von Hitlers »Mein Kampf« in der Nachttischschublade liegen hat, aber nicht darin liest, weil er auch so alles glaubt; da ist ein guter Deutscher einer, der die Eigenschaften der berühmten drei Affen in seiner Person vereint, nichts hört, nichts sieht, nichts sagt.

Nichts sehen und nichts hören zu wollen, zumindest nichts so genau wissen zu wollen, ist keine Eigenheit, die nur auf die Prominenz der dreißiger Jahre anzuwenden wäre. Es ist vielmehr ein weitverbreitetes Symptom in der Gesellschaft, eine Flucht vor Schwierigkeiten, ein Rückzug ins Schneckenhaus.

Demnach wäre es ungerecht, mit Trenkers Haltung scheinbar Exemplarisches aufzuzeigen, er ist schließlich damit nur einer von Unzähligen in der breiten Masse. Seine Prominenz aber, seine Popularität und seine öffentliche Wirkung vor und nach dem Zweiten Weltkrieg gebieten es, diesem Idol vieler Menschen, diesem Filmstar der dreißiger Jahre und dieser Kultfigur der sechziger, siebziger und achtziger Jahre genau auf die schreibenden Finger und die erzählenden Lippen zu schauen.

Endgültig ist die Absage an Amerika. Trenker bleibt dabei: Er will versuchen, sich in Deutschland mit Raffinesse und Schläue zu behaupten, weiterhin seinen Weg zu gehen, ohne dabei ein schlechtes Gewissen haben zu müssen, ohne schmutzige Hände zu bekommen. Er begibt sich auf überaus gefährliches Terrain, treibt sein Spiel mit den Repräsentanten der Diktatur, biedert sich in gelegentlichen kleinen Gesten scheinbar an, um bei nächster Gelegenheit wieder jemanden vor den Kopf zu stoßen.

Trickst er heute den Propagandaminister aus, schrieb er gestern noch im Sinne der Machthaber:

»Überall begegneten wir Deutschen, alte Farmer lachten, wenn sie uns sprechen hörten und horchten uns zu, weil sie ihre Muttersprache hörten! Es war eine Freude, zu sehen, wie ungeheuer groß die Welt, – und wie reich und unerschöpflich die Kraftquelle unseres Volkes ist.«[200]

Für Trenker ist die schwierige Situation zu Zeiten der Nazis nichts anderes als seine Privatangelegenheit. Gewiß tritt er aufgrund seiner Beziehungen zu hohen politischen Stellen für den einen oder anderen Kollegen ein, der unter dem Druck der Naziherrschaft zu zerbrechen droht, mit Sicherheit setzt er seine Fähigkeit zum Mitgefühl immer wieder auch in kleine hilfreiche Taten um. Im großen und ganzen aber sieht er die politische Situation in Deutschland und in Europa als sein eigenes Problem, womit er für sich selbst fertig werden muß. Er macht es, wissentlich oder nicht, zu einem ungleichen Tauziehen zwischen den Nazis und sich selbst. Jeden Schritt, mit dem er der Verwirklichung eines persönlichen Anliegens näher kommt, faßt er auf als Minuspunkt für die Machthaber, jeden Schritt, der ihn vom eigentlichen Wollen entfernt, als einen Punkt für die Nazis.

So spielt er sein Spiel. Ichbezogen, alles auf sich fixierend. So muß man die Person Luis Trenker sehen, will man aus der Distanz von Jahrzehnten sein politisches oder unpolitisches Verhalten während der Nazizeit beleuchten.

Daß dies so einfach nicht ist, zeigen die extrem gegensätzlichen Bewertungen seiner Arbeiten. Der »Kaiser von Kalifornien«, 1936 von den italienischen Faschisten ausgezeichnet, von amerikanischen Kritikern in höchsten Tönen gelobt, wird nach 1945 von den Amerikanern wegen angeblich antiamerikanischer Tendenzen verboten, zugleich verbieten die in Wien einmarschierten Russen den Film. Begründung: proamerikanische Grundhaltung.

»Ich aber hatte mich an Verbote so gut gewöhnt wie an Auszeichnungen«, schreibt Trenker in seinen Lebenserinnerungen »Alles gut gegangen«. Doch ist das gewiß nichts anderes als eine Schutzbehauptung und glauben, glauben wird man sie ihm nicht.

CONDOTTIERI

Mit einem Kniefall vor dem Papst ist bei den Nazis kein Staat zu machen

Eines der Großereignisse im Deutschland des Jahres 1936 sind die XI. Olympischen Spiele. Am 1. August 1936 werden die Sommerspiele im Berliner Olympiastadion durch Adolf Hitler eröffnet, das Olympische Feuer wird entzündet, die Nationen marschieren ein, und viele davon grüßen die Veranstalter mit dem Hitlergruß. Die von Richard Strauss komponierte Hymne füllt das weite Rund mit Klang, unzählige weiße Tauben, Symbole und Botschafter des Friedens, steigen auf in den Himmel.

Eröffnet sind die Spiele. Jetzt beginnt der sportliche Wettkampf, Menschen aller Hautfarben treten gegeneinander an, um den Besten im Laufen, Werfen, Springen zu ermitteln; es wird, friedlich, gerungen, geboxt, gekämpft. Friedlich ist der Lauf der Veranstaltungen, noch flattern ja auch die weißen Tauben am Himmel über Berlin. Noch haben drei Jahre zu vergehen, ehe Menschen wie diese Sportler, die da Speere werfen und Kugeln stoßen, Gewehre und Panzerkanonen gegeneinander richten werden.

Wie obskur das im nachhinein erscheinen muß! 1936, Berlin, ein Fest der Jugend, auf der Tribüne Adolf Hitler, der mit der Jugend, mit der im eigenen Land wie mit der aus anderen Nationen, nie, nie, nie etwas Gutes im Sinn gehabt hat. Jetzt gehen Pressefotos um die Welt, auf denen Sportler zu sehen sind, wie sie Hitler zujubeln, ja, wie sie ihm den Hitlergruß entbieten. Weder die Sportler, noch, zu diesem Zeitpunkt, die Welt, wollen wahrhaben, was er doch schrieb schwarz auf weiß in seinem Buch »Mein Kampf«, daß er nämlich eines vor allem plant: den Krieg gegen Nachbarländer, das Morden der Menschen im Osten wie im Westen. Denn sein Volk braucht Raum. Darüber schreibt Hitler unverblümt in seinem Buch, das in Deutschland bis 1945 eine Verbreitung von rund zehn Millionen Exemplaren gefunden haben wird:

»Der Grund und Boden, auf dem dereinst deutsche Bauerngeschlechter kraftvolle Söhne zeugen können, wird die Billigung des Einsatzes der Söhne von heute zulassen, die verantwortlichen Staatsmänner aber, wenn auch von der Gegenwart verfolgt, dereinst freisprechen von Blutschuld und Volksopferung.

Ich muß mich dabei schärfstens gegen jene völkischen Schreiberseelen wenden, die in einem solchen Bodenerwerb eine ›Verletzung‹ heiliger Menschenrechte zu erblicken vorgeben und demgemäß ihr Geschreibsel dagegen ansetzen. Man weiß ja nie, wer hinter einem solchen Burschen steckt. Sicher ist nur, daß die Verwirrung, die sie anzurichten vermögen, den Feinden unseres Volkes erwünscht und gelegen kommt. Durch eine solche Haltung helfen sie frevelhaft mit, unserem Volke von innen heraus den Willen für die einzig richtige Art der Vertretung seiner Lebensnotwendigkeiten zu schwächen und zu beseitigen. Denn kein Volk besitzt auf dieser Erde auch nur einen Quadratmeter Grund und Boden auf höheren Wunsch und laut höherem Recht. So wie Deutschlands Grenzen Grenzen des Zufalls sind und Augenblicksgrenzen im jeweiligen politischen Ringen der Zeit, so auch die Grenzen der Lebensräume der anderen Völker [...] Staatsgrenzen werden durch Menschen geschaffen und durch Menschen geändert.«[201]

Erstmals soll bei den Olympischen Spielen in Berlin auch ein umfassender Dokumentarfilm gedreht werden. Als Realisatorin hat das Olympische Komitee, haben auch die Nazis Leni Riefenstahl engagiert. Dieses internationale Sportfest so kunstvoll zu dokumentieren, wie ihr das mit dem Reichsparteitag von 1934 gelungen ist, das ist der Wunsch der Auftraggeber.

Wie Luis Trenker in seinen Memoiren berichtet, soll ihm Goebbels bereits 1935 das Angebot eines Olympiafilms unterbreitet haben. »Wäre das nicht ein großartiges Thema für Sie?« soll ihn der Propagandaminister gefragt haben.

»Bei Gott, ein großzügiges Angebot. Nichts, das mich als Bergsteiger, Skiläufer, als Sportler überhaupt stärker hätte ansprechen können. Ich war nahe daran, in die dargebotene Hand einzuschlagen.«[202]

Daß er es nicht getan hat, begründet Trenker mit seiner Abneigung dagegen, vor den Propagandakarren der nationalsozialistischen Bewegung gespannt zu werden. Und nicht ohne Häme führt er in seinen Lebenserinnerungen weiter aus, daß sich über seine Absage Leni Riefenstahl wohl besonders gefreut haben dürfte, habe ihr der Auftrag im Dritten Reich doch viel Ruhm und Geld eingebracht. Ruhm hat Leni Riefenstahl mit ihrem insgesamt fast vierstündigen Film nicht nur im Dritten Reich geerntet. Für ihren Film »Olympia«, dessen beide Teile mit »Fest der Völker« und »Fest der Schönheit« betitelt sind, erhält die Riefenstahl nicht nur den Grand Prix und die Goldmedaille der Weltausstellung 1937 in Paris, nicht nur den Ersten Preis für den besten Film der Welt bei der Biennale in Venedig 1938, nein, noch 1956, zwanzig Jahre nach den filmisch dokumentierten Ereignissen, wählt ein Gremium von Fachleuten in Hollywood »Olympia« unter die zehn besten Filme aller Zeiten.

In Berlin gelingt ihr wieder, was ihr in Nürnberg zwei Jahre zuvor bereits geglückt war – sie erhöht Dokumentarisches zur Kunst und beweist bild- wie filmgestalterische Genialität.

In ihrem 1937 erschienenen Buch über die Olympischen Spiele schreibt Leni Riefenstahl im Vorwort:

»Olympiade – das Fest der Jugend – das Fest der Schönheit. Selten war so viel Schönheit, Kraft und Anmut vereinigt, wie in den sechzehn Tagen bei den Olympischen Spielen in Berlin [. . .] Daß der Film erst eineinhalb Jahre nach den Olympischen Spielen fertiggestellt werden kann, liegt an der ungeheuren Materialfülle, die im Schnitt und Ton zu bearbeiten ist. Der Wert dieses Films wird aber durch die Zeit nicht beeinflußt – er ist das zeitlose Dokument einer großen Idee – ein Hymnus auf die Schönheit und auf den Kampf.«[203]

Es liegt auf der Hand, daß Trenkers Häme mehr in sich birgt als nur die späte Freude darüber, einmal im richtigen Moment die richtige Entscheidung getroffen, das Angebot abgelehnt zu haben, auf daß sein Name nie unmittelbar mit Nazi-Propaganda in Zusammenhang zu bringen sein wird. Es steckt dahinter auch der Konkurrenzkampf der beiden, von denen jeder dem anderen beweisen will, daß er der bessere ist. Auch verschaffen sich die Spannungen einer in die Brüche gegangenen Liaison ein wenig Luft. Und nicht zuletzt kommt darin auch Trenkers Unbehagen darüber zum Vorschein, daß eine Frau hat eindringen können in eine Männerdomäne, daß sie auf seinem Gebiet, einem seiner Empfindung nach sehr männlichen Gebiet, höchste Erfolge feiert. Denn sein Frauenbild ist patriarchalisch geprägt, geformt durch die Traditionen des Tales, aus dem er stammt, festgeschrieben ist sein Verständnis von der Rolle der Frau, und da kann er nicht heraus aus seiner Haut, kann er aus überkommenen Verhältnissen nicht ausbrechen, wie es seine Mutter tat.

Wie gut es für Trenker gewesen ist, damals das Angebot für den Olympia-Film auszuschlagen, sei dahingestellt. Interessanter ist, daß seine Ablehnungen an Häufigkeit zunehmen. Der Reichsführer SS und Chef der Deutschen Polizei, Heinrich Himmler, bietet Trenker die Filmarbeit bei einer Himalaja-Expedition an. Wie sehr würde ihn dieses Gebirge doch reizen, diese Welt der Sieben- und Achttausender, diese unerschlossenen Paradiese in Asien, diese Lebensträume eines jeden Alpinisten.

Schon einmal hat er eine solche Offerte ausschlagen müssen, damals, vor sieben Jahren, als der britische Bergsteiger Noel E. Odell ihn um seine Mitarbeit ersucht hatte, Trenker aber dem »Ruf des Nordens« nach Grönland folgen mußte. Damals hatte er schweren Herzens sein Nein gegeben; nun fällt es ihm um vieles leichter.

»Ich hatte aber wenig Lust, unter dem Protektorat Himmlers künstlerisch tätig zu werden ...«[204]

Natürlich fällt ihm das um so leichter, als er ein anderes Eisen im Feuer hat. Der italienische Außenminister und Mussolini-Schwiegersohn Graf Galeazzo Ciano hat vor kurzem erst die Einladung ausgesprochen, den nächsten Film in Rom zu drehen: Auf Cianos Wunsch und Idee hin, die Lebensgeschichte eines Condottiere.

Trenker läßt die Nazis Nazis sein und reist nach Rom. Er ist voller Energie und voller Tatendrang. Sein drittes Kind, die Tochter Barbara Carolina, Barbl genannt, ist am 6. April 1936 in der Berliner Frauenklinik zur Welt gekommen, wenige Wochen später ist Taufe, und endlich auch, mit Jahren der Verspätung, die kirchliche Heirat von Hilda und Luis.

Gestärkt durch die erfreulichen Ereignisse im privaten Bereich, macht sich Trenker an die neue Arbeit.

Condottieri waren italienische Söldnerführer des 14. und 15. Jahrhunderts, die auf eigene Kosten Truppen unter Waffen hielten und sich an Fürsten oder Städte vermieteten, oft aber auch auf eigene Faust Krieg führten, um Beute zu machen.

Ein in Italien besonders populärer Condottiere ist Giovanni Medici, 1498 als Sohn der Caterina Sforza geboren. Für die Geschichte dieser historischen Figur entscheidet sich Luis Trenker. Giovanni war der einzige Soldat in der Familie der Medici, des florentinischen Patriziergeschlechts.

»Sein Onkel, Papst Leo X., holte ihn 1515 nach Rom und übergab dem kaum Achtzehnjährigen ein Reiterregiment. Bald wurde der junge Condottiere mächtig, sammelte Soldaten gegen Papst Hadrian VI., den Nachfolger Leos X., der schließlich den Kirchenbann über ihn verhängte. In seinem Zorn stürmte Giovanni mit seinem Söldnerheer den Vatikan mit der Absicht, den Papst zu entthronen.«[205]

Doch es kam und kommt anders, in der Wirklichkeit wie auch im Film.

Einen deutsch-italienischen Co-Produktionsvertrag in der Tasche, macht sich Trenker unter Mitwirkung zweier Autoren an die Ausarbeitung des Drehbuchs. Er ist nicht sonderlich zufrieden mit dem Ergebnis, reicht das Manuskript weiter an den Dramatiker Richard Billinger, der es doch bitte überarbeiten möge. Der verspricht, dies zu tun, meldet sich dann aber nicht mehr. So ist das Drehbuch zu »Condottieri« weniger perfekt, als der Regisseur Trenker sich das wünscht; viel wird diesmal seiner Intuition abverlangt werden, viel seinem oftmals bewiesenen Improvisationstalent.

Im Herbst 1936 beginnen die Dreharbeiten. Ein großes Filmteam reist kreuz und quer durch Italien, gearbeitet wird in Venedig und am Sellajoch, in Urbino und Gradara unweit des Badeortes Cattòlica, in Florenz und Rom.

An den Kameras stehen bewährte Leute: Benitz, Rautenfeld, Hege. Zum Team der Schauspieler gehört Trenkers Neuentdeckung Ethel Maggi, eine dunkeläugige, dunkelhaarige Schönheit aus der eben erst entstandenen Filmschule Cinecittà, von der Trenker schreibt, daß »alle ein wenig in das schlanke Mädchen verliebt«[206] waren. Dazu gehört auch Herbert Hübner, und nicht zu vergessen, ein dreiundzwanzigjähriger Sänger namens Tito Gobbi, den Trenker für eine Rolle als Troubadour verpflichtet hat und der nur zwei Jahre später sein Operndebüt geben sollte, um bald schon an der berühmten Mailänder Scala auf der Bühne zu stehen.

Wo die Filmcrew zu arbeiten beginnt, ersteht die Epoche der Renaissance wieder. Daran ändert auch die aufwendige Technik von Kameras, Ton und Beleuchtung nichts. Wie ein Schritt in längst vergangene Jahrhunderte erscheint Trenker die Arbeit an »Condottieri«. Insbesondere dann, wenn in der bestens erhaltenen Burg Gradara gedreht wird oder auch in dem kleinen Städtchen San Gimignano, wo, unweit von Florenz, vor rund fünfhundert Jahren die Zeit stehengeblieben sein muß.

»Unsere in mittelalterliche Kostüme gekleideten Darsteller erweckten mit ihren Zweikämpfen, predigenden Mönchen und kühnen Reitern in San Gimignano für wenige Tage die Zeit der Renaissance.«[207]

Nach all den Unbilden, die ihm sein politisches Anecken gebracht haben, ist die Arbeit an den »Condottieri« bisweilen ein Eintauchen in die Traumwelt des Films, ein Sich-Versenken in die Welt der Phantasie. Für Minuten, manchmal Stunden verschwindet die sorgenvolle Gegenwart, und eine völlig andere Zeit tritt an ihre Stelle. Auch in diesem Fall eine Zeit voll Sorgen und Nöte, voll Kampf und voll Leid. Aber hier ist alles nur Spiel.

Bei den Dreharbeiten auf der Burg von Gradara nahe der Adria ist bisweilen Rachele Mussolini, die Frau des »Duce«, zu Gast. Stundenlang sitzt sie still da, ohne die Arbeiten in geringster Weise zu stören oder sich einzumischen, verfolgt nur ganz aufmerksam den Fortlauf der Szenen. Trenker behält sie als still und mütterlich in Erinnerung, und in ihrer Art als extrem gegensätzlich zu ihrem Mann und seinem theatralischen Auftreten. Ob auch sie sich für eine kleine Weile fallen läßt, hinaus aus dieser Zeit, irgendwohin, ins Gestern, ins Morgen, ganz egal wohin?

Noch eine interessante Begegnung beschert Trenker die Zeit in den norditalienischen Orten. Er trifft Anna Magnani, Frau des Regisseurs Allessandrini, als Schauspielerin selbst aber ohne nennenswerte Erfolge. Gern würde sie eine Rolle, wäre es auch nur eine kleine, in Trenkers »Condottieri« übernehmen. Aber Trenker hat alle Rollen längst besetzt, sowohl für die deutsche wie für die italienische Fassung, und so verliert er diese Frau Magnani wieder aus den Augen. Wie hätte er ahnen können, daß sie eines Tages zum Weltstar werden würde! 1945 wird sie in Rossellinis »Rom, offene Stadt« eine Hauptrolle spielen, 1962 ist sie in Pasolinis »Mamma Roma« eine Prostituierte, die ihrem Kind zuliebe den Beruf aufgeben und eine bürgerliche Existenz ergreifen will.

Trenker wird Anna Magnani eines Tages in Rom wieder treffen, sie wird sagen, daß alles so gekommen ist, wie es kommen sollte, und auch der Weg Pier Paolo Pasolinis wird den seinen kreuzen, einen Moment der Gemeinsamkeit wird es geben bei den beiden so grundverschiedenen Männern.

Erst einmal muß der Condottieri-Film fertiggestellt werden; noch sind zahlreiche Innenaufnahmen in den Tobis-Ateliers, Berlin, auf Zelluloid zu bannen. Unter anderem eine der Schlüsselszenen des Films, das Eindringen von Giovanni Medicis »schwarzen Banden« in den Papstpalast.

»In diesen Szenen erstürmt der Anführer der Rebellen den päpstlichen Palast, um den Papst zu ermorden. Als jedoch die zwei aufeinandertreffen, sinkt der Rebell vor dem Pontifex auf die Knie. Während dieser Vorgang für das italienische Publikum nichts Ungewöhnliches hatte, brachte Hitler die Szene zur Raserei ...«[208]

Es ist nicht allein Giovannis Kniefall, der Hitler aus der Fassung bringt. Es ist der Kniefall der gesamten »schwarzen Banden«, die, nachdem sie den Palast grimmig erstürmt hatten, vor der Allmacht des Papstes die Waffen senken, demütig zum Heiligen Vater aufblicken und sich von ihm den Segen erteilen lassen. Pikanterweise, oder sollte man sagen: ungeschickterweise, oder gar: dummerweise hat Trenker die »schwarzen Banden« Giovanni Medicis mit der SS-Standarte »Adolf Hitler« besetzt. Trenker hatte sich sagen lassen, daß es bei der Ufa üblich sei, bei Soldatenszenen die gerade dienstfreien Leibstandarten von Hitler oder Göring einzusetzen. Eine, wie es schien, gute und zudem billige Lösung.

Und dann sieht der »Führer« seine Leibstandarte den Kniefall machen. In einem Film von diesem Trenker, der entweder stockdumm sein muß oder es darauf anlegt, Scherereien zu bekommen.

Scherereien bekommt Trenker nun wieder zuhauf – und fast wäre man geneigt zu sagen: wie immer. Goebbels schimpft über den »pfäffischen« Film, verlangt das Herausschneiden der beanstandeten Szenen. Trenker weigert sich. Als erstes Druckmittel kommt sodann die »Prädikat«-Verweigerung, was gleichzusetzen ist mit einem totalen Mißerfolg an den Kinokassen. Die Italiener, die schließlich beteiligt sind an der Produktion des »Condottieri«, intervenieren. Mit den Prädikaten »künstlerisch wertvoll«, »volksbildend« und »jugendfrei« kommt der Film dann doch in die Kinos. Doch währt die Freude nicht lange. In einer Stadt am Rhein kommt es zu einem Zwischenfall.

»Hitlerjungen und Studenten schleuderten während der Papstszene faule Eier, Äpfel und andere Wurfgeschosse gegen die Leinwand. Damit war die Handhabe gefunden, alle neunzig Kopien aus dem Verleih zu nehmen und den Film so zuzurichten, wie es Goebbels paßte.«[209]

In Italien hingegen wird der »Condottieri« so akzeptiert, wie er ist. Bei der Biennale in Venedig 1937 wird der Film – fast ist es für Trenker nun schon Gewohnheit – wiederum preisgekrönt. Er erhält den Pokal der Generaldirektion für das Filmwesen für die beste Darstellung von Schönheit und Kunst. Auch die fachlich orientierte Presse würdigt Trenkers neuen Film, Experten setzen sich kritisch fair mit Stil und Kameraarbeit auseinander. Luigi Chiarini spricht von »idealer Geographie«[210], weil Trenker zur Darstellung der florentinischen Renaissance die Landschaften der Toskana und Venetiens miteinander verschmolzen habe, Michelangelo Antonioni, ein angehender Regisseur, der in den fünfziger und sechziger Jahren mit »La Notte«, »Der Schrei«, »Blow up« und »Zabriskie Point« internationales Aufsehen erregen sollte, denkt laut über den »Condottieri« und andere Filme Trenkers nach:

»... aber wirklich bemerkenswert sind die Wolkenanhäufungen, die uns Trenker in seinen Filmen zeigt und die zu den bedeutungsvollsten Beispielen gehören, die bisher auf der Leinwand zu sehen waren ...«[211]

Gewiß ist ein Preis in Venedig tröstlich für Luis Trenker, auch wenn er annehmen muß, daß den Italienern dieser Preis ein Politikum ist, eine Bekräftigung der von ihnen mitfinanzierten Filmarbeit. Auch freut sich Trenker über die Anerkennung und die kritischen Diskussionen in Fachkreisen. Er, der Autodidakt, hat es geschafft, filmisch Zeichen zu setzen, Stilelemente vorzubilden, die von der nächsten, jüngeren Regiegeneration aufgegriffen, weiterentwickelt, zur vollen Entfaltung geführt werden können.

Darauf ist er mit Recht stolz. Verwunderlich bleibt dennoch, daß er nicht eines Tages genug hat von Mißverständnissen, politischer Taktiererei von seiten der Auftraggeber, von der Rolle des populären Spielballs im Dritten Reich. Verwunderlich ist, daß er nicht irgendwann so richtig in Zorn gerät, so, wie das bei Dreharbeiten bisweilen durchaus der Fall sein kann, daß er den Hut auf den Boden feuert und lauthals schimpft, daß ihn nunmehr »alle miteinander am Arsch lecken« könnten.

Unbeirrbar, geradezu trotzig setzt er seinen Weg fort. Es muß doch Themen geben, denkt er sich, die nicht durch irgendeinen politischen Dreck gezogen werden können. Er sucht und findet. Noch einmal zurück zu den Anfängen – das ist der Schritt, den es zu tun gilt. Zurück zum Bergfilm, zum schönen, guten, reinen Bergfilm. Zurück zum Matterhorn.

DAS MATTERHORN RUFT

Ein Bergfilm mit neuen Qualitäten

Etwas Unverfänglicheres als einen Bergfilm kann es doch in diesen Zeiten kaum geben. Ein Thema bar jeglicher Politik. Und Filmstoffe bietet die Geschichte des Alpinismus, einsetzend, sagen wir, 1786 mit der Erstbesteigung des Montblanc, ja mehr als genug. Leicht nachvollziehbar ist, daß der vom Bergfilm kommende, im Bergfilm groß und bedeutend gewordene Luis Trenker nunmehr zum ursprünglichen Metier zurückkehren und zugleich versuchen will, den politischen Wirren, die ihn umgeben, zu entgehen.

Themen für einen guten Bergfilm gibt es zuhauf. Begebenheiten, die Jahrzehnte oder sogar ein Jahrhundert zurückliegen, die erste Montblancbesteigung durch eine Frau beispielsweise oder das Wirken des großartigen Dolomitenerschließers Paul Grohmann, der nach erfülltem Leben in Armut starb, historische Themen also; doch nicht minder interessant sind die Geschehnisse des aktuellen Alpinismus.

1931 durchstiegen die Brüder Franz und Toni Schmid als erste die berüchtigte Nordwand des Matterhorns.

»Am 1. August, nachmittags zwei Uhr, stehen wir bei Blitz und Donner auf dem vom Schneesturm umbrausten Gipfel des Matterhorns, einige Meter links vom italienischen Signal. Die Nordwand ist unser. Was schert uns jetzt das Toben der Elemente. Nahe dem großen eisernen Kreuz suchen wir unter einem kleinen Überhang Schutz. Unter unserer Gummibatisthülle finden sich unsere zerkämpften Hände zu wortlosem Druck. Stumm kreuzen sich unsere Blicke. – Der knurrende Magen wird mit einer Tafel Schokolade etwas besänftigt. Fast können wir nicht glauben, daß wir doch noch der grausigen Wand entronnen sind, die uns nahezu übermenschliche Schwierigkeiten in den Weg gestellt hat.«[212]

Eine weitere »Sternstunde« des Alpinismus trägt sich zwei Jahre später, im August 1933, in Trenkers heimatlichen Dolomiten zu. Zusammen mit Angelo und Giuseppe Dimai durchsteigt Emilio Comici, einer der fähigsten und bedeutendsten Bergsteiger der dreißiger Jahre, die als undurchsteigbar geltende Nordwand der Großen Zinne in den Sextener Dolomiten. Julius Kugy, bekannt als Erschließer der Julischen Alpen und als Verfasser wichtiger alpinliterarischer Werke, schrieb über dieses Ereignis:

»Jeder weiß, daß Comicis Erstersteigung der Großen Zinne von Norden ein ungeheures Aufsehen erregte und geradezu epochemachend wirkte.«[213]

Eine andere Nordwand ist 1937 noch unbezwungen, und doch sorgt sie für Schlagzeilen in den Zeitungen: Die Nordwand des Eiger in den Berner Alpen, 1800 Meter vom Wandfuß bis zum Gipfel messend, Symbol des alpinistisch Unmöglichen und zugleich immer wieder Herausforderung für wagemutige Extrembergsteiger. 1935 sind Max Sedlmayr und Karl Mehringer beim Versuch einer Erstbegehung erfroren, 1936 kommen vier deutsche und österreichische Alpinisten beim Rückzug aus der Eiger-Nordwand ums Leben. Einer der vier bleibt, nachdem die anderen von einer Lawine mitgerissen worden sind, lebend im Seil hängen; verletzt und hilflos wartet er auf die Retter, doch als die ihm schon zum Greifen nah sind, stirbt er an Unterkühlung und Erschöpfung. Als die »Tragödie des Toni Kurz« geht diese Begebenheit in die Alpingeschichte ein.

Die dreißiger Jahre sind eine heroische Zeit des Alpinismus. Nach Durchsteigung bislang als unmöglich geltender Wände gelingt 1938 die Erstbegehung des Walkerpfeilers in der Nordwand der Grandes Jorasses und, als ein sensationeller Höhepunkt dieses Jahrzehnts, die Durchsteigung der Eiger-Nordwand durch Heckmair, Vörg, Kasparek und Harrer.

»Ist es Zufall, daß die sogenannten letzten Probleme der Alpen allesamt in den berüchtigten 30er Jahren gelöst worden sind? [. . .] Ist es Zufall, daß alle Alpinisten aus Ländern stammen – Italien, Deutschland und dem schon bald ins Deutsche Reich einverleibten Österreich –, in denen der Faschismus oder zumindest die Sehnsucht danach seltsame Blüten treiben. Wo das Vaterland mehr bedeutet als das eigene Leben. Wo Helden erwünscht sind und zum Vorbild gereichen sollen, wem es noch an Wagemut fehlt.«[214]

Einen Bergfilm zu drehen, liegt in diesen Jahren für Trenker also nicht nur aus persönlichen Gründen nahe. Auch das Aufsehen, das alpinistische Erfolge oder Tragödien zuletzt hervorgerufen haben, bestärkt das Bergfilm-Vorhaben, kann es doch als ein Erfolgsgarant gewertet werden.

Daß sich Trenker 1937 für die Berge entscheidet, ist also nicht weiter verwunderlich. Ein wenig rätselhaft dagegen ist die Wahl des eigentlichen Themas. Denn noch einmal entscheidet sich Trenker für die Verfilmung der Erstbesteigung des Matterhorns 1865. Hatte er 1928 als Darsteller und Co-Regisseur an dem Stummfilm »Der Kampf ums Matterhorn« mitgewirkt, so ist ihm nun daran gelegen, mit all seinen mittlerweile erworbenen filmischen Fähigkeiten einen eindringlicheren, perfekteren, alles in allem glaubwürdigeren Spielfilm zu drehen.

»Die 1928 gedrehte stumme Fassung des Matterhornfilms hatte mich nie ganz befriedigt, sie war zu sehr vom tatsächlichen Geschehen abgewichen, was mir keine Ruhe ließ.«[215]

Neben dieser Vorliebe für den einzigartigen Berg und seine dramatische Ersteigungsgeschichte spielt aber auch die Möglichkeit der Finanzierung eine Rolle bei der Entscheidung für diesen Filmstoff. Edward Whymper, der mit sechs Begleitern als erster den 4478 Meter hohen Gipfel erreichte, war Engländer; sein Konkurrent, Jean Antoine Carrel, Italiener. Diese Konstellation verschafft Trenker kleine Vorteile bei der Beschaffung der nötigen Gelder. Er liebäugelt mit einer italienisch-deutsch-englischen Gemeinschaftsproduktion und bringt diese auch zuwege. In Italien genießt er seit dem »Condottieri« einiges Ansehen; in England findet er die Unterstützung des dorthin emigrierten ehemaligen Ufa-Direktors Günther Stapenhorst und jenes Sir Alexander Korda, der die London-Film mitbegründet und geprägt hat; was den deutschen Teil betrifft, so zeichnet dafür die von ihm ins Leben gerufene »Luis-Trenker-Film GmbH« verantwortlich.

Gemeinsam mit dem Wiener Autor Hans Sassmann erarbeitet Trenker ein Drehbuch, dann können, Mitte der zweiten Juliwoche 1937, in Zermatt die Dreharbeiten beginnen. »Der Berg ruft« soll der Film heißen, und wie sich später herausstellen wird, soll er zu einem der besten und bedeutendsten Bergfilme aller Zeiten werden.

Zeitweise ist Trenkers Frau Hilda samt den Kindern mit in Zermatt. Sie, die das Gebirge liebt, verbringt angenehme Wochen in einer eigenwilligen Atmosphäre, die sich zusammensetzt aus dem Flair des Hochgebirges und der positiven Spannung künstlerischen Schaffens.

Während Trenker hinter und vor der Kamera agiert, besteigt Hilda mehrere Viertausender. Am Seil des Führers Aufdenblatten gelangt sie auf das Rimpfischhorn und, Krönung im Leben zahlloser Bergfreunde, auch aufs Matterhorn.

Alles in allem ähnelt der Handlungsablauf von »Der Berg ruft« der Stummfilmversion »Der Kampf ums Matterhorn«. Grandioser freilich ist das Hochgebirge in Szene gesetzt, atemberaubender ist das Klettern dargestellt und photographiert, um vieles größer sind Dramatik und Spannung dank einer hervorragenden Montage, einer gezielt gesetzten

Tonkulisse und der die Handlung unterstreichenden Musik von Giuseppe Becce.

Um die angedeuteten Ähnlichkeiten hier nicht weiter auszubreiten und die Gefahr zu vermeiden, sich zu wiederholen, soll deshalb an dieser Stelle von Menschen erzählt werden. Ein paar Menschen, die 1937, zu Zeiten, da Trenker am neuen Matterhornfilm arbeitet, für ihn von Wichtigkeit sind oder auch nur ganz einfach seinen Weg kreuzen, was zu bemerken höchst amüsant, aber auch ein wenig schmerzlich sein kann.

Da ist zunächst Giuseppe Becce. Er ist fünf Jahre älter als Trenker und hat dessen Filmen »Der verlorene Sohn«, »Der Kaiser von Kalifornien« und »Condottieri« die musikalische Prägung gegeben; auch für den Matterhorn-Film schreibt er die Musik, und später wird sein Name noch bei zwei großen Trenker-Filmen im Abspann zu lesen sein: bei den »Liebesbriefen aus dem Engadin« und dem »Feuerteufel«.

Becce ist ein Jongleur mit Fundstücken, er vermischt verschiedenste musikalische Elemente geschickt zu Klangcollagen. Geprägt ist er gleichermaßen von der Klassik wie von der Folklore seiner venetischen Heimat. Wer genau hinhört, findet bei Becce immer wieder Anklänge an Tschaikowsky und Wagner, Themen von Giordano, daneben die Melodien alter toskanischer Volkslieder, der sogenannten Stornelli. Mit einem breiten Spektrum, das neben dem erwähnten »Klassischen« auch Swing und andere moderne Tanzmusik umfaßt, ist Becce prädestiniert für die Filmmusik in den zwanziger und dreißiger Jahren. Für Trenkers Filme ist er ein Glücksgriff. So äußert sich Trenker denn auch voll des Lobes über den Komponisten:

»Schon zur Stummfilmzeit hatte er Filmmusik geschrieben, und viele haben später aus seinem Repertoire geschöpft. Im Gloria-Palast in Berlin hatte er auch ein eigenes Orchester, in dem eine Zeitlang auch eine Violinistin namens Marlene Dietrich mitspielte. Für mich hat er die Musik zu zehn Filmen geschrieben. Er ist 95 Jahre alt geworden [...], obwohl er überhaupt nicht sportlich war. Aber das Geheimnis seines langen Lebens war vielleicht, daß er immer gut gelaunt und dem Leben wie den Menschen gegenüber aufgeschlossen war. Er war immer sehr elegant. Ein Gläschen Wein trank er gern, rauchte auch gern eine gute Zigarre. Aber ohne zu übertreiben. Ich hatte ihn sehr gern.«[216]

Da nun schon einmal die Rede ist von der Filmmusik, bietet es sich an, auch noch ein paar Worte über die Arbeitsbedingungen der Filmkomponisten im Dritten Reich zu verlieren. Lassen wir den Komponisten

Friedel-Heinz Heddenhausen zu Wort kommen. »Drehbuch und Musikaufstellung mußten in engster Zusammenarbeit mit dem Propagandaministerium erfolgen. Bei musikalisch klassischen Werken bestimmte der Chef des Hauses Dr. Goebbels, welche Musik an einer bestimmten Stelle einzusetzen sei. Da dieser überhebliche, intelligente Mann keine Ahnung von Filmdramaturgie und Musik hatte, gab es für die künstlerischen Mitarbeiter sehr oft Schwierigkeiten, besonders für Nichtparteigenossen und solche Pg's, die den hohen Herren unsympathisch waren.«[217]

Interessant ist auch Heddenhausens Notiz über die Technik der Filmmusikeinspielung, die unschwer die Probleme von Regisseuren und Komponisten erahnen läßt:

»Es interessiert vielleicht auch, daß das Tonband erst 1938/39 beim Film zur Verwendung kam. Vorher wurde auf Zelluloid aufgenommen. Da für die Kapellmeister ein Abhören der Aufnahme frühestens am Abend des nächsten Tages möglich war, weil der Ton – genau wie das Bild – erst in die Entwicklungsanstalt mußte, kam es manchmal zu Pannen. Die Aufnahme mußte wiederholt werden, was eine böse Verteuerung nach sich zog. Das Tonband, das sofort abgehört werden konnte, wurde damals als echte Wohltat empfunden.«[218]

Soweit diese kleine Exkursion in die Filmmusik und zu Giuseppe Becce, Trenkers »Hofkomponisten«. Sein Lob für diesen Mann ist vollauf gerechtfertigt; ob es freilich stimmt, daß die Dietrich in Becces Orchester Geige gespielt hat, ist mehr als zweifelhaft. Zwar hat sie, wie Trenker, dieses Instrument beherrscht, doch fraglich ist, ob sie außerhalb des Schulorchesters jemals aufgetreten ist, fraglich bleibt, was Wahrheit und was Legende ist.

Doch ist es nun kein weiter Schritt mehr von der großen Schauspielerin Marlene Dietrich zu einer anderen großen Schauspielerin, zu Heidemarie Hatheyer. Gerade neunzehnjährig, bekommt sie eine Rolle in Trenkers »Der Berg ruft«, die Rolle der bangend Liebenden, der Braut Jean Antoine Carrels, den Luis Trenker verkörpert. Trenker entdeckt Heidemarie Hatheyer bei Probeaufnahmen. »Sie stammte aus Kärnten und entsprach dem gängigen Begriff einer Filmschönheit eigentlich gar nicht. Sie hieß Heidemarie Hatheyer und schien mir die weitaus begabteste zu sein.«[219]

Davon aber will der Schriftsteller und Filmgeschichtler Curt Riess nichts hören, davon, daß Trenker die Hatheyer entdeckt habe. Alles falsch! Alles verdrehte Tatsachen!, wettert er in seiner 1991 erschienenen

Biographie »Die Frau mit den hundert Gesichtern – Requiem für Heidemarie Hatheyer«. Daß Trenker sie schlecht behandelt habe, daß er es nicht verkraften konnte, daß diese junge Schauspielerin ihn an Körpergröße überragte – »Wenn sie aber standen oder, was unabdinglich war, nebeneinander gingen, mußte Trenker entweder auf einem Schemel stehen, oder es mußte ein Gehsteig gebaut werden, auf dem er neben der größeren H. H. einherging.«[220] –, daß er sodann große Teile ihrer Rolle aus dem Film geschnitten habe, um den vom Drehbuch vorgesehenen guten Part zur Nebenrolle werden zu lassen.

Es ist diese Biographie, die Riess im hohen Alter verfaßt, kein freundliches Buch. Voller Polemik schreibt er darin gegen alle möglichen Leute an, wie ein Don Quichote scheint er anzukämpfen gegen all die, die seiner Frau – Riess war 38 Jahre lang mit der Hatheyer verheiratet – in irgendeiner Form geschadet haben, fuchtelt dabei gleichsam mit der Lanze herum, schlägt oft ins Leere und verliert dadurch, so interessant manches wäre, insgesamt an Glaubwürdigkeit. Nichts ist geblieben von der weitgehend lockeren, griffigen, unterhaltsamen und dabei höchst informativen Schreibe, die ihn in seinem großen Werk »Das gab's nur einmal – Die große Zeit des deutschen Films« auszeichnete.

Was seine herbe Kritik an Trenker angeht, so ist die Ursache dafür nicht einmal unbedingt die Hatheyer, zumal es auch unglaubwürdig erscheint, daß Trenker sie als junge, vielleicht nicht im klassischen Sinn schöne, so doch geheimnisvolle und begehrenswerte Frau aus kleinlicher beruflicher Mißgunst heraus schlecht behandelt haben könnte. Riess' Aversion gegen Trenker manifestiert sich bei anderer Gelegenheit. Eine ganz andere Frau ist dafür ausschlaggebend. Ihr Name: Eva Braun.

Ihr begegnet Trenker 1937 zufällig in München. Mit seinem Freund, dem Bildhauer Thorak, ist er eingeladen zu einem privaten Tanztee, wo zwei junge Frauen ihnen besondere Aufmerksamkeit schenken.

»Schließlich begannen wir zu tanzen. Obwohl mir die Dunkle besser gefiel, tanzte ich fast ausschließlich mit der Kleineren, Schmiegsameren und, wie mir schien, Liebebedürftigeren. Nach Mitternacht gingen wir in den Salon hinauf, wo weiter getanzt wurde. Die kleine Blonde zog sich schließlich die schmerzenden Schuhe aus und lehnte sich an mich. Und da gab ich ihr, wie das so im Tanzen manchmal geschieht, einen Kuß auf die Schläfen.«[221]

Wiewohl Trenker in dieser Zeit ein Filmstar ist und wegen seines vor züglichen Aussehens und der überaus maskulinen Ausstrahlung in der Frauenwelt geradezu als Traummann gesehen wird, ist die Darstellung der Erotik doch nie seine starke Seite. Weder im Film noch in seinen Büchern gelingt es ihm, jenes gewisse Prickeln zu vermitteln, eine Kußszene leidenschaftlich zu spielen, das Berühren zweier Hände mit dem gewissen Etwas ins Bild zu setzen.

Hier freilich, bei der Szene mit der blonden jungen Frau, die sich barfüßig an ihn lehnt, der er einen flüchtigen Kuß irgendwohin haucht und der er, wie sich herausstellen sollte, zumindest den Hintern getätschelt hat, ist die Erotik auf einmal da. Wie so oft in Trenkers Leben kommt auch dies wieder zur falschen Zeit am falschen Ort.

Wie Thorak ihm hinterher klarmacht, ist diese kleine Person Eva Braun, die Geliebte Adolf Hitlers. Wenn der davon erfährt, na also dann gute Nacht.

»Red nix und halt den Mund, sonst wirst du wirklich noch erschossen«[222], sagt Thorak, der es wissen muß, ist er doch durch seine Arbeit ganz nahe dran an den hohen Herren.

»Während des Dritten Reiches wurde Thorak mit seinen überdimensionalen Bronze- und Marmorstatuen muskelstrotzender Männer und schwerhüftiger, strammer, nicht weniger robuster Frauen zu einem von den NS-Machthabern ganz besonders geschätzten Künstler. Denn er realisierte jenes Pathos, das man damals in der Kunst ganz besonders bevorzugte.«[223]

Thorak ist einer von Hitlers Lieblingsbildhauern, er zählt »zu den zwölf ›unverzichtbaren Künstlern‹ des Dritten Reiches«[224], und er ist am 17. Juli 1937 als ordentlicher Professor an die Münchner Akademie verpflichtet worden.

Doch Scherereien wird sich Trenker im Zusammenhang mit dieser Eva Braun ohnehin einhandeln, da muß Hitler erst gar nicht Wind bekommen von dieser Sache.

Jahre später nämlich wird viel die Rede sein von den Tagebüchern der Hitler-Geliebten – davon, ob sie nun echt seien oder gefälscht, ob man sie veröffentlichen dürfe oder nicht, und immer wird dabei der Name Trenker aufscheinen, nie wirklich greifbar, stets in einem gewissen Zwielicht. Und der Autor Curt Riess wird es sein, der Trenker mit Vorwürfen belegt, ihm Unlauterkeit auf verschiedenen Ebenen unterstellt.

Doch bis dahin haben noch zehn Jahre zu vergehen, zehn Jahre, die für Trenker nicht weniger bewegt sein werden als die vergangenen zehn.

Zur Erinnerung: 1928 hat Trenker beim »Kampf ums Matterhorn« erstmals in großer Eigenständigkeit weite Bereiche der Regiearbeit abdecken können; damals, vor knapp zehn Jahren, hat seine Regisseurkarriere begonnen, jetzt ist er zurückgekehrt zum Matterhorn, das er liebt, das geradezu Heimatgefühle in ihm zu erwecken vermag, nun dreht er wieder an diesem berühmtesten Berg der Alpen, dreht noch einmal die Geschichte von 1865, fühlt sich wohl im Wohlbekannten, genießt die Arbeit im Wallis und tut gerade so, als ob er für all das Kommende Luft holen würde, tief durchatmen, um auf die nächsten Sonderlichkeiten in seinem Leben, die beruflichen wie die privaten, gefaßt und vorbereitet zu sein.

Mit dem Ergebnis der Arbeiten am Matterhorn ist Trenker insgesamt zufrieden.

»Diesmal konnte ich den Film wirklich nach meinen Vorstellungen herstellen, mit einem positiven, großherzigen und selbstlosen Helden.«[225]

Parallel zur deutschen Fassung wird eine englische erarbeitet, die unter dem Titel »The Challenge«, die Herausforderung, in die britischen Kinos kommen wird. Robert Douglas spielt darin den »englischen« Whymper, in der deutschen Version ist es Herbert Dirmoser; Heidemarie Hatheyer wird durch Joan Gardner ersetzt.

»›Der verlorene Sohn‹«, wird Trenker eines Tages resümieren, »ist mein liebster Film – ›Der Berg ruft‹ aber ist sicher der berühmteste.«

Der Film ist ein voller Erfolg, als Regisseur wie als Darsteller findet Trenker aufs neue große Anerkennung. Darüber hinaus ist es der Beginn von Heidemarie Hatheyers Filmkarriere. Was Riess später auch immer anzuführen haben wird gegen Trenker, dies ist unumstößlich: Ohne den Matterhorn-Film wäre sie kaum die »Geierwally« geworden, auf der ein erheblicher Teil ihres völlig berechtigten Film- und Bühnenruhmes basiert.

Daneben ist es ein italienischer Komödiant, Umberto Sacripanti, der, nachdem er in »Condottieri« eine kleine Rolle gespielt hat, nun in »Der Berg ruft« für humoristische Elemente zu sorgen hat und dies ganz vorzüglich tut.

»Ich weiß nicht mehr, in welchem Film ich ihn gesehen hatte. Jedenfalls hatte er mir auf Anhieb gut gefallen. Er erinnerte mich an Chaplin – wenn dieser Vergleich auch hinkt; denn Sacripanti war keine Maske, er war immer er selbst.«[226]

Am 6. Januar 1938 hat der Film in Berlin Premiere. Den kritischen und fachkundigen Betrachtern beweist er eindringlich, daß es Trenker jetzt gelungen ist, seinen Lehrmeister in Sachen Bergfilm, Arnold Fanck, einzuholen, in manchen Belangen sogar zu überflügeln. Vor allem die Schauspielerführung ist Fancks Sache ja nie gewesen, während Trenker mit Lucie Höflich, Bruno Hübner, Maria Koppenhöfer und Heidemarie Hatheyer, die alle zum Team gehörten, scheinbar problemlos zurechtgekommen ist.

»Der Berg ruft« ist ein Bergfilm, der den besten Arbeiten Fancks in nichts nachsteht. War Fanck der Pionier, so hat Trenker damit diese Tradition fortgesetzt, den Filmstil in mancher Hinsicht noch verfeinert, und er wird, aber wer könnte das 1938 schon ahnen, lange, lange alleinstehen mit diesem Film. Nach 1945 werden nur zwei Filmemacher aus dem deutschsprachigen Raum in der Lage sein, zumindest hin und wieder in Trenkers Fußstapfen zu treten. Da wird der großartige Kletterer Lothar Brandler, Erstbegeher der Direttissima an der Nordwand der Großen Zinne, mit seinem Film »Der Blitz. Inferno am Montblanc« als Trenkers Erbe auftreten und bald danach Gerhard Baur, der mit alpinistischen Spieldokumentationen zeigt, wie auf den Wegen Fancks und Trenkers qualitätvoll weitergegangen werden könnte. Doch bis dahin sind es noch Jahrzehnte. Für Trenker aber sind die nächsten Jahre entscheidend. Denn es dauert nicht mehr allzulange, bis sich, wenn schon nicht sein Leben ändern, so doch sein Erfolg verflüchtigen wird.

Nun war er noch einmal am Matterhorn, ist noch einmal am Gipfel gestanden, jetzt heißt es hinuntersteigen. Weit, weit hinab.

NOCH LACHT MAN IN DEUTSCHLAND

Amouröse Verwicklungen in weißer Landschaft

Ende der dreißiger Jahre ist der Kulturbetrieb in Deutschland ein psychologisches Dickicht. Wie muß ein Künstler, ob Maler, Bildhauer, Filmschaffender, Musiker oder Schriftsteller, seine Stellung in der Gesellschaft bewerten? Was bedeutet Erfolg in Zeiten staatlich gelenkten Geschmacks? Was besagt Kritik zu Zeiten unfreier Meinung? Wo findet man sich selbst? Was schafft man aus innerster Überzeugung und innerstem Antrieb, was hingegen ist, bewußt oder unbewußt, von Zwängen und Auflagen gesteuert? Längst ist der freie künstlerische Ausdruck so unmöglich wie die unvoreingenommene Reaktion des Publikums.

Reglementiert ist, was Kunst ist, was Kunst zu sein und zu bewirken hat. Am 18. Juli 1937 eröffnet Hitler in München das »Haus der Deutschen Kunst«; bei der Eröffnungsrede läßt er sich lang und breit über die Kunstthematik aus. So sagt er unter anderem: »Eine Kunst, die nicht auf die freudigste und innigste Zustimmung der gesunden breiten Masse des Volkes rechnen kann, sondern sich nur auf kleine, teils interessierte, teils blasierte Cliquen stützt, ist unerträglich. Sie versucht das gesunde, instinktsichere Gefühl eines Volkes zu verwirren, statt es freudig zu unterstützen.«

So gesehen war Trenkers »Condottieri«, der von Mitgliedern der Hitlerjugend mit Eiern beworfene Leinwandstreifen, alles andere als Filmkunst, denn »das Volk« hat ihn schließlich abgelehnt. Der gelenkte Geschmack der »gesunden breiten Masse«, der ist das Dickicht, in dem sich ein Kulturschaffender zurechtfinden muß, will er im Dritten Reich überleben (und mit überleben soll hier die vergleichsweise undramatische Bezeichnung für wirtschaftliches Fortbestehen gemeint sein).

Ein Filmemacher wie Trenker, dem die Auswanderung undenkbar erscheint, kann nicht anders, als zu versuchen, sich durchzuschlagen. Gangbare Wege finden im Dickicht. Unverfänglich und erfolgversprechend zugleich. Was könnte unverfänglicher sein und dabei mehr Erfolg versprechen als eine Komödie, ein amüsantes Verwechslungsspiel mit Humor und Liebe, eine heitere Geschichte aus den winterlichen Bergen?

Das Jahr 1938 beginnt für Trenker und seine Familie nicht schlecht. Premiere des Matterhornfilmes in Berlin; als Star beim Münchner Filmball; als begeisterte Zuschauer bei Schmelings Punktsieg über den südafrikanischen Boxer Ben Foord am 30. Januar in Hamburg. Und schon am ersten Februar Abreise in die Schweiz, wo Trenker mit den Dreharbeiten zu seinem neuen Film beginnen wird: »Liebesbriefe aus dem Engadin«.

Da erhalten junge, wohlhabende Damen in aller Welt Liebesbriefe aus der Schweiz, aus dem Engadin, wo sie schon einmal einen Winterurlaub verbracht haben. Unterzeichnet sind die Briefe von Toni Anewanter (Luis Trenker), dem feschen Skilehrer, einem ganz famosen Mann, sportlich und schneidig, humorvoll und ausgestattet mit rustikalem Charme, was auf die Damen aus London, Rom und Paris exotisch und anziehend zugleich wirken muß. Geschrieben freilich hat Toni Anewanter diese Briefe nicht. Ein gerissener Hotelier, der sich eine Belebung seines Betriebes davon verspricht, steckt hinter der ganzen Sache. Schon müßte nichts weitererzählt werden, schon liegt der Stoff, aus dem Komödien sind, klar auf der Hand. Es ergeben sich in der nächsten Wintersaison für den Skilehrer Toni eine Vielzahl heiterer und pikanter Verwicklungen. Gleich mehrere Fräuleins machen sich, ohne voneinander zu wissen, Hoffnungen auf seine Gunst, allen voran die junge Witwe Constanze, die mit ihrer Freundin Dorothy ins Engadin gereist ist. Nun macht die Damenwelt dem Toni schöne Augen, schmeichelt sich ein, sucht seine Nähe, schmiegt sich an, eine jede müht sich anders um seine Zuneigung, jede kämpft mit den Waffen einer Frau, eine aber, die mitgereiste Dorothy, verliebt sich echt und fest in diesen Schweizer Skilehrer. Und er – er erwidert ihre Gefühle. Doch, alle wissen wir es, eine richtige Komödie kann nicht auskommen ohne Knalleffekt. Dorothy erfährt, daß alle möglichen Damen im Hotel Liebesbriefe von Toni erhalten haben. Empört über diesen vermeintlichen Schürzenjäger reist sie ab. Toni aber verfolgt den Zug in einer gewagten Schußfahrt auf Ski – es ist diese ungleiche Verfolgungsjagd eine der berühmtesten Szenen aus Trenkers Filmen –, er saust also im Engadiner Pulverschnee der Eisenbahn hinterher, na ja, und er wäre kein Skilehrer Toni, er wäre nicht Luis Trenker, würde er den Zug nicht einholen und Dorothy in seine Arme schließen. Vor einem Traualtar in London kommt der Film zu seinem Happy-End.

Es läßt dieser Film, es lassen diese »Liebesbriefe aus dem Engadin« das Publikum einmal einen anderen Trenker erleben, als man es bislang gewöhnt war. Zwar hatte es auch bisher in seinen Filmen und in seiner

Darstellung Humor und Komik gegeben (letzteres bisweilen unfreiwillig, wie spöttische Zungen sagen), aber das Grundanliegen seiner filmischen Arbeiten war doch stets ernst. Seine Filme enthielten Botschaften, wollten zwar unterhalten, aber nicht nur, sollten daneben auch bewegen, aufrütteln, Haltungen von Menschen verändern.

Ob er in »Berge in Flammen« die Geschehnisse des miterlebten Dolomitenkrieges aufgearbeitet hat, ob er im »Rebell« einem Stück Heimatgeschichte zu größerer Popularität verhelfen wollte, ob im »Kampf ums Matterhorn« neben der alpinistischen Dramatik die Nähe zwischen Sieg und Niederlage aufgezeigt werden sollte – in diesen wie auch in allen anderen seiner Filme schwingen Anliegen mit, die Trenker als Mensch wie als Autor und Filmschaffenden zutiefst bewegt haben.

So bildet denn auch »Liebesbriefe aus dem Engadin« eine absolute Ausnahme in Trenkers Schaffen vor 1945. Nicht nur, daß der Handlung ein tieferer Sinn gar nicht erst eigen ist, daß sie beschränkt ist auf das Fröhlich-Unterhaltende, auch Trenker selbst, in der Rolle des Toni Anewanter, ist ein anderer als sonst, ja, er sprengt den Rahmen seiner bisherigen darstellerischen Möglichkeiten.

»Die internationale Besetzung und vor allem das an Douglas Fairbanks und Errol Flynn erinnernde Auftreten Trenkers, sein breites, wie aufgemaltes amerikanisches Lächeln nehmen seinen sportlichen Leistungen den Schweißgeruch des nationalsozialistischen Körperkultes [...]

Er bleibt zwar auch jetzt seinem Weltbild ›Trenker-Heimat-Herrgott‹ treu, aber er läßt keinen Zweifel daran, daß dieser Herrgott nicht nur in seiner deutschen Heimat zu Hause ist: Das Happy-End erfüllt sich nicht mehr in den heimatlichen Bergen, sondern spielt vor dem Traualtar in London.

Trenker vertritt seine Grundwerte nicht mehr prinzipiell, sondern in einer Komödie, die alles durcheinanderwirft: Wahrheit und Intrige, Rivalität und Liebe, Flucht und Verfolgung ...«[227]

Noch etwas muß auffallen an Trenkers Komödie. Auch wenn Trenker in der Hauptrolle einen sehr männlichen Skilehrer Toni verkörpert, ist »Liebesbriefe aus dem Engadin« doch kein Männerfilm, keiner, der, wie seine Vorläufer, von Männerwelten erzählt, in denen Frauen nichts als notwendiges Beiwerk zur dramaturgischen Gestaltung sind. Bislang war es in jedem Film nur einer, allenfalls zwei Frauen vergönnt, eine neben Trenker noch halbwegs bemerkenswerte und auffällige Rolle zu spielen. Luise Ullrich im »Rebell«, Heidemarie Hatheyer in »Der Berg ruft«,

Maria Andergast und Marian Marsh im »Verlorenen Sohn«. In den »Liebesbriefen aus dem Engadin« hingegen scheint es von Frauen, jungen, schönen, attraktiven, reizvollen, zickigen, liebebedürftigen, begehrenswerten Frauen förmlich zu wimmeln. Carla Rust als Dorothy, Charlott Daudert als Constanze und Herti Kirchner, die Braut Erich Kästners, wetteifern um des Skilehrers Gunst, in weiteren Rollen agieren Erika von Thellmann, Hilla Hofer und andere mehr.

Zum erstenmal in einem Trenker-Film gibt nicht mehr der männliche Hauptdarsteller durchgängig den Ton an – es sind die Frauen, die diesen Film prägen und die Trenker, trotz der Beschwingtheit, mit der er aufspielt, einiges von der Schau stehlen. Die feminine Komponente der »Liebesbriefe« läßt Trenker so verändert, so neu, so unbekannt erscheinen. War er bislang fast ausschließlich in der Rolle des »Mannes aus den Bergen« zu sehen gewesen, sehr maskulin und dabei insgesamt doch ohne große erotische Ausstrahlung, so formt ihn die weibliche Umgebung in diesem Film um, macht ihn zum Hahn im Korb, zum Sonnyboy, und überwiegt in seinem Spiel auch immer noch das Liebäugeln mit der rauhen Schale des Alpenbewohners, so schleichen sich doch auch hinreichend gigolohafte Züge ein: Trenker im karierten Jackett, mit Fliege und weißem Hut; als Skilehrer in der figurbetonenden Steghose; Toni Anewanter als Mann mit modischem Bewußtsein und Gespür; über allem ein Hauch von Chic und bisweilen sportlicher Eleganz.

Es ist halt auch ganz was anderes, ob einer im Hochgebirge der Schweiz oder im Großstadtdschungel von New York ums Überleben kämpfen muß, ob einer davonrennen muß vor Napoleons Soldaten oder nur dem nächsten Kuß einer schönen Frau hinterherzurennen hat. Zum ersten Mal in seiner Karriere als Regisseur und Schauspieler erzählt Trenker, und das soll langer Rede kurzer Sinn sein, von der Leichtigkeit des Seins.

Mit dieser Leichtigkeit des Seins findet er auch überall Zustimmung. Nicht nur, daß die »gesunde breite Masse« sehr empfänglich ist für alle Leichtigkeit, nein, auch beim Propagandaministerium ist die Unverfänglichkeit einer solchen Komödie sehr gefragt.

Denn Goebbels arbeitet auf dem Gebiet der Propaganda nicht nur mit der Holzhammermethode. Er ist viel zu intelligent, viel zu gerissen, um nicht in starkem Maß auch auf die stille Manipulation zu bauen. So sind von den knapp 1200 Filmen, die während des Dritten Reiches und damit unter der Oberaufsicht des Propagandaministeriums gedreht werden, »nur rund ein Sechstel direkte politische Propaganda. Dennoch hatte jeder Film damals eine politische Aufgabe. Wenn in den Unterhaltungsfilmen des Dritten Reiches sogar der Hitler-Gruß fehlte, war es leichter, ein unpolitisches Publikum weiterhin glauben zu lassen, daß es das alte, traute Idyll noch gab.«[228]

Damit läßt sich gut veranschaulichen, daß es während der Nazi-Zeit in der Kunst selbst keiner politischen Aussage bedarf, um als politische Kunst Verwendung zu finden, als solche mißbraucht zu werden. Kein anderer Film von Trenker ist inhaltlich so absolut unpolitisch wie eben »Liebesbriefe«, und doch findet er bei den Machthabern freudige Anerkennung und ruft viel später, nach 1945, böse Stimmen hervor von seiten linksorientierter Filmhistoriker und -kritiker, die als Filmkunst nur gelten lassen wollen, was sich revolutionär gegen den Faschismus gewandt hat.

Noch ist Trenker der Umgang der Machthaber mit seinem neuen Film egal. Noch stimmt ja alles: Er findet Anerkennung, was zugleich bedeutet, weiterarbeiten zu können. Und er selbst kann im Augenblick ein reines Gewissen haben, hat er doch mit den »Liebesbriefen« nichts, aber schon gar nichts auf die Leinwand gebracht, womit den Nazis direkt genutzt sein könnte. Er hat sich also nicht nur elegant aus der Affäre gezogen, er hat sich vielmehr auch von Themen entfernt, denen man nicht zu Unrecht gewisse Nähen, wenn nicht Berührungspunkte mit der Ideologie des Nationalsozialismus hatte nachsagen können. Allmählich hat Trenker dazugelernt. Immer deutlicher ist ihm klargeworden, daß Hitler und seine NSDAP für das eigene Volk wie für ganz Europa gewiß nicht von Nutzen sind. Sich so richtig auf dieses Pferd zu setzen, sich ihm völlig anzuvertrauen, das war ohnehin nie so recht seine Sache gewesen. Aber immerhin: Er hat diesem Pferd in Form seiner allerbesten Arbeiten Zuckerln gegeben, Zuwendungen, die ihn nun zu reuen beginnen.

»Liebesbriefe aus dem Engadin« läuft noch im Dezember 1938 in den deutschen Kinos an. Bald darauf kommt der Film als »Hymne à la neige« auf französische und unter dem Titel »Lettere d'amore dall'Engadina« auf italienische Leinwände.

». . . und aus den Vereinigten Staaten erhielt ich einen begeisterten Brief vom Präsidenten des amerikanischen Skiverbandes, der den Film in einer privaten Vorführung gesehen hatte. Er wollte ihn allen Universitäten, Schulen und Sportverbänden zur Vorführung empfehlen und gleich mit mir einen Vertrag machen. Was konnte ich mir Besseres und Schöneres wünschen!«[229]

Doch aus diesem Geschäft, aus den erhofften Dollars, die Trenker für weitere Projekte gut gebrauchen könnte, wird nichts. Die Auslandsvertretung für die »Liebesbriefe« liegt bei der Tobis-Film. Die sendet den Film auch nach Amerika, um auf das Angebot des Skiverbandspräsidenten einzugehen. Doch was die Amerikaner sehen müssen, ist nicht dazu angetan, den Film landesweit zu verbreiten. Zum Auftakt ein von Goebbels erzwungenes leinwandfüllendes Hakenkreuz, auch das beigelegte Pressematerial ist geziert vom Nazi-Emblem. 1938 ist nicht mehr 1934. Für die Symbole des deutschen Faschismus läßt sich in den Staaten so leicht keine Freundschaft mehr gewinnen. Die amerikanischen Verantwortlichen lehnen dankend ab. Und für Trenker, der immer einen Fuß in der Tür von Hollywood gewußt hat, verschließt sich allmählich die »letzte Ausfahrt USA«.

Für Trenker selbst ist »Liebesbriefe aus dem Engadin« nicht mehr als ein humoristisches Zwischenspiel. Ein Ausflug in die scheinbar so harmlose Welt der Komödie. In seiner 500seitigen Lebenserinnerung »Alles gut gegangen« widmet er der Arbeit an diesem Film nicht mehr als vier Seiten. Er degradiert die »Liebesbriefe« zu einer Nebensächlichkeit und tut dem Film und damit sich selbst unrecht. Auch erzählt er kein Wort von dem Kameramann, der ganz entscheidend zum Gelingen beigetragen hat: Hans Ertl, dessen Leben an Bewegtheit, an Höhen und Tiefen dem Trenkers in nichts nachsteht. Anfang der dreißiger Jahre waren ihm extremste Eisanstiege in der Ortlergruppe gelungen, die Nordwand des Ortler und die Nordwand der Königsspitze. Als Kameramann war er sodann in den Himalaja gelangt, bevor ihn Leni Riefenstahl für ihren Olympiafilm engagiert hatte. 1938 arbeitet er mit Trenker. Nach dem Krieg erstellt Ertl seinen berühmtesten, aufsehenerregendsten Film: »Nanga Parbat«. Und er dokumentiert damit die Erstbesteigung dieses Achttausenders im Jahre 1953, als der Innsbrucker Ausnahmealpinist Hermann Buhl in einem geradezu übermenschlichen Alleingang den Gipfel erreicht und, wie durch ein Wunder, auch wieder zurückkehrt zu den Hochlagern. Ein großartiger bergsteigerischer Erfolg für Hermann Buhl, ein nicht minder großer filmischer Erfolg für Hans Ertl. Doch letzterem bringt auch dieser Höhepunkt in seiner Karriere keine Ruhe ins Dasein. Ertl wandert aus nach Südamerika, rodet ein Stück bolivianischen Urwalds, läßt sich nieder und lebt mit seiner Familie in Abgeschiedenheit. Doch auch dorthin dringt der Stachel der Unruhe und des Schicksals. Ertls Tochter Monika schließt sich den revolutionären Gruppen um Castro und Che Guevara an. Sie wird gefangen, gefoltert, ein Kind, das sie im Bauch trägt, kommt daraufhin tot zur Welt. Der Mann, den sie dafür verantwortlich macht, wird später nach Deutschland an die bolivianische Botschaft versetzt. Ertls Tochter fliegt nach Deutschland, erschießt diesen Mann und kehrt nach Bolivien zurück, wo sie bei einer Auseinandersetzung zwischen Regierungstruppen und Revolutionären ums Leben kommt. Das Attentat der Monika Ertl ist der erste politisch motivierte Mordanschlag in Deutschland nach dem Zweiten Weltkrieg. Der französische Publizist Regis Debray hat darüber ein Buch veröffentlicht: »Ein Leben für ein Leben«[230].

Soviel zu dem hervorragenden Bergsteiger, ausgezeichneten Kameramann, extremen Filmemacher und eigenwilligen Abenteurer Hans Ertl, dessen Weg sich 1938 mit dem von Trenker kreuzt, dessen Leben aber in einer eigenen Biographie dargestellt werden müßte.

Wo nun aber schon einmal festgestellt ist, daß Trenker die »Liebesbriefe« nicht zu seinen Hauptwerken zählt, sollte die Möglichkeit genutzt werden, abzuschweifen ins Private, von Menschen und Ereignissen zu erzählen, die für sein Leben und sein Schaffen nicht ohne Belang sind.

Da wäre zuallererst eine Frau zu nennen, die seit Beginn der dreißiger Jahre in Trenkers Diensten steht: die treue Seele Charlotte Picht, Tochter des Erfinders der Blindenschreibmaschine, der es bei dieser Biographie ergeht, wie es allen treuen Seelen nur zu oft widerfährt, daß sie nämlich zunächst einmal übersehen werden, weil andere im Mittelpunkt stehen, weil sie zu nennen also schlicht vergessen wird, und man ihrer schließlich nur mehr in einem kleinen Nachtrag gedenkt. Möge Charlotte Picht es verzeihen, wie sie Luis Trenker so manches verziehen hat, sogar, daß er hie und da mit dem Hauspantoffel nach ihr geworfen hat.

Doch eins nach dem anderen.

Trenker hatte gerade den »Rebell« abgedreht, da wuchs ihm die leidige Büroarbeit über den Kopf. Manuskripte ins reine schreiben, die Korrespondenz, das Vorsortieren der sich zunehmend mehrenden Verehrerpost, das Archivieren von Besprechungen der Filme und Bücher und der Berichte zur Person Trenker – all das wurde zur leidigen Angelegenheit, die vom künstlerischen Schaffen allzusehr abhielt. Trenker brauchte eine Sekretärin, eine fleißige und zuverlässige Frau, er inserierte in Zeitungen, bekam jede Menge Zuschriften mit dem erbetenen Bild. Trenker wollte sich für die Schönste entscheiden. Aber seine Frau Hilda widersprach energisch; längst hatte sie eine Wahl getroffen und stellte Luis damit vor vollendete Tatsachen. Allerdings, wie sich herausstellen sollte, nicht zu seinem Nachteil. Wenngleich er zunächst auch ein wenig die Nase rümpfte.

»So stand am anderen Tage ein etwas blasses, sehr zartes Mädchen von etwa zwanzig Jahren vor mir. Sie hieß Charlotte Picht, sagte sie. Ich dachte, na von mir aus, die andere wäre viel attraktiver gewesen. Die stille empfindsame Berlinerin würde es bei meinem unruhigen Temperament sowieso nicht lange aushalten, aber mir sollte es recht sein.«[231]

Da täuschte er sich aber. Fast vierzig Jahre, bis zu ihrem Tod, sollte Charlotte Picht als Sekretärin in Trenkers Diensten bleiben. Und sie wurde nicht nur zur unermüdlichen Sekretärin, die sich täglich der Herausforderung stellte, die Korrespondenz des Filmstars Trenker zu erledigen. Sie wurde gleichsam zum Mädchen für alles, war von Anfang an auch als Scriptgirl bei den Filmarbeiten dabei, pendelte mit Trenker zwischen Berlin, München, Kitzbühel und Bozen hin und her, wurde ihm in vielen Belangen Vertraute und Ansprechpartnerin, seiner Frau eine gute Freundin und den heranwachsenden Kindern eine Anlaufstelle in Nöten, da der Gang zu Vater oder Mutter so leicht nicht fiel. Als Charlotte Picht die Arbeit im Büro Trenker annahm, ahnte sie nicht, daß eine Lebensaufgabe daraus erwachsen würde. Aber in ihrer Selbstlosigkeit gab es keinen Tag, wo sie den wachsenden Anforderungen auszuweichen suchte; geradezu bedingungslos stellte sie ihr Leben in den Dienst der »Sache Trenker«, so, als ob es rechts und links davon nichts, aber auch gar nichts gegeben hätte. Bald war sie unverzichtbar. Und diese Unverzichtbarkeit wurde ihr zum Lebensinhalt und Lebenselixier. Eine eigene Familie gründete sie nicht. Einmal, so erinnern sich die Söhne Trenkers, habe sich eine Liebesbeziehung angebahnt, zu Hugo Lehner nämlich, dem Zermatter Bergführer, der ebenfalls mit Trenker durch dick und dünn ging. Aber es wurde nichts aus der Picht und dem Lehner, weil letzterer es mit der Treue in Liebesdingen weniger genau nahm, als es für Charlotte Picht einfach Voraussetzung war.

Soviel zu Charlotte Picht. Zu wenig gewiß, um ihren Anteil an Trenkers Erfolgen und seiner Popularität gebührend zu würdigen. Aber hoffentlich genug, um zu zeigen, daß Trenker mit Hilfe anderer Menschen erreichte, was ihn populär und unvergeßlich gemacht hat. Man bedenke das Höchstmaß an Arbeit, mit dem er sich während seiner Glanzzeit stets eingedeckt hielt: das Verfassen von Drehbüchern; Dreharbeiten; Schnitt; Organisatorisches, um ein neues Projekt auf die Beine zu stellen; Beiträge für Zeitschriften und das Verfassen von Büchern (auch wenn ihm dabei Autoren wie Walter Schmidkunz zur Hand gingen); nicht zu vergessen die Dinge des Privatlebens, die geregelt sein wollten.

So zum Beispiel der Erwerb seiner Villa in Bozen-Gries, einem der noblen Viertel der Stadt, wo die Talfer in den Eisack mündet. Da hat Trenker ein »Schnäppchen« besonderer Art gemacht, hat wieder einmal einen guten Riecher bewiesen und alles in allem eine sehr glückliche Hand. In der Fagenstraße war ihm ein schönes Haus aufgefallen, dessen weitläufiger Garten etwas verwildert war. Vielleicht lag den Besitzern nicht mehr allzuviel an dem Grundstück und der Villa. Die politischen Umstände im faschistischen Italien mochten da allerlei bewirkt haben. Kurzentschlossen erkundigte sich Trenker bei den Hauseigentümern, doch er erhielt ablehnenden Bescheid. Als er davon seiner Mutter erzählte, riet sie ihm, noch einmal hinzugehen und einen Gruß vom Linchen, von ihr also, auszurichten. Dann würde er schon empfangen werden von der eigentlichen Besitzerin, von Frau von Nordström, der Tochter des ehemaligen russischen Außenministers.

Die Sache war nämlich die, daß diese Frau von Nordström das Haus mit ihrer inzwischen verstorbenen Schwester bewohnt hatte. Es war einst ein blühendes Anwesen. Trenkers Mutter hatte in Jugendjahren ein sogenanntes Haushaltsjahr bei den Herrschaften absolviert. Seit aber das Zarenreich zusammengebrochen war, verfiel der Besitz. Nunmehr lebte die Frau von Nordström, die in der russischen Revolution alle Verwandten und alles Vermögen verloren hatte, in bescheidensten Verhältnissen.

Trenker suchte das Haus in der Fagenstraße ein zweites Mal auf, und die Grüße, die er von seiner Mutter bestellte, öffneten ihm die Türen und auch das Herz der etwa achtzigjährigen Dame.

»Also erfuhr ich, daß die alte Dame voller Schulden war und davor zitterte, das Haus zu verlieren und in ein Armen- und Siechenheim zu kommen. Sie bekam Vertrauen zu mir, und wir wurden bald einig. Ich verpflichtete mich im Kaufvertrag; die Zahlung ihrer Schulden, darunter auch den seit zwölf Jahren rückständigen Lohn für ihre treue Köchin, zu übernehmen, garantierte ihr das Wohnrecht auf Lebensdauer, übernahm auch ein kleines Legat an die evangelische Kirche . . .«[232]

So kam Trenker zu überaus günstigen finanziellen Bedingungen zu einer herrlichen Villa in Bozen. Er ließ, während er ja nach wie vor samt Familie in Berlin wohnte, seine Mutter in eins der Geschosse des geräumigen Hauses einziehen; sein Vater hingegen, dem er das gleiche anbot, zog Gröden vor, er blieb im Haus in St. Ulrich und kam von da an nur besuchsweise nach Bozen in die Villa.

Dem Hauserwerb in Bozen wird hier so breiter Raum eingeräumt, weil diese Villa für sein Leben noch Symbolcharakter erhalten sollte. Denn eines Tages wird er das Glück haben, eine zweite Karriere starten zu können, eine andersgeartete als die bisherige, und mit dieser zweiten Karriere wird er noch weit mehr zur Kultfigur werden und in noch größerem Maß zu einer Person des öffentlichen Interesses. Noch siebzig- und achtzigjährig wird er fast täglich Presseleute empfangen, und so manches Photo, das dann in Illustrierten erscheint, zeigt Trenker in seiner Villa oder dem Garten, von dem sie umgeben ist. Trenker beim Beschneiden der Obstbäume, die die lange Auffahrt zum Haus zur Rechten säumen; Trenker zwischen den Weinreben, die den Weg linker Hand begleiten; Trenker mit seiner Frau auf der Terrasse oder dem Balkon; Trenker mit Schaber, der für Südtirol typischen dunkelblauen Schürze, an der Staffelei, beim Malen einer heimatlichen Berglandschaft oder einer der zahllosen Burgen, die an Glanz und Elend alter Zeiten erinnern. Es wird dieses Haus eines Tages zum Symbol Trenkerschen Wohlstandes werden, ein in jeder Zeitschrift sichtbarer Beleg, daß seine Arbeit sich gelohnt hat, daß sein Weg alles in allem der richtige gewesen ist.

Doch sind solche äußeren Zeichen nicht immer Garant dafür, daß es auch um den inneren Zustand gut bestellt ist.

IMMER WIEDER: FREIHEITSKAMPF

»Der Feuerteufel« als Kritik an der Herrschaft der Nazis

So manche Kritiker haben Trenkers vor 1939 entstandene Filme mit den filmischen Machwerken der Nazipropaganda auf eine Stufe gestellt, gemäßigtere haben zumindest wesensverwandte Züge feststellen können. Aber selbst wohlgesonnene beschreiben Trenkers Arbeitsphase bis zum Kriegsbeginn als ein ständiges Taktieren, ein Lavieren, als einen Zick-Zack-Lauf durch die Institutionen, die Verflechtungen und Verfilzungen eines totalitären Systems. Ob man Urteilen in solcher Knappheit ohne weiteres zustimmen kann, muß in Frage gestellt bleiben. Immerhin aber sind sie, nach allem, was man nunmehr über Trenkers Leben weiß, nachvollziehbar und nicht völlig von der Hand zu weisen.

Doch bringt das Jahr 1939 eine gravierende Veränderung in Trenkers Haltung. Er bekennt Farbe, wenn man dies einmal so salopp formulieren darf, schlägt nunmehr eine selbstbestimmte Richtung ein.

Vieles mag dafür auslösend sein. Die dramatischen Veränderungen in der politischen Landschaft, der Anschluß Österreichs an das Deutsche Reich, die unverkennbaren Kriegsvorbereitungen, die schließlich am 1. September 1939 zum militärischen Überfall auf Polen führen; das deutsch-italienische Auswanderungsabkommen, das ihn, den Südtiroler, wie fast alle seine Landsleute in eine tiefe Identitätskrise stürzt.

Neben diesen Eckpunkten und Eckdaten darf aber auch die ständige Verschlechterung der gesellschaftlichen und kulturellen Gesamtsituation nicht übersehen werden. Sie war für Trenker und viele andere Kulturschaffende in Deutschland tragbar, ertragbar bis zu einem gewissen Punkt. Dann begann bei manchen zumindest unterschwellig Opposition aufzukeimen, ein Nichteinverstandensein mit den Veränderungen im Land. Für alle jene, denen in Umkehrung des Satzes von Bertolt Brecht die Moral doch noch ein klein wenig mehr bedeutete als das Fressen, kommt dann der Zeitpunkt, wo das berühmte Faß überlief, die eigene Situation, das eigene Verhalten und die eigene Stellung in der Gesellschaft als unerträglich empfunden wurde.

Daß dieser Punkt bei Trenker erreicht ist, bringt er mit seinem nächsten Filmprojekt zum Ausdruck. Als Thema schwebt ihm eine Art moderner Wilhelm Tell vor.

»Ein Freiheitsthema tat not wie noch nie. Diesmal allerdings nicht gegen Versailles, sondern gegen die Überheblichkeit und den Machtwahn der neuen Unterwelt, die hochgekommen war.«[233]

Im Mittelpunkt der Handlung soll ein »Robin Hood der Berge« stehen, um damit ein »leuchtendes Fanal der Freiheit» zu entfachen. Trenker reist mit seiner Filmidee in die Schweiz, trifft sich mit möglichen Finanziers, erhält aber nur ablehnende Bescheide.

Zum einen will man von einem modernen Tell nichts wissen, das Bild dieses größten Volkshelden sei festgefügt, so und nicht anders möge es bewahrt bleiben, darüber hinaus sei ein Freiheitsfilm das letzte, was die Schweiz nötig hätte, sei hier doch der Freiheitsgedanke fest in den Herzen der Menschen verankert. Nein, nein, da müsse der Trenker schon anderweitig schauen, was sich machen ließe.

Und machen läßt sich schon etwas, wenn man Luis Trenker heißt und über eine an Starrsinn grenzende Beharrlichkeit verfügt. Er dreht und wendet die ursprüngliche Filmidee im Kopf hin und her, bastelt neue Entwürfe, schreibt zahllose Blätter mit Notizen voll und rennt sich schließlich fest an der Gestalt des Joseph Speckbacher, einem der bedeutendsten Freiheitskämpfer 1809. Wieder hat er sein Thema gefunden, ein Thema, das ihn mehr bewegt als jedes andere: Der Freiheitskampf der Tiroler; der Held dieser Zeit, Andreas Hofer, und sein Umfeld.

Doch anders als noch beim »Rebell« will Trenker diesmal Kritik an den Nazis laut werden lassen, will er die Symbolik nutzen, um Kritik zu üben an Hitler und dem System. Dies freilich ist nicht nur gefährlich, es ist auch gar nicht leicht zu bewerkstelligen. Muß doch das Drehbuch von der Reichsfilmkammer genehmigt, muß schließlich der fertige Film zur Prüfung vorgelegt werden.

»Und doch hat Trenker mit seinem ›Feuerteufel‹ das scheinbar Unmögliche geschafft: Der Film enthält nicht nur in seinen Dialogen offene Anklagen gegen das Hitler-Regime, sondern nimmt auch zum Thema Südtirol so unliebsam Stellung, daß Trenker den Film mitten in den Dreharbeiten abbrechen mußte. Die Geschichte des Tiroler Freiheitskämpfers Joseph Speckbacher durfte nicht mehr in Tirol spielen, nicht einmal das Wort ›Südtirol‹ durfte mehr vorkommen. Trenker verlegte daraufhin die Handlung nach Kärnten und aus dem Schützenhauptmann Joseph Speckbacher wurde ein ebenso kerniger Holzknecht mit Namen Sturmegger. Doch die Dialoge waren die gleichen geblieben. Sie waren so undenkbar offen gegen Hitler, der gerade in Polen einmarschiert war, gerichtet, daß die Zensur die Zweideutigkeit des Rufes nach Freiheit augenscheinlich übersehen hatte.«[234]

Im Karwendelgebirge, unweit von Mittenwald, sowie im Unterinntal bei Brannenburg und in Kufstein dreht Trenker seinen »Feuerteufel«. Für eine der Schlüsselszenen des an Kampfhandlungen reichen Films wird ein Stauwehr benötigt. Die Freiheitskämpfer müssen es in die Luft sprengen, auf daß zigtausend Tonnen Wasser den nahenden Truppen Napoleons den Garaus machen.

Trenker will die Staumauer im Modell fertigen lassen, doch ein Zufall verhilft ihm zu viel größerer Wirkung. Die Erzherzog-Johann-Klause bei Brannenburg ist, wie ein Forstmeister berichtet, über ihre besten Tage schon hinaus. Da könnte doch eigentlich die Filmproduktion für die Sprengung des Originals bezahlen, und mit dem Geld könnte dann ja eine neue und stabilere Anlage gebaut werden.

So kommt es. Trenker erwirbt mit Geldern der Bavaria-Film, die hinter seinem Projekt steht, das Stauwehr. Jetzt muß er nur noch warten, bis es sich füllt. Das aber ist lange nicht der Fall. Die in den kleinen See einmündenden Bäche bringen wenig Wasser, und das fließt durch die zahlreichen Lecks rasch wieder ab. Zur Zeit der Schneeschmelze, sagt man ihm, da wäre es besser. Aber so lange kann Trenker nicht warten. Er holt sich Hilfe bei einem Pionier-Bataillon in Schwaz; mit Steinen und Holzlatten, Balken und Teerpappe wird das Stauwerk notdürftig ausgebessert. Was jetzt noch fehlt, ist ein kräftiges Unwetter, das binnen kurzer Zeit den See auffüllt, und nach dem Unwetter – wieviele Ansprüche man doch stellt – gleich wieder Sonnenschein, denn der ist notwendig, um eindrucksvolle Filmbilder in den Kasten zu bringen.

Das Unwahrscheinliche, fast schon Unmögliche wird wahr. Es kommt alles so, wie Trenker es sich nicht besser hätte wünschen können. Der See läuft voll, die Staumauer droht zu bersten, die Wolken am Himmel reißen auf, die Sonne kommt heraus, die Kamera-Operateure sind auf ihren festgelegten Plätzen, Trenker gibt das Zeichen, daß es gleich soweit sein wird, dann hält er als Sturmegger die Lunte an die Sprengsätze, und mit gewaltiger Detonation birst die Anlage, und verheerende Fluten ergießen sich ins Tal.

»Ich habe Angst um die Sicherheit der Operateure, mir zittern vor Aufregung die Knie. Eine solche Wirkung hatte ich nicht erwartet.«[235]

Aber es geht alles gut, Trenker bekommt für seinen Film aufwendige Spezialeffekte, wie sie später in Hollywood im Übermaß produziert werden, er dreht so eindrucksvolle wie erschütternde Bilder, und wenn man ihm auch die Anti-Hitler-Tendenz des »Feuerteufel« gerne abnehmen will, so wird doch deutlich, daß er die freudigen Publikumsreaktionen, die ähnlich bombastische Kampfszenen in seinem Film »Der Rebell« ausgelöst hatten, vergessen zu haben scheint.

Eine andere Schlüsselszene im Film, eine politisch weit bedeutsamere, zeigt das Zusammentreffen von Napoleon, verkörpert von Erich Ponto, mit seinem Gegner Sturmegger.

»Bilden Sie sich wirklich ein, mit Ihren paar Bauernkompanien etwas gegen meine Armeen ausrichten zu können?« fragt Napoleon, der seiner Sache nicht recht sicher zu sein scheint. Und ein stolzer, entschlossener, unbeugsamer Sturmegger antwortet:

»Nein, aber ich habe den unerschütterlichen Glauben, daß am Ende dieses Krieges nicht Sie, Herr Bonaparte, sondern der Herrgott die Geschicke der Völker bestimmt.«

An anderer Stelle nennt Sturmegger Napoleon einen Höllenhund, und er sagt ihm ins Gesicht, daß er ihn zu anderer Gelegenheit gemäß Schützenrecht als Landesverräter hätte erschießen lassen.

Dem Propagandaministerium entgeht, daß im »Feuerteufel« Napoleon Bonaparte für Adolf Hitler steht. Scheint nur wieder so ein Streifen zu sein wie Trenkers früherer Film »Der Rebell«. Immer das gleiche Grundmotiv, der Nazi-Ideologie vielleicht nicht übermäßig förderlich, aber gewiß doch in ihr Programm passend, linientreu ganz ohne Zweifel. Dank insgesamt oberflächlicher Begutachtung durch die Zensoren gelangt der »Feuerteufel« in die Kinos. Im März 1940 ist Uraufführung in Berlin. Das Publikum nimmt den spannenden, gut inszenierten und mit ausgezeichneten Schauspielern wie Fritz Kampers, Erich Ponto, Bertl Schultes, Ernst Fritz Fürbringer, Ludwig Schmid-Wildy und Kurt Meisel besetzten Film positiv auf, und zunächst geschieht nichts Außergewöhnliches. Erst als der »Feuerteufel« auch im Ausland gezeigt wird und Pressestimmen zu dem Film nach Deutschland dringen, ändert sich das Klima, in dem Trenker lebt und arbeitet.

Aus der Schweiz hört man, es handle sich um einen »Freiheitsfilm gegen die Diktatur«. In Schweden wird der »Feuerteufel« als Film für Frieden und Freiheit gelobt. Und in den New Yorker »Daily News« erscheint am 4. Januar 1941 eine Rezension von Wanda Hale, die unter anderem ihren Eindruck darlegt, daß es sich bei diesem Film um »eine Warnung an Hitler und seine Anhänger« handelt. Um sich ein besseres

Bild machen zu können vom filmischen Wesen des »Feuerteufel«, ein besseres Bild, als dies durch das bloße Wiedergeben des Inhaltes möglich wäre, soll hier noch die Besprechung von Eberhard Schulz, erschienen am 8. März 1940, kurz nach der Premiere also, in der »Frankfurter Zeitung«, angeführt werden:

». . . Der Film besitzt alle Züge, die von Trenker bekannt sind: abenteuerlichen Elan, der auch vor Übertreibungen nicht zurückschreckt, den Glanz der Bilder und dramatische Pracht, die ihre Dimensionen von der gewaltigen Berglandschaft nimmt. Hinzu möchte man rechnen, daß er die Kamera zu handhaben versteht, und daß in seinen Bildern am wenigsten Atelierluft, sondern vielmehr der reine Atem der Berge weht. Die Höhe des Himmels und die Tiefe des Blicks in verschwommene Fernen hinein geben ein Naturgefühl, das aus echten Quellen kommt; ja, sogar der Übergang zum Symbolismus, dem wir hier begegnen, wenn der gehetzte, verfolgte und geächtete Mann auf die Berggipfel läuft und wieder hinuntertaumelt in langen, schwebenden geisterhaften Schritten – selbst dies scheint uns keine ästhetisch eroberte, sondern eine natürlich eingepflanzte Empfindung zu sein [. . .] eine Begegnung unseres Helden mit Napoleon in Wien, bei der Erich Ponto in einer außerordentlich sublimen Mischung von Ernst und Karikatur den Herrscher verkörpert, hat den Reiz einer gut geschliffenen Anekdote. Den Höhepunkt bildet dann die Schlacht in den Bergen, die aus einem ersten Geplänkel der Vorposten zum breiten Kampf und schließlich zu einer Naturkatastrophe überleitet. Steinlawinen donnern hernieder, dann werden Staudämme geöffnet. In jeder Sekunde wachsen die Dimensionen. Das Persönliche verschwindet hinter dem Chaos der Natur. Die Bilder folgen hastig. Die anarchische und tobende Leidenschaft, zu der sich die Stille der Berge plötzlich verändert, ist hier erschütternd festgehalten. Es ist eine echt filmische Begebenheit, wie sie in dieser Intensität das Drama nie, selten nur das epische Wort und sonst allein nur die Musik einmal darstellen kann.«

Diese sehr positive Bewertung des filmkünstlerischen Aspekts im »Feuerteufel« kann aber im Dritten Reich die Stimmen aus dem Ausland nicht aufwiegen. Die Anti-Hitler-Tendenz, die dort festgestellt wird, schlägt den Nazis schwer auf den Magen. Der Film wird zurückgezogen, weitere öffentliche Vorführungen werden damit erst einmal unmöglich. Trenker hat sich unliebsam gemacht. Unliebsamer, als er das bislang bei Goebbels ohnehin schon war. Denn daran gibt es nichts zu deuteln: daß dieser Propagandaminister gerissen ist und schlau, und daß er sich auch von Trenkers Schlitzohrigkeit nie ganz hat hinters Licht führen lassen. So doppeldeutig, wie einer späteren Filmkritik Trenkers Arbeiten der dreißiger Jahre erscheinen, so doppeldeutig erscheinen sie auch Goebbels. Daß sich manches in Trenkers Arbeit sehr gut verwenden läßt im Dritten Reich – keine Frage. Daß aber fast jeder Film auch unter ganz anderen politischen Vorzeichen betrachtet werden kann, ist nicht von der Hand zu weisen. Trenker, das heißt immer »sowohl als auch«. Besser: es hieß immer. Denn mit dem »Feuerteufel« hat er sich entschieden. Entweder, oder. Trenker hat scheinbar geglaubt, mit dem »oder« besser zu fahren. Der wird Augen machen!

Ja, das bleibt Trenker nicht erspart, das Augen-Machen. Das Staunen darüber, wie schnell seine bislang so großartig verlaufene Filmkarriere zum Stillstand kommt, wie mühelos ein Joseph Goebbels seinen weiteren Weg verstellt.

Doch zunächst soll die Zeit noch einmal ein paar Monate zurückgeschraubt werden, zurückgedreht wie die Zeiger einer Uhr, zurück bis in den Frühsommer des Jahres 1939. Vor einiger Zeit haben die Trenkers in Kitzbühel in Tirol ein attraktives Landhaus gemietet. Das chaletartige Haus, sachlich in der Architektur, schnörkellos und mit einem Flachdach versehen, steht in einem weiten Wiesengelände inmitten sanfter Berglandschaft. Es soll als Zweitwohnsitz dienen, eine ländliche Alternative zum Großstadtleben in Berlin, wichtig nicht nur für den Autor und Regisseur Trenker, der hier Kraft schöpfen kann, wichtig vor allem auch für die Kinder, die zumindest zeitweise mehr Naturnähe erfahren sollen, als ihnen eine Stadt bieten kann. Was Trenker nach Kitzbühel zieht, ist nicht nur die schlichte Schönheit des Hauses, nicht nur der Reiz der Landschaft, es ist vor allem auch der Umstand, daß die Umgebung des Ortes ein Paradies für Skifahrer ist, ein Gebiet mit Liften, die bequem nach oben bringen, mit guten Pisten, aber auch mit vielen herrlichen Abfahrten, die durch einsame, tief verschneite Bergwelt führen. Denn das Skifahren ist ihm zu einer der liebsten Beschäftigungen in der äußerst knapp bemessenen Freizeit geworden. Es ist weniger mühsam als die Bergsteigerei, dennoch ist man den ganzen Tag im Gebirge unterwegs, und außer dem Fliegen gibt es kaum etwas, das soviel Leichtigkeit, ja Schwerelosigkeit vermittelt wie das Skifahren im stäubenden Schnee.

Da scheint es gerade so, als würden sich für Trenker alle Lebensträume bereits erfüllt haben: die Familie, die Kinder, drei sind es, und ein viertes wird noch geboren werden; der Wohlstand: der Wohnsitz in Berlin, der Stadt mit ihren mannigfaltigen Eindrücken, ihrem kulturellen Leben, zumindest dem Rest davon, der unter den Nazis noch geblieben ist; die Villa in Bozen; das Landhaus in den Tiroler Bergen. Und der Erfolg: als Regisseur, Schauspieler, Buchautor. Was Trenker an Büchern auch herausbringt, es verkauft sich bestens.

Aber mit dem Glück ist es bei Trenker so eine Sache. Es scheint tückische Züge an sich zu haben, launisch zu sein wie eine Diva und vor allem unberechenbar wie kaum sonst etwas.

Schon kommen nämlich neue Sorgen auf Trenker zu, fern noch, gleichsam am südlichen Horizont, aus seiner Südtiroler Heimat kommen sie, und wenn sie sich auch noch auf Distanz halten, so sind sie doch dazu angetan, ihn merklich zu bedrücken.

Am 23. Juni 1939 haben Hitler und Mussolini ein Umsiedlungsabkommen vereinbart.

»Die Südtiroler wurden vor die Wahl gestellt, entweder für das Deutschland Hitlers zu optieren, die Heimat aufzugeben und auszuwandern, oder sich als Vollitaliener zu erklären.«[236]

Wie viele andere Gesetze und Verträge, die während der Nazizeit verabschiedet und unterzeichnet werden, ist auch dieses Abkommen zwischen Deutschland und Italien beispiellos menschenverachtend. Für die Südtiroler bedeutet jede Entscheidung, die für Deutschland oder die für Italien, den Verlust ihrer Identität. Optieren sie für Hitler, haben sie ihre Heimat zu verlassen, Haus und Hof aufzugeben, sie werden herausgerissen aus ihrem gesellschaftlichen Gefüge und haben in neuer Umgebung ein anderes Dasein zu beginnen und aufzubauen. Optieren sie für Italien, so können sie bleiben. Doch ist das Italien in jener Zeit ein faschistischer Staat, dem daran gelegen ist, das Deutschtum der Südtiroler zu brechen. Ausgemerzt werden soll ihre Sprache, an Schulen soll bald nur mehr Italienisch unterrichtet werden, ohne Fortbestand sollen ihre Traditionen sein, beendet ihre Geschichte.

Nicht nur die richtige Wahl zu treffen, fällt den einzelnen unglaublich schwer. Noch lange nach dem Krieg, nach dem Ende der Nazis und dem Ende der italienischen Faschisten, ist dieser Vertrag von 1939 Zündstoff in den Orten und Gemeinden. Unfrieden herrscht nicht selten zwischen denen, die hiergeblieben und denen, die nach einer Option zurückgekehrt sind.

Noch ist die Option für Trenker kein Thema. Er ist Südtiroler, doch seit Jahren ansässig in Berlin. Er fühlt sich als deutscher Filmemacher und deutscher Schriftsteller. Auch den Nazis ist es zunächst egal, wohin Luis Trenker gehört. Aber rasch wird sich das ändern.

Trenker dreht den »Feuerteufel«. Was er noch nicht wissen kann: Es wird sein letzter großer Film sein, der letzte »wirkliche« Trenkerfilm. Irgendwann zwischen den Dreharbeiten trifft er in München zufällig mit Karl Valentin, dem humorlosen Humoristen, dem Anarchisten der Heiterkeit zusammen.

» . . . kauzig, drollig, granteInd, philosophierend, hintersinnig, aus tiefstem Wesen gutmütig, hilflos und bockbeinig, . . . in seiner Art so bayerisch wie Chaplin englisch.«[237]

Noch amüsiert man sich herzlich über die sogenannten Flüsterwitze, die, hinter vorgehaltener Hand erzählt, die Nazis zum Gespött machen. Valentin: »Du hast ja aa damals an Blödsinn dahergredt, wias d' gsagt hast, da Hitler hat a Glück ghabt, daß er net Adolf Kräuter ghoaßn hat, sonst hättn ma schrein . . . müassn › Heil Kräuter ‹!« Oder über die Pointen vom Weiß-Ferdl, der freilich nicht geflüstert, sondern laut ins Publikum gesprochen hat. Kommt er mit einem Fisch in der Hand auf die Bühne, schaut ihn verwundert an, sagt: »A Hering, a Hering, so fett wia da Göring.« Nicht lange dauert es, bis der Weiß-Ferdl verhaftet wird. Doch zum Glück ohne Folgen. Ein paar Tage später tritt er wieder auf, wieder hat er einen Fisch in der Hand, schaut er ihn verwundert an:

»Wos hamma denn do? An Hering, an Hering, so fett wia – letzte Woch.«

Aber das Lachen vergeht Luis Trenker, als schließlich auch er aufgefordert wird, zu optieren. Goebbels persönlich hat ihm nach dem tendenziösen »Feuerteufel« dieses Fangeisen ausgelegt. Jetzt kann Trenker nicht mehr aus.

Die Heimat preiszugeben, was Trenker unter einer Option für Deutschland versteht, kommt nicht in Frage. Genausowenig eine Option für das faschistische Italien. Er hält es erst einmal wieder mit dem »Sowohl-als-auch«. Abwarten, nichts machen, sich nicht hierzu und nicht dazu bekennen.

»Diese sogenannte weiße Option war für Goebbels dann der willkommene Anlaß: › Ach ja, dann sind Sie für uns ab heute Italiener . . . ‹ Tags darauf hatten alle Filmfirmen Deutschlands das Beschäftigungsverbot auf dem Tisch.«[238]

Trenker hat viele schwierige Phasen in seinem Leben durchgemacht. Er hat sich immer wieder aufgerappelt, hat allen Nöten getrotzt, und seine unbändige Energie hat ihm stets dabei geholfen. Jetzt ist es wieder einmal soweit. Es bricht eine Zeit der Niederlagen und der Nöte an, doch er ist schlau genug, um sich nie ganz unterkriegen zu lassen, um immer wieder, irgendwo bei irgendwem einen Fuß in die fast schon geschlossene Tür zu bringen. Aber all das kann nicht darüber hinwegtäuschen, daß nun mehr als sieben magere Jahre anbrechen, die deprimierendste Durststrecke in seinem ganzen Leben.

Und es tritt auch in seinem Fall wieder ein, was alte Volksweisheit besagt, daß nämlich ein Unglück selten allein kommt, daß es nächstes und nächstes nach sich zieht, und das ganze Übel so schnell keine Ruhe mehr gibt.

Das Beschäftigungsverbot in Deutschland trifft Trenker hart. Aber nicht am empfindlichsten. Mischt sich doch in die Sorge auch die Genugtuung darüber, dem hinkenden Goebbels getrotzt zu haben, schneidig gewesen zu sein wie damals als junger Leutnant, und entschieden auf eigenem Weg und eigener Anschauung bestanden zu haben.

Viel härter und hinterhältiger geht das Schicksal im privaten Bereich mit ihm um. Im Juni 1942 erkrankt plötzlich das jüngste Kind, der 1940 in Kitzbühel geborene Josi. Hilda Trenker schreibt in ihr Tagebuch:

»3. (Juni)	Josi kann nicht mehr laufen.
4.	Josi bricht zusammen, Hedl u. ich bringen ihn sofort im Zug nach Innsbruck ins Spital.
5.	Kinderlähmung: auch Ferdl wird krank.
8.	Ferdl im Rettungswagen nach Innsbruck.
9.	Desinfektion beider Zimmer u. Quarantäne 4. Wo.
Nachtrag	Luis in Rom kämpft um die Reise zu den gelähmten Kindern.«[239]

Joseph und Ferdinand Trenker erkranken an Kinderlähmung. Wie wenig schwer wiegt dagegen das Berufsverbot, wie wenig schwer dagegen alles bisher Dagewesene. Selbst der stark ichbezogene Luis Trenker, dem sein Erfolg, dem Karriere und Anerkennung enorm wichtig sind, würde alle seine berühmten Filme darangeben und ungedreht sein lassen, wenn nur die Kinder wieder gesund würden.

Aus Bozen schreibt seine Mutter. Die L'Oma, wie im Ladinischen die Großmutter genannt wird. Voller Sorge schreibt sie, voller Anteilnahme für ihre Enkelkinder und vor allem für den Ferdl, den es am schwersten getroffen zu haben scheint. Aber sie verbreitet auch Zuversicht. Luis solle spenden für einen guten Zweck, dann werde der Herrgott alles richten.

Daß Trenker den Rat seiner Mutter befolgt, ist anzunehmen. Und dennoch: Der liebe Gott geizt mit seiner Milde. Bei Josi bessert sich der Zustand allmählich, sie werden die Erkrankung ohne größere Schäden überstehen. Ferdl aber, der Zweitälteste, wird die Kinderlähmung ein Leben lang mit sich herumschleppen.

Mit sich herumzuschleppen hat auch Luis Trenker einiges in diesen Wochen. Gäbe er doch viel darum, in Kitzbühel bei seiner Familie, seinen bedauernswerten Kindern nah zu sein. Aber er muß wieder nach Rom, wohin ihn der berufliche Weg nach dem Beschäftigungsverbot geführt hat. Die Angelegenheit ist für sein berufliches Fortbestehen von größter Wichtigkeit. Er hat das Angebot geboten bekommen, einen Film über Papst Pius XII. zu betreuen, beratend zu fungieren, einige Einstellungen zu drehen, den Film schließlich zu schneiden und zu einem Gesamtwerk zusammenzumontieren.

Da ist beim Schicksal schon fast Ironie im Spiel. Die Familie betet für das Wohl der Kinder, die L'Oma ist voll Gottvertrauen, Luis spendet für den guten Zweck und arbeitet zudem in der heiligen Stadt, am Vatikan, für den Film »Pastor Angelicus«. Der Herrgott aber bleibt ungnädig, mag nicht, wie die Menschen möchten, läßt sie, wie so oft, mit ihrem Glauben allein.

DAS ENDE DER ZEIT, DAS ENDE VOM FILM

Letzte Arbeiten im Dritten Reich

»In einer alten Weissagung aus dem 12. Jahrhundert, die man dem irischen Bischof Malachias zuschreibt, wird der 262. Nachfolger des hl. Petrus, Papst Pius XII., als »Pastor Angelicus« (engelgleicher Hirt) bezeichnet!

Diese Prophezeiung ist für die Sendung Pius' XII., die er in einer tragischen Zeit zu erfüllen hat, bedeutungsvoll geworden.«

Mit diesen Zeilen beginnt der Film »Pastor Angelicus«, an dessen Realisation Trenker 1942 maßgeblich beteiligt ist.

Einer seiner früheren Mitarbeiter hat von Trenkers Misere in Deutschland erfahren und sich in Rom für ihn stark gemacht: der Erzkomödiant Umberto Sacripanti, der nunmehr beim Dokumentarfilm über den 262. Papst nach Petrus als Produktionsleiter fungiert.

So findet Trenker in Italien neue Betätigung. Insgesamt zwar in kleinerem Stil und geringem Maße, aber immerhin ist es ihm möglich, auf filmischem Gebiet weiterzuarbeiten. Berlin hat er aufgegeben, sowohl das Leben dort als auch das Arbeiten in der Stadt, die als Filmhauptstadt Deutschlands, ja, als eine der Filmhauptstädte Europas zu gelten hat. Auch wenn im Dritten Reich dort vorwiegend propagandistisch Gefärbtes entsteht, so sind doch die modernen Studios der Ufa, die Kopierwerke, die Produktionsanstalten und vieles mehr dazu angetan, Berlin als europäisches Hollywood der dreißiger und frühen vierziger Jahre zu verstehen. Berlin also hat Trenker hinter sich gelassen, und er hat sich dem italienischen Pendant, der Filmstadt Rom, zugewandt. Es geht um den Fortbestand seiner Karriere, um die Absicherung seiner Existenz. Da sind Berührungsängste rasch verflogen. Besser im faschistischen Italien Arbeit zu haben und weiterhin im Wohlstand zu leben, als im nationalsozialistischen Deutschland ohne Betätigung zu sein und ein gar nicht so ungefährliches Dasein führen zu müssen. Denn daß es riskant ist, sich mit Hitler, Goebbels, Göring, Himmler und anderen politischen Köpfen der Nazi-Diktatur anzulegen, das ahnt selbst der relativ unpolitische Trenker, der dem aktuellen Tagesgeschehen weniger Aufmerksamkeit zumißt als weit zurückliegenden Epochen, aus denen er Themen und Motive für Filme und Romane bezieht. Wie riskant es aber ist, bei den Nazis in Ungnade zu fallen, ist ihm 1942 noch nicht ganz bewußt. Und es wird noch Jahrzehnte dauern, bis ihm der deutsche Schriftsteller und Dramatiker Rolf Hochhuth darüber Klarheit verschafft.

1978 wird Trenker vom Programmchef des Bertelsmann-Leserings einen interessanten Brief erhalten:

»Lieber Herr Trenker, mein Freund Rolf Hochhuth hat mir heute einen Brief geschrieben, der Sie betrifft und mit dem ich Ihnen vielleicht tatsächlich eine Freude machen könnte. Hochhuth ist nämlich dabei, die unveröffentlichten Tagebücher von Goebbels durchzuarbeiten, deren erster Band im Verlag Hoffmann und Campe bereits erschienen ist. Im zweiten Band, der – soviel ich weiß – in diesem Herbst folgen soll, befinden sich nun die Stellen, um die es hier geht.«

Nun darf der Auszug aus Goebbels' Tagebuch, dürfen die auf Trenker gemünzten Zeilen, nicht als Beleg für Trenkers allzeitige Gegnerschaft zum Dritten Reich gelesen werden. Zweifelsfrei aber geben sie zu verstehen, daß der einst zu den »unverzichtbaren Künstlern« Gerechnete durch eigenes Dazutun in Ungnade gefallen ist. Und es läßt sich unschwer daraus ableiten, daß es sich bei Trenkers großen Spielfilmen alles in allem nicht um ideologisch, sondern um sehr persönlich motivierte Themen gehandelt hat.

»12. Februar 1940:	Neuer Trenkerfilm ›Feuerteufel‹. Ein fürcherlicher ... (unleserlich) Schmarren. Ich muß ihn sehr stark beschneiden lassen. Trenker macht nationale Filme, ist dabei aber ein richtiges Miststück.
3. März 1940:	Fall Trenker steht zur Debatte. Dieser Vaterlandsverräter und patriotische Heuchler versteckt sich nun hinter Mussolini. Aber ich kriege ihn doch noch zu fassen.
5. März (1940)	Beim Führer. Er ist bester Laune. Seine Unterredung mit Sumner Welles ist gut verlaufen ... Ich trage dem Führer den Fall Trenker vor. Dieses Schweinestück hat in Südtirol nicht für uns optiert. Hinhalten, freundlich sein, aber abservieren.
7. März (1940)	Nachmittags empfange ich Luis Trenker. Er schwafelt mir etwas von seinem Deutschtum vor, das er heute kaltlächelnd verrät. Ich bleibe ungerührt und kühl bis ans Herz hinan. Ein Schuft und vaterlandsloser Geselle! Hinhalten und eines Tages erledigen.«[240]

So zeigt es sich, daß es Trenker gleichsam in den letzten Augenblicken gelungen ist, sich dem stärker werdenden Druck verbrecherischer Staatsgewalt zu entziehen. Deutschland, das Deutsche Reich, ist kein Betätigungsfeld mehr für ihn, auch Südtirol ist ihm verschlossen. Da kommt die Annäherung an das Italien Mussolinis nicht von ungefähr.

Will man den Zeigefinger heben ob Trenkers opportunistischer Haltung? Will man, kann man ihm vorwerfen, die früheren Repressionen der Faschisten und seine Abneigung gegen sie völlig vergessen zu haben? Möchte man nicht ein wenig spöttisch lächeln darüber, daß er sich gleichsam vom Regen in die Traufe begeben hat? All dies, Bedenken, Einwände und spöttisches Lächeln, sind freilich legitim, doch sollte zunächst Trenkers Situation näher verdeutlicht werden.

Trenker ist Südtiroler. Er ist, betrachtet man die geographische Lage seiner Heimat, dem Wesen des Südens so nahe wie dem des Nordens. In seinem Charakter finden sich ebenso viele südeuropäische wie nordeuropäische Züge. Denn Südtirol ist die Schwelle zwischen den verschiedenen Lebensarten; hier scheiden sie sich, hier treffen sie aufeinander. Wer auch nur einmal mit Muße in Südtirol verweilte, an ersten Frühlingstagen vielleicht, am Ritten hoch über Bozen zum Beispiel oder auch in der Gegend des Kalterer Sees, der wird mit der Luft und dem Licht den Süden atmen, wird einen Hauch der Toskana verspüren, eine Brise Ligurien, einen kleinen Geschmack Venetiens, eine Ahnung vom Zauber des eigentlichen Italien. Und wer hier geboren und aufgewachsen ist, der hat die Nähe des Südens im Blut.

Nehmen wir als Beispiel nur Trenkers Umgang mit religiösen Dingen. Er ist katholisch, den kirchlichen wie weltlichen Traditionen seines Herkunftstales verhaftet. Die kirchlichen Feste des Jahres, Ostern, Pfingsten, Weihnachten, haben für ihn große Bedeutung, sind mehr als nur freie Tage im übervollen Terminkalender. Er schätzt die sakrale Kunst sehr; einem Wegkreuz in den Bergen begegnet er ehrfürchtig, wie überhaupt seine Ehrfurcht vor der Natur ein Anerkennen von Gottes Schöpfungskraft ist. Das Kruzifix im eigenen Haus ist ihm so selbstverständlich wie das Beten, und die Kirche als Institution im Staat hat seine volle Zustimmung. Und doch ist dies nur die eine Seite seines Katholizismus.

Die andere zeugt von Trenkers südländischem Umgang mit Belangen des christlichen Glaubens. Für ihn ist Kirche und Religiosität eine Sache, das Alltagsleben eine ganz andere. Letzteres gilt es zu meistern, sich zu behaupten in ständig neuen Herausforderungen, fertig zu werden mit allen möglichen größeren und kleineren Problemen. Dabei mag eine gewisse Gläubigkeit eine Stütze sein, mit dem Glauben allein aber ist es nicht getan. Will man nicht auf Wunder warten – die dann ohnehin immer anderen, nur nie einem selbst widerfahren –, muß man sich schon wie einst Baron Münchhausen an den eigenen Haaren aus den Affären ziehen. Und was ein lieber Gott ist, der wird die Wahl der Mittel dabei so eng nicht sehen, wird nicht Taten und Untaten eines Menschen aufwiegen mit den Zehn Geboten, sondern er wird, wo er scheinbar so viel Übles billigt auf dieser Welt, auch hier ein Auge zudrücken und mit einer Beichte, einem Abendgebet oder tausend Lire in den Opferstock zufrieden sein.

Es gibt freilich noch andere Beweggründe für Trenkers Umsiedlung nach Rom, als nur diese »inneren Momente«. In Amerika, wo er mehrmals große Angebote erhalten hat, ist er seit Beginn der vierziger Jahre nicht mehr gefragt. Selbst wenn Trenker in die Staaten gehen wollte, so wäre doch seine filmische Zukunft dort mehr als ungewiß. Was bietet sich da noch an außer Italien, dem vielleicht einzigen Land in dieser Zeit, das Trenkers bisherige Arbeiten nicht gegen ihn auslegt. Die Engländer würden gewiß nichts zu tun haben wollen mit einem, der »nationale Filme« (Goebbels) gemacht hat, in Frankreich erginge es ihm wohl kaum anders. Es bleibt nur der Mussolini-Staat. Natürlich weiß Trenker, daß die italienischen Faschisten von Übel sind, aber er weiß auch, daß er sie als kleineres Übel gegenüber den Nazis sozusagen in Kauf nehmen muß, will er weiterhin auf seinem angestammten Betätigungsfeld wirken können.

Eine opportunistische Haltung, gewiß. Doch eines muß man Trenker zugute halten an dieser Stelle. Ist er auch ein überaus egozentrischer Mensch und ein glänzender Selbstdarsteller, so verfügt er doch über einen ausgeprägten Familiensinn. Frau und vier Kinder in wirtschaftlicher Hinsicht zu erhalten, dabei trotz schlechter werdender Zeiten den bisherigen – hohen – Lebensstandard zu bewahren, ist ihm oberstes Gebot. Seine Kinder werden es ihm später hoch anrechnen, daß er zu allen Zeiten bestens für die Familie gesorgt hat und daß er, wie man noch sehen wird, selbst sonderbare Wege nicht scheute, um für sich und die Seinen aufzukommen.

Trenker also in Italien. Vom großen ins weniger große Übel. Piero Zanotto hat mit Trenker über den Neuanfang in Rom gesprochen:

»Um jetzt auf den ›Pastor Angelicus‹ zu sprechen zu kommen. Dieser

Film wurde 1942 gedreht, aber Ihr Name ist unter den Mitwirkenden nicht erwähnt. Warum nicht? –

Ich glaube, damals hielten es alle für eher angebracht, meinen Namen zu verschweigen. Außerdem hatte der Film schon einen Regisseur: Romolo Marcellini, der zusammen mit einigen jungen Leuten so etwa 30 000 Meter gedreht hatte [...] Der Film war vom Centro Cattolico Cinematografico produziert worden, und es war Luigi Gedda, der Vorsitzende der Katholischen Aktion, der sich – auf Fürsprache von Umberto Sacripanti hin – mit mir in Verbindung setzte und mich bat, den Film in die Hand zu nehmen. Gedda zeigte mir alles bis dahin gedrehte Material und ermächtigte mich, alles wegzuwerfen, was ich nicht für gut hielt, eventuell einige Szenen neu zu drehen und dann den Schnitt zu besorgen. Es war für mich eine große Ehre, diesen Dokumentarfilm über Papst Pius XII. zu gestalten. Ich hatte Pacelli schon in Berlin kennengelernt, als er dort Apostolischer Nuntius war. Und einige Male war ich auch im Zug zusammen mit ihm von Berlin nach Rom gefahren. Wir kannten uns also schon recht gut.

Ich kann mich noch gut an einige Szenen erinnern. Bei einer Audienz waren einmal auch mindestens 150 Nonnen anwesend, die in den ersten Reihen knieten und die der Papst mit großer Geduld anhörte. Ich filmte gerade das Gesicht einer sehr jungen, außergewöhnlich hübschen Nonne, als der Sekretär des Papstes eine abwehrende Handbewegung machte. Und auch die habe ich gefilmt. Und dann war da eine andere Nonne, die dem Papst erst den Ring und ihn dann auf die Wange küßte, worauf Pius XII. sehr verlegen wurde. Gedda, der in dieser Hinsicht einige Skrupel hatte, bat mich dann allerdings, diese Szenen beim endgültigen Schnitt herauszunehmen.«[241]

Etwa zeitgleich zur vielschichtigen Arbeit an »Pastor Angelicus« steht Trenker in Rom als Darsteller vor der Kamera. War sein Drehbuch für den Afrikafilm »Leuchtendes Land« vom Propagandaministerium bereits abgelehnt worden, so gestattete man der Ufa immerhin, Trenker als Schauspieler für einen anderen Afrikafilm zu engagieren.

»Germanin« heißt dieser Film, und man darf sich unter dem Titel nicht etwa eine gebärfreudige Deutsche vorstellen, breitbeckig, nährbusig und blond bezopft, vielmehr verbirgt sich hinter diesem Begriff ein Arzneimittel, ein Serum gegen die Schlafkrankheit. Gedreht wird »Germanin« unter der Regie Max W. Kimmichs, des Schwagers von Goebbels. Als fachlicher Berater dient ein Geheimrat Dr. Kleine, der als junger Assistent in Afrika an der Seite des großen Wissenschaftlers und Nobelpreisträgers Dr. Robert Koch tätig gewesen war. Gedreht wird zum Teil in den Ufa-Studios Berlin, zum Teil in der römischen Filmstadt Cinecettà sowie in der Umgebung von Rom. Um glaubwürdig Afrika inszenieren zu können, werden schwarze Kriegsgefangene bereitgestellt, farbige Frauen und Kinder werden in Paris für die Dreharbeiten engagiert und nach Rom gebracht. Was man sonst noch braucht, wird ebenfalls herbeigeschafft: Palmen, Affen, Elefanten, Leoparden. So entsteht Afrika in und um Rom. Und so kann dieser Film gedreht werden, eine Geschichte um die Erforschung der Schlafkrankheit, die hervorgerufen wird durch den Stich der Tse-Tse-Fliege, und um die Entwicklung eines wirkungsvollen Medikaments, des Serums Bayer 205, genannt »Germanin«.

Über diesen Film und über die Situation Trenkers zur Zeit seiner Hinwendung zu Italien, haben Rudolf Nottebohm und Hans-Jürgen Panitz ein sehr konkretes Urteil abgegeben:

»Als es zum Bruch seiner Karriere kam, war Trenker weder mit sich noch mit den Nationalsozialisten in Deutschland oder den Faschisten in Italien im reinen. Seinen Memoiren haftet in diesem Punkt Gekränktheit, fast Wehleidigkeit an: Die Blessuren, die er in der Auseinandersetzung mit den Nazis davongetragen hatte, nahm er nicht als ›Ehrenmale‹, sondern sie blieben ihm Wunden, die nicht aufhören wollten zu bluten. Er fühlte sich nicht nur schlecht behandelt, sondern auch mißverstanden. Obwohl er und seine Familie keine persönliche Not litten, haderte er mit seinem Schicksal, das alle diejenigen mit ihm teilten, die ihr Vaterland liebten, aber bei den Nazis trotz aller Zugeständnisse keine geistige Heimat finden konnten [...]

Das schwerwiegendste Zugeständnis aber war seine Rolle in dem 1942 gedrehten Nazifilm ›Germanin – Bayer 205‹. Dessen Propagandaziel war es, zu beweisen, daß Deutschland wie kein anderes Land dazu prädestiniert war, Kolonien zu besitzen. Eine entsprechende anti-britische Tendenz verstand sich von selbst: Nur ein deutscher Forscher natürlich konnte die Schlafkrankheit besiegen! Zermürbt vom Nichtstun, aber auch um Geld zu verdienen, hatte Trenker schließlich dem Drängen des Regisseurs (Kimmich) nachgegeben. Vor allem aber hoffte er, durch dieses Engagement Goebbels' Beschäftigungsverbot zu lockern. Doch dessen Sondergenehmigung, die wie ein Zugeständnis aussah, war in Wahrheit nur eine zusätzliche Kränkung: Kimmich war der Schwager von

Goebbels, und Goebbels wußte natürlich genau, wie Trenker, ein Mann auf der Höhe seiner Schaffenskraft, unter einer fremden Regie leiden mußte. Tatsächlich blieb ›Germanin‹ das letzte von der Reichsfilmkammer genehmigte Auftreten Luis Trenkers in einem Film.

Außer der Gage also hat diese Arbeit Trenker nur den Ruf eines Nazi-Schauspielers eingebracht. Nicht mehr der Freiheitsfilm ›Der Feuerteufel‹, sondern eine Rolle in einem Propagandastreifen war damit Trenkers letzte Tat in der Geschichte des Films im Dritten Reich.«[242]

Die letzte Aussage ist nicht völlig richtig. Denn im Jahr 1943 beginnt Trenker mit den Dreharbeiten zu dem Film »Im Banne des Monte Miracolo«. Wieder zeichnet er als Autor, Regisseur und Hauptdarsteller verantwortlich. Daß dieser Film bei der Geschichtsschreibung des Filmwesens im Dritten Reich nicht aufscheint, ist auf den Umstand zurückzuführen, daß er erst sechs Jahre später, nach Zusammenbrechen der Nazi-Herrschaft und Jahren unfreiwilliger Schaffenspause Trenkers, fertiggestellt werden wird. Und doch handelt es sich beim »Monte Miracolo« um einen Film aus dieser unseligen Zeit, um einen Film, den Trenker allen Widerständen zum Trotz zu realisieren beginnt, und es handelt sich auch wieder um eines seiner ureigensten Themen. Eine Geschichte, die in den Bergen spielt, die von Rivalität, Kampf, Liebe und der Grandiosität hochalpiner Landschaft erzählt.

Dieser Film »Im Banne des Monte Miracolo« ist als eigentliche letzte filmische Tätigkeit Trenkers zur Zeit des Dritten Reiches zu verstehen.

Betrachtet man Trenkers Schaffen zwischen 1930 und 1940, zählt man die neun großen Spielfilme zusammen, die in dieser Zeit entstanden sind, ruft man sich zudem ins Gedächtnis, daß er bei fast allen Filmen auch am Drehbuchschreiben beteiligt gewesen ist und daß er von einigen amerikanische Versionen in den Staaten gedreht hat, so stellt sich die Frage: Ist das alles, was er zwischen 1940 und 1945 gemacht hat? In fünf Jahren lediglich die gestaltende Mitarbeit an einer Vatikan-Dokumentation, eine Hauptrolle in einem Nazi-Film, schließlich die unvollendeten Arbeiten an einem Bergfilm? Hat seine Energie nachgelassen, ist sie weniger geworden in dem Maße, wie die Jahre mehr wurden?

Bei Kriegsende ist Trenker knapp dreiundfünfzig. Ein Mann in den besten Jahren – so heißt es doch nicht selten schmeichlerisch –, wobei gern vergessen wird, daß die Fünfziger im besten Herzinfarktalter stehen und so mancher das Rentenalter wie eine Ziellinie eines langen und verzehrenden Berufslebens vor Augen hat, gleichsam ein rettendes Ufer der Ruhe.

Doch von Energieverlust, von Verlangen nach Ruhe, gar von Beschwerden, die ein sechstes Lebensjahrzehnt vielleicht mit sich bringt, ist bei Trenker keine Spur. Er ist im Grunde aktiv und produktiv wie all die Jahre zuvor. Doch haben sich die Bedingungen drastisch verändert. Seine Betätigungsfelder sind stark beschnitten und eingeengt. Ob er will oder nicht, er muß kürzer treten, muß sich abfinden damit, daß er nicht mehr ständig im Rampenlicht steht, muß sich auch abfinden mit dem wenig erfreulichen Gedanken, daß der Stern seiner Karriere im Sinken begriffen ist. Wie so vieles in den Jahren 1942 bis 1945.

Trenker widmet sich, da sein filmisches Schaffen nicht zur freien Entfaltung kommen kann, verstärkt dem Schreiben. Er verfaßt Drehbücher, denen aber der Erfolg filmischer Realisation nicht zuteil werden sollte. »Das Wirtshaus zum roten Husaren« zum Beispiel, dessen Handlung angesiedelt ist in der Zeit von Prinz Eugens Feldzügen gegen die Türken Ende des 17. Jahrhunderts. Auch zur Verfilmung von Dante Alighieris »La Divina Comedia«, der »Göttlichen Komödie«, verfaßt er Filmentwürfe. Doch obwohl Mussolini von jedem der Projekte angetan ist, erhält Trenker das Geld, das er für die Verfilmungen bräuchte, nicht. Trenker aber gibt nicht auf. In Zusammenarbeit mit Hanns Sassmann schreibt er das Drehbuch »Ein Stück Erde«. Ein fast 250 Seiten starkes Werk, das 765 Kameraeinstellungen umfaßt. Auf der zweiten Seite des maschinengeschriebenen Drehbuchs steht, direkt unter der Liste der mitwirkenden Personen: »Der Film spielt in den Pontinischen Sümpfen und in Rom in der Zeit von 1930 bis 1935.«

Was es auf sich hat mit dem Sumpfgebiet, geht hervor aus den ersten Einstellungen, die im Drehbuch verzeichnet sind:

»1. Totale (Große Schwenkung) Prächtige Laubwälder mit Riesenbäumen, die aus dunkel spiegelnden Sümpfen wachsen. Darüber blendet die Inschrift:	Die Pontinischen Sümpfe mit ihren Urwäldern und Schilfmeeren, verseucht von Malariafieber, waren jahrhundertelang der Schrecken Roms und der Bewohner der Campagna.

2. Nah
Mannshohes Dschungelgras. Darüber, dicht wie eine schwarze Wolke, die Moskitos. Das Dschungelgras überblendet in wogende Kornfelder. Darüber der Text:

›Einst war hier die Kornkammer Italiens.‹.

3. Totale
Eine endlos sich dehnende Wasserfläche mit kleinen Inseln von Sumpfgras und Gebüsch. Zahllose weiße Vögel flattern hilflos suchend durch die Luft.
Gespenstisch taucht eine Stadt mit weißen flachdächigen Häusern aus dem Sumpf. Darüber der Text:

›Die blühenden Städte der Volsker, längst überwuchert von Dschungelgras, herrschten damals über ein reiches Land.‹

4. Halbnah
(Kamerafahrt)
Auf einem breiten Damm trabt brüllend eine große Büffelherde. Ein Hirte zu Pferd treibt sie vorwärts. [...]
9. Halbnah
Am anderen Ufer des Sees entsteigen die Büffel nacheinander dem Wasser, jeder ist mit Schlingpflanzen bedeckt und sieht wie ein fantastisches Ungeheuer aus.
Darüber der Text:

›Die römischen Kaiser wie später die Päpste, die deutschen Hohenstaufen-Könige wie Napoleon der Erste, versuchten die Sümpfe auszutrocknen und wieder fruchtbar zu machen. Durch schwimmende Büffelherden ließen sie die Kanäle von den Schlingpflanzen reinigen.‹

[. . .]
12. Halbnah
Der Hirte treibt die Zögernden ins Wasser eines breiten Kanals.
Darüber der Text:

›Sie bauten Wasserstraßen und Dämme zum Meere hinaus, aber immer wieder verschlang der Sumpf das Menschenwerk.‹«[243]

Dieses Drehbuch entspricht genau den Vorstellungen, die Trenker von einem neuen Filmprojekt in Italien hat. Nicht nur inhaltlich liegt ihm das Thema, es verspricht auch, in Co-Produktion zwischen Rom und Berlin finanziert werden zu können. Denn das ist seine Idee: Eine Geschichte, die »der italienischen Mentalität entsprach, zugleich aber auch in Berlin auf Verständnis stoßen würde«.[244]

Zudem ist die Handlung des Drehbuches von größter Aktualität.

»Die Trockenlegung dieses vor Rom gelegenen Sumpfgebietes war gerade in vollem Gang, Maschinen, armselige Arbeitssklaven, rücksichtslose Pächter, reiche Latifundienbesitzer, Analphabeten und hoffnungslos unterernährte Lehrer, das war alles da. Die Megliorierung jenes von der Malaria befallenen Landstrichs war eine menschlich-humane Aufgabe und, neben manch weniger guten Werken Mussolinis, eine anerkennenswürdige Tat.«[245]

Doch alle Aktualität, alle Ausgegorenheit des Drehbuches, alles hilft nichts. Auch dieses Filmprojekt Trenkers ist wieder zum Scheitern verurteilt. Die Italiener zeigen sich begeistert von der Drehvorlage, pochen aber der Wirtschaftlichkeit wegen auf eine italienische und eine deutsche Fassung des Films. So reist Trenker nach Berlin, sucht vergeblich nach einer Filmverleihfirma für »Ein Stück Erde«, will schließlich zwecks Klärung dieser und anderer Angelegenheiten beim Propagandaminister vorsprechen, wo er aber gar nicht vorgelassen wird.

»Tatsächlich erwies sich, daß Goebbels mächtiger war als selbst Mussolini. Bis heute weiß ich nicht, wie Goebbels es fertigbrachte, ›Ein Stück Erde‹ nicht nur in Berlin, sondern auch in Rom zu sabotieren.«[246]

So bleibt in dieser Zeit kein Gebirge, kein Feld, ja nicht einmal ein Sumpf, den Trenker auf seine ureigenste Weise beackern könnte. Er muß sich zufrieden geben mit dem vergleichsweise wenigen, das man ihm bietet.

Wenn seine Anwesenheit in Rom nicht erforderlich ist, begibt er sich zu seiner Familie nach Kitzbühel.

»Kitzbühel, das war ein Stück Tirol, das Hitler nicht an Mussolini verschachern konnte, es war für mich, wenn man so sagen darf, ein kleiner Ersatz für das endgültig aufgegebene Südtirol, für uns also ein Fleckchen Erde, auf dem man die Sorgen jener Tage leichter ertragen konnte als in den verdunkelten Bombennächten von Berlin, das nicht mehr jenes Berlin war, wie es die Welt geliebt hatte.«[247]

Es ist ihm dieses Fleckchen Erde, dieser Südtirolersatz Kitzbühel aber nicht nur ein Ort der Muße, des familiären Beisammenseins, des Kraftschöpfens für neue Aufgaben, die, und da hat er keine Zweifel, irgendwann schon kommen werden. Trenker nützt die Aufenthalte in Tirol, um sich in verstärktem Maße seiner literarischen »Produktion« zu widmen. Waren zu Beginn der dreißiger Jahre die Filmromane »Berge in Flammen«, »Der Rebell« und »Der verlorene Sohn« erschienen, so kommen nun, nach dem letzten Romanerfolg »Der Feuerteufel«, in kurzen Abständen gleich mehrere neue Trenker-Bücher in den Handel. 1940 erscheint »Hauptmann Ladurner, ein Soldatenroman«, zwei Jahre später folgen »Leuchtendes Land« und »Sterne über den Gipfeln«. Im selben Jahr fertiggestellt wird das Buch »Aus Heimat und Leben«, das unter den Oberbegriff »autobiographische Publikationen« fällt.

So nutzt Trenker auch diese Zeit, um seine Laufbahn als Erzähler – und auch als Filmregisseur ist er ja stets Erzähler! – fortzusetzen. Allein und in Zusammenarbeit mit sogenannten Ghostwritern, Lohnschreibern, verfaßt er mehrere Bücher. Und gewiß reift in jenen Tagen, die insgesamt doch etwas mehr freie Zeit für Trenker bereithalten, als das in den Jahren zuvor der Fall gewesen ist, schon so manche Buchidee, mancher Romanentwurf, bis zu dessen Niederschrift noch einige Zeit vergehen wird.

Trenker lebt nun vorwiegend in Kitzbühel. In relativer Abgeschiedenheit von den fürchterlichen Ereignissen des Krieges. Einige seiner Talente liegen nunmehr auf Eis. Er widmet sich der Schriftstellerei. Untätig sein wäre für ihn unvorstellbar. Ständig treibt ihn irgend etwas an, ständig will er seine neuen Ideen verwirklichen, sie gefilmt oder gedruckt der Öffentlichkeit zugänglich machen. Es ist keine Frage des Geldes. Längst ist Trenker vermögend genug, daß er auch im Zustand des Müßiggangs seine Familie noch einige Zeit würde »durchbringen« können. Es ist, zum einen, seine innere Unruhe, die ihn treibt. Zum anderen hilft ihm das Schreiben, die Auseinandersetzung mit Büchern, über ungewisse Zeiten hinweg. Denn genaugenommen ist Trenker zum Warten verurteilt: zum Warten auf den Ausgang des Krieges, zum Warten auf das, was dann folgen wird, zum Warten auch darauf, ob es für ihn und seine Arbeiten noch Möglichkeiten geben wird.

Trenker sitzt in Kitzbühel in seinem Arbeitszimmer. Der Blick hinaus durchs Fenster, der Blick über sanfte Wiesen und hin zu undramatischen Bergen, kündet von Frieden. Wenn nur Frieden wäre. Wenn nur diese Nazi-Herrschaft endlich ein Ende fände.

Trenker sitzt an seinem Arbeitstisch. Er schreibt und er wartet.

NEUBEGINN

Noch einmal: Das harte Brot früher Jahre

Am 28. April 1945 wird Mussolini, der den Versuch unternimmt, in die neutrale Schweiz zu fliehen, von antifaschistischen Partisanen gefangengenommen und erschossen. Seit einigen Wochen ist offensichtlich, daß ein Ende der Faschisten in Italien und in Deutschland bevorsteht. Es ist nur noch eine Frage der Zeit. Hitler-Deutschland bricht unter dem massiven militärischen Vorgehen der sowjetischen und der angloamerikanischen Streitkräften zusammen.

»Als sich die Rote Armee immer mehr näherte und die Angloamerikaner im März 1945 in breiter Front den Rhein überschritten, befahl Hitler die Zerstörung alles dessen, was von der Industrie, von Nachrichtenverbindungen und Transportwegen Deutschlands noch übriggeblieben war. Er war entschlossen: Wenn er sterben müsse, sollte auch Deutschland untergehen. Der gleiche rücksichtslose Nihilismus und die gleiche Zerstörungswut, die in der Vernichtung von sechs Millionen Juden in Todeslagern sowie in der ›biologischen Säuberung‹ des Ostens von slawischen ›Untermenschen‹ sichtbar geworden waren – sie kehrten sich nun gegen das eigene Volk. Am 29. April heiratete er seine langjährige Geliebte, Eva Braun, und diktierte sein politisches Testament, das die gleichen Ziele erkennen ließ, die ihn seit Beginn seiner politischen Laufbahn nicht losgelassen hatten: ›Vor allem verpflichte ich‹, so heißt es hier, ›die Führung der Nation und die Gefolgschaft zur peinlichen Einhaltung der Rassegesetze und zum unbarmherzigen Widerstand gegen den Weltvergifter aller Völker, das internationale Judentum.‹

Einen Tag später beging Hitler Selbstmord. Er schoß sich neben Eva Braun, die Gift genommen hat, auf einem Sofa sitzend mit einer Pistole in den Mund.«[248]

Am 1. Mai wählt auch der Propagandaminister Joseph Goebbels den Freitod. Sechs seiner Kinder läßt er vergiften, seine Frau Magda nimmt Zyankali, er selbst erschießt sich.

»Entweder gehen wir als die größten Staatsmänner oder die größten Verbrecher aller Zeiten in die Geschichte ein«, schreibt Goebbels.

Wenige Tage nach den Suiziden von Hitler und Goebbels ist zumindest in Europa der Zweite Weltkrieg beendet. Zwischen dem 4. und dem 8. Mai kapituliert die deutsche Wehrmacht an allen Fronten. Wer noch

67

68

69

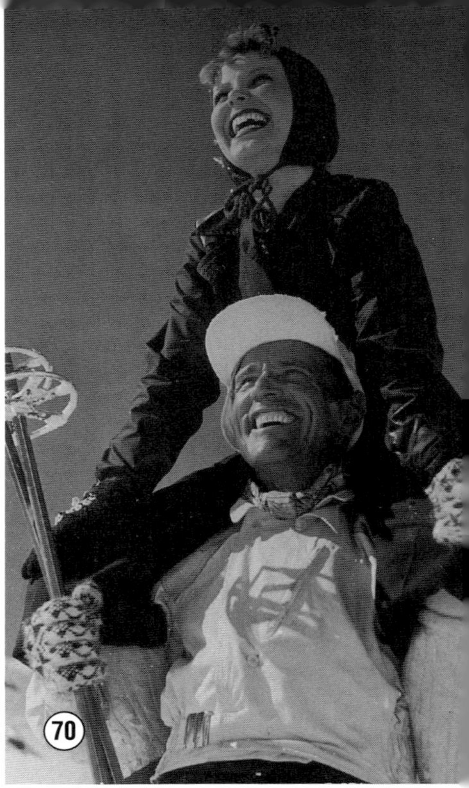

70

71

72

73

74

75

76

77

78

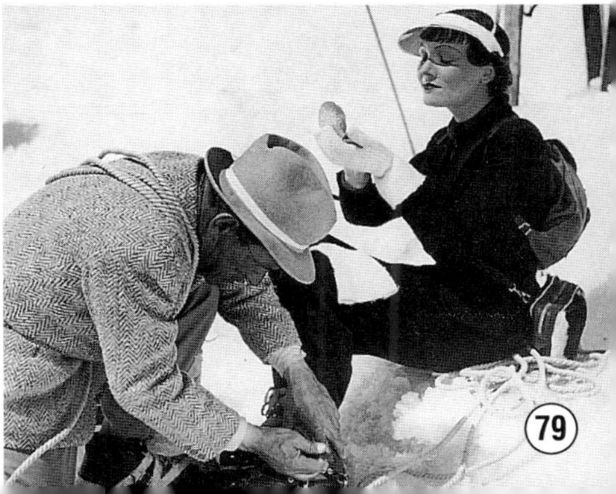
79

80

81

82

83

84

85

86

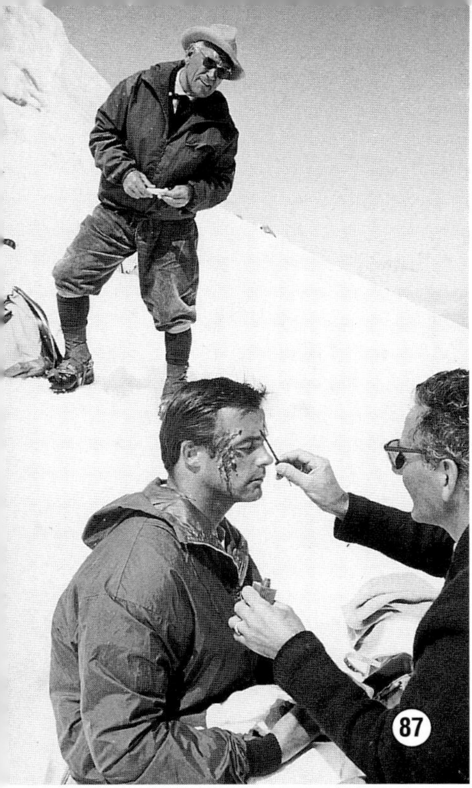

87

88

89

91

92

93

94

95

96

97

98

99

100

101

102

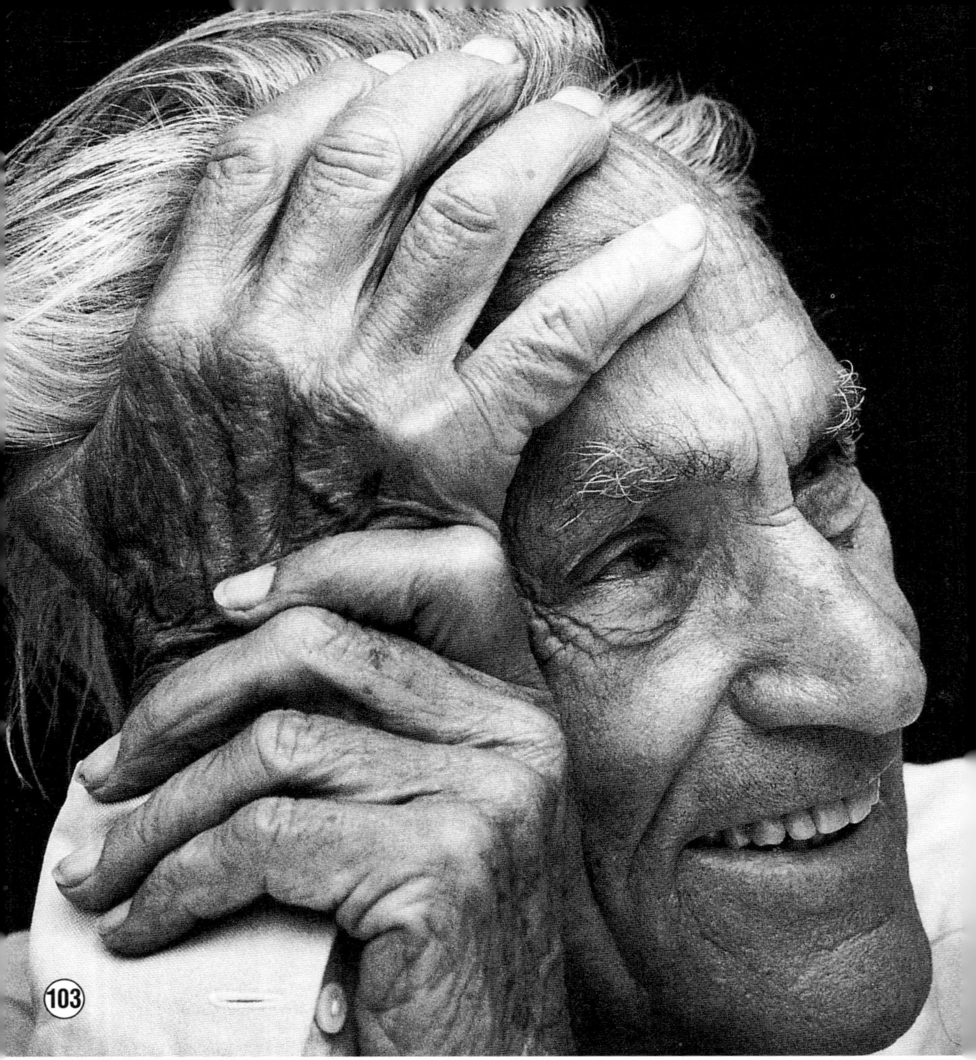
103

104

105

nicht kapituliert, ist Japan, das bislang Teil der Achse Berlin – Rom – Tokio gewesen war. Die Japaner liefern sich mit den Alliierten Streitkräften fürchterliche Luft- und Seeschlachten. Doch vier Monate nach dem Kriegsende in Europa muß auch Japan die Waffen strecken. Am 6. August war auf Hiroshima die erste Atombombe gefallen, drei Tage später erhob sich ein gewaltiger Atompilz über der Stadt Nagasaki. Japan kapituliert am 2. September 1945.

Der Zweite Weltkrieg ist zu Ende. Die Bilanz dieser sechs Jahre währenden militärischen Auseinandersetzungen ist fürchterlich.

Nicht weniger als 27 Staaten hatten an den Kampfhandlungen teilgenommen. An den Fronten kamen mehr als 26 Millionen Soldaten ums Leben. Durch Massenvernichtung (etwa fünf Millionen Juden), Arbeits- und Konzentrationslager, Deportation und Vertreibung, durch Luftangriffe und Partisanenkämpfe starben etwa 30 Millionen Zivilisten.

Aufgrund von Fluchtbewegungen bei Kriegsende und Vertreibungen als Kriegsfolge verlieren in den vierziger Jahren etwa 30 Millionen Europäer ihre Heimat.

Die Nazi-Herrschaft ist überwunden, doch ihre Hinterlassenschaft ist ein europaweites Chaos. Abgesehen einmal vom unermeßlichen menschlichen Leid, von den Tragödien, die sich für fast jede Familie zugetragen haben, ist das Ausmaß der Zerstörungen in den Ländern unvorstellbar. Die Wirtschaft fast aller kriegsteilnehmenden europäischen Staaten liegt gleichsam am Boden, Industrieanlagen sind zerstört, Wohngebiete zerbombt, ganze Stadtteile unbewohnbar.

Niemand hat diesen Zustand der Länder und der Menschen so aufwühlend eindringlich in Literatur gefaßt wie Wolfgang Borchert, der mit seinem Drama »Draußen vor der Tür« berühmt geworden ist, doch bereits 1947, im Alter von 26 Jahren, an den Folgen des Krieges verstarb. »Billbrook« heißt die 1946 entstandene Erzählung, der die Beschreibung des Hamburger Stadtteiles Billbrook entnommen ist:

»Er stand an einer großen Kreuzung. Er sah zurück: Kein Kind. Kein Hund. Kein Auto. Er sah nach rechts und nach vorn: Kein Kind und kein Hund und kein Auto! Er sah die vier endlosen Straßen entlang: Kein Haus. Kein Haus! Nicht einmal ein Häuschen. Nicht einmal eine Hütte. Nicht einmal eine vereinsamte, stehengebliebene, zittrige, wankende Wand. Nur die Schornsteine stachen wie Leichenfinger in den Spätnachmittagshimmel. Wie Knochen eines riesigen Skelettes. Wie Grabsteine. Leichenfinger, die nach Gott griffen, die dem Himmel drohten. Kahle, magere, gekrümmte, angegangene Leichenfinger. Welche der vier Richtungen er entlang sah, und er hatte das Gefühl, er könne in jeder Richtung der Straßenkreuzung kilometerweit sehen: Kein Lebendiges. Nichts. Nichts Lebendiges. Milliarden Steinbrocken, Milliarden Steinstücke, Milliarden Steinkrümel. Gedankenlos vom gnadenlosen Krieg zerkrümelte Stadt. Milliarden Krümel und einige hundert Leichenfinger. Aber sonst kein Haus, keine Frau, kein Baum. Totes nur. Zerstörtes, Zerfallenes, Zerborstenes, Zerwühltes, Zerkrümeltes. Totes nur. Totes. Kilometerweit, kilometerbreit Totes. Er stand in einer toten Stadt und er schmeckte es fade und übel auf der Zunge.«[249]

Braucht ein Stadtteil wie Billbrook Filme? Braucht überhaupt irgendeine Stadt in Deutschland jetzt Filme? Filme, die von der Schönheit der Berge erzählen, und von Kameradschaft und Freundschaft und Liebe. Und von Abenteuern. Braucht irgendwer in Deutschland nun, in den ersten Jahren nach dem Krieg, Filme von Luis Trenker, Bücher von Luis Trenker?

Nein, dafür ist kein Bedarf. Die Menschen richten sich ein in unbewohnbaren Städten, passen sich an, wie es sonst nur der Ratte gelingt, sie leben von fast nichts, viele ohne ordentlichem Dach über dem Kopf. Und doch setzt in den Trümmern der Städte ein Neuanfang ein, aus den Brocken, den Stücken, den Krümeln erwächst allmählich Neues, aus dem Schutt, den die »Trümmerfrauen« wegräumen, ersteht bald das vielgepriesene deutsche Wirtschaftswunder, während die Vergangenheit unter dem Schutt begraben bleibt.

Nein, es ist diese Zeit nichts für Filme und für Bücher, nichts für einen Publizisten wie Luis Trenker. Zwar ist es ihm und seiner Familie während des Krieges besser ergangen wie den meisten anderen, und auch jetzt, nach dem Zusammenbruch, hat er eigentliche Not nicht zu leiden. Doch um seiner Familie weiterhin guten Unterhalt gewährleisten zu können, muß er sich nun andere Aktivitäten einfallen lassen. Für seine filmischen und schriftstellerischen Fähigkeiten gibt ihm im Augenblick niemand auch nur ein Butterbrot.

Wie sich Trenker dank einer gewissen Gerissenheit, mit der er ja schon das Dritte Reich halbwegs unbeschadet überstanden hat und auch mit einer Portion augenzwinkernder Bauernschläue manchen Vorteil in den ersten Nachkriegsjahren zu verschaffen weiß, das erzählt uns am besten sein Sohn Florian Trenker, der in dieser Zeit seinem Vater zur Hand geht.

»Als der Krieg zu Ende war, 1945 im Sommer, da lag die Filmindustrie am Boden und es dauerte einige Jahre, bis ganz klein wieder angefangen wurde. Mein Vater drehte damals mit bescheidensten Mitteln einige sogenannte Kulturfilme, die oft nur schwer zu verkaufen waren, es gab ja fast keine Kinos mehr, wo sie laufen sollten, und schon gar keine Filmförderung. Da mußte man sich schon etwas einfallen lassen, wenn man vier Kinder hatte und dazu noch die Eltern samt Pflegerin, insgesamt also einen Neunpersonenhaushalt.

Der Vater machte dann auch so ziemlich alles: Er exportierte Zitronen und Rucksäcke nach Österreich und bekam dafür Salz aus Ebensee, welches allerdings heiße Ware war, denn bei uns in Südtirol herrschte italienisches Gesetz, und laut diesem ist Salz Monopolware und darf ausschließlich vom Staat verkauft werden. Aber wen kümmerte das. In unserem Hinterhof stapelten sich Lastautoladungen von Speisesalz aus Ebensee, außerdem Autoreifen und Schreibmaschinen; mit allem möglichen wurde gehandelt. Aber auf diesem Gebiet, dem Schwarzhandel, war mein Vater kein Talent. Er war letztlich zu anständig, zu gutgläubig. Irgendwann haben ihn böse Nachbarn denunziert, das Salz wurde beschlagnahmt, und er kam mit einem »blauen Auge« und leerer Brieftasche davon. Der Vater zog rasch die Lehren daraus.

Er verlegte sich auf Waren, von denen er mehr verstand als von Salz, und das waren, kein Wunder bei seiner Grödner Herkunft, Bilder und Holzfiguren.

So fuhr er fortan mit unserem kleinen Opel öfters nach Venedig, wo er unter den Malern gute Freunde hatte. Wenn nicht gerade Schule war, durfte ich den Vater auf seinen »Kunstreisen« begleiten. Dann wurde immer bei der »Colomba«, beim Wirt Deana in der Nähe des Markusplatzes gegessen, eigentlich nicht gegessen, sondern getafelt. Die Maler hatten in diesem wohl schönsten und traditionsreichsten Freßtempel Venedigs einen separaten Raum, wo sie unter sich waren. Der Wirt Deana verstand viel von der Malerei. Manche berühmt gewordenen Künstler wie beispielsweise de Chirico oder Marco Novati wurden von ihm gefördert: sie bezahlten ihre Mahlzeiten mit Bildern. Seine Räume waren voll davon. Sein Ruf als Privatsammler ging um die Welt. Picasso, Kokoschka, Miró, Dalí und Guttuso überließen ihm Werke für seine bemerkenswerte Sammlung.

Einige dieser venezianischen Maler der Nachkriegszeit wie Novati oder Seibezzi spezialisierten sich nun auf das fachgerechte Anfertigen von Kopien alter Meister, die der Vater dann in seinen Opel packte und nach Zürich verbrachte, wo dann widerum befreundete Antiquitätenhändler diese Werke als »unbekannte alte Meister« weiterverkauften.

An Gemälden fehlte es dem Kunstmark nicht. Woran jedoch Mangel herrschte, waren geschnitzte Figuren, gotische Madonnen, heilige Floriane und heilige Sebastiane, heilige Barbaras und heilige Walburgas. Es gingen deshalb die »Kunstreisen« immer seltener nach dem herrlichen Venedig, dafür immer häufiger ins Grödnertal, der Heimat meines Vaters.

Im Grödnertal kannte er die besten Holzschnitzer, mit einigen war er sogar verwandt. Von vielen hatte er sich die Arbeiten zeigen lassen, gerne sah er ihnen bei ihrem Kunsthandwerk über die Schulter. Eines Tages stieß er auf ein noch unentdecktes Talent. Pepi Rifesser war sein Name, und er hatte seine Werkstatt ganz in der Nähe des Hauses, das einst Großvater Jakob in der Streda Stufan erbaut hatte. Dieser Pepi Rifesser hatte goldene Hände. Aus unförmigen Kastanienholzblöcken formte er mit seinen Schnitzmessern den eleganten Faltenwurf der weltbekannten Madonnen Tilman Riemenschneiders, Veith Stoß' oder Michael Pachers. Sie ähnelten ihren Vorbildern ganz verblüffend. Nur eines fehlte ihnen zur Vollkommenheit – das Alter. In jedem Zustand, gefaßt oder ungefaßt, das heißt bemalt oder natur, sah man ihnen an, daß es neue Figuren waren, Kopien, die frisch aus der Werkstatt kamen.

Da begann mein genialer Vater, dem Pepi Unterricht darin zu geben, wie man aus neu alt machen kann. Zunächst wurden erst einmal andere Materialien gesucht. Es gab genug alte, verfallene Holzställe im Grödnertal. Dieses Holz, mehrere hundert Jahre alt, entsprach genau den Vorstellungen. Wenn die Figur vierhundert Jahre alt erscheinen sollte, mußte natürlich auch das Holz vierhundert Jahre alt sein. Das Holz der verfallenen Ställe und Stadel war also optimal. Es war verblichen und wurmstichig, und es fanden sich Kirsche, Eiche, Birne und Kastanie darunter, all die Grundstoffe, aus denen die alten Meister ihre begnadeten Werke geformt hatten. Nun wurden, versuchsweise, einige gotische Engel mit Laute geschnitzt. Sie fielen, wie bei Pepi Rifesser nicht anders zu erwarten, sehr gut aus. Als nächstes kam das »Fassen«, das Bemalen der Vorderseite, rückwärtig waren die Engel, um Gewicht zu sparen, ausgehöhlt. Und dann kam die penible Aufgabe des »Altmachens«. Es wurde alles ausprobiert. Um das zerstörerische Werk von Holzwürmern zu imitieren, wurden die Figuren aus gewisser Entfernung mit Schrot beschossen.

Auch wurden mit kleinen Bohrern Löcher ins Holz gebohrt, die Wurmlöcher vortäuschen sollten. Das war alles sehr heikel, denn ein Experte hätte das sofort herausgebracht. Er hätte nur mit einer Nadel in so ein Holzwurmloch hineinzufahren brauchen, schon hätte er Gewißheit gehabt. Denn beim echten Holzwurmloch geht die Nadel nur ein ganz kleines Stück hinein, weil der Wurm sich schräg durchs Holz frißt, nie den geraden Weg nimmt. Es bedurfte vieler Experimente, bis Erfolg beschieden war. So erwies sich der Beschuß mit Schrot, was übrigens meine Idee war, als völliger Fehlschlag. Wir bohrten also kurze, kleine Löcher ins Holz, danach wurden die Figuren mit Lötkolben leicht angegrillt. Damit konnten die Folgen der Hitze scheinbar in der Nähe gestandener Wachskerzen vorgetäuscht werden. Auf der Rückseite wurde das Holz kräftig mit der Lötlampe behandelt, mit Stahlbürsten reinigten wir anschließend diesen Teil der Figur. Es blieb eine dunkle Patina, die dann noch mit Schwefelsäure betupft oder begossen wurde. Je nach Bedarf wurde dosiert, Kerzenwachs wurde an die passenden Stellen geträufelt, die Figuren wurden eingegraben, in den Regen oder in die pralle Sonne gestellt, und schließlich ward die Arbeit von Erfolg gekrönt, man konnte die Kopien vom danebenstehenden Original nicht mehr unterscheiden.

Die Figuren waren so hervorragend gemacht, daß gar niemand auch nur die Frage nach der Echtheit zu stellen für nötig befand, es war einfach klar, und über die Herkunft der preiswerten Figur wollte man so Genaues auch gar nicht wissen. Es hätte ja sein können, daß eine solche Madonna, vom Vater nach Zürich geschmuggelt, von einem Raub der Nazis aus einer Kirche oder einem Museum stammte.

So stehen heute einige Dutzend solcher ›alter Meister‹ in Schweizer Domizilen und erfreuen ihre ahnungslosen Besitzer.«[250]

Etwa zur selben Zeit, da Trenker im »Kunsthandel« tätig ist, genauer: im Jahr 1948, erscheint in Paris »Le Journal Intime d'Eva Braun«. In der Vorbemerkung des Herausgebers Douglas L. Hewlett steht folgendes geschrieben:

»Wir veröffentlichen hier im wahrsten Sinne des Wortes ein ›Dokument‹.

Ist es unecht? Ist es authentisch? Das ist eine Frage, die der Herausgeber nicht mit absoluter Sicherheit beantworten kann. Die Bedingungen, unter denen der Filmemacher Luis Trenker Eva Braun in Berlin und später in Kitzbühel im Winter 1944/45 begegnete, die Tatsache, daß sie ihm in einem versiegelten Umschlag den Text ihres ›Tagebuchs‹ übergab, damit er es in Sicherheit brächte, werden von Eva Brauns Familie selbst bestätigt. Dieser versiegelte Umschlag mit den Initialen E. B. darauf, wurde im Herbst 1945 in Bozen im Beisein des Notars Max Fioresi geöffnet und dies von ihm bestätigt. Das dem Umschlag entnommene Manuskript wurde den amerikanischen Behörden des Kriegsministeriums unterbreitet. Diese befanden, daß der ihrer Prüfung unterzogene Text allem Anschein nach ein authentisches Dokument sei.

Da eine handsignierte Erklärung von Eva Braun fehlte (und man versteht, daß es durch eine solche Unvorsichtigkeit hätte zurückgehalten werden können), da also ein ganz formeller Beweis fehlt, beschränkt sich der Herausgeber darauf, von einer sehr wahrscheinlichen Echtheit des ›Tagebuchs‹ von Eva Braun zu sprechen.«[251]

Was bitteschön, wird man fragen, hat Trenker mit Eva Brauns Tagebuch zu tun? Soll man es sich leicht machen, und ganz einfach einem Artikel der Zeitschrift »Stern« Glauben schenken, die im April 1957 unter der Schlagzeile »Lügt Luis Trenker?« Curt Riess zu Wort kommen läßt:

„Ende 1948 [...] gibt es einen Riesenskandal mit allem Drum und Dran um die Person des Filmschauspielers und Filmregisseurs Luis Trenker. Ihm werden in vielen Zeitungen und Zeitschriften Lügen und Fälschungen vorgeworfen.

Es handelt sich um das angebliche Tagebuch von Eva Braun, das er der Presse übergeben haben soll. Jeder, der dieses Tagebuch liest, begreift sofort, daß es sich um eine Fälschung handeln muß.

Die Frage ist nur: Wer hat gefälscht?

Luis Trenker wird – allerdings fünf Jahre später – in seinen Memoiren ›Mein Herz schlug immer für Tirol!‹ erklären, er habe zwar das Tagebuch besessen, aber eine Kopie sei von italienischen Partisanen gleich nach Kriegsende in Südtirol in einer Kiste mit Dokumenten des Reichssicherheits-Hauptamts gefunden worden. Kein Geringerer als der Präfekt von Bozen habe diese Tatsache unter dem Datum des 19. August 1945 amtlich bestätigt. ›Dieses zweite Exemplar des Tagebuches war es, das, lange bevor das in meiner Verwahrung befindliche Paket überhaupt geöffnet wurde, den Weg zu einer amerikanischen Nachrichtenagentur und damit in die Weltöffentlichkeit fand ...‹

So schreibt Trenker 1948 und spekuliert möglicherweise darauf, daß wir schnellebig und kurz von Gedächtnis sind. 1948, als der Skandal um ihn ausbricht, als die Zeitungen Artikel bringen mit Überschriften wie: ›Warum lügt Luis Trenker?‹ oder ›Herr Trenker, Sie lügen!‹ rührt er sich nicht. Er schweigt zu den Beschuldigungen, er habe ein falsches Tagebuch angefertigt oder anfertigen lassen.«[252]

Es läßt sich dies, in Ermangelung anderer »Indizien«, nur mit Zitaten aus der Sekundärliteratur entkräften. Freilich fehlt es solchen Zitaten an Stärke, um wirklich als Gegendarstellung auf den »Stern«-Beitrag gelten zu können. Hierzu noch ein paar Zeilen aus Wolfgang Gorters insgesamt wenig gehaltvollem Buch »Mein Freund Luis Trenker«:

»... in Wirklichkeit kam Ende 1944 die Geliebte Hitlers heimlich nach Kitzbühel, wo Trenker eine Zeitlang wohnte, um ihm ein versiegeltes Paket zu übergeben mit der Bitte, es erst zu öffnen, wenn der Krieg verloren und sie (Eva Braun) und Hitler tot seien. Trenker befolgt das und ließ nach dem Krieg das Paket von einem Notar öffnen, und da kam ein ›Tagebuch‹ hervor, das Trenker irgendwie der Öffentlichkeit zugänglich machen wollte. Daraus wurde eine ›Affäre‹ konstruiert, an der andere, aber niemals Trenker selbst, einiges verdient haben. Eva Braun war offensichtlich in Trenker verschossen, und eines Tages sagte Goebbels zu ihm: ›Sehen Sie sich vor dem Führer vor, er ist sehr eifersüchtig, und da kann er gefährlich werden!‹ [...]

Als echter Freund habe ich wiederholt versucht, ihn in der Presse und bei Vorträgen zu verteidigen. Aber immer bewunderte ich seine überlegene moralische Haltung und fast weise Einstellung gegenüber seinen Angreifern. Einmal sagte er zu mir: ›Man muß die Leute austoben lassen, bis es ihnen selbst zu dumm wird!‹ Und daß er damit Recht hatte, das hat sich immer wieder bewiesen.«[253]

Aber mit Recht wird man dazwischenfragen, warum sich diese Auseinandersetzung um das echte oder gefälschte Tagebuch der Eva Braun aufhält mit Freundesdiensten eines Wolfgang Gorter, der mit Gewißheit nicht nur im Leben des Luis Trenker, sondern auch in der gesamten Bergfilmgeschichte jener Zeit nicht mehr darstellt als eine Nebenfigur. Warum nicht nachlesen bei Leni Riefenstahl, nach früher Liebschaft nunmehr alles andere als eine Trenker-Freundin. Und so muß man auch ihren Ausführungen mit Vorbehalten begegnen; liest man bei Gorter Anbiederung an den großen Filmemacher Trenker heraus, so dürfen auch der menschliche Groll und der berufliche Konkurrenzkampf zwischen Trenker und Riefenstahl bei den Stellungnahmen der Regisseurin nicht überhört werden.

»Die Sensationsberichte einer gewissen französischen Presse hatten großen Wirbel in Paris gemacht. Es handelte sich um die Veröffentlichung des Tagebuchs der Eva Braun, für deren Echtheit Luis Trenker gebürgt haben soll. In großen Buchstaben waren auf den Titelseiten der Boulevardzeitungen Überschriften zu lesen wie ›Lenis Nackttänze vor Adolf‹. ›Marlene spielt Leni‹ oder ›Das von Luis Trenker herausgegebene Tagebuch der Eva Braun wird in Hollywood verfilmt. Die Rolle der Riefenstahl hat Marlene Dietrich übernommen‹ – und ähnliches mehr.«[254]

Leni Riefenstahl schreibt in ihren Memoiren, daß sie den bald aufkeimenden Gerüchten, Trenker habe dieses Tagebuch gefälscht, zunächst keinen Glauben hat schenken wollen. Erst ein Besuch des Kameramanns und vorzüglichen Bergsteigers Hans Ertl habe sie auf solche Gedanken gebracht. Ertl verwies sie auf – Wolfgang Gorter. Ihn soll Trenker brieflich um alle nur denkbaren Informationen zur Person Eva Brauns gebeten haben. Den Brief mußte Leni Riefenstahl zu Gesicht bekommen. Sie traf sich mit Gorter.

»Da bat ich ihn, mir Trenkers Brief zu zeigen. Ich war ungeheuer gespannt – würde er mich diesen Brief lesen lassen? Gorter stand auf, zögerte einen Augenblick, dann ging er hinaus. Die Situation war dramatisch. Es hing zu viel für mich von diesem Brief ab. Als Gorter zurückkam, den Brief in Händen, hatte ich Herzklopfen.

Dann las ich:

›Bozen Gries, den 19. Nov. 1946

Lieber Herr Gorter!

Eine italienische Zeitung bringt eine Artikelserie über einzelne Persönlichkeiten des Dritten Reiches heraus, darunter sind auch Leni Riefenstahl und Eva Braun. Ich wurde nun gebeten, Daten über die Kindheit, Schulzeit und das Elternhaus dieser Letzteren zu bringen. Besonders interessiert die Zeitung sich für die Kindheit von Eva Braun, wo sie dieselbe verbracht hat, über ihr Verhältnis zu den Schwestern und zu den Eltern, Lebensverhältnisse daheim, einiges über Mitschülerinnen, welche Schule sie besuchte, einzelne kleine Anekdoten, Bekanntschaften, Liebschaften [...]

Diese Fragen müßten Sie mir in einer ziemlich ausführlichen Weise und verläßlich beantworten. Sie können mir die Briefe dann in getrennten Abschriften doppelt einmal nach Kitzbühel und einmal nach Bozen senden. Es müssen 15–20 Seiten sein. Schicken Sie nicht alles auf einmal, sondern immer 4–5 Seiten [...]

Bitte, geben Sie mir überhaupt bald Antwort, ob es Ihnen möglich ist, diese Sache für mich zu übernehmen. Aber Sie brauchen niemand davon etwas zu erzählen.

Mit den besten Grüßen bin ich Ihr

Trenker.«[255]

Leni Riefenstahl entlieh sich das Schreiben und ließ es amtlich beglaubigen. Ihr Verdacht, Trenker habe dieses Tagebuch gefälscht, hatte damit reichlich Nahrung erhalten. Bestärkt in ihrer Annahme wurde sie sodann von einem Brief Hans Stegers, einem der herausragenden Dolomitenkletterer der zwanziger und dreißiger Jahre, zudem Bergführer, mit dem Leni Riefenstahl viele Touren unternommen hatte. In ihren Memoiren gibt sie Stegers Schreiben wieder: »Liebe Leni! Bei uns haben die Veröffentlichungen des Herrn Trenker auch Wirbel gemacht. Vor längerer Zeit wollte der gleiche Herr Fotos von Dir haben, welche seinerzeit bei der Polentour mit Dir und Deinem seinerzeitigen Filmstab gemacht wurden. Trenker wollte sie für Veröffentlichungen in Amerika haben, kannst Dir denken, daß ich ihn abblitzen ließ, dies sage ich Dir bloß, daß Du siehst, daß er vor nichts sich scheut, den Leuten zu den Schwierigkeiten noch größere hinzuzufügen.«[256]

Im Herbst 1948 sollte das Tagebuch als Serie in der deutschen Zeitschrift »Wochenende« des Nürnberger Olympiaverlages erscheinen. Die Angehörigen der Eva Braun gingen gerichtlich dagegen vor. Die Rechtsanwälte der Kläger erbrachten den Nachweis, daß es sich um eine Fälschung handeln müsse, gegen den Verlag wurde eine einstweilige Verfügung verhängt.

Trenker selbst blieb juristisch unbescholten. »In damaliger Zeit war es Deutschen noch nicht erlaubt, gegen Ausländer zu prozessieren«.[257] Und Trenker hatte schließlich die italienische Staatsangehörigkeit.

So gestalten sich die Recherchen über die Tagebuch-Affäre zu einem leidigen Detektivspiel, bei dem von vornherein feststeht, daß völlige Klarheit nicht zu schaffen sein wird. Mehr als vierzig Jahre nach dem erstmaligen Erscheinen des wahren oder falschen Tagebuches ist die Angelegenheit nicht nur strafrechtlich längst verjährt, auch verbergen sich viele Fakten im dichter und dichter werdenden Nebel der Vergangenheit. Wer einzig zweifelsfrei Klarheit schaffen könnte, ist der Angeschuldigte Trenker selbst. Und der kann 1992, im Jahr des 100. Geburtstages, nicht mehr befragt werden.

Daß Trenker in die Affäre verstrickt gewesen ist, steht außer Frage. Zu deutlich führen die Spuren immer wieder zu seiner Person. In welcher Art man sich seine Verstrickung vorstellen muß – ob er ein fiktives Tagebuch selbst verfaßt hat, oder aber, ob er nur das ihm zugespielte Tagebuch vermarkten wollte –, läßt sich nicht mehr faktisch beweisen. Es muß diese Frage offenbleiben. Als Abschluß mögen die geradezu buddhistisch anmutenden Worte eines Mannes dienen, der sich wirklich und ehrlich als Freund Trenkers bezeichnen darf. Die Rede ist von dem holländischen Filmemacher Jan Boon, der schon zu Kriegszeiten in der Nachbarschaft der Trenkers in Kitzbühel lebte, der ein Freund der Familie war, einer, der aus dieser Freundschaft nie materielle Vorteile zu gewinnen trachtete.

Jan Boon hat nach dem Krieg unzählige Reisen in die entlegensten Winkel des Himalaja unternommen, hat bei asiatischen Bergvölkern gelebt und diese einfühlsam und eindrucksvoll mit der Filmkamera porträtiert. Es gibt wenige Filme über den Himalaja und die Menschen, die dort leben, die sich mit den seinen messen können. Boon ist, wenn er es nicht schon immer war, in Asien weise geworden.

Auch Boon war in die Tagebuch-Affäre verwickelt. Er habe, ohne über den Inhalt Bescheid zu wissen, ein Päckchen über die grüne Grenze zwischen Deutschland und Österreich hin und her geschmuggelt. Daß es sich um ein Filmmanuskript Trenkers handle, hatte er angenommen. Doch als er sich auf seinen Fußmärschen vor den Grenzsoldaten verstecken mußte und Muße hatte, warf er einen Blick auf das vermeintliche Manuskript. Mit Film, das merkte Boon schnell, hatte das nichts zu tun. Es war das Tagebuch, »obszön, vulgär, pornographisch«.

Hat Trenker es geschrieben? Doch man bringt diesen weißhaarigen, alten Herren, der, wie einst Trenker, um mindestens ein Jahrzehnt jünger wirkt, als das Geburtsdatum sein Alter angibt, nicht in Verlegenheit. Er scheint einen Augenblick zu zögern, doch ist dieses Zögern nichts anderes als ein Bruchteil einer Minute, um nachzudenken. Dann sagt er: »Ich habe auf meinen Reisen den Dalai-Lama kennengelernt, habe seine Freundschaft gewonnen. Das gehört zum Großartigsten was mir in meinem Leben widerfahren ist.

Als nun der Dalai-Lama in Deutschland weilte, gewährte er mir Audienz. Er begrüßte mich auf eine Art und Weise, wie sie nur Verwandten und engen Freunden zuteil wird. Jemand hat diesen Augenblick, hat diese Begrüßung photographiert und mir später das Photo gegeben. Dieses Photo, ich weiß nicht, ob Sie verstehen, was ich damit sagen will, dieses Photo würde ich nie veröffentlichen.«[258]

Eines versteht man gewiß: Daß für Jan Boon eine wahre Freundschaft heilig ist, und daß er, um auf Trenker zurückzukommen, selbst dann die gestellte Frage nicht beantworten könnte, wenn er wirklich Bescheid wüßte. Bescheid wüßte, was es mit dem Tagebuch der Eva Braun definitiv auf sich hat.

DIE »KLEINE FORM«

Trenker dreht Kulturfilme

Eine Zeit vergeht, eine andere kommt.

In den letzten Jahren der Vierziger vollzieht sich in Deutschland der erstaunlich rasche Wandel vom totalen Zusammenbruch zum Beginn neuen bürgerlichen Lebens. Vorbei sind die Tage der Schwarzmarktpreise. 1947 hatte in Berlin ein Pfund Brot 32 Mark gekostet, Kaffee zwischen 450 und 1100 Mark, das Pfund Rindfleisch hatte mit 80 Mark bezahlt werden müssen.

»Oder: Herrensocken 80 Mark, Öl 300 Mark pro Liter, Kerzen das Stück 2 bis acht Mark, ein Anzug rund 4000 – 5000 Mark, Herren- und Damenschuhe 800 bis 1400 Mark.

Wer nicht bar zahlen kann, tauscht Schmuck gegen Butter, ein Hemd gegen ein Ei oder eine Glühlampe gegen einen Regenschirm.

Die eigentliche ›Münze‹ ist die Zigarette, und je nachdem, wieviel Zigaretten die Amis und Tommys auf den Schwarzmarkt werfen, pendelt der Wert einer Zigarette zwischen 2 und 10 Mark.

Ami-Offiziere kaufen in einem Kunstladen am Ku'damm ›echte‹ Chagalls und Klees für 2 Stangen Zigaretten, also ein Bild für rund 3000 Mark.«[259]

Vorbei auch die Tage der amerikanischen Luftbrücke nach Berlin, das von Stalins Armeen umringt war und das der russische Diktator seinem vom Krieg zerstörten Reich einverleiben wollte. Vorbei das Jahr 1948, in dem Mahatma Gandhi in Delhi ermordet, der Staat Israel ausgerufen wurde, Norman Mailers Roman »Die Nackten und die Toten« erschien, der von der Sinnlosigkeit jedes Krieges handelt.

Vorbei auch die Zeiten für Luis Trenker, da er sich mit manchem halblegalen Transaktionen zu behelfen hatte. Zur selben Zeit, da in deutschen Städten wieder volle Obstkarren in den Straßen stehen, und das ist ab Sommer 1949, kommt auch sein Leben wieder in andere Bahnen.

Hat er zunächst schon einen guten Riecher bewiesen, als er nach dem Krieg mit seiner Familie nach Bozen zog und die Villa im noblen Ortsteil Gries zum nunmehr endgültigen Wohnsitz der Trenkers erkor, so zeigt es sich bald, daß im zu Italien gehörenden Südtirol die Nachkriegsauswirkungen auf die Bevölkerung weniger fatal sind als in Deutschland und

Österreich. Bereits 1948 nimmt Trenker seine eigentliche Tätigkeit wieder auf, er vollendet den Film »Im Banne des Monte Miracolo«, ohne allerdings damit den erhofften Erfolg zu haben. Weder die italienische noch die deutschsprachige Fassung dieses Filmes kann an den »Feuerteufel« oder an die »Liebesbriefe aus dem Engadin« anknüpfen, und es scheint sich bereits anzudeuten, daß mit den Zeiten auch der Publikumsgeschmack in gründlichem Wandel begriffen ist, während Trenker sich kaum verändert hat.

Nach dem »Monte Miracolo« widmet sich Trenker in Ermangelung größerer Projekte kleiner filmischer Formen. Von 1949 an entstehen mehr als 30 sogenannte Kulturfilme, kurze Dokumentarfilme, als Vorprogramme zum Hauptfilm in den allmählich sich wieder belebenden Kinos gedacht. Die Themen dieser Kurzfilme sind für Luis Trenker typisch. Er bleibt auf dem Terrain, das er kennt wie seine Westentasche, er bleibt, von wenigen Ausnahmen einmal abgesehen, im Gebiet der heimatlichen Alpen und dreht Filme über die Dolomitenstraße, über eine »Kleine Kletterfahrt«, er zeigt »Bildschnitzer im Grödnertal«, eine Rettungsaktion der Bergwacht in der Nordwand der Großen Zinne, er dokumentiert den Kraftwerksbau in Kaprun, verehrt sein »Sonniges Südtirol«, schwärmt von »Urlaub im Schnee«, tut in bewegten Bildern seine Begeisterung kund für das Wandern, das Bergsteigen, den Skilauf und das Klettern.

Bei den angesprochenen Ausnahmen handelt es sich um kleine Huldigungen an die traumhafte Stadt Venedig, um einen Besuch bei Lofotenfischern, um eine Abhandlung über den modernen Stand der Prothesentechnik (nach dem Krieg herrscht in dieser Branche Hochkonjunktur). Auf andere dokumentarische Themen läßt Trenker sich nicht ein.

Bemerkenswert ist bei dieser »kleinen Form« seine »große« Arbeitsweise. Hat er schon des öfteren sein Improvisationstalent bewiesen, gezeigt, daß er bei der Filmarbeit nicht selten intuitiv, »aus dem Bauch heraus« die richtige Entscheidung trifft, so fertigt er doch nun für die meist nur zehnminütigen Filme exakte Drehbücher an, legt Kameraeinstellungen im voraus fest, macht sich die Mühe analytischer Themenbehandlung, streicht, ändert, korrigiert, ist nicht bereit, auch nur Kleinigkeiten dem Zufall zu überlassen, und hätte doch, wie man im Rückblick ruhig annehmen darf, derartige an Pedanterie grenzende Sorgfalt gar nicht nötig: Ein Trenker könnte diese Kurzfilme doch gleichsam aus dem Ärmel schütteln.

Erwähnt werden sollte neben dieser Korrektheit in seiner Arbeitsweise, die davon zeugt, daß Trenker in keinster Weise an Selbstüberschätzung leidet, auch sein geschickter Umgang mit Versatzstücken. Er hat die Dreharbeiten seines gesamten Regisseurdaseins im Kopf, Einstellung für Einstellung, er weiß, was, wann, wo gefilmt worden ist, was beim Schnitt keine Verwendung gefunden hat und was nun kostensparend eingesetzt werden kann. So sind in seinen kurzen Winter- und Wintersportfilmen manche großartig inszenierten Skiszenen zu sehen, Restmaterial aus den großen Spielfilmen, zum Vorteil des Kulturfilmes und zum Vorteil der dürftigen finanziellen Möglichkeiten aufs beste eingesetzt.

Von Trenkers Sparsamkeit wird in diesem Kapitel ohnehin noch die Rede sein. Zunächst scheint erzählenswerter, daß die Erarbeitung der Kulturfilme sozusagen im Familienbetrieb vonstatten geht. Nach der Wahl des Themas begibt sich Trenker auf Motivsuche, zu Hause erstellt er die Drehvorlage, und sobald dann das Wetter der Filmerei angemessen ist, beginnen die Dreharbeiten. Dabei sind meist seine beiden ältesten Söhne dabei, Florian, der nur zu gern in die Fußstapfen des berühmten Vaters treten möchte, und Ferdinand, der aufgrund seiner Gehbehinderung, einer Folge der Kinderlähmung, einen ganz anderen Weg einschlagen wird. Florian wird mit wechselnden Aufgaben betraut. Bisweilen ist er Mädchen für alles, wie man den Produktionsleiter unfein bezeichnen kann, ab und an agiert er als Kleindarsteller vor der Kamera, und mit zunehmendem Alter darf er auch selbst an die Kamera, die bislang meist von Ernst Elsigan oder Heinz Müller-Brunke bedient worden ist. Auch Ferdinand macht sich bei der Filmarbeit nützlich, wo immer es geht. Vor allem freilich ist sein Dabeisein notwendig, weil er bei manchem Film mit dem Schnitt betraut ist, wobei es nur von Vorteil sein kann, wenn er schon bei den Dreharbeiten die Absichten des Regisseurs erfährt.

Und noch jemand ist bei so manchem frühen Kurzfilm Mitglied des sehr familiären, dabei nicht spannungsfreien Teams. Eine noch ganz junge Frau, blond, hübsch, in der Figur schlank, dabei versehen mit stattlicher Oberweite, eine junge Frau, die keine Schauspielerin ist, aber es werden will, und die in Trenkers kleinen Filmen ihre Karriere beginnt: Marianne Hold.

»In den Filmclubs, Cafés und den Locanden diskutiert man zur Zeit lebhaft das Schicksal und den märchenhaften Aufstieg eines deutschen Flüchtlings, den Werdegang der achtzehnjährigen Königsberger Schauspielerin Marianne Hold.

Es ist schwer für ein junges Mädchen, noch schwerer für eine junge Künstlerin, in Rom ein Betätigungsfeld zu finden. Die Sprache des Landes, die starke Konkurrenz der Italienerin, ihr Temperament, und die Sitten des Landes scheinen unüberwindliche Hindernisse zu sein. Für die ›blonde Marianne‹ mit dem schmalen Kindergesicht und den großen, sprechenden Augen, war es doppelt schwer. Ihr Charme zog mehr die Männer als die Bühnendirektoren und Filmregisseure an und gerade das wollte Marianne vermeiden.

Ihr junges Leben ist reich an Tragik und Romantik zugleich. Als die Russen in Königsberg einmarschierten, war sie kaum sechzehn Jahre alt. Die furchtbaren Erlebnisse dieser Schreckenstage haben einen Zug der Nachdenklichkeit in ihrem Gesicht hinterlassen. Den Vater führten die Russen vor ihren Augen fort. Er kam nicht wieder. Die Mutter fand sich in ihr Schicksal und schenkte bald darauf ihre Gunst einem Manne, dessen politische Gesinnung und Benehmen Marianne nicht ertrug. Als Mariannes Mutter diesen Mann heiratete, vergalt der neue Vater diese Abneigung. Eines Tages riß Marianne kurzerhand aus.

Ihr Weg von der Ostsee nach dem Süden gäbe einem Schriftsteller genügend Stoff für einen zeitgemäßen Roman. Mit amerikanischen Jeeps, in überfüllten Zügen strebte sie nach Süden. Verlauste Flüchtlingslager, schmutzstarrende Wartesäle waren ihre Nachtquartiere. Oft in Not, noch öfter bedrängt von den Männern, verstand sie es, sich nichts zu vergeben. Dabei lernte sie das Leben auf ihrem Fluchtwege in all seinen Tiefen kennen, und sie erkannte die Menschen in all ihren Schwächen.

Die Wende ihres Schicksales begann für Marianne Hold an dem Tage, als sie ihren Fuß auf italienischen Boden setzte. [. . .] So landete sie eines Tages in einer kleinen römischen Dachkammer, von der aus sie einen herrlichen Ausblick auf die Stadt und die päpstlichen Paläste hatte.

Anfangs bekam sie mehr Liebesanträge als Angebote von Theaterdirektoren und Filmregisseuren. So manches Mal ging sie an der Filmbörse ohne ›job‹ aus. Sie war entweder zu jung oder zu blond, oder zu schlacksig. Die vielen Wege zu den Studios, zu den Regisseuren, Theateragenten und Direktoren waren umsonst. Eine junge unbekannte Künstlerin hat es nicht leicht. Was will man von einer Null, wenn selbst Größen der Leinwand monatelang auf einen neuen Kontrakt warten? Die Italiener drehten wenig Filme und die Amerikaner und Engländer brachten ihre Stars selber mit, sie suchten nur ›people‹. Immer nur Volk darstellen genügte Mariannes Ehrgeiz nicht, sie wollte spielen. Trotzdem nahm sie Statistenrollen an. Wenigstens blieb sie so im Milieu und lernte.

Eines Abends landete Marianne, müde von dem Marsch durch die Studios und die Filmbörse in einer Osteria. An diesem weinfreudigen Orte trat die entscheidende Wendung in ihrem Leben ein. Sie lernte den deutschen Schriftsteller Hans v. Possendorf kennen. Bekanntschaften knüpfte Marianne lieber mit älteren Herren an als mit jungen und draufgängerischen. Hans v. Possendorf, ein fröhlicher Sechziger, der seit vielen Jahren in Rom lebt, fand Gefallen an dem aufrichtigen und aufgeschlossenen Wesen der jungen deutschen Kunstschülerin. Er stellte Marianne italienischen Filmleuten, vor allem dem gerade in Rom weilenden Luis Trenker vor. Seit diesem Tag ist am italienischen Filmhimmel ein neuer Stern aufgegangen.«[260]

So zumindest huldigt die Stuttgarter »Wochenpost« der jungen Schauspielerin.

Bei Trenkers Söhnen hingegen ruft das Erscheinen der Marianne Hold wenig Begeisterung hervor. Zwar sind sie nun in einem Alter, das sie durchaus empfänglich macht für die mädchenhaft-erotische Ausstrahlung, die von ihr ausgeht, doch überwiegt bei ihnen leiser Groll darüber, daß sie nun im Mittelpunkt steht, daß Vater Luis sie hofiert, ihr jeden Wunsch von den Augen abliest, ihr mal väterlich, mal galant-kavalierhaft zur Seite steht, während Florian und Ferdl sich vorkommen wie »Stoaneseln«, um Trenkers beliebtes Spottwort hierauf anzuwenden.

Eines Tages, Jahrzehnte später, wird sich Florian Trenker an die Arbeit mit seinem Vater erinnern. Von des Vaters »Diva« spricht er dann, und wie sie vorne im offenen Auto neben dem Bera Luis saß, der über die sechzig hinaus war und dem man doch den guten Vierziger bedenkenlos abgenommen hätte.

Am Steuer also Trenker, daneben die kokette Marianne Hold, und »hinten, auf den schlechten Plätzen, dort wo es gezogen hat, wir, der Ferdl und ich. Und ich weiß noch gut wie der Vater die ›Diva‹ fragte: ›Marianne, magst Du eine Mozartkugel?‹ Und sie hat gesagt: ›Ach ja, Luis, gib mir eine Mozartkugel.‹ Woraufhin er von irgendwoher eine Schachtel mit Süßigkeiten gezogen und ihr gereicht hat, sie sich eine Mozartkugel genommen und sie aus dem Stanniolpapier gewickelt hat. Angestrahlt hat sie ihn, und er hat gönnerhaft gelächelt. Aber uns hat er keine Mozartkugeln angeboten. Wir sind hinten gesessen und haben solche Stielaugen gekriegt. Wir waren die ›Stoaneseln‹ und die Marianne Hold die ›Diva‹.«

Gewiß spricht noch nach langer Zeit eine alte Eifersucht aus Florian Trenkers Erzählungen. Denn mit Marianne Hold hat sich im Familienleben der Trenkers ein tiefer Einschnitt vollzogen. Immer mehr seiner Zeit hat Luis Trenker der jungen Schauspielerin gewidmet, immer weniger Aufmerksamkeit blieb für seine Söhne, die ihn letztlich aufrichtig bewundert haben. Daß sich hinter dem Gespann Trenker/Hold mehr verbarg als nur ein künstlerisch-kollegiales oder ein väterlich-töchterliches Verhältnis, wurde bald zum Thema der Klatschspalten in der Boulevardpresse:

»Trenker ebnete der unbekannten Deutschen den Weg zum Film und brachte sie mit einflußreichen Leuten zusammen. Unter ihnen war auch Amadeo Nazzari, der Hans Albers Italiens. Er nahm sich Mariannes besonders an, und bald dichtete ihm der Klatsch ein Verhältnis mit der blonden ›tedesca‹ an. Die Gerüchte schadeten Marianne Hold nicht: nach erfolgreichem Filmdebut in Italien wurde sie kürzlich nach Deutschland verpflichtet.«[261]

Es gibt freilich noch einen anderen Grund, warum Trenkers ältester Sohn Florian sehr kritisch zurückblickt auf diese Zeit. Er selbst ist der einzige in der Familie, der eine Betätigung in der Filmbranche anstrebt, der dem Vater auf seinem Weg folgen will, der als Regisseur oder Kameramann zu arbeiten gedenkt. (Später wird Florian Trenkers Sohn Christian die filmische Linie fortführen.) Er findet dabei in seinem berühmten Vater kaum Unterstützung. Mehr noch: Fast scheint ihm, als habe Luis Trenker verhindern wollen, daß ein anderer Trenker für Aufsehen sorgt, und groß werden könnte neben ihm.

So kommt es zwischen Vater und Sohn Florian zu immer heftigeren Spannungen. Auslöser ist nicht selten Trenkers Sparsamkeit, das »Kurzhalten« seiner Kinder. Im Alter von zwanzig Jahren erhält Florian, und das trotz der Mithilfe bei der Filmarbeit, noch immer kein Taschengeld. Zwar wird er sich bald selbst etwas verdienen können, aber in jungen Jahren bleiben bei Florian die Beziehungen zu seinem Vater von rebellischen Zügen geprägt.

Florian Trenker hat Erzählungen aus dieser Zeit zu Papier gebracht. Ohne Auftrag, lediglich innerem Drängen folgend und gleichsam für die Schublade. Erinnerungen an den berühmten Vater. Eine davon, »Reise eines Kruzifixes«, unveröffentlicht bislang und so häufig auch nicht erzählt, schildert anhand einer besonderen Begebenheit das gespannte Verhältnis zwischen Sohn und Vater, und es macht zugleich den Menschen Luis Trenker transparenter.

»Wie schon erwähnt, gab es kein Geld, wenn ich für den Vater irgendwelche Arbeiten verrichtete, denn seine Devise war: Der Doktor, das Gewand und das Essen wird bezahlt, mehr braucht der Mensch nicht.

Ich kam somit auf die ausgefallensten und manchmal auch leicht kriminellen Ideen, um zu Bargeld zu kommen. Mein Vater besaß ein fast zwei Meter hohes Kruzifix, das bei uns in Bozen im Treppenhaus hing. Da fiel ihm eines Tages ein, daß es eigentlich einmal restauriert werden müßte. So brachten wir es im Kombiwagen nach St. Ulrich zu einem Onkel, der es hinter seinem Haus an die Wand lehnte und der versprach, sich um die Arbeit zu kümmern. Ein halbes Jahr verstrich, niemand erwähnte mehr den Herrgott, der vergessen beim Onkel in der Ecke stand.

Als mich einmal der Moschner Pauli in Rottach-Egern bei einem Viertele Wein fragte, ob ich nicht für sein gemütliches ›Südtiroler Weinlokal‹ einen antiken Herrgott auftreiben könnte, da fiel mir sofort unser Kruzifix, das vom Vater anscheinend vergessene, wieder ein. Ich bot es Pauli zum Kauf an. Unbesehen zahlte er zweihundert Mark; für einen Bargeldlosen wie mich ein Vermögen. Lieferung frei Haus, das war nun mein Problem. Also erst einmal nach Bozen, von dort nachts nach St. Ulrich, bei Mondschein schlich ich um das Haus des Onkels, und da stand, wie vor einem halben Jahr dort abgestellt, der Herrgott an der Hauswand. Um ihn hinten in dem Laderaum meines kleinen Fiat-Kombi verstauen zu können, mußte ich dem Herrgott die angeleimten Arme abbrechen. Sodann hüllte ich die Teile in eine Decke und verpackte alles im Auto. Es war ein Herrgott ohne Kreuz, nur ein Corpus, daher nach dem Brechen der Arme leicht im Auto unterzubringen. Noch in der gleichen Nacht fuhr ich über den Brenner nach Rottach-Egern, wo ich morgens den antiken Herrgott übergab. Ein Tischler leimte die Arme an und ich kassierte meine 200 Mark. Alles in Butter. Bald danach prangte der Herrgott in der gemütlichen Wirtsstube.

Einige Monate später trat ein, was ja eigentlich zu befürchten stand. Der Vater erinnerte sich des Kruzifixes. Der Onkel wurde angerufen und nach dem Stand der Dinge gefragt. Der Onkel wollte am Abend zurückrufen und Bescheid geben, ob er einen geeigneten Restaurator gefunden habe – natürlich hatte auch er ganz auf das Kruzifix vergessen. Mit großer Nervosität sah ich dem abendlichen Anruf entgegen, bei jedem Telefonklingeln rutschte mir das Herz in die Hose, wußte ich doch genau, was dem Vater gleich mitgeteilt werden würde. Es geschah dann während des Abendessens. Das Telefon schrillte, Vater ergriff den Hörer, sein Gesicht verfinsterte sich, ich hörte nur Worte wie ›unmöglich – unglaublich – Sakrileg – alles Gauner‹ und dergleichen mehr. Als er aufgelegt hatte, berichtete er uns verärgert, daß der Herrgott verschwunden sei, einfach weg, irgendwelche Gauner, gottlose natürlich, hätten ihn gestohlen. Was tun?

Ich hatte, scheinheilig, einen Rat auf Lager. Man könnte mit einer Annonce in der ›Dolomiten-Zeitung‹ versuchen, gegen Finderlohn und Zusicherung der Anonymität wieder in den Besitz des Herrgotts zu gelangen. Am anderen Tag gab ich selbst die Anzeige auf.

Der Vater konnte sich mittlerweile gar nicht beruhigen über soviel Frevel. ›Der Schlag soll sie treffen, diese Räuber, die keine Ehrfurcht vor dem Heiligen haben‹, tobte er. Und als ich dann hörte, der Heiland sei echt gotisch und mehrere tausend Mark wert, wurde mir fast schlecht: Hereingelegt hat mich der Moschner Pauli also auch noch!

Aber ich konnte nichts unternehmen, konnte nur hoffen, daß die Angelegenheit so nach und nach ad acta gelegt werden würde. In jedem Fall aber nahm ich mir vor, beim Moschner eine ›Nachzahlung‹ zu fordern. Es kam aber ganz anders.

Bei meiner Fahrt des Kruzifixes von St. Ulrich nach Rottach-Egern hatte ich dummerweise einen Zwischenstop bei Siegfried Hold, dem Bruder von Marianne Hold, gemacht, um ihm Filmrollen zu bringen. Er arbeitete des öfteren für meinen Vater; mit dem Filmmaterial sollte er noch einige Szenen für die Dokumentation ›Gold aus Gletschern‹ nachdrehen.

Dieser Siegfried Hold war nun öfter in Bozen, er genoß die Gunst des ›Meisters‹, und als er wieder einmal zusammen mit Vater und meinem Bruder Ferdinand in der schlichten Sauna unseres Hauses badete, hörte er die Geschichte des gestohlenen Herrgotts. Da war seine große Stunde gekommen. Er verpfiff mich, erzählte, er hätte bei mir im Kombi ein Gebilde gesehen, das unbedingt dem beschriebenen Herrgott ähnlich sei. Außerdem hätte ich ihm erzählt, bald weiterzumüssen an den Tegernsee.

Der Fall war klar, der Täter war entlarvt.

Anderntags war Vater für mich nicht zu sprechen. Er war nach St. Ulrich gefahren, Fräulein Picht, die Sekretärin, übergab mir einen Brief von ihm. Unangenehme Dinge erledigte er immer durch Abreise und Hinterlassen eines Briefes.

Er teilte mir mit, daß ich 24 Stunden Zeit hätte, den Herrgott zurückzubringen und daß ich anschließend das Elternhaus zu verlassen habe, weil für einen Frevler wie mich kein Platz mehr wäre. Ich nahm die Sache recht gelassen, fuhr wieder nach Rottach-Egern, holte den Herrgott, den Moschner bereitwillig herausgab, ja sogar auf Rückzahlung des Kaufpreises verzichtete. Wieder mußte ich dem Heiland die Arme abbrechen, um ihn verladen zu können, wieder wurde alles in eine alte Decke gewickelt.

Am Brenner wurde ich von den italienischen Zöllnern prompt gefragt, was denn da für Sachen hinten im Auto lägen. ›Eine alte Decke‹, sagte ich, ›und Brennholz.‹ Diese Auskunft muß so glaubhaft geklungen haben, daß ich unbehelligt weiterfahren konnte.

In Bozen wurde die Figur fachgerecht wieder zusammengeleimt, und im Stiegenhaus aufgehängt an ihrem angestammten Platz. Jahrzehnte später, immer wenn ich mit dem Vater, der mir die Untat längst verziehen hatte, im Treppenhaus war, dann hielt er mir die alte Geschichte vor. Ich bin daran erinnert worden, so lange er gelebt hat. Und die Erinnerung lebt fort über seinen Tod hinaus.

Daß das Ganze, wie vieles andere übrigens auch, nur passiert ist, weil er mir einfach nie ein Taschengeld oder ein Honorar für meine Mitarbeit zugestanden hat, wollte er nie einsehen. Wie oft habe ich zum Beispiel im Winter, bei eisiger Kälte, noch bevor ich zur Schule ging, sein Auto gewaschen. Meist bekam ich nicht einmal ein Dankeschön dafür. Mein viel jüngerer Bruder Josef war später dann schon viel gewitzter: Er verlangte fürs Autowaschen 2000 Lire, damals etwa zehn Mark. Dann fuhr er den Wagen durch eine der mittlerweile zuhauf entstandenen Waschanlagen, zahlte dort 1000 Lire, es blieben ihm somit 1000 Lire Gewinn, und bevor er den Mercedes nach Hause brachte, fuhr er noch den halben Tag in der Gegend spazieren. So ändern sich die Zeiten!«[262]

Doch ist es nun an der Zeit, aus der privaten Sphäre wieder zurückzukehren zu Trenkers Arbeitsleben. Denn es entstehen noch fünf Spielfilme, die sich zwar an Bedeutung mit den früheren Arbeiten nicht messen können und demzufolge auch in aller Kürze betrachtet werden sollen, immerhin, vernachlässigt werden dürfen sie nicht.

Da ist zunächst »Barriera a Settentione«, in deutscher Fassung »Duell in den Bergen« betitelt. Der erste große Film, bei dem Trenker nach dem Krieg wieder Regie führt, handelt von Schmugglerbanden in den Bergen. Zwei Grenzpolizisten, einer davon Amadeo Nazzari, der »italienische Albers«, lassen sich einschleusen in den Schmugglerring. Trenker spielt zum erstenmal einen »Filmbösewicht«. Er ist keineswegs glücklich damit, aber die Produzenten bestehen auf dieser Rollenverteilung. Trenker hat am Schluß des Films vor den Polizisten zu fliehen und, in auswegloser Lage, das Feuer auf sie zu eröffnen. Und er hat, wie so oft in seinen Filmen, schließlich zu sterben, nur daß diesmal kaum jemand Mitleid hat mit ihm. Oder doch vielleicht ein bißchen? Ein bißchen schon. Denn nach den vielen »guten« Rollen, die Trenker auf der Leinwand verkörpert hat, gelingt es ihm nun nicht glaubwürdig genug, ein Gangster zu sein, der Rauschgift, Uhren, Schmuck zwischen Italien und Frankreich hin und her schmuggelt.

Es sei noch gesagt, daß auch Marianne Hold mitspielt in diesem Film, der im Herbst 1950 Premiere hat, und der als Auftakt zu ihrer Laufbahn als »Schnulzenkönigin« gesehen werden kann. Parallel zu Trenkers allmählicher Verabschiedung aus dem Filmgeschäft setzt sie ihre Laufbahn in kitschig-sentimentalen Heimatfilmen fort und wird, hierin eine ausgezeichnete Darstellerin, in den deutschsprachigen Ländern ein Begriff.

Fünf Jahre später – welch großer zeitlicher Abstand, bedenkt man seine Produktivität in den dreißiger Jahren, als jedes Jahr ein großer Film herauskam – kommt »Flucht in die Dolomiten« in die Kinos. Es ist Trenkers erster Spielfilm in Farbe und im Breitwandformat CinemaScope.

Was den Farbfilm anbelangt, so ist schwer zu sagen, wann und wo erste Filme dieser Art produziert worden sind. Die Übergänge in den verschiedenen Entwicklungsstufen sind derart fließend, daß zeitliche Zuordnungen nicht ohne weiteres möglich sind. Die Versuche, farbige Filmbilder erstellen zu können, sind so alt wie die Kinematographie selbst. Vom Handkolorieren über Filterverfahren bei Aufnahme und bei Wiedergabe bis hin zur Erfindung des Dreischicht-Farbfilms war es ein weiter Weg. 1941 jedenfalls entsteht der erste Spielfilm auf Agfacolor, »Frauen sind doch bessere Diplomaten«.

In den fünfziger Jahren werden Farbfilm und Breitwandformat nicht nur als Mittel zu künstlerischen Umsetzungen aufgefaßt, sondern auch als Möglichkeit, dem krankenden Kinobetrieb zur Genesung zu verhelfen.

»Ton und Farbe hatten den Film attraktiver gemacht. Trotzdem war nach dem Zweiten Weltkrieg die große Zeit des Films vorüber. Das Fernsehen gewann den Zweikampf der Medien mit mehreren Längen Vorsprung. Zwischen 1947 und 1953 ging die Zahl der wöchentlichen Kinobesucher in den USA von 90 Millionen auf 46 Millionen zurück. Jeden Tag mußten drei Kinos schließen. 5000 von ihnen hatten schon von 1951 bis 1953 Konkurs angemeldet. In Deutschland vollzog sich die gleiche Entwicklung mit gebührender Zeitverzögerung. Von 1957 bis 1966 halbierte sich die Zahl der Filmtheater ... Es war höchste Zeit, daß das gute alte Kino wieder attraktiver gemacht wurde.«[263]

Zum Beispiel mit CinemaScope, dem Breitwandverfahren, das heute kein Kinobesucher mehr missen möchte.

Trenkers »Flucht in die Dolomiten« entsteht also in Farbe und CinemaScope. Das scheint von technischer Seite her wissenswert. Nicht minder interessant ist die Mitarbeit Pier Paolo Pasolinis am Drehbuch, dem eine Novelle von Günther K. Bienek zugrunde liegt.

Als Giovanni Testa gerät Trenker unverschuldet in den Verdacht eines Mordes. Er sieht sich in auswegloser Lage, und er flieht in die Dolomiten. Unter falschem Namen findet er Arbeit und Unterkunft – und ein warmblütiges Mädchen namens Graziella, dargestellt von Marianne Hold. Testa aber weiß die Familie, die Frau, die Kinder zu Hause. Das alles aufzugeben und incognito gemeinsam mit Graziella ein neues Leben zu beginnen, vermag ihm nicht zu gelingen. Er muß zurückkehren.

»Trotz oder wegen der Mitarbeit eines Pier Paolo Pasolini am Drehbuch wurde kein großer Film daraus, vielmehr ein laues Melodram mit einem braungebrannten, wohlgenährten, Skilehrercharme versprühenden Luis Trenker, dem man nicht einen Augenblick die seelischen Strapazen seiner ›Flucht‹ glaubt.

Trenker wollte ein Happy-End, was Pasolini mit dem Hinweis verhinderte, das sei ›unmodern‹. Doch das Ende war auch so noch glücklich genug, und noch mehr Glück hätte den Film auch nicht gerettet.«[264]

In den beiden nächsten Jahren, 1956 und 1957, folgen die Spielfilme »Von der Liebe besiegt« und »Wetterleuchten um Maria«, beide Male agiert Marianne Hold in der Hauptrolle, beide Male führt Trenker Regie, entzieht er sich jedoch der Darstellung. Im Gegensatz zu Trenkers filmischen Hauptwerken, denen die Liebe sozusagen Beiwerk zur dramatischen Handlung war, rückt bei den letztgenannten Filmen die Frau, um die sich alles dreht, in den Mittelpunkt. Die Liebe gewinnt so sehr an Gewicht, daß es Trenkers Arbeit nicht förderlich ist. Es sollen deshalb die Inhalte »Wetterleuchten um Maria« und »Von der Liebe besiegt« gar nicht wiedergegeben werden. Es genügt eine Beschränkung auf ein drastisches, gleichwohl zutreffendes Zitat aus Ulrich Gregors »Geschichte des Films ab 1960«:

»Bis auf wenige Ausnahmen wurde die Fimproduktion jener Jahre beherrscht von Wirklichkeitsflucht, Sentimentalität, Autoritarismus. Vorherrschendes Genre der ›Ära Adenauer‹ war der sogenannte Heimatfilm, eine Inkarnation provinzieller Beschränktheit.«[265]

Zweifelsfrei ist sich Trenker dieser Misere selbst vollauf bewußt. Er leidet darunter, daß seine ureigensten Themen bei keiner Produktion Anklang finden, daß seine ›Männerwelten‹ derzeit nicht im geringsten gefragt sind. Er weiß seinen Stern am Sinken. Und er spürt, daß dieses Sinken durch nichts, was er anpackt, aufzuhalten ist. Unverzagt arbeitet er weiter. Schreibt Drehbücher, verfaßt Romane, arbeitet als Regisseur. Aber es besteht für ihn kaum Zweifel, daß seine große Zeit vorüber ist, daß er den Höhepunkt seiner Karriere überschritten hat. Als Bergsteiger weiß er zumindest intuitiv, daß es unmöglich ist, immer oben zu sein, daß jedem Gipfel der Abstieg folgt.

Daß es eine zweite Karriere für ihn geben wird, eine, die ihn populärer noch macht als alles bisher Dagewesene, kann er freilich nicht ahnen.

NEUER RUHM – GRÖSSERER RUHM

Als Erzähler in Funk und Fernsehen vor breitem Publikum

»›Man kann alles ereichen, wenn man nur genügend Willen hat‹, sagt der Papa. Da irrt er sich gründlich. Die Libelle, der ich letzten Sommer die Flügel ausgerissen habe, hat nicht mehr fliegen können, obwohl sie sicher genug wollen hat, und der Anderl Molterer hat den Toni Sailer nie beim Skifahren bezwungen, obwohl ihm vor lauter Wollen die Adern aus den Schläfen gekommen sind. Vieles ist, glaube ich, einfach Pech. Manche sagen zum Pech Schicksal.«[266]

Den Faden, den André Heller in seiner Erzählung »1959« webt, kann man hier aufgreifen und weiterspinnen. Und um gleich bei Toni Sailer zu bleiben: Sicher hat auch er schauspielern wollen, als ihn Trenker für eine der Hauptrollen in »Sein bester Freund« verpflichtete. Sicher hat er wollen, aber selbst wenn er so sehr gewollt hätte, bis ihm vor Anstrengung die Adern aus den Schläfen gekommen wären, gekonnt hätte er das Schauspielern nicht. Toni Sailer auf Ski – das bedeutete stets ›Weltklasse‹. Toni Sailer auf der Leinwand, das bedeutete ›Provinz‹.

Es hieße freilich, sich die Sache allzu leichtzumachen, schöbe man alle Schuld für das Scheitern des Filmes auf Toni Sailer. Nein, die Besetzung der Rolle mit ihm ist lediglich das Tüpfelchen auf dem i.

Das Problem reicht tiefer. »Sein bester Freund« findet nirgends ein Publikum. Den einen ist die Handlung zu melodramatisch, den anderen zu banal, wieder anderen alpinistisch zu wenig wahrhaftig.

»Die melodramatische Handlung dieses Films führt uns wieder in das Milieu von Bergführern und Ingenieuren, diesmal im Berner Oberland. Den beiden Jugendfreunden Peter Haller und Anderl Hepperger gesellt sich als Dritter der ehrgeizige Marius Melichar zu, der berechtigte Hoffnung hegt, eines Tages des Fabrikbesitzers Imhoff, seines Chefs, Tochter Clarissa zu heiraten. Im Verlaufe des Geschehens, bei dem die Armut der Mutter Anderls, das Angebot eines Journalisten, eine Exklusivgeschichte über die Besteigung der Eiger-Nordwand für ein gutes Honorar zu bringen, sowie Eifersucht und Liebe zwischen Marius, Peter, Clarissa und Judith, einer Freundin von Marius, entscheidende Motive sind, kommt es zur Besteigung der Nordwand, bei der Anderl den Tod findet. Bevor Peter und Clarissa ein gemeinsames Leben beginnen, besuchen sie das Grab Anderls.«[267]

Neben Toni Sailer scheitern in ihren jeweiligen Rollen auch Dietmar Schönherr und Elke Roesler, naturgemäß auch Hilti von Allmen, dessen eigentlicher Beruf die Bergführerei ist.

Die Kritik begegnet dem Film – Trenkers letztem (!) Spielfilm – gnadenlos. Schlechte Kritiken treffen und verletzen Trenker sehr, auch wenn er dies bestreitet und sie gleichsam mit einer unwirschen Handbewegung vom Tisch fegt. Ganz besonders leidet er nach der Premiere von »Sein bester Freund« Ende November 1962 unter der Schelte aus dem alpinistischen Lager. Um die ablehnende Haltung in alpinen Fachpublikationen verstehen zu können, muß man um das sektiererische Grundwesen der Bergsteigerei wissen, um die mit Gestrigkeit behafteten Vereine, um den lange sich haltenden Glauben, daß Bergsteiger bessere Menschen seien. Selbst ein Karl Lukan, namhafter Alpinpublizist bis heute, bezieht sein Urteil 1963 nicht aus der Kombination von Historie und Vorausschau, sondern beschränkt sich einzig auf den Blick zurück, auf vermeintlich gute alte Zeiten, auf überkommene Tradition.

»Die Leser des ›Bergkamerad‹ sind allgemein der Meinung, daß viel zuviel über die Eiger-Nordwand geschrieben wird. Aber andererseits kann man diese Wand auch nicht totschweigen: Sie ist nun einmal da, und sie ist ein Brennpunkt des alpinen Geschehens von heute. Die Eiger-Nordwand hätte daher auch ein gutes Filmthema ergeben können . . . die Verlockung, ein Risiko auf sich zu nehmen, um das eigene Können und auch das eigene Glück auf die Probe zu stellen . . . der Ehrgeiz, der Geltungsdrang, die Abenteuerlust . . . alles Starke und Schwache, das um diese Wand ist. Daß man ein solches heikles Thema wohl auch filmisch gestalten kann, haben die Franzosen mit ihrem Film ›Sterne am Mittag‹ gezeigt, ein Film, den man allen an diesem Eiger-Film Beteiligten zwangsweise vorführen müßte!

Der Eiger-Nordwand-Film von Luis Trenker ist nicht nur dumm, sondern auch schlecht. Also müßte man gar nicht über ihn sprechen. Aber jeder Film hat eine unglaubliche Breitenwirkung, und weil sich nun einmal Herr Schulze und Fräulein Mizzi Wastaschik aus dem Kino ihre Allgemeinbildung fürs Leben holen, müssen wir einiges klarstellen.

Bis jetzt haben zwei Alleingänger die Eiger-Wand versucht, und von diesen hatte keiner einen Dreitausendfrankenschein in der Tasche. Es hat wohl Bergsteiger gegeben, die nach dem geglückten Durchstieg fixe Preise für Interviews hatten – und wie sehr diese mit ihrer Geschäftstüchtigkeit dem Alpinismus geschadet haben, wird ihnen dieser Film wohl drastisch vor Augen führen. Es hat auch Bergsteiger gegeben, die nachher ihre Namen und Fotos für irgendeinen miesen Markenartikel zur Verfügung stellten. Aber es gab noch nie Mörder in der Eiger-Nordwand! Es gab einen heldenhaften Münchner Bergwachtmann, der sich in die Wand seilte, um einen Italiener zu bergen, und es ist traurig, daß diese Tat von den Drehbuchautoren für ihre armselige Story verfälscht wurde. Es gab wohl viele unschöne Begebenheiten in der Eiger-Chronik – doch weit mehr, die von echter Bergkameradschaft berichtet. Soviel bekannt ist, gibt es in dieser Chronik überhaupt keinen Fall von einem Verstoß gegen die Bergkameradschaft. Einen solchen Fall zu finden, war Luis Trenker vorbehalten. Und das tut uns leid.

Es hat uns gefreut, am Beginn dieses Film Luis Trenker wieder zu sehen und von ihm die Ersteigungsgeschichte der Eiger-Nordwand erzählt zu bekommen. Das hat uns ebenso gefreut, wie die Nachricht, daß man dem großen Mann des deutschen Bergfilms noch einmal die Möglichkeit gegeben hat, einen großen Film zu machen. Jedoch am Ende der Vorstellung bedauerten wir es, daß man Trenker diesen Film drehen ließ. Mit diesem Film hat Trenker den Bergsteigern vor dem großen Publikum Unrecht getan. Er selbst ist Bergsteiger und muß daher auch wissen, daß ein Drama um die Eiger-Nordwand sich nicht als Schnulze herunterfilmen läßt. Selbst der primitivste Wildwest- oder Gangsterfilm hat heute mehr glaubwürdigen Hintergrund – und auch mehr Format! Luis Trenker hat zu viele Konzessionen an den Publikumsgeschmack gemacht. Wir haben vorläufig den deutschen Bergfilm abgeschrieben.«[268]

Es liegt in Lukans Filmrezension gleichermaßen viel Richtiges wie Falsches. Unzweifelhaft sind Trenkers Zugeständnisse an den Publikumsgeschmack, oder sollte man sagen: die Geschmacklosigkeit eines Publikums. Trenker selbst jedoch leidet am allerstärksten darunter, daß er solche Konzessionen machen muß, daß jeder Geldgeber Schlichtheit statt Anspruch fordert, daß der Erfolg desto größer ist, um so trivialer die Handlung sich vollzieht.

Recht hat Lukan sicherlich damit, daß diese Eiger-Nordwand, Mythos aller Bergsteigerei im 20. Jahrhundert, mit reichlich dramatischen und tragischen Geschichten behaftet ist, die Stoff für bessere Filme als Trenkers letzten hätten abgeben können.

Falsch, absolut falsch hingegen liegt Lukan mit seinem Festhalten an Werten, die dem Alpinismus und den Alpinisten viel früher angedichtet worden sind, und die sich nun allmählich verflüchtigen. Daß dem wahren Alpinisten wenn schon nicht der Ruhm, so doch das Geld egal sein müßte, klingt da an. Daß die Bergkameradschaft unter »richtigen« Bergsteigern auf Leben und Tod zusammenhält. Kurzum: Daß Bergsteiger, auf den Höhen Gott um so viel näher, in ihrem Tun willensstark und streng diszipliniert, dabei in ihrer Kameradschaft uneigennützig bis zur Selbstaufgabe, daß solche Bergsteiger halt doch die besseren Menschen sind als die, denen Wände und Grate, Felsen und Firne, Almen und Gletscher wenig bedeuten.

Es ist Lukan, es ist der alpinen Publizistik der sechziger Jahre vorzuwerfen, daß sie in ihrer Phantasielosigkeit die Zeichen neuer Zeit nicht wahrhaben wollen, mehr noch, der Phantasie einer der populärsten Persönlichkeiten ihrer Zunft mit stärkster Abneigung begegnen. Mag das Szenario, das Trenker für seinen Film erdacht hat, auch in Anbiederung an geringen Publikumsanspruch in Schnulzenhaftes abgedriftet sein, so ist doch Trenkers Vision dabei nicht zu übersehen. Er greift einer Entwicklung vor, die noch am Anfang steht. In seiner Phantasie spielt sich ab, was sich ereignen kann und deshalb auch ereignen wird. Ist es 1963 noch von größtem Übel, Geld zu nehmen für eine alpinistische Großtat, eine solche also zu vermarkten, so ist das zwanzig Jahre später gang und gäbe, und niemand nimmt mehr daran Anstoß, daß der Spitzenbergsport das Idealistische genauso eingebüßt hat wie der Leistungssport den olympischen Amateurstatus.

Doch ist es müßig, hier allzusehr über den Konservativismus der Bergsteiger im allgemeinen nachzudenken. Dies wäre die Aufgabe einer kritischen Alpinismus-Geschichte.

Auch soll hier Trenkers letzter Spielfilm nicht herausgeholt werden aus der gar nicht ungerechtfertigten Bedeutungslosigkeit. Nur soll gerecht gewogen werden. Hier, auf der einen Waagschale, Trenkers Werk und Trenkers öffentliches Leben, dort, im Gegengewicht, das Urteil seiner Zeitgenossen. Geprüft werden soll das Gewicht seines Schaffens, überprüft werden muß der Gehalt der Kritik. Immerhin vermag die Kraft der Kritik einen Künstler nicht nur im Inneren stark zu beeinflussen, auch seine Arbeitssituation kann sich verbessern oder, wie nun, Anfang der sechziger Jahre für Trenker, verschlechtern.

Trenker hätte viel lieber einen anderen Film gedreht. Längst hat er eine fertige Vorlage in der Tasche. Das Leben des Freiheitskämpfers Andreas Hofer. Das Drehbuch ist fertig, jede Szene ausgearbeitet. Das wäre sein

Thema. Aber niemand will den Film finanzieren. In Österreich stößt er auf Ablehnung. Nicht wegen Hofer. Vielmehr scheiden sich die Geister an seiner Person. »Weiß optiert« hat er zur damaligen Zeit, letztlich den »Welschen«, den Italienern damit den Vorzug gegeben. Nein, nein, so einer kann nicht den Hofer inszenieren, nicht den Hofer spielen, diese Identifikationsfigur der Tiroler.

Auch in Südtirol stößt Trenker auf taube Ohren. Das »Hofer«-Thema ist vielleicht sein größter Lebenswunsch, er ist jetzt siebzig Jahre und wer weiß, den Hofer wenigstens, den würde er sich gerne noch erfüllen.

Er gibt das Drehbuch dem Südtiroler Landeshauptmann Dr. Silvius Magnago. Der ist Trenkers letzte Hoffnung. Lange hört er nichts von ihm. Eines Tages trifft er Magnago zufällig auf der Talferbrücke. Man kennt sich gut. Man schätzt sich, aber es ist auch eine gewisse Distanz zwischen dem charismatischen Politiker und dem noch viel charismatischeren Künstler, zwischen dem politischen Oberhaupt Südtirols, Magnago, und dem mehr und mehr zur Symbolfigur für alles Südtirolerische avancierenden Trenker.

»Herr Landeshauptmann, haben Sie mein Drehbuch gelesen? Was sagen Sie zu meinem Andreas Hofer,« fragt Trenker nach kurzer Begrüßung.

Magnago weicht aus. »Ach, lieber Trenker, wissen Sie, so Drehbücher kann ich einfach nicht lesen.«

Trenker muß versuchen zu retten, was zu retten ist. Für dieses Thema, für die Geschichte des Andreas Hofer, muß Magnago doch einfach ein Faible haben. Wenn nicht er, wer sonst?

Trenker nutzt die wenigen Minuten auf der Talferbrücke, um zwischen Verkehrslärm und Wildwasserrauschen dem Landeshauptmann von seinem Filmprojekt vorzuschwärmen. Er weiß um seine Fähigkeit, Menschen zu begeistern, sie einzunehmen für sich und seine Pläne. Doch bei Silvius Magnago stößt er damit nicht durch.

Nach beherzter Rede Trenkers, nach Argumenten und Bitten, antwortet Magnago mit einem zwei-, drei-, vieldeutigen Lächeln:

»Der Hofer, das ist ja ein Heiliger. Darüber kann man keinen Film machen.«

So steht am Ende von Trenkers filmischer Laufbahn nicht ein Freiheitsfilm in seiner gewohnt spektakulären Machart, sondern das Eiger-Melodram »Sein bester Freund«. Trenker würde einen besseren Abschluß seiner Karriere verdient haben. Ein richtiges Feuerwerk, kein Sparflämmchen.

Trenkers Zeit ist vorbei. Alt ist er geworden, auch wenn er noch viel jünger aussieht, alt und gewiß auch müde. So zumindest denken nicht wenige, die Trenkers Lebensweg als Leser und Kinobesucher bis hierher verfolgt haben. So denken nicht nur nicht wenige, so denken die meisten.

Trenker aber denkt anders. Noch immer fühlt er sich frisch und voller Energie. In ihm ist noch immer der Tatendrang eines Dreißigjährigen. Man muß ihn nur machen lassen, man muß ihn nur er selbst sein lassen, ihm seine Themen geben, dann wird er es allen noch einmal beweisen.

Und wie er es allen beweist.

Bis jetzt hat man Trenker als frühen deutschen Filmstar kennengelernt, als einen aus der großen Ära der Marlene Dietrich, der Greta Garbo, des Charlie Chaplin. Man hat erfahren von seinen genialischen Regisseursfähigkeiten, von der besonderen Kraft, die ausging von seinen Filmen, und von der eigentümlich starken Wirkung seiner dargestellten Filmrollen. Trenker als eine bedeutende Figur der Filmgeschichte. Bedeutend in vierlei Hinsicht. Ein kraftvoller Autodidakt, ein fanatischer Filmemacher, ein Publikumsliebling zu Zeiten, ein Enfant terrible hier und da.

Folgt man nun weiter dem Lebenslauf des Luis Trenker, wird man sehen, daß nun seine ganz große Karriere, die Zeit der größten Öffentlichkeitswirkung erst beginnt.

1953 hatte in einem Saal des Münchner Blindenheims in der Lothstraße der Fernseh-Probebetrieb begonnen. Ein Jahr später war Auftakt zur regulären Programmausstrahlung des Bayerischen Rundfunks über den Sender Wendelstein. 1959 wurde dann die erste Fernsehsendung mit Luis Trenker ausgestrahlt. Zwanzig Minuten lang erzählte Trenker in einer Sendung mit dem Titel »Schminke und Schnee« von seiner allerersten Filmwoche, damals, in den zwanziger Jahren, bei Arnold Fanck. Trenker ins Fersehprogramm zu bringen, war für die zuständigen Leute mit Schwierigkeiten verbunden. Ernst Emrich, zu dieser Zeit Leiter der Abteilung Familienprogramm beim Bayerischen Rundfunk, muß sich durchsetzen gegen die Widerstände eines Robert Lembke, einer Führungsfigur in der Frühzeit des Fernsehens in Bayern, bekannt freilich vor allem durch die in ihrer Schlichtheit dauerhaft haltbare Sendung »Was bin ich? – Das heitere Beruferaten«. Lembkes tausendmal wiederholte Frage »Welches Schweinderl hätten S' denn gern?« macht ihn populär und rasch zu einer frühen Symbolfigur des bayerischen Fernsehens.

Weniger launig begegnet er dem Ansinnen der Familienprogramm-Redaktion, Trenker zu holen. Mit dem bei den Nazis groß gewordenen Trenker wolle er nichts zu tun haben, ist seine Reaktion gegenüber dem Trenker-Befürworter Ernst Emrich, der sich viele Jahre später an diese Tage erinnert.

»Es war fast unmöglich, von Trenkers Ausstrahlung nicht beeindruckt zu sein. Er kam oft in mein Büro und sprach mit mir über mögliche Themen für Fernsehsendungen, Sendungen, in denen er als Erzähler fungieren sollte. Manchmal hatte er Marianne Hold dabei. Sie war sehr höflich, fast scheu, und sprach selten mehr als ein paar Worte zur Begrüßung und zum Abschied. Einmal klagte er sein Leid über Sohn Florian, dessen rebellisches Wesen ihm Sorge bereitete. Im selben Atemzug aber lobte er ihn und sprach davon, daß er sich zu einem ausgezeichneten Kameramann entwickelt habe.

Unvergeßlich auch ist mir die Geschichte mit seinem Hut. Trenker saß mir gegenüber. Sein Hut lag auf seinem Schoß. Der berühmte Trenkerhut, der freilich erst später als grauer Filzhut in Serie ging. Was Trenker trug, waren stets maßgefertigte Borsalinos. So einen feinen Borsalino auf dem Schoß, erzählte er mir vom Dolomitenkrieg. Er redete sich in Rage, sprach von eigenen Stellungen und feindlichen Stellungen, von der fürchterlichen Situation für alle Soldaten während der hochalpinen Wintermonate. Plötzlich bemerkte er, wohl an meinem fragenden Blick, daß ich seinen Ausführungen über die Kriegssituation nicht in allen Einzelheiten zu folgen vermochte. Frontverlauf und Stellungskrieg, Sperrforts und Untertunnelung, gesprengte Gipfel, menschliches Leid, Irrsinn des Krieges, alles war ein bißchen viel auf einmal.

Er bemerkte also meinen fragenden Blick, legte kurzentschlossen seinen Hut auf den Tisch, hieb mit einem leichten Handkantenschlag eine markante Delle in den Borsalino und zauberte so mit nur wenigen Handgriffen ein schematisiertes Gebirgspanorama vor mich hin. Solcherart veranschaulicht, wurden meine letzten Unklarheiten ausgeräumt. ›Hier wir, da das Tal, Cortina, drüben die Italiener, und Tag und Nacht Beschuß, und war es einmal ruhig, dann immer die Ungewißheit, was als nächstes käme, und so ging das einen Sommer lang, dann einen Winter und wieder einen Sommer, ich war Reserveleutnant . . .‹, unsoweiter, undsoweiter.

Mir ist dieses Gespräch mit Trenker besonders eindringlich in der Erinnerung haften geblieben.«

Diesem Ernst Emrich hat Trenker viel zu verdanken. Emrich setzt sich gegen Robert Lembke durch, bringt den Erzähler Trenker auf die Bildschirme und beweist dabei einen ausgezeichneten Riecher.

Zunächst zweifeln nicht wenige an der Richtigkeit solchen Vorhabens. Ist es nicht absurd, jemand vor die Kamera zu stellen und nichts geschehen zu lassen, als daß dieser Jemand erzählt, erzählt aus seinem Leben, von seiner Arbeit und von noch diesem und noch jenem mehr? Ist das nicht im eigentlichen Sinne Hörfunk? Fehl am Platz im Medium der bewegten Bilder, keine Angelegenheit für das Fernsehen?

Wem würden solche Bedenken nicht einleuchten? Und doch: Es kommt alles ganz anders. Trenker beginnt, im Fernsehen zu erzählen. Im Gespräch mit Ernst Emrich, aber auch solo vor der Kamera.

Von 1960 bis 1973 werden jährlich vier Sendungen abgedreht. Trenker erzählt. Von einer Osterfahrt auf die Wildspitze. Von einem Bettler in Venedig. Von den Indianern Nordamerikas. Vom gefangenen Füchslein, dem guten Linchen, der alten Lederhose, einem Bergfex und einer Bergbahn, dem ersten Bergsteigergewand, von Hund und Katz', einem Sprung über die Knödelschüssel, von großer Nordlandfahrt und noch allerhand mehr. Natürlich auch von der Zigeunergeige, die er in seiner Studienzeit erstanden hat; die er als wertvoll erachtete und die er auch liebbehielt, als sie sich als ziemlich wertlos erwies; die dann in der Bozner Villa im Geigenkasten auf dem Klavier lag, bis der in Sachen Wert oder Unwert des Instruments ahnungslose Sohn Florian sie zu Geld zu machen versuchte und dabei kläglich scheiterte.

So entstehen in fünfzehn Jahren rund fünfzig Sendungen mit Luis Trenker, die sich beim Fernsehpublikum größter Beliebtheit erfreuen. Darüber hinaus werden vierzig Sendungen für Kinder produziert, und nicht wenige, die heute begeistert in die Berge gehen, die wandern, skilaufen oder klettern, verdanken die Hinführung zum Bergsport der Begegnung mit Luis Trenker in nachmittäglichen Kinderprogrammen.

Für Trenker beginnt mit dem Fernsehauftakt eine neue, noch größere, noch nachhaltigere Karriere. Als Erzähler spielt er die Essenz seiner Talente aus. Seine unnachahmliche Bildschirmpräsenz, die Faszination, die ausgeht von seiner Person, die Körpersprache, die jeden Satz zu unterstreichen vermag, das Spiel der Hände, die gesamte Gestik, die Mimik, die ansteckende Begeisterung, die aus seinen Augen spricht – all das ist im deutschsprachigen Fernsehen bis heute einzigartig, unerreicht; Trenkers Fernsehauftritte sind phänomenal.

Hierin einem orientalischen Erzähler ähnlich, zieht er mittels der Kraft seiner Persönlichkeit und der außergewöhnlichen Gabe, Geschichten aus dem Stegreif darbieten zu können, die Zuschauer und Zuhörer in seinen Bann. Ob jung oder alt, ob Trenker-Sympathisant oder nicht, kaum jemand vermag sich der Magie seines gesprochenen Wortes zu entziehen, kaum einer mag abschalten, sobald er die ersten Sätze einer neuen Erzählung gesagt hat.

Trenker als Erzähler – das ist bald ein Bildschirmereignis ersten Ranges.

Auch Hermann Magerer, seit den siebziger Jahren Redakteur der Bergsteigersendung »Bergauf, bergab« des Bayerischen Rundfunks, erinnert sich an die Arbeit mit Trenker. Magerer fungierte als Kameramann. Das Hemd, das Trenker an einem Drehtag trug, paßte nicht zur Ausstattung des Studios. Ein anderes Hemd mußte her. Die man brachte, gefielen Trenker nicht; zu eng, zu unbequem, zu unvorteilhaft in Farbe oder Schnitt. »Des vom Magerer, des dat mir g'fallen«, rief plötzlich Trenker aus, und wenig später stand Magerer nur mehr im Unterhemd an der Kamera. Es ist auch diese Hemdsärmligkeit – im wahrsten Sinn des Wortes –, die Trenker Zugang hat finden lassen zu einem breiten Publikum.

Vor allem aber sein Temperament, seine phantasievolle Erzählweise, seine unbändige Fabulierfreude.

»Manche Geschichte«, erinnert sich Magerer, »mußte mehrmals gedreht werden, bis sie optimal im Kasten war. Und wenn wir fünfmal hintereinander gedreht haben, dann nahm ein und dieselbe Geschichte fünfmal ein anderes Ende.«

Von den hehren Bergsteigern wird Trenker solch liederlicher Umgang mit der Wahrhaftigkeit nachhaltig übelgenommen. Beim breiten Publikum hingegen kommt der unvergleichliche Erzähler bestens an.

Mit zunehmender Verbreitung der Fernsehgeräte in den Haushalten des deutschsprachigen Raumes finden auch Trenkers Erzählungen immer weitere Verbreitung. Anfang der siebziger Jahre ist er so populär wie nie zuvor. Viele, die ihn jetzt kennen, schätzen, verehren, wissen kaum etwas von der Zeit seiner großen Spielfilme. Kaum einer kennt noch den Bergfilmpionier Arnold Fanck. Die jetzigen Trenkerfans bewundern den charismatischen Erzähler, die Versinnbildlichung des kraft- und humorvollen Gebirgsbewohners, die Symbolfigur eines paradiesischen Südtirols.

Als Prediger der Heimatliebe, als Verfechter einer bäuerlichen Religiosität, als Handlungsreisender in Sachen Schönheit der Berge, als Mensch, der mit beiden Beinen fest auf dem Boden steht und als Künstler dabei doch mit dem Kopf in höheren Sphären lebt, so wird Luis Trenker zu einer außergewöhnlichen Kultfigur. Nicht der »Verlorene Sohn« Tonio Feuersinger, nicht der »Rebell« Severin Anderlan, nicht der »Kaiser von Kalifornien« Johann August Suter, bleibt in den Köpfen der Menschen haften, zur Kultfigur wird »der Mann mit dem Hut«: Luis Trenker im Kordjackett, ein Mascherl am weißen Hemdkragen, den »Trenkerhut« auf dem Kopf. War Trenker in den dreißiger Jahren ein Star, ist er jetzt ein Ereignis!

DIE KULTFIGUR

Trenker überall: Vom Hut bis zum Kampf gegen eine Autobahn

Die Jahre vergehen, und Luis Trenker wird nicht älter. Es gibt also doch so etwas wie eine ewige Jugend. Mit siebzig legte er die Vitalität eines Dreißigjährigen an den Tag, mit achtzig leuchten seine Augen wie eh und je, und seine Gestik ist so temperamentvoll und dynamisch wie am Anfang seiner Erzählerlaufbahn.

Geradezu zwangsläufig wird Trenker auch zu einem Idol älterer Menschen. Mit ihrer Bewunderung drücken sie ihre ganze Hoffnung auf einen Lebensabend in körperlicher und geistiger Frische aus. Trenker wird gleichsam zum Heiligen für all die, die sich vor dem Alter, besser: vor dem Verfall, den das Alter mit sich bringt, fürchten. Indem man ihm die Unsterblichkeit von Herzen gönnt, wünscht man sich selbst ein langes Leben.

Aber gibt es nicht ein Geheimnis für Trenkers immerwährende Jugend und seine unbeugsame Gesundheit? Und wenn schon kein Geheimnis, so immerhin ein paar Rezepte?

Es ist zu bezweifeln, ob Lebenselixiere ohne weiteres übertragbar sind. Was dem einem guttut, muß einem anderen nicht automatisch auch guttun. Es kann vielleicht sogar schaden. Gewiß hat Trenker sein ständiges Beschäftigtsein, sein unablässiges Planen zu geistiger Aktivität bis ins hohe Alter verholfen – ein anderer hätte aufgrund solch ständiger Anspannung vielleicht Herz- oder Hirnschlag erlitten. Sein Arbeitspensum ist bis in die letzten Jahre enorm – Trenker könnte anders nicht leben; die meisten Menschen suchen im Alter die Ruhe, die ihnen früher nicht vergönnt war. Faktoren mit größter Allgemeingültigkeit, wenngleich schwer erlernbar und nicht vererbbar, sind folgende zwei: Trenkers innere Stärke, nie zu verzweifeln, was auch immer kommen mag und eine lebenslang währende Mäßigung in kulinarischen Belangen. Einfache Kost zieht er jeglicher Delikatesse vor. In München, wo er seit Beginn seiner Fernsehkarriere eine Stadtwohnung unterhält, schätzt er Leberkäse und Weißwürste, in Bozen, wo die Familie nach wie vor die Grieser Villa bewohnt, ist sein Leibgericht so schlicht wie zugleich köstlich: Speckknödel. Speckknödel zu Wasser und zu Lande. Einen Knödel in der Suppe, danach einen zum Salat. Nicht weniger, nicht mehr. Ein Glas Wein dazu oder ein Glas Bier. Nicht weniger, aber auch nicht mehr. Statt

Völlerei Genuß in Maßen. Zufriedenheit mit kleinen Dingen. Zwar ist ihm auch Hummer nicht fremd, er kennt Kaviar und Lachs von unzähligen Feiern und Empfängen, aber solche Leckerbissen bedeuten ihm wenig. Zwei Speckknödel, einer zu Wasser, einer zu Lande, sind ihm lieber als alles andere zusammen.

Ob sich daraus freilich ein »Rezept« zur Gesundheit und zum langen Leben ableiten läßt, ist mehr als fraglich. Vieles muß von Natur aus gleichsam mitgegeben sein, als Veranlagung den Weg bereiten für ein Leben wie das des Luis Trenker.

Ein Leben, das in allen Abschnitten geprägt ist von den Erfahrungen des Daseins und der Betätigung im Gebirge. Das Aufwachsen im Grödnertal, in nächster Nähe der dominanten Felsberge Langkofel, Sella und Schlern. Das Unterwegssein als Bergführer. Die Begeisterung für die Berge in allen Jahreszeiten. Keiner von Trenkers großen Schritten wäre denkbar ohne das Gebirge als Grundlage.

So ist es nicht weiter verwunderlich, daß er bis ins hohe Alter als »der« Bergsteiger schlechthin gilt – fälschlicherweise und allen hervorragenden Alpinisten der Zeit seit 1950, Reinhold Messner voran, zum Trotz. Messner verkörpert den modernen Bergsteiger – egoistisch, romantikfern, fähig zu den außergewöhnlichsten Leistungen, wobei die Berge bisweilen den Psychotherapeuten ersetzen.

Trenker hingegen verkörpert stets das, was sich das Gros der Berg-, der Naturfreunde von einem Aufenthalt im Gebirge verspricht, zumindest erhofft: romantisches Empfinden, heimischste Heimat, Religiosität in der Rückbesinnung auf eigentlichste Werte. Dazu Gesundheit, Vitalität, Zufriedenheit.

Es ist schon eigenartig, daß Trenker seinen höchsten Ruhm und seine größte Beliebtheit im Alter erfährt. Fünfundsiebzigjährig, achtzigjährig, fünfundachtzigjährig, ist er Kultfigur für unzählige Menschen zwischen Bozen und Kiel, Zürich und Wien. Und das trotz immer stärkerer Betonung aller Jugendlichkeit in Medien und Werbung. Trenker als eine Ausnahmefigur, nicht nur was sein Schaffen und sein Wesen betrifft, auch als populäre Figur im öffentlichen Leben. Ein im Wortsinn alter Mann, der nicht alt wirkt.

Es gibt Leute, die ihre Mühe damit haben.

Zu Zeiten von Trenkers »zweitem Frühling« erregt der Extremalpinist Messner immer größeres Aufsehen. Er stammt aus dem Vilnößtal, das parallel zum Grödnertal verläuft. In kürzester Zeit wird dieser Messner zu einem der bedeutendsten Alpinisten seiner Zeit, und bald schon läßt sich erkennen, daß er als Bergsteiger eine Ausnahmeerscheinung ist. Auf allen bergsportlichen Gebieten setzt er Zeichen, ist oft, wie es so schön heißt, seiner Zeit dabei ein ganzes Stück voraus, denkt kühne Utopien und – noch kühner – realisiert sie auch.

Messner revolutioniert die Bergsteigerei, er setzt neue Maßstäbe im Felsklettern, propagiert die moderne Freikletterei, durchsteigt in Rekordzeit die besagte Eiger-Nordwand und macht Furore als ungemein fähiger Höhenbergsteiger im Himalaja.

Messner besteigt bis Mitte der achtziger Jahre als erster Mensch alle vierzehn Achttausender, er veröffentlicht Buch um Buch, darunter eines mit dem unbescheidenen Titel »Mein Weg – Bilanz eines Bergsteigers ohnegleichen«, und er wird, neben Trenker, zu einer zweiten, ganz andersgearteten Symbolfigur für den Bergsport und auch für Südtirol.

Das Verhältnis zwischen Trenker und Messner ist niemals frei von Spannungen. Jeder weiß das Können des anderen zu schätzen. Messner würdigt stets das filmische Schaffen Trenkers und auch seine immerhin bemerkenswerten alpinistischen Leistungen, Trenker anerkennt die herausragende Position des Bergsteigers aus dem Vilnößtal. Daß es dennoch des öfteren zu Zwistigkeiten kommt, ist in großem Maße Sache einer Boulevardpresse, die keine Chance ungenutzt läßt, den Jungen und den Alten gegeneinander auszuspielen.

Vom damals zweifellos enorm geltungsbedürftigen Messner erscheinen Artikel und Interviews unter Schlagzeilen wie »Ich habe den Berg nie rufen gehört«, anspielend auf Trenkers Mythos Berg, den er in zahlreichen Büchern, Filmen und Vorträgen zum Ausdruck gebracht hat.

Hinter allem, was die Presse da geschickt zu schüren weiß, steckt natürlich eine gewisse Haßliebe zwischen Trenker und Messner. Fast so etwas wie ein Vater-Sohn-Konflikt, wobei der rebellische Sohn die Werte seines alten Herren demonstrativ mit Füßen tritt.

»Mein lieber Reinhold Messner,« beginnt Trenker 1981 einen offenen Brief in einer Tageszeitung, »nur ungern greife ich zur Feder, um zu Deinen, von uns Südtirolern mit Erstaunen und Befremden aufgenommenen Äußerungen im italienischen Fernsehen über Deine Landsleute Stellung zu nehmen.

Hättest Du Deine Bergfahrten so unbedacht angegangen wie Dein vor Millionen Zuschauern am italienischen Fernsehen abgegebenes Interview, dann hättest Du wohl nie einen Himalayagipfel erreicht! Deine

Behauptung, daß ›kein Volk die Heimat so verraten habe wie wir Südtiroler‹, finde ich ungeheuerlich.« Und so weiter, und so fort.

Zur Zeit dieses Generationskonfliktes ist Trenker ein Markenzeichen. Seine Vermarktung durch Industrie und Medien ist auf ihrem Höhepunkt. Trenker im Fernsehen, Trenker im Hörfunk. Der Trenker-Look, Hut, Joppe, Mascherl und Bundhose, wird rasch zur »Uniform« der Bergfreunde. Sein Konterfei soll den Absatz vieler Artikel fördern. Ständig kommen neue Bücher heraus, die frühen Romane werden wieder aufgelegt. Auf Schallplatten erscheinen seine Erzählungen, und aus tausend Zeitschriften strahlt er, auch vom Alter unverwüstlich, die Leser an. Kurzum: Trenker ist ein Ereignis. Trenker boomt.

»Der Spiegel« schreibt 1982: »Der Zweifel aber will nicht schweigen, ob es den Luis Trenker wirklich im richtigen Leben gibt; ob er nicht eben doch ein Medien-Phantom ist wie der Marlboro-Cowboy, der hundertjährige Knoblauch-Kirgise oder Donald Duck – existent nur in unseren grauen Zellen, in denen Mythen und Werbetexte gespeichert werden. Denn er ist zu überlebensgroß für uns, zu permanent, zu allgegenwärtig. Alleweil tritt er irgendwo auf, alleweil trägt er Trenker-Hut und Trenker-Cord, und alleweil sagt er dasselbe. Ob sein 70., 80., 90. oder, demnächst, sein 200. Geburtstag ansteht – semper idem.«[269]

Auch ein Reinhold Messner bedarf großer Popularität, um seine alpinistischen Pläne realisieren zu können. Über bemerkenswerte Bücher und hervorragende Lichtbildvorträge finanziert er sein jeweils nächstes Himalaja-Projekt. Hätte er eine ähnliche Massenwirkung wie Trenker, würde vieles noch leichter sein. Aber über die verfügt er nicht. Messner fehlt ganz entscheidend, was Trenker ständig an den Tag legt, die Volksnähe. Messner muß Jahr für Jahr famose Höchstleistungen bieten, um das Publikum an seine Person zu binden (immerhin tut er dies bald auch mit dem werbewirksamen Geschick, fast jede Expedition in unüberbrückbaren Streitigkeiten mit einem anderen Expeditionsteilnehmer enden zu lassen). Trenker hingegen braucht nichts dergleichen zu tun. Er muß nur sein berühmtes Lächeln zeigen, einmal in die Hände klatschen und sagen: »So, jetzt hörts mir mol alle zua« – schon hört man ihm zu, schon fesselt er das Publikum, schon begeistert er Menschen, nur so, durch seine bloße Anwesenheit und seine besondere Ausstrahlung.

Das ist der Unterschied, der wohl auch erklären kann, daß Messner zwar viel Bewunderung entgegenschlägt, er an Beliebtheit aber mit Trenker zu keiner Zeit konkurrieren kann.

Nun gibt es freilich nicht nur Zwist zwischen den beiden. So geschickt solche Meinungsverschiedenheiten nämlich von Medienleuten manipuliert werden, so geschickt führen die auch von Zeit zu Zeit Aussöhnung herbei. Es gibt genug Photos von Trenker und Messner in freundschaftlicher Verbundenheit, beieinander in herzlichem Gespräch. Im Grunde sind beide in dieser Angelegenheit entweder clever oder naiv genug, um dieses Spiel mitzuspielen. Clever in dem Fall, daß sie den wirtschaftlichen Vorteil des ins Geredekommens abzuschätzen wissen, naiv, wenn sie sich vor den Karren einer lüsternen Presse spannen lassen.

Wie dem auch sei – von nun an soll kein Messner mehr die Aufmerksamkeit von Luis Trenker ablenken. Denn noch gibt es genug zu sagen über die Kultfigur Trenker, die neben unzähligen Freunden freilich auch so manchen scharfen Kritiker hat. So wird ihm beispielsweise vorgeworfen, mit seiner Arbeit dem Gebirge letztlich mehr geschadet als genützt zu haben. Hat nicht er wie kein anderer die Menschen für das Bergsteigen begeistert? Ist also nicht er auch ganz entscheidend dafür verantwortlich zu machen, wenn nunmehr Täler und Höhen geradezu »heimgesucht« werden, wenn der Frieden, den Trenker stets pries, den Bergen wohl auf immer verlorenging? Sind nicht unzählige Wege, Forststraßen, Seilbahnen, Hütten zurückzuführen auf den Run, den Trenkers Schaffen ausgelöst hat? Ist er also gar nicht jener »König der Berge«, als den ihn 1992 sogenannte volkstümliche Musikanten würdigen werden?

In der Tat: Trenkers Tätigkeit, und nicht nur die publizistische, hat zu einem Ansturm auf die einstmals so stillen Alpen geführt. Unzweifelhaft wollte ein jeder Geld verdienen mit seiner Arbeit: ob Trenker im Fernsehen das »Sonnige Südtirol« pries, ob ein Walter Pause »Münchner Hausberge« beschrieb oder Wanderrouten »Von Hütte zu Hütte« vorschlug. Doch Trenker wie Pause hätten sich wahrscheinlich einen anderen Themenbereich gewählt, hätten sie geahnt, in welchem Maße ihre Werke zur Überschwemmung der Berge mit Touristen beitragen sollten. Ihr eigentlicher Antrieb war eine Art Sendungsbewußtsein; sie wollten anderen Menschen die Schönheit des Gebirges näherbringen, ihnen Tiefempfundenes mitteilen, sie einladen mitzukommen in die Berge, ähnliche Erfahrungen zu machen, ähnliches zu erleben und daraus Freude zu schöpfen.

Trenker und seine Publizistenkollegen, wie eben dieser Walter Pause, sind am ehesten wohl mit dem berühmten Zauberlehrling zu vergleichen, der die Geister, die er gerufen, nicht mehr los wird.

Zahllose Menschen haben sie hingeführt zu einer Freizeitbetätigung in natürlicher Umgebung. Sie haben Freude geschenkt damit, Lebensinhalte vermittelt, im übertragenen Sinn gangbare Wege gewiesen. Nur unterlagen sie dem Irrtum, und das ist eigentlich das einzige, was man ihnen vorwerfen könnte, daß persönlich Erlebtes wahrhaft weitervermittelt werden kann. Schroffer, dabei gewiß treffender, formuliert es Helmuth Zebhauser, ehemals Kulturreferent des Deutschen Alpenvereins, in seiner philosophischen Schrift »Vom Unsinn des Bergsteigens«:

»Die Bergsteiger denken wenig über ihr Bergsteigen nach. Sie schreiben aber viel – erzählen ihre Bergfahrten, legen ihre Gefühle nieder, entweder in dem Glauben, daß die anderen nachempfinden können, oder in der eitlen Hoffnung, daß die anderen die Menge und Tiefe dieser Gefühle bewundern.«[270]

So hat also Luis Trenker in bestem Glauben und bester Absicht Geister gerufen, die nun, als Auswüchse übersteigerten Fremdenverkehrs, dem Gebirge auch von Übel sind.

Trenker, der bis ins höchste Alter die Augen vor solchen Realitäten nicht verschließt, leidet unter diesen unbestreitbaren Tatsachen.

»Täglich erlebe ich, wie gefährdet allein unser kleines Südtirol in dieser Richtung ist. Die Seiseralm, früher ein wahres Kleinod, wurde in den letzten zwanzig Jahren durch rücksichtslose Autofahrer verschmutzt, von Maurermeistern durch improvisierte Pensions- und Hotelbauten verschandelt, gegen die unser Landschaftsschutz anscheinend hilf- und machtlos ist.

Als wir in unseren jungen Jahren einem Alpinismus ohne Sensationen huldigten und unsere Wege über Stock und Stein selber suchten, sagten wir: ›Die Berge sind schön, aber unbequem.‹ Heute ist man versucht, zu sagen: ›Die Berge sind bequemer geworden, aber nicht mehr so schön‹ ...«[271]

Daß es sich bei diesen Sätzen um ehrliche Einsichten handelt, beweist das vehemente Engagement, das Trenker vom Ende der sechziger Jahre an für den Umweltschutz an den Tag legt. Am auffälligsten zeigt sich dies an seinem publizistischen Kampf gegen eine geplante Autobahn zwischen München und Venedig. Die projektierte Trasse sollte das Sextental durchziehen, somit einer ungewöhnlich reizvollen Dolomitenlandschaft den Garaus machen: Vorbei wäre es gewesen mit dem Erholungswert dieser Region, Abgase statt guter Luft, Lärm statt Ruhe, eine Transitstrecke durch einen besonders schönen Teil von Südtirol.

Die Planung dieses Autobahnbaues, die selbst im Scheitern als »Alemagna« in die Geschichte Südtirols eingegangen ist, erregte europaweit Aufsehen. Das Für und Wider wurde in Italien, Österreich und Deutschland erbittert diskutiert, oft blieb die sachliche Argumentation dabei auf der Strecke. Aber auch in anderen Ländern fand das Projekt weit vernehmbares Presseecho.

»Trotz aller Vorhaltungen, Bitten und Proteste der Gemeinden Innichen, Toblach und Sexten wurde der Plan, die Autobahn über den Kreuzbergpaß und durch Sexten zu führen, rücksichtslos vorangetrieben, obwohl die Südtiroler Landesregierung eine ablehnende Haltung einnahm, obwohl Gutachten hervorragender Männer wie Professor Dr. Grzimek und Professor Buchwald gegen das Projekt vorlagen und obwohl der Club Alpino, der Alpenverein und viele andere Organisationen dagegen Stellung genommen hatten.«[272]

Es kam Trenker bei seinem Einsatz für Sexten und gegen die Autobahn zugute, daß er beste Kontakte zu konservativen Kreisen in Bayern unterhielt. Mit Bayerns Ministerpräsident Alfons Goppel verband ihn ein freundschaftliches Verhältnis, und auch Franz Josef Strauß war dem Südtiroler Trenker bestens gesonnen.

Trenker wandte sich an die »maßgebenden Herren der bayerischen Regierung«[273], er erläuterte den Sachverhalt, klärte darüber auf, daß durch den Bau der Alemagna jahrhundertealte Bauernanwesen zum Verfall bestimmt wären und daß die Natur schrecklich leiden würde unter den Auswirkungen von Fernlast- und Reiseverkehr.

Es dauerte bis ins Jahr 1975, ehe die Autobahngegner aufatmen konnten.

»Als sich schließlich 1975 mit dem Zillertal auch Nordtirol dem Kampf gegen die Alemagna anschloß, wurde nach jahrelangem Hin und Her – nicht zuletzt durch Einsicht und Entgegenkommen maßgebender bayerischer Instanzen – die Durchführung der Sextener Kreuzberg-Trasse von der Autobahngesellschaft ein für allemal aufgegeben.«[274]

Daß es kam, wie es gekommen ist, ist nicht zuletzt ein Verdienst eines resolut auftretenden Trenkers. Seine Stimme hat Gewicht, und sie wird weithin gehört.

Am Schluß dieses Kapitels, das sich auf verschiedenen Wegen der Kultfigur Luis Trenker zu nähern versucht hat, kann man folgendes Resümee ziehen: Es ist nicht der Bergsteiger Trenker und nicht der Filmemacher

Trenker, es ist auch nicht der Schauspieler und nicht allein der Erzähler, der zu dieser Kultfigur avancierte. Die große Bewunderung eines breiten Publikums, von Menschen auch, die sonst kaum etwas mit Südtirol, mit Bergen oder Filmen zu tun haben, verdankt Trenker dem Umstand, daß er wie kaum ein anderer die Heimatliebe verkörpert. Was immer er auch tat, es ist mit der Region seiner Herkunft in Verbindung zu bringen. Ob er nun Bergfilme drehte oder während der Nazizeit von daheim nicht lassen konnte, ob er in Büchern und Erzählungen für Südtirol, die Dolomiten und das Bergsteigen warb oder ob er sich exponierte für den Erhalt einer Landschaft, stets wollte er damit Südtirol, dem Land an der Schwelle zwischen Norden und Süden, von Nutzen sein.

Somit ist er ein Erlebnis und eine Erfahrung für eine Generation, die den Zweiten Weltkrieg mitgemacht hat und die Schuld hat daran, daß der Begriff »Heimat« von 1945 an stark negativ belegt ist. Darf man das Wort Heimat denn überhaupt noch gebrauchen? Denkt man nicht gleich an Boden und Blut und an ein Volk ohne Raum? Darf man Heimatgefühl empfinden, Treue zeigen zur eigenen Herkunft? In solcher Verunsicherung begegnet dieser Generation ein Luis Trenker, der, was die Heimatverbundenheit angeht, nie Kompromisse gemacht hat. Ein Trenker, der sich um die Wertigkeit des Begriffes Heimat nie gekümmert hat. Zu keiner Zeit. Nicht in den filmisch so ergiebigen dreißiger Jahren und auch nicht später. Ein Trenker, der besagtes Wort aus sich heraus mit Leben erfüllt.

Nimmt es wunder, daß Luis Trenker zur Kultfigur geworden ist?

ALLES GUTGEGANGEN?

Schlußbilanz eines bewegten Lebens

Kaum jemand denkt daran, daß Luis Trenker, das Symbol ewiger Jugend, irgendwann sterben wird. Zumindest rechnet niemand damit, daß dies vor dem 100. Geburtstag der Fall sein würde.

Gewiß, Trenker ist nun wirklich alt geworden. Zwar gibt er sich, immerhin weit über die neunzig, vital und schlagfertig bei jeder Gelegenheit. Sind Gäste in der Nähe, Menschen, die ihn sehen wollen, die seinen Geschichten zuhören, oder sieht er Photoapparate, gar Filmkameras auf sich gerichtet – schon spielt er die Rolle, die seine ureigenste ist: den kraftvollen Bergler, gesund und frisch, empfindsam und derb zugleich, ein Mann mit dem Herzen am rechten Fleck, dabei stets aufgelegt zu allem möglichen Scherz.

Aber es gibt Momente, da er unbeobachtet ist. Dann geht er allein durch den weitläufigen Obstgarten seiner Bozner Villa, hindurch zwischen den Bäumen, die er oft und oft eigenhändig zugeschnitten hat, dann geht er so dahin, setzt vorsichtig Schritt vor Schritt in die Unebenheiten des Grasbodens, den Kopf ein wenig gesenkt, die Schultern leicht nach vorne gebeugt, müde von einem langen, immer bewegten Leben, weise von vielen guten und vielen schlimmen Erfahrungen, an kein Morgen mehr denkend, nur zurückschauend auf all die Jahre, da doch, wie er meint, letzten Endes alles gutgegangen ist.

Die Öffentlichkeit hält Trenker für unsterblich. Er selbst weiß es besser. Vor Jahren ist er dem Tod mit knapper Not entronnen. Eine Gallenoperation war erforderlich geworden. Anschließend rang er tagelang mit dem Tod. Er phantasierte von gelben Taxis, Tausenden von gelben Taxis im Pustertal, die man verbieten solle, damit sie nicht alles verdrecken können. Martina Höller, seit einiger Zeit gleichsam Trenkers Hausdame, eine junge Frau aus dem Vintschgau, die sich in Büro und Haushalt um den Star und den Menschen Luis Trenker kümmert, wachte Tage und Nächte am Krankenbett im Münchner Josefinum, bis endlich der behandelnde Professor das erlösende »Über den Berg« aussprach.

Von Unsterblichkeit, das weiß Trenker nur zu gut, kann keine Rede sein. Wer so alt ist wie er, ist ständig mit dem Tod konfrontiert. Die meisten seiner Wegbegleiter sind längst gestorben. Die treuen Gefährten aus der Frühzeit des Films. Manch namhafter Schauspielerkollege. Viel zu früh auch die gute Charlotte Picht. Die Eltern, L'Oma Linchen und Bera Jakob. Und jetzt, vor kurzem, Hilda Trenker, seine Frau.

Unsterblichkeit – welch ein Wort . . .

Es schließt sich der Kreis. Als ganz große Festlichkeiten sind all die letzten Geburtstage begangen worden. Lobesreden und Blasmusik, Kutschfahrten durch das Heimattal, Bergführerspaliere zu Ehren des berühmten Grödners. Da haben sich die Verheißungen seiner Kindheit erfüllt. Damals galten aller Pomp und alle Feierlichkeit nur dem Namenstag des Kaisers Franz Joseph, jetzt steht Luis Trenker im Mittelpunkt der Aufmerksamkeit.

Weit war der Weg, den er zu gehen hatte, weit und hindernisreich.

Die gute Mutter, der strenge Vater.

Der Traum, ein Ingenieur zu werden.

Die Studienzeit in Wien und Graz.

Das Erlebnis Berg. Freunde wie Hans Pescosta und Hans Dülfer. Dolomitenklettern, Erstbegehungen, Bergführen.

Dann der Krieg. Galizien und Alpenfront. Das Glück, mit dem Leben davonzukommen.

Neuanfänge. Architektendiplom und Architekturbüro. Der Verdruß mit den italienischen Faschisten.

Der Weg zum Film.

Was liegt nicht alles hinter Luis Trenker, was ist nicht alles bewältigt, geschafft, erreicht, was ist nicht alles gutgegangen.

Gelebt hat er so intensiv es immer ging. Bergsteigen, klettern – das heißt intensiv leben. Kreativ arbeiten, künstlerische Ideen verwirklichen – das heißt intensiv leben. Kämpfen für und gegen etwas – auch das heißt intensiv leben. Viele haben ihn beneidet. Doch ist Neid wirklich angebracht?

Seine Laufbahn als Alpinist und Bergführer wurde vom Ersten Weltkrieg beendet. Eine Architektenkarriere verhinderten die Bürokraten Mussolinis. Die Filmlaufbahn war ein ständiges Ringen – mal um, mal gegen die Gunst von braunen und schwarzen Machthaben. Und auf dem Höhepunkt seiner Karriere als Regisseur und Darsteller brach große Not mit der Erkrankung zweier Söhne an Kinderlähmung über ihn und seine Familie herein. So sonnig, wie sein Lächeln es jahrzehntelang glauben machte, war Trenkers Leben nie.

Geschenkt wurde ihm nichts, und leichtgemacht hat man ihm selten etwas.

»Mein Vater hatte das, was man einen guten Kern in einer rauhen Schale nennt«, schrieb Trenker einmal. »Als ich in den Jahren nach dem Zweiten Weltkrieg keine gute Presse im deutschen Blätterwald hatte und ihm verschiedene, zum Teil sehr harte und bösartige Angriffe auf mich zugeschickt wurden, verlor er nie ein Wort darüber und ließ sich nicht das geringste anmerken.

Als die Welle verebbt war und wieder positive Besprechungen über mich erschienen, überraschte ich ihn einmal, wie er eine ausgezeichnete Kritik über meine Fernseherzählungen im ›Spiegel‹, den ihm weiß Gott wer zugeschickt hatte, las. Er legte sie beiseite. Wieder ließ er sich nichts anmerken. Als ich mich von ihm verabschiedete, sagte er: ›So, jetzt bist wieder ein Trenker‹!«[273]

So war Trenkers Leben ein ständiges Bergauf und Bergab. Probleme hat es genug gegeben. Doch soweit diese von der Öffentlichkeit überhaupt wahrgenommen wurden, glaubte doch niemand daran, daß ihn so etwas zutiefst erschüttern könnte. Zu stark festgeschrieben war sein Ausdruck männlicher Härte, verkörperter Heldenhaftigkeit, alpinistischer Willenskraft. Ein Nimbus. Ein Denkmal schon zu Lebzeiten.

Daß es Leute gibt, die Denkmäler gerne vom Sockel stoßen, muß Trenker noch in den ganz alten Tagen erfahren. Als Martina Höller, die zweiunddreißigjährige Frau an der Seite des fünfundneunzigjährigen Trenker, ein Kind erwartet, »schießen« sich einige Journalisten auf ihn ein. Von Trenkers späten Vaterfreuden wird geschrieben, Sexspiele in der Sauna der Bozner Villa füllen Schlagzeilen, Familienstreitigkeiten werden geschürt, ohne Pardon und bar jeglichen Niveaus laben sich Teile der deutschsprachigen Presse an dem gefundenen Fressen.

Daß Trenker selbst sich in dieser Zeit nicht immer klug verhält – wer will es einem Mann in diesem Alter verdenken. Trotz seiner Rüstigkeit und trotz mehrerer Frischzellenkuren – der Vater von Martina Höllers Baby ist nicht er, ist nachweislich ein anderer.

Was freilich den alten Luis, noch immer keck und noch immer ein wenig eitel, nicht daran hindert, Öl in die Flamme eines unmoralischen Journalismus zu gießen. Im Rahmen einer Fernsehsendung berichtigt Martina Höller ein falsches Bild in der Öffentlichkeit: Nie sei sie Geliebte gewesen, immer nur eine gute Freundin für Luis. Der nickt, besinnt sich kurz, denkt zwei, drei Sekunden lang nach, dann geht wieder, wie schon oft in seinem Leben, sein temperamentvolles Naturell mit ihm durch, seine Augen funkeln, die bislang verschränkten Hände lassen sich zu heftigen Gesten hinreißen, und aller Vernunft zum Trotz und gewiß auch getrieben von einer gehörigen Portion Schalk, die ihm ja schon immer im Nacken saß, hakt er nach: »Ist ja net wahr! Freilich Geliebte, was denn sonst! Des wär ja noch schöner!«

Vielleicht ist Trenker die ganze Angelegenheit ja auch schon ein bißchen egal. Was eigentlich kümmert ihn noch die Meinung anderer. Muß er sich noch sorgen um seine Zukunft?

Niemand zweifelt daran, daß Trenker den 100. Geburtstag erleben wird. Nur er äußert bei guten Freunden, wie etwa dem »Zirm-Wirt« Pepi Peristi in St. Ulrich, daß er so alt gewiß nicht werde. Er meint es ernst. Die Nieren sind verkrebst. Daß ihm der Herrgott noch so viele Monate Zeit gäbe, bis man den dreistelligen Geburtstag feiern könnte, erscheint ihm mehr als unwahrscheinlich.

Die Angst, die ihn am meisten umtreibt, ist die Angst vor einem Sterben im Bett. Er fürchtet die Atmosphäre von Krankenhäusern, fürchtet das Liegen und die Pflegebedürftigkeit. Da es eines Tages wird sein müssen, wünscht er sich einzig dies: einen schnellen Tod, einen raschen Übergang aus dem gerade noch vollen Leben in das, was darauf folgt. Das liebste wäre ihm, jemand gäbe ihm an einer Stelle, wo es steil bergab geht, von hinten einen Rempler. Am liebsten wäre ihm so ein alpiner Tod.

Aber der Herrgott, zu dem Trenker fast achtundneunzig Jahre lang ein ganz besonderes, ganz eigenes Verhältnis gehabt hat, macht keinen Unterschied zwischen Kultfiguren wie dem Bera Luis und den unzähligen Menschen, die ein Leben lang anonym geblieben sind.

Eine schwere Lungenentzündung wirft Trenker aufs Krankenlager. Alle ärztliche Kunst und alle pflegerische Mühe bringen keine Genesung mehr. Trenker magert ab, und mit der Kraft verläßt ihn auch der Wille.

Am 12. April 1990 stirbt Bera Luis im Städtischen Krankenhaus von Bozen. Das 98. Lebensjahr zu vollenden ist ihm nicht mehr vergönnt.

1992, zweieinhalb Jahre nach Trenkers Tod, begeht Südtirol im allgemeinen und sein Heimatort St. Ulrich im besonderen den hundertsten Geburtstag. Die Fernsehsender bringen wieder seine großen Spielfilme, den »Verlorenen Sohn« und »Der Berg ruft«, »Kaiser von Kalifornien« und »Der Rebell«. In St. Ulrich wird ein Panoramaweg, der von der Kirche zur Schnitzschule (gegründet einst von Großvater Ferdinand

Demetz) führt, als Luis-Trenker-Promenade eingeweiht. Ein lebensgroßes Bronzedenkmal, geschaffen von dem Bildhauer Runggaldier, wird enthüllt. Von nun an kann ein eherner Luis Trenker tagein, tagaus hinübersehen zu seinem Lieblingsberg, dem Langkofel. Und im Theatersaal der Cësa di Ladins zeigt der Schuldiener Albert Insam Trenkers große Klassiker. Tausende kommen, nehmen teil an den Feierlichkeiten, viele besuchen das Grab im Friedhof von St. Ulrich.

Ein schmiedeeisernes Kreuz schmückt die Grabstätte, gleich daneben, eingelassen in die Friedhofsmauer, die gleichsam gegen Wind und Wetter schützt, erinnert eine marmorne Büste an den Bergsteiger, den Filmstar, die Kultfigur und den Menschen Luis Trenker.

Zudem ist eine Platte aus rötlichem Marmor in der Friedhofsmauer versenkt. Eingraviert sind zwei Daten: Der 4. Oktober 1892 und 12. April 1990. Der Tag der Geburt des Luis Trenker und sein Todestag.

»Zum Grab meines Vaters
kommen immer viele Leute. Aber manchmal,
an einem späten Herbstnachmittag zum Beispiel,
kann ich dort auch allein sein
für einige stille Minuten.
In solchen Augenblicken fällt mir immer etwas ein,
was der bayerische Dichter Ludwig Thoma in
seinen ›Erinnerungen‹ geschrieben hat:
›Viele Wünsche gingen mir in Erfüllung,
anders und schöner,
als ich erwartet hatte, auch der Wunsch,
der am tiefsten in mir verwurzelt: hier leben
und schaffen zu dürfen.
Je enger sich der Kreis von Ausgang und Ende
schließt, desto stärker empfinde ich es,
wie darin das beste Glück enthalten ist.
Um mich ist Heimat.
Und ihre Erde kann einmal den,
der sie herzlich liebte, nicht drücken.‹
Wie das paßt auf meinen Vater.
Wie das paßt auf den Bera Luis.«

Florian Trenker

ANHANG

BILDLEGENDEN

1: Luis Trenker in den dreißiger Jahren, auf dem Höhepunkt seiner Filmkarriere: Ein nachdenkliches Idol.

2: Die Eltern: Bera Jakob und Mutter Carolina.

3: Dreijährig, mit Strohhut auf dem Kopf: Der kleine Luis Trenker mit Schwester Carolina.

4: St. Ulrich um die Jahrhundertwende.

5: Haus Furdenang oberhalb von St. Ulrich. Hier wurde Trenker nicht geboren, er verbrachte aber die Jahre seiner Kindheit auf diesem Paarhof.

6: Die Furchetta-Nordwand (Bildmitte) in der Geislergruppe. Mit Hans Dülfer zusammen versuchte Trenker eine Erstbegehung.

7: Die berühmten Sellatürme im Herzen der Dolomiten. Heute ist der »Trenkerriß« am Ersten Sellaturm eine Modetour ersten Ranges.

8: Der junge Bergführer Trenker mit seinem Kollegen und Freund Hans Pescosta.

9–14: Alpinistische Impressionen. Trenker in seinem Element.

15–18: Junge Jahre: Luis Trenker als musizierender Architekturstudent und als mehrfach ausgezeichneter Soldat im Ersten Weltkrieg.

19: Der Pionier des Bergfilms: Arnold Fanck. Bei ihm begann Trenkers filmische Karriere.

20: Arnold Fanck (links) mit Kameramann Hans »Schneefloh« Schneeberger.

21: Leni Riefenstahl: Zu Stummfilmzeiten Trenkers Partnerin, beruflich wie privat, später mit ihm unüberbrückbar zerstritten.

22: Leni Riefenstahl mit Kollegen bei den Dreharbeiten zu »Der große Sprung« (1927).

23: Das Programmheft zu »Der Kampf ums Matterhorn« führt Trenker noch nicht als Regisseur. Und doch fing mit diesem Film 1928 seine Regisseurskarriere an.

24–25: Szenenfotos aus »Der Kampf ums Matterhorn«: Trenker mit Peter Voss und Marcella Alban.

26–27: Luis Trenker heiratet die Industriellentochter Hilda von Bleichert am 9. Juni 1928 auf dem Standesamt in Berlin.

28: Trenker beim Textlernen. Ende der zwanziger Jahre geht die Stummfilmzeit zu Ende.

29: Trenker auf Nordlandfahrt, 1929 in »Der Ruf des Nordens«.

30–31: Im Grönlandeis. Szenenfotos aus »Der Ruf des Nordens«.

32: Trenker in »Der Ruf des Nordens«.

33: 1932 in Amerika: Trenker arbeitet an der amerikanischen Fassung seines ersten großen Films »Berge in Flammen«.

34: »The Doomed Battalion«, die amerikanische Fassung von »Berge in Flammen«. An Trenkers Seite Victor Varconi.

35: 1932 läuft »The Doomed Battalion« am Broadway.

36–39: »Der Rebell« (1932). Bild 36 zeigt Luise Ullrich in ihrer ersten Filmrolle.

40–41: Arbeit an »Der verlorene Sohn«, 1934 in Amerika. Trenker auf Motivsuche und an Drehorten, wo mit versteckter Kamera gearbeitet wird.

42: »Der verlorene Sohn«: Trenker als Obdachloser vor der Kamera.

43–44: »Der verlorene Sohn« zeigt Trenker zwischen zwei Frauen: hier Maria Andergast, dort Marian Marsh (Bild 44).

45–47: Szenenfotos aus Trenkers liebstem Film »Der verlorene Sohn«.

48: Das Happy-End in »Der verlorene Sohn«. Trenker kehrt heim zu Maria Andergast.

49: Szenenfoto aus »Der Kaiser von Kalifornien« (1935/36): Trenker mit Filmpartnerin Viktoria von Ballasko.

50: Trenker mit Bernhard Minetti in »Der Kaiser von Kalifornien«.

51: Proben mit Viktoria von Ballasko zu »Der Kaiser von Kalifornien«.

52–53: Fotografisch festgehaltene Momente von einer Filmfahrt durch Amerikas Westen: Trenker als Johann August Suter hoch zu Roß und, bei der Planung anstehender Dreharbeiten, in Gesellschaft eines Indianers.

54–57: Proben- und Szenenfotos aus »Der Kaiser von Kalifornien«.

58–59: »Der Kaiser von Kalifornien« wurde lange Zeit als bester europäischer Western bezeichnet. Trenker mal kämpferisch, mal sanft. Bild 59 zeigt eine Filmszene mit Trenkers Sohn Luis-Ferdinand.

60: Trenker als kämpferische Gestalt der Renaissance, 1937 im Film »Condottieri«.

61: Bei der Biennale in Venedig 1937 wird »Condottieri« mit dem Preis der italienischen Filmdirektion ausgezeichnet.

62: Remake eines Stummfilms. Aus dem »Kampf ums Matterhorn« wird 1937 »Der Berg ruft« und einer der besten Bergfilme aller Zeiten.

63: Vorbereitung zu Dreharbeiten für »Der Berg ruft«.

64: Trenker als Matterhorn-Pionier Jean-Antoine Carrel.

65: Trenker und Umberto Sacripanti in »Der Berg ruft«.

66: Trenker am Regiepult.

67: Joan Gardner in der englischen Fassung von »Der Berg ruft«.

68: Heidemarie Hatheyer in »Der Berg ruft«.

69–71: Trenker als Hahn im Korb in »Liebesbriefe aus dem Engadin«. Bild 69 und 70 mit Carla Rust, Bild 71 mit Charlott Daudert.

72–79: Szenenfotos aus der Komödie »Liebesbriefe aus dem Engadin« (1938).

80: »Der Feuerteufel« (1939/40): Trenker als Freiheitskämpfer Sturmegger, Erich Ponto als Napoleon I.

81: Regiearbeit am »Feuerteufel«.

82: »Duell in den Bergen« (1949/50).

83: Mit Mino Doro in dem Film »Im Banne des Monte Miracolo« (1949).

84: Trenker mit seiner Mutter Carolina, l'Oma Linchen.

85: Trenkers Vater Jakob mit Enkelkind Luis-Ferdinand.

86: Hilda Trenker (zweite von links) mit ihren vier Kindern. Von links: Florian, Barbara, Josef und Luis-Ferdinand.

87–88: Dreharbeiten zu »Sein bester Freund« (1962). Bild 87 zeigt Toni Sailer.

89: Die junge Marianne Hold, eine Filmentdeckung Trenkers in den fünfziger Jahren.

90: Arbeit an Kulturfilmen in den fünfziger Jahren. Trenker mit Sohn Florian, der beruflich in die großen Fußstapfen des Vaters tritt.

91: Zusammentreffen mit Sepp Allgeier (links), dem großen Kameramann aus der frühen Zeit des Bergfilms.

92: Trenker als Fernseherzähler (mit Ernst Emrich, Redakteur des Bayerischen Rundfunks) Anfang der sechziger Jahre.

93: Familienbande: Schwiegervater Bleichert erbaute Bergbahnen in aller Welt.

94: Eine Erinnerungsreise nach Amerika – Jahrzehnte nach den spektakulären Aufnahmen zum »Verlorenen Sohn«.

95: Ein wenig Ruhestand nach überaus bewegtem Leben.

96–98: Trenker, wie man ihn am besten kennt: als Symbol für Vitalität, ewige Jugend und alles Alpenländische schlechthin.

99: Zeit des Ruhms, Zeit der Ehrenmitgliedschaften: Trenker wird von der Europäischen Bildungsgemeinschaft ausgezeichnet.

100: 1983 anläßlich der Internationalen Gartenbauausstellung in München. Links von Trenker Anette von Aretin; rechts von ihm seine ständige Begleiterin Martina Höller.

101: Alte Leute: Hilda und Luis Trenker hochbetagt.

102: Luis Trenker mit seinen Söhnen. Von links: Luis-Ferdinand, Florian und Josef.

In den Mund gelegt:

103: »Was war das für ein Leben! Ist nicht vieles gutgegangen?«

104: »Manches freilich waren Irrwege. Fehler hier, Fehler da. Und das Schicksal hat bisweilen grob sein können.«

105: »Doch, letztlich ist alles gutgegangen. Nur: Was in dieser Biographie steht, was die da zusammengeschrieben haben, das ist alles, alles falsch. Meine Bücher müßt Ihr lesen. Da steht die Wahrheit drin.«

FILMOGRAPHIE

Spielfilme

1921/22
DAS WUNDER DES SCHNEESCHUHS
Regie: Arnold Fanck
Drehbuch: Arnold Fanck
Kamera: Sepp Allgeier, Arnold Fanck
Außenaufnahmen: Engadin, St. Christoph (Arlberg), Feldberg (Schwarzwald), Kreuzeck (Garmisch), Berner Alpen
Trenker wirkt als anonymer Skiläufer mit.

1923/24
DER BERG DES SCHICKSALS
Regie: Arnold Fanck
Drehbuch: Arnold Fanck
Kamera: Eugen Hamm, Sepp Allgeier, Arnold Fanck, Hans Schneeberger, Herbert Oettel
Außenaufnahmen: Guglia di Brenta, Langkofelgebiet und Cinquetorri-Gebiet
Neben Hannes Schneider, Frieda Richard, Erna Morena und Gustav Oberg spielt Trenker seine erste Filmrolle.

1925/26
DER HEILIGE BERG
Regie: Arnold Fanck
Drehbuch: Arnold Fanck
Kamera: Helmar Lerski, Hans Schneeberger, Sepp Allgeier
Musik: Edmund Meisel
Außenaufnahmen: Schweizer Alpen (St. Moritz, Maloja-Paß, Bernina), Dolomiten (Seiser-Alm, Langkofel)
Darsteller: Leni Riefenstahl, Luis Trenker u. a.

1927

Der grosse Sprung

Regie: Arnold Fanck

Drehbuch: Arnold Fanck

Kamera: Sepp Allgeier, Hans Schneeberger, Albert Benitz, Richard Angst, Kurt Neubert, Charles Métain

Musik: Werner Richard Heymann

Außenaufnahmen: Dolomiten, Arlberg

Darsteller: Leni Riefenstahl, Luis Trenker u. a.

1928

Der Kampf ums Matterhorn

Regie: Mario Bonnard, Nunzio Malasomma, bei hochalpinen Szenen Luis Trenker

Drehbuch: Arnold Fanck und Nunzio Malasomma nach der gleichnamigen Romanvorlage von Carl Haensel

Kamera: Sepp Allgeier, Willy Winterstein

Außenaufnahmen: Schweiz, Matterhorn

Darsteller: Luis Trenker, Marcella Albani, Peter Voss u. a.

1929

Der Ruf des Nordens

(auch: Mitternachtssonne)

Regie: Nunzio Malasomma, Mario Bonnard, Luis Trenker

Drehbuch: Curt J. Braun, Nunzio Malasomma

Kamera: Willy Winterstein, Eduard von Borsody, Franz Eigner

Produktionsleitung: Luis Trenker, Viktor Skutetzky

Außenaufnahmen: Arktisches Eismeer (Spitzbergen)

Darsteller: Luis Trenker, Max Holsboer, Eva von Berne u. a.

1929/30

Die Heiligen drei Brunnen

(auch: Symphonie der Berge)

Regie: Mario Bonnard

Drehbuch: Hans H. Zerlett nach einer Vorlage von Arnold Fanck

Kamera: Willy Winterstein, Richard Angst, Viktor Gluck

Musik: Otto Stenzel

Außenaufnahmen: Tirol, Schweiz, Karpaten

Darsteller: Luis Trenker, Betty Bird u. a.

1930
DER SOHN DER WEISSEN BERGE
(auch: DAS GEHEIMNIS VON ZERMATT)
Regie: Mario Bonnard, streckenweise Luis Trenker
Drehbuch: Mario Bonnard, Nunzio Malasomma nach einer Vorlage von Luis Trenker und Walter Schmidkunz
Kamera: Franz Planer, Kurt Neubert, Albert Benitz
Musik: Giuseppe Becce
Außenaufnahmen: Zermatt, Matterhorngebiet
Darsteller: Luis Trenker, Maria Solveg u. a.

1930
LES CHEVALIERS DE LA MONTAGNE
Franz. Fassung von »Der Sohn der weißen Berge«
Darsteller: Luis Trenker, Marie Glory

1930
DIE GROSSE SEHNSUCHT
Trenker agiert in einer kleinen Nebenrolle.

1931
BERGE IN FLAMMEN
Regie: Luis Trenker und Karl Hartl
Drehbuch: Luis Trenker
Kamera: Sepp Allgeier, Albert Benitz, Giovanni Vitrotti
Musik: Giuseppe Becce
Außenaufnahmen: Karwendelgebirge, Dolomiten
Darsteller: Luis Trenker, Lissy Arna u. a.

1931
LES MONTS EN FLAMMES
Franz. Fassung von »Berge in Flammen«
Regie: Luis Trenker und Joe Hamman

1931/32
THE DOOMED BATTALION
Amerikan. Fassung von »Berge in Flammen«
Regie: Luis Trenker und Cyril Gardner

1932

Der Rebell

Regie: Luis Trenker und Kurt Bernhardt

Drehbuch: Robert A. Stemmle, Walter Schmidkunz, Kurt Bernhardt

Kamera: Sepp Allgeier, Albert Benitz, Willy Goldberger, Reimar Kuntze

Musik: Giuseppe Becce

Außenaufnahmen: Malojapaß, Umgebung von St. Martin und Zuoz (Schweiz) sowie Finstermünz (Tirol)

Darsteller: Luis Trenker, Luise Ullrich u. a.

1933

The Rebel

Amerikan. Fassung von »Der Rebell«

Regie und Drehbuch: Luis Trenker und Edwin H. Knopf

1928/34

Der Kampf ums Matterhorn

Neue Auflage des Stummfilms aus dem Jahr 1928 mit selbem Titel, musikalischer Untermalung, gesprochenem Kommentar und zusätzlichen Toneffekten.

1933/34

Der verlorene Sohn

Regie: Luis Trenker

Drehbuch: Luis Trenker, Arnold Ulitz, Reinhart Steinbicker nach dem gleichnamigen Roman von Trenker/Schmidkunz

Kamera: Albert Benitz, Reimar Kuntze

Musik: Giuseppe Becce

Außenaufnahmen: Karersee, Seiseralm, Kastelruth (Südtirol), Arlberg (Tirol), New York (USA)

Darsteller: Luis Trenker, Maria Andergast, Marian Marsh u. a.

1929/1934

Polarstürme

Vertonte und synchronisierte Fassung von »Der Ruf des Nordens«

1935/36
DER KAISER VON KALIFORNIEN
Regie: Luis Trenker
Drehbuch: Luis Trenker
Kamera: Albert Benitz, Heinz von Jaworsky
Musik: Giuseppe Becce
Außenaufnahmen: Kalifornien (USA)
Darsteller: Luis Trenker, Viktoria von Ballasko, Alexander Golling u. a.

1936/37
CONDOTTIERI
Regie: Luis Trenker, Werner Klingler
Drehbuch: Luis Trenker, Kurt Heuser, Mirko Jelusich
Kamera: Albert Benitz, Klaus von Rautenfeld, Albert Benitz
Musik: Giuseppe Becce
Außenaufnahmen: Venedig, Urbino, Gradara (Norditalien), Sellajoch (Dolomiten)
Darsteller: Luis Trenker, Ethel Maggi u. a.

1937
CONDOTTIERI
Ital. Fassung
Regie: Luis Trenker unter Mitarbeit von Giacomo Gentilomo und Anton Giulio Majano

1937
DER BERG RUFT
Regie: Luis Trenker
Drehbuch: Luis Trenker und Hans Sassmann
Kamera: Sepp Allgeier, Albert Benitz, Walter Riml, Otto Martini, Klaus von Rautenfeld
Musik: Giuseppe Becce
Außenaufnahmen: Matterhorn, Wallis (Schweiz)
Darsteller: Luis Trenker, Heidemarie Hatheyer u. a.

1938

Liebesbriefe aus dem Engadin

Regie: Luis Trenker und Werner Klingler

Drehbuch: Luis Trenker, Hans Sassmann

Kamera: Hans Ertl, Walter Riml, Klaus von Rautenfeld, Karl Puth

Musik: Giuseppe Becce

Außenaufnahmen: Engadin (Schweiz)

Darsteller: Luis Trenker, Carlas Rust u. a.

1939/40

Der Feuerteufel

Regie: Luis Trenker

Drehbuch: Luis Trenker, Hans Sassmann

Kamera: Albert Benitz, Klaus von Rautenfeld, Albert Höcht

Musik: Giuseppe Becce

Außenaufnahmen: Mittenwald, Brannenburg (Bayern), Kufstein (Tirol)

Darsteller: Luis Trenker, Erich Ponto u. a.

1943

Germanin

Regie: Max von Kimmich

Luis Trenker spielt die Rolle des Dr. Hans Hofer.

1943/49

Im Banne des Monte Miracolo

(auch: Der verrufene Berg)

Regie: Luis Trenker

Kamera: Albert Benitz, Umberto Della Valle, Ernst Elsigan

Musik: Giuseppe Becce

Außenaufnahmen: Umgebung von Innsbruck, Arlberg, Aostatal, Matterhorn, Montblanc, Nordtirol, Rom

Darsteller: Luis Trenker, Dora Bini u. a.

1943/49

Monte Miracolo

Ital. Fassung

1949/50

DUELL IN DEN BERGEN

(Ital. Titel: BARRIERA A SETTENTRIONE)

Regie: Luis Trenker

Drehbuch: Luis Trenker

Kamera: Ernst Elsigan, Domenico Scala

Musik: Carlo Rustichelli

Darsteller: Luis Trenker, Marianne Hold, Amedeo Nazzari u. a.

1955

FLUCHT IN DIE DOLOMITEN

Regie: Luis Trenker

Drehbuch: Luis Trenker, Giorgio Bassani, Pier Paolo Pasolini

Kamera: Albert Benitz

Musik: Fritz Seyfried

Außenaufnahmen: Dolomiten, Gardasee

Darsteller: Luis Trenker, Marianne Hold u. a.

1956

VON DER LIEBE BESIEGT

Regie: Luis Trenker

Drehbuch: Kurt Heuser und Luis Trenker

1957

WETTERLEUCHTEN UM MARIA

Regie: Luis Trenker

1962

SEIN BESTER FREUND

(auch: DRAMA AM EIGER)

Regie: Luis Trenker

Drehbuch: Luis Trenker und Gustav Kampendonk

Dokumentarfilme

Zwischen 1938 und 1982 entstanden folgende Dokumentationen:

Der König der Berge
Bildschnitzer im Grödnertal
Skiurlaub in den Dolomiten
An der Dolomitenstraße
Frühling in Südtirol
Gondelfahrt durch Venedig
Schönes Venedig
Lofotenfischer
Urlaub im Schnee
Aus König Laurins Rosengarten
Bergsommer
Kleine Kletterfahrt
Niemals mutlos
Die Sphinx von Zermatt
Sonniges Südtirol
Liebe zum Fels
Pulverschnee und Seilbahn
Kavaliere im Eis
Wochenende in den Bergen
SOS Zinnen-Nordwand
Gold aus Gletschern
Ski Heil
Strom für Europa
Unser Freund der Haflinger
Grüß Gott, Herr Pfarrer
Zwei Wege, ein Gipfel
Der Tagesablauf eines Bergpfarrers
Skifreuden in den Dolomiten
Erlebnisse am Matterhorn
Sperrfort Rocca Alta
Liebeserklärung an Südtirol
Krone der Schönheit
Heimat aus Gottes Hand
Südtirol und seine Bergführer

BIBLIOGRAPHIE

Veröffentlichungen von Luis Trenker – Angabe der Erstausgaben

ROMANE

Berge in Flammen, Berlin, Neufeld und Henius, 1931.
Der Rebell, Wien – Hamburg – Zürich, Gutenberg-Verlag, 1933.
Der verlorene Sohn, Berlin, Ullstein, 1934.
Der Feuerteufel, Berlin, Knaur, 1940.
Hauptmann Ladurner. Ein Soldatenroman. München, Eher, 1940.
Leuchtendes Land, München, Eher, 1942.
Sterne über den Gipfeln, München, Drömer, 1942.
Heimat aus Gottes Hand, Flensburg, Wolff, 1948.
Duell in den Bergen, Gütersloh, Bertelsmann, 1952.
Sonne über Sorasas, Gütersloh, Bertelsmann, 1953.
Schicksal am Matterhorn, Gütersloh, Bertelsmann, 1957.
Sohn ohne Heimat, Hamburg, Mosaik, 1960.
Das Wunder von Oberammergau, Bertelsmann-Lesering, 1960.

AUTOBIOGRAPHISCHE SCHRIFTEN UND BILDBÄNDE

Meine Berge, Berlin, Knaur, 1931.
Kameraden der Berge, Berlin, Rowohlt, 1932.
Berge im Schnee, Berlin, Neufeld und Henius, 1932.
Helden der Berge, Berlin, Knaur, 1934.
Berge und Heimat, Berlin, Knaur, 1935.
Bergwelt Wunderwelt, Berlin, Henius, 1935.
Sperrfort Rocca Alta, Berlin, Knaur, 1938.
Aus Heimat und Leben, Berlin, Knaur, 1942.
Gröden im Herzen der Dolomiten, München, Bruckmann, 1957.
Die Farm am Kilimandscharo, Düsseldorf, Hoch, 1960.
Alles gut gegangen, Hamburg, Mosaik, 1965.
Mein Südtirol, Gütersloh, Bertelsmann, 1965.
Luis Trenker erzählt aus seinem Leben, München, Esslinge Bechtle, 1973.
Vom Glück eines langen Lebens, Schwabenverlag, 1973.
Das große Luis-Trenker-Buch, Gütersloh, Bertelsmann, 1974.
Berghüttenlieder, Bonn, Voggenreiter, 1974.
Sexten darf nicht zubetoniert werden! Weißbuch über Alemagna-Autobahn, im Auftrag der Gemeinde Sexten, Bruneck 1979.
Goldene Bergwelt, München, Bruckmann, 1981.

ZEITTAFEL

1892, 4. Oktober	Alois Franz (genannt: Luis) Trenker in St. Ulrich/Gröden geboren.
1898–1901	Volksschule in St. Ulrich.
1902–1903	Dreiklassige Bürgerschule im Knabeninstitut Josefinum, Bozen.
1903–1905	Bau- und Kunsthandwerkerschule in Bozen.
1905–1912	K. u. K. Realschule in Innsbruck.
	Diplom als Bergführeraspirant und Bergführerprüfung. Mehrere Erstbegehungen.
1912–1914	Im Winter Architekturstudium an der Technischen Hochschule, Wien.
	Im Sommer Bergführertätigkeit in den Dolomiten.
1914, August	Einberufung zum Kriegsdienst; russischer Kriegsschauplatz Galizien, anschließend Abkommandierung nach Südtirol, Lavarone, Offiziersschule.
1915, Mai	Kriegseintritt Italiens; Dienst als Offizier im Sperrfort Verle.
1916	Im Juni auf Patrouillengang verwundet.
	Im Herbst als Ausbildungsoffizier für hochalpine Truppen in den Ötztaler Bergen, dann in den Dolomiten.
	Im Frühjahr Übernahme einer Bergführerkompanie. Frontdienst an der Dolomiten- und Ortlerfront. Auszeichnungen und Tapferkeitsmedaillen.
1917–1918	Platzkommandant in Cortina d'Ampezzo.
	Alpiner Referent beim Divisionskommando Bruneck.
1919–1920	Versuche als Kaufmann in Italien, der Schweiz und der Tschechoslowakei.
1920–1922	Beendigung des Studiums, Staatsprüfung an der Technischen Hochschule Graz, Architektur-Diplom.
1922–1924	Eröffnung eines Architekturbüros in Bozen, gemeinsam mit Professor Clemens Holzmeister.
	Entwurf und Ausführung mehrerer Bauten in Südtirol.

1925	Erste Filmarbeit mit Arnold Fanck; Hauptdarsteller im »Berg des Schicksals«.
1926–1927	Hauptrolle im Ufa-Film »Der heilige Berg« unter der Regie von Arnold Fanck.
1927	Einstellung des Architekturbüros in Bozen wegen Nichtanerkennung der in Österreich erworbenen akademischen Titel durch die faschistische Regierung in Rom.
	Fortführung der filmischen Laufbahn.
1927–1940	Wohnsitz in Berlin.
1928–1929	Erste selbständige Filmarbeit: »Der Kampf ums Matterhorn«.
	Erste schriftstellerische Versuche nach Anregung von Theodor Wolff.
1929–1930	Erster Tonfilm: »Der Sohn der weißen Berge«.
	»Berge in Flammen« in deutsch-französischer Gemeinschaftsproduktion; Hauptdarsteller und Regisseur (gemeinsam mit Karl Hartl).
1931	Amerikanische Fassung des Films »Berge in Flammen« (»The Doomed Battailon«) in Hollywood.
	Der Roman »Berge in Flammen« erhält den Preis der Stadt Wien als bestes Buch des Jahres.
1931–1932	»Der Rebell«, deutsch-amerikanische Gemeinschaftsproduktion; Manuskript und Hauptrolle; Regie gemeinsam mit Curt Bernhardt.
	Der gleichnamige Roman erscheint 1933.
1933–1934	»Der verlorene Sohn«; Manuskript, Regie und Hauptdarsteller. Auf der Biennale in Venedig Preis des römischen Kultusministeriums.
	Vorabdruck des gleichnamigen Romans in der Berliner Illustrierten«. »Kameraden der Berge« erscheint.
1935	Reise nach Kalifornien, Aufnahmen zum »Kaiser von Kalifornien«.
	Pokal für den besten Film des Jahres auf der Biennale in Venedig.
1936	»Condottieri«; deutsch-italienische Gemeinschaftsproduktion in Italien.

1937	Biennale in Venedig: Pokal der Generaldirektion für das Filmwesen für die beste Darstellung von Schönheit und Kunst italienischer Architektur in einem Spielfilm. Ablehnung des Films »Condottieri« (wegen angeblicher katholischer Tendenz) durch Goebbels und Hitler. »Der Berg ruft«; deutsch-englische Gemeinschaftsproduktion mit London-Film. Regie und Hauptrolle in beiden Fassungen. Auszeichnung: Offizierskreuz des Ordens der italienischen Krone.
1938	Filmkomödie »Liebesbriefe aus dem Engadin«.
1939	Preis für die »Liebesbriefe« als bester Sportfilm auf der Journalistentagung in Cortina d'Ampezzo.
1939–1940	»Der Feuerteufel«, letzte große Regiearbeit. Ablehnung der von Hitler und Mussolini dekretierten Option für die Abwanderung aus Südtirol; daraufhin, von Goebbels veranlaßt, ein Verbot jeglicher Tätigkeit im deutschen Film als Autor und Regisseur. Verlegung des Wohnsitzes nach Rom.
1941–1942	Im Auftrag des Vatikans künstlerische Betreuung des Jubiläumsfilms für Papst Pius XII.: »Pastor Angelicus«. Übernahme einer Rolle im Ufa-Film »Germanin – Bayer 205«.
1943	Filmarbeiten am Montblanc für Cines, Rom: »Im Banne des Monte Miracolo«. Aufenthaltsverbot in Südtirol durch Gauleiter Hofer.
1945	Wieder in Südtirol.
1947–1949	Roman »Heimat aus Gottes Hand«; verschiedene Kulturfilme.
1950	»Duell in den Bergen«, eine italienische Produktion. Roman mit demselben Titel.
seit 1950	Wohnsitz in München und Bozen.
1950–1960	Romane: »Glocken über den Bergen«; »Schicksal am Matterhorn«; »Das Wunder von Oberammergau«.

	Bildbände: »Berge und Heimat«; »Meine Berge«; »Berge im Schnee«.
1955	Große Goldmedaille beim Bergfilmfestival in Trient.
1956–1962	Roman »Der Kaiser von Kalifornien«.
	Erzählungen »Helden der Berge«.
	Mehrere Fernsehfilme.
1962	Ehrenring der Gemeinde St. Ulrich.
	Erzählungen im Fernsehen (ARD) für das Familien- und Jugendprogramm.
	»Sein bester Freund«; Spielfilm über eine Durchsteigung der Eiger-Nordwand im Berner Oberland.
	Fernseherzählungen in der ARD: »Alles gut gegangen«, Lebensbericht in 15 Fortsetzungen.
1966	Zahlreiche Erzählungen im Familien- und Jugendprogramm.
	Komturkreuz der Republik Italien.
1968–1971	Kampf gegen die Verbauung Sextens durch die geplante Alemagna-Autobahn.
	Ehrenbergführer-Urkunde von Zermatt.
1971	Ernennung zum Ehrenbürger der Heimatgemeinde St. Ulrich.
	Film »Erlebnisse am Matterhorn«.
1972	Im ZDF und ORF zehn Folgen »Berge und Geschichten« aus dem gesamten Alpenraum.
	Bildband »Bergwelt – Wunderwelt«.
1974–1979	Gemeinsam mit H. Dumler Bildband »Die höchsten Berge der Welt« und sechs Bildbände »Die schönsten Berge und Höhenwege der Alpen«.
1977	Auszeichnung: Goldenes Verdienstkreuz des Landes Tirol.
	Ernennung zum Ehrenbürger von Sexten.
	Überarbeitete Neuauflage »Sperrfort Rocca Alta«.
1978	Karl-Valentin-Orden.
	»Die schönsten Berggeschichten«.
1979	Film »Südtirol – Heimat aus Gottes Hand«.
	Weißbuch gegen die geplante Autobahn durch das

	Gebiet der Drei Zinnen: »Sexten darf nicht zubetoniert werden.«
	Verleihung des Bayerischen Verdienstordens.
1980–88	Zahlreiche Auszeichnungen und Ehrungen.
1990, 13. April	Luis Trenker stirbt im Krankenhaus von Bozen.

PREISE UND AUSZEICHNUNGEN

1931
»Berge in Flammen«
Preis der Stadt Wien für das beste Buch des Jahres

1935
»Der verlorene Sohn«
Preis des Kultusministeriums für den ethisch schönsten Film des Jahres, Venedig

1936
»Der Kaiser von Kalifornien«
Pokal für den besten Film des Jahres, Venedig

1937
»Condottieri«
Pokal der Generaldirektion für das Filmwesen für die beste Darstellung von Schönheit und Kunst, Venedig

1939
»Liebesbriefe aus dem Engadin«
Preis für den besten Sportfilm, Cortina d'Ampezzo

1955
Große Goldmedaille des Bergfilmfestivals Trient

1956
Ehrenmitglied des Bergführervereins Zermatt

1962
Ehrenbürger der Heimatgemeinde St. Ulrich/Gröden

1966
Komturkreuz für Verdienste um die italienische Republik
Diverse österreichische Auszeichnungen und Tapferkeitsmedaillen

1977
Goldenes Verdienstkreuz des Landes Tirol

1978
Karl-Valentin-Orden

1979
Bayerischer Verdienstorden

1982
Berlin: Goldenes Filmband

1983
»Classics for the 80s, a new history of the cinema«
Retrospektive des National Film Theatre, London, September;
von Luis Trenker läuft »The Lost Son«.

Einladung nach Amerika im Herbst 1983; Luis-Trenker-Retrospektive in New York (Goetheinstitut); Ehrengast beim Festival in Tellurid, Colorado; Film-Autorenabende mit Luis Trenker in Chicago, Denver, Hollywood.

ANMERKUNGEN

1 Franz Moroder, Das Grödner Thal, St. Ulrich 1891.
2 Josef Rifesser, Die Grödner Bahn, Bozen 1906, S. 9 ff.
3 ebd.
4 Erhard/Pechtl, Menschen im Tal. Zur Alltagsgeschichte des Pitztales (1890–1950), Innsbruck, S. 9.
5 ebd., S. 12.
6 ebd., S. 13.
7 Luis Trenker, Alles gut gegangen, München 1979, S. 12 f.
8 Franz Moroder, a.a.O., S. 98.
9 Luis Trenker, Alles gut gegangen, a.a.O., S. 9.
10 Calender de Gherdeina 1982 (ladinischer Jahresalmanach), S. 64.
11 Luis Trenker, Alles gut gegangen, a.a.O., S. 35.
12 ebd.
13 ders., Das große Luis Trenker Buch, Gütersloh 1974, S. 24.
14 ebd.
15 ebd., S. 25.
16 ders., Alles gut gegangen, a.a.O., S. 38.
17 ebd.
18 ebd., S. 41.
19 Heinrich Böll, Was soll aus dem Jungen bloß werden?, Bornheim – Merten 1981.
20 Luis Trenker, Alles gut gegangen, a.a.O., S. 41.
21 ebd.
22 ebd.
23 ebd., S. 42.
24 ebd., S. 44.
25 ebd., S. 45.
26 Curt Riess, Das gab's nur einmal. Die große Zeit des deutschen Films, Bd. 1, S. 20.
27 ebd., S. 28 ff.
28 Joseph Roth, Radetzkymarsch, Köln 1932, Kap. XV.
29 Luis Trenker, Alles gut gegangen, a.a.O., S. 65.
30 ebd., S. 55.
31 ders., Trägerbuch, Heimatmuseum St. Ulrich.
32 Alpenvereinsführer Dolomiten/Sellagruppe, München 1980.
33 Emilio Comici, Berge – Klettern, München, S. 169.
34 Luis Trenker, Furchetta-Nordwand. Ein Versuch, in: Fritz Schmitt, Hans Dülfer, München 1985, S. 77 f.
35 ebd., S. 78.
36 ebd., S. 78 f.
37 ebd., S. 80.
38 ders., Alles gut gegangen, a.a.O., S. 92.
39 ders., Das große Luis Trenker Buch, a.a.O., S. 76.
40 ebd., S. 77.
41 ebd.
42 ebd., S. 78.
43 ders., Alles gut gegangen, a.a.O., S. 95.
44 ders., Berge in Flammen, 1931, zit. nach der Taschenbuchausgabe 1980, S. 47.
45 ders., Alles gut gegangen, a.a.O., S. 97.

46 ebd., S. 98.
47 ebd., S. 101 f.
48 ebd., S. 113.
49 ders., Hans Pescosta. Rede beim St. Ulricher Bergführerverein, gehalten am 24.6.1918.
50 ders., Alles gut gegangen, a.a.O., S. 115.
51 ebd., S. 117.
52 ebd., S. 124.
53 Fritz Schmitt, Hans Dülfer, a.a.O., S. 50.
54 Luis Trenker, Alles gut gegangen, a.a.O., S. 127.
55 ebd., S. 128.
56 H. Barth, Die Bahn im Grödental, in: Mitteilungen des Deutschen und Österreichischen Alpenvereins, 1919.
57 Toni Hiebeler, Lexikon der Alpen, München 1977.
58 Joseph Roth, Radetzkymarsch, a.a.O., S. 328.
59 Luis Trenker, Alles gut gegangen, a.a.O., S. 133 f.
60 ders., Berge in Flammen, a.a.O., S. 187.
61 ders., Alles gut gegangen, a.a.O., S. 150 f.
62 ebd.
63 ebd., S. 163.
64 ebd., S. 167.
65 ebd., S. 169.
66 ebd., S. 172.
67 ebd., S. 186.
68 ebd., S. 186 f.
69 dtv-Atlas zur Weltgeschichte, Bd. II, München 1977, S. 159.
70 ebd., S. 182.
71 Luis Trenker, Alles gut gegangen, a.a.O., S. 187.
72 ebd., S. 188 f.
73 C. Holzmeister, Architekt in der Zeitenwende, Salzburg 1976, S. 32.
74 Luis Trenker, Alles gut gegangen, a.a.O., S. 189.
75 ebd., S. 190.
76 Arnold Fanck, Der weiße Rausch, München 1973, S. 17 f.
77 ebd., S. 39.
78 ebd.
79 Luis Trenker, Alles gut gegangen, a.a.O., S. 191.
80 P. Zanotto (Hrsg.), Luis Trenker – Die weiße Leinwand, Calliano 1982, S. 83.
81 Arnold Fanck, Der weiße Rausch, a.a.O., S. 79.
82 P. Zanotto (Hrsg.), Luis Trenker . . ., a.a.O., S. 84.
83 Arnold Fanck, Der weiße Rausch, a.a.O., S. 81.
84 Luis Trenker, Alles gut gegangen, a.a.O., S. 194 f.
85 ebd., S. 197.
86 Leni Riefenstahl, Memoiren, München 1987, S. 69 f.
87 ebd., S. 71.
88 ebd.
89 ebd., S. 72.
90 ebd., S. 73.
91 Arnold Fanck, Der Heilige Berg (Drehbuch), 1924.
92 ders., Der weiße Rausch, a.a.O., S. 94 f.
93 Leni Riefenstahl, Memoiren, a.a.O., S. 74.
94 Ch. Ford, Leni Riefenstahl, München 1982, S. 24 f.

95 Leni Riefenstahl, Memoiren, a.a.O., S. 77.
96 ebd., S. 84.
97 Hans-Jürgen Panitz, Fanck, Trenker, Riefenstahl (Manuskript für das Alpenvereinsjahrbuch), München 1992.
98 Arnold Fanck, Der weiße Rausch, a.a.O., S. 107 f.
99 A. Austermann, Kurt Tucholsky. Der Journalist und sein Publikum, München 1985, S. 54.
100 Weltbühne, Berlin, 11.1.1927.
101 Luis Trenker, Alles gut gegangen, a.a.O., S. 204.
102 Hans-Jürgen Panitz, Fanck, ..., a.a.O.
103 Arnold Fanck, Der weiße Rausch, a.a.O., S. 115.
104 Luis Trenker, Alles gut gegangen, a.a.O., S. 207.
105 E. Tworek-Müller, Am Rande der weißblauen Kalkalpen – Ödön von Horváth und Murnau, in: Horváth und Murnau, Murnau 1988, S. 51 f.
106 Luis Trenker, Alles gut gegangen, a.a. O., S. 208.
107 Hilda von Bleichert, Tagebuch 1927–1940, Familienbesitz.
108 ebd.
109 Arnold Fanck, Der weiße Rausch, a.a.O., S. 121 f.
110 Luis Trenker, Alles gut gegangen, a.a.O., S. 211.
111 ebd., S. 212.
112 ebd.
113 P. Zanotto (Hrsg.), Luis Trenker ..., a.a.O., S. 85.
114 Hans-Jürgen Panitz, Fanck, ..., a.a.O.
115 Stefan König/Jürgen Winkler, Neuland – Gewagte Schritte im Alpinismus, München 1991, S. 17.
116 Edward Whymper, Berg- und Gletscherfahrten in den Alpen, Braunschweig 1872.
117 ebd.
118 Luis Trenker, Alles gut gegangen, a.a.O., S. 216.
119 P. Zanotto (Hrsg.), Luis Trenker ..., a.a.O., S. 86 f.
120 Luis Trenker, Alles gut gegangen, a.a.O., S. 218.
121 ebd., S. 221.
122 ebd.
123 ebd., S. 223.
124 ebd., S. 208.
125 ebd.
126 Hilda Trenker, Tagebuch 1927–1940, a.a.O.
127 Luis Trenker, Alles gut gegangen, a.a.O., S. 210.
128 Hilda Trenker, Tagebuch 1927–1940, a.a.O.
129 P. Zanotto (Hrsg.), Luis Trenker, ..., a.a.O., S. 87.
130 Hans-Jürgen Panitz, Fanck, ..., a.a.O.
131 Luis Trenker, Alles gut gegangen, a.a.O., S. 223 f.
132 ebd., S. 224.
133 Helmut Cron über Theodor Wolff, in: H.-J. Schultz, Journalisten über Journalisten, München 1980, S. 148.
134 Luis Trenker, Alles gut gegangen, a.a.O., S. 222.
135 ebd., S. 232.
136 Hilda Trenker, Tagebuch 1927–1940, a.a.O.
137 Stefan König/Jürgen Winkler, Neuland ..., a.a.O., S. 19.
138 Luis Trenker, Alles gut gegangen, a.a.O., S. 230.

139 ebd., S. 233.
140 ebd., S. 235.
141 ebd., S. 236.
142 ebd., S. 239.
143 Hans-Jürgen Panitz, Fanck, ..., a.a.O.
144 C. Riess, Das gab's nur einmal ..., Bd. 2, a.a.O., S. 106 f.
145 Luis Trenker, Alles gut gegangen, a.a.O., S. 240.
146 Hans-Jürgen Panitz, Fanck, ..., a.a.O.
147 aus: Programm zur Süd/Tiroler Filmwoche in Wien 1985.
148 Luis Trenker, Alles gut gegangen, a.a.O., S. 243.
149 ebd., S. 246.
150 Peter Grimm, Walter Schmidkunz – Ein Klassiker im Hintergrund, München 1989, S. 12.
151 ebd., S. 322 f.
152 Leni Riefenstahl, Memoiren, a.a.O., S. 116.
153 Arnold Fanck gegen Luis Trenker, in: Die Filmwoche, Berlin, 29.10.1930.
154 Luis Trenker antwortet, in: Die Filmwoche, a.a.O., 19.11.1930.
155 Leni Riefenstahl, Memoiren, a.a.O., S. 116.
156 Luis Trenker, Alles gut gegangen, a.a.O., S. 252 f.
157 R. Nottebohm/H.-J. Panitz, Luis Trenker – Fast ein Jahrhundert, München 1987, S. 50.
158 Luis Trenker, Alles gut gegangen, a.a.O., S. 248.
159 ebd., S. 261.
160 ebd., S. 263.
161 ebd., S. 265.
162 Heinrich Heine, Reisebilder, Frankfurt 1980, S. 250.
163 Luis Trenker, Alles gut gegangen, a.a.O., S. 267.
164 Elias Canetti, Masse und Macht, Düsseldorf 1960, S. 199.
165 R. Nottebohm/H.-J. Panitz, Luis Trenker ..., a.a.O, S. 67.
166 Elias Canetti, Masse und Macht, a.a.O., S. 200.
167 R. Nottebohm/H.-J. Panitz, Luis Trenker ..., a.a.O., S. 67.
168 Luise Ullrich, Komm auf die Schaukel Luise – Balance eines Lebens, Percha 1973, S. 102 f.
169 Luis Trenker, Alles gut gegangen, a.a.O., S. 274.
170 aus: E. Leiser, Deutschland erwache! Propaganda im Film des Dritten Reiches, Reinbek bei Hamburg 1968, S. 10.
171 ebd.
172 R. Nottebohm/H.-J. Panitz, Luis Trenker ..., a.a.O., S. 63.
173 J. Hampel, Der Nationalsozialismus, Bd. 1, München 1988, S. 137 f.
174 Klaus Mann, Der Wendepunkt, Frankfurt a.M. 1963.
175 Luis Trenker, Der Rebell, Berlin 1933.
176 ders., Alles gut gegangen, a.a.O., S. 281.
177 ebd., S. 287.
178 ebd., S. 292.
179 Alfred Döblin, Berlin Alexanderplatz, Ausg. 1980, S. 177.
180 Hans-Jürgen Panitz, Fanck ..., a.a.O..
181 Luis Trenker, Alles gut gegangen, a.a.O., S. 294.
182 ebd., S. 295.
183 ebd.
184 U. Gregor/E. Patalas, Geschichte des Films, Bd. 2, Hamburg 1976, S. 278.

185 D. S. Hull, Der Film im Dritten Reich, New York 1969.
186 Luis Trenker, Alles gut gegangen, a.a.O., S. 306.
187 Hans-Jürgen Panitz, Fanck ..., a.a.O.
188 ebd.
189 ebd.
190 Luis Trenker, Alles gut gegangen, a.a.O., S. 308.
191 Stefan Zweig, Sternstunden der Menschheit, Frankfurt 1971, S. 105 f.
192 Luis Trenker, Alles gut gegangen, a.a.O., S. 313.
193 Stefan Zweig, Sternstunden ..., a.a.O., S. 99.
194 Luis Trenker, Alles gut gegangen, a.a.O., S. 321.
195 Jack London, An der weißen Grenze, 1902, S. 30 f.
196 Luis Trenker, Alles gut gegangen, a.a.O., S. 329.
197 P. Zanotto (Hrsg.), Luis Trenker ..., a.a.O., S. 95.
198 Luis Trenker, Alles gut gegangen, a.a.O., S. 330.
199 Hans-Jürgen Panitz, Fanck ..., a.a.O.
200 Luis Trenker, Filmfahrt für den Kaiser von Kalifornien, in: Münchner Illustrierte Presse, 19.12.1935.
201 Adolf Hitler, Mein Kampf, 1936 (204.-208. Aufl.), S. 739 ff.
202 Luis Trenker, Alles gut gegangen, a.a.O., S. 310.
203 Leni Riefenstahl, Schönheit im Olympischen Kampf, Berlin 1937, Vorwort.
204 Luis Trenker, Alles gut gegangen, a.a.O., S. 332.
205 ebd., S. 335.
206 ebd., S. 336.
207 ebd., S. 339.
208 D.S. Hull, Der Film im Dritten Reich, a.a.O.
209 Luis Trenker, Alles gut gegangen, a.a.O., S. 343.
210 Zeitschrift Cinema Nr. 24/1937, Rom 1937.
211 ebd., Nr. 148/1942, Rom 1942.
212 Toni Schmid, Die Erstbegehung der Matterhorn-Nordwand, in: P. Hübel, Der Riese von Zermatt, Innsbruck 1940.
213 Julius Kugy, Erinnerungen an Emilio Comici, in: Emilio Comici, Berge – Klettern, München, S. 204.
214 Stefan König,/Jürgen Winkler, Neuland ..., a.a.O., S. 19.
215 Luis Trenker, Alles gut gegangen, a.a.O., S. 345.
216 P. Zanotto (Hrsg.), Luis Trenker ..., a.a.O., S. 94.
217 aus: K. Vogelsang, Filmmusik im Dritten Reich, Hamburg 1990, S. 13.
218 ebd.
219 Luis Trenker, Alles gut gegangen, a.a.O., S. 249.
220 C. Riess, Die Frau mit den hundert Gesichtern – Requiem für Heidemarie Hatheyer, Düsseldorf 1991, S. 73.
221 Luis Trenker, Alles gut gegangen, a.a.O., S. 350.
222 ebd., S. 351.
223 R. Wistrich, Wer war wer im Dritten Reich, München 1983, S. 355.
224 P.-K. Schuster (Hrsg.), Nationalsozialismus und ‚Entartete Kunst', München 1987, S. 47.
225 P. Zanotto (Hrsg.), Luis Trenker ..., a.a.O., S. 97.
226 ebd.
227 R. Nottebohm/H.-J. Panitz, Luis Trenker ..., a.a.O., S. 108.
228 E. Leiser, Deutschland erwache! ..., a.a.O., S. 11.
229 Luis Trenker, Alles gut gegangen, a.a.O., S. 364.
230 Regis Debray, Ein Leben für ein Leben, Düsseldorf 1979.

231 Luis Trenker, Alles gut gegangen, a.a.O., S. 280.
232 ebd., S. 279.
233 ebd., S. 368.
234 R. Nottebohm/H.-J. Panitz, Luis Trenker ..., a.a.O., S. 116.
235 Luis Trenker, Alles gut gegangen, a.a.O., S. 378.
236 ebd., S. 382.
237 ebd., S. 493.
238 E. Baumgartner/M. Kaufmann, Beispiele alpenländischen Filmschaffens von Luis Trenker bis heute, in: Südtirol/Filmkulisse/Filmthema, Bozen 1982, S. 31.
239 Hilda Trenker, Tagebuch Luis und Hilda Trenker 1940–1945, Familienbesitz.
240 Rolf Hochhuth, Brief vom 12.2.78, in: Süd/Tiroler Filmwoche in Wien, 1985, S. 119.
241 P. Zanotto (Hrsg.), Luis Trenker ..., a.a.O., S. 99 f.
242 R. Nottebohm/H.-J. Panitz, Luis Trenker ..., a.a.O., S. 125 f.
243 Luis Trenker, Ein Stück Erde (Drehbuch), unveröff., Familienbesitz.
244 ders., Alles gut gegangen, a.a.O., S. 391.
245 ebd.
246 ebd., S. 394.
247 ebd., S. 394 f.
248 R. Wistrich, Wer war ..., a.a.O., S. 179 f.
249 Wolfgang Borchert, Das Gesamtwerk, Hamburg 1949, S. 81.
250 Florian Trenker, Geschichten, unveröff. Manuskript.
251 D. L. Hewlett (Hrsg.), Le Journal Intime d'Eva Braun, Paris 1948, S. 5.
252 C. Riess, Lügt Luis Trenker?, in: Der Stern, 6.4.1957.
253 Wolfgang Gorter, Mein Freund Luis Trenker, Seebruck 1987, S. 109 f.
254 Leni Riefenstahl, Memoiren, a.a.O., S. 448.
255 ebd., S. 455 f.
256 ebd., S. 459.
257 ebd., S. 460.
258 Jan Boon im Gespräch mit Stefan König, München 1992.
259 F. Lynder/W. Sikorski, Kinder wie die Zeit vergeht. Erweiterte Jubiläumsschrift zum 100jährigen Bestehen der Berliner Zeitung, Berlin 1987, o.p.
260 Trenkers neue Filmentdeckung: Flüchtling Marianne wird Italiens Star, in: Die Wochenpost, Stuttgart, 16.10.1949.
261 in: Revue, München, 7.2.1953.
262 Florian Trenker, Geschichten, unveröff. Manuskript.
263 R. Gööck, Die großen Erfindungen – Schall, Bild, Optik, Künzelsau 1985, S. 178.
264 R. Nottebohm/H.-J. Panitz, Luis Trenker ..., a.a.O., S. 136.
265 U. Gregor, Geschichte des Films ab 1960, München 1978, S. 118.
266 André Heller, Auf und davon, Hamburg 1979, S. 28.
267 Süd/Tiroler Filmwoche in Wien, Begleitschrift, Wien 1985, S. 26.
268 Karl Lukan, Sein bester Freund, in: Der Bergkamerad, 1963.
269 Nur ein Phantom der Medien?, in: Der Spiegel 40/1982.
270 Helmuth Zebhauser, Vom Unsinn des Bergsteigens, München o.J. (Privatdruck), S. 16.
271 Luis Trenker, Alles gut gegangen, a.a.O., S. 470.
272 ebd., S. 471.
273 ebd., S. 472.
274 ebd.
275 ders., Luis Trenker erzählt aus seinem Leben, München 1970, S. 74.

PERSONENREGISTER